U0869235

汽车专业“十四五”精品教材

汽车机械基础

主　编　李明杰　朱忠菊　杨　娟
副主编　张克军　刘建飞　白帅伟
　　　　薛培培　潘　静　左卫阳

哈尔滨工程大学出版社
Harbin Engineering University Press

内容简介

本书将机械识图、汽车工程材料、构件的静力分析与动力分析、材料力学基础、轴系零部件、常用构件、机械传动和液压传动知识归纳为 8 个项目。每个项目分为若干个任务，任务中尽量设置任务实施内容。每个项目后均附有思考题，可帮助学生系统、全面地掌握本项目所介绍的内容及重难点，体现了高职教学的特点。

本书可作为高职院校汽车制造与装配技术、汽车检测与维修技术、汽车新能源驾驶、汽车技术服务与营销等相关专业的教材，也可作为汽车运用与维修从业人员、创业人员及汽车岗位培训机构的参考用书。

图书在版编目（CIP）数据

汽车机械基础 / 李明杰，朱忠菊，杨娟主编. — 哈尔滨 ：哈尔滨工程大学出版社，2021.9

ISBN 978-7-5661-3273-4

Ⅰ. ①汽… Ⅱ. ①李… ②朱… ③杨… Ⅲ. ①汽车一机械学 Ⅳ. ①U463

中国版本图书馆 CIP 数据核字（2021）第 184411 号

汽车机械基础

QICHE JIXIE JICHU

责任编辑 张林峰
封面设计 赵俊红

出版发行 哈尔滨工程大学出版社
社　　址 哈尔滨市南岗区南通大街 145 号
邮政编码 150001
发行电话 0451-82519328
传　　真 0451-82519699
经　　销 新华书店
印　　刷 唐山唐文印刷有限公司
开　　本 889 mm×1 194 mm　1/16
印　　张 15
字　　数 345 千字
版　　次 2021 年 9 月第 1 版
印　　次 2023 年 9 月第 2 次印刷
定　　价 59.80 元

http://www.hrbeupress.com
E-mail：heupress@hrbeu.edu.cn

前言

当前我国汽车行业飞速发展，质量要求越来越严格，对汽车制造与装配、汽车检测与维修技术专业人才的需求也越来越大。本书正是基于高等职业院校汽车检测与维修技术专业领域技能型紧缺人才培养方案，根据职业院校和技工学校汽车类相关专业的教学实际，结合汽车领域的职业要求编写而成。本书内容紧扣“以素质教育为基础，以能力为本位、以企业需求为依据，以就业为导向”的职业教学目标，坚持“够用、适用、实用”的原则，采用项目化的编写方式把基础学科与专业学科有机、有序地结合在一起，致力于改变基础学科抽象难懂的状况，以提高学生的学习兴趣和学习效率，最大限度地满足学生升学、就业的需要。本书的主要特点如下：

（1）在编写理念上，根据职业院校学生的培养目标及认知特点，合理确定学习目标，对内容的深度、难度进行了适当调整，同时注重综合职业能力的培养。

（2）在编写内容的安排上，以汽车及其零部件为载体，注重激发学生的学习兴趣，引导学生主动学习。

（3）在教学思想上，坚持理论与实践相结合，贯彻“做中学、学中做”的职业教育理念，强调实践与理论的有机统一。

本书共 8 个项目，主要包括机械识图、汽车工程材料、构件的静力分析与动力分析、材料力学基础、轴系零部件、常用构件、机械传动和液压传动。各项目环环相扣、层层推进、逐步加深。

本书由李明杰（辽宁机电职业技术学院）、朱忠菊（重庆公共运输职业技术学院）和杨娟（商丘学院）担任主编，张克军和刘建飞（辽宁机电职业技术学院）、白帅伟（河北机电职业技术学院）、薛培培（开封大学）、潘静（云南工程职业学院）、左卫阳（郑州技师学院）担任副主编。

本书在编写过程中参考了有关图片和资料，借鉴了汽车厂家大量汽车维修资料和国内大量同行的文献资料，在此一并向有关作者表示真诚的感谢。本书的相关资料和售后服务可扫封底微信二维码或登录 www.bjzzwh.com 获得。

由于编者水平有限，书中难免有疏漏或不妥之处，恳请广大师生和读者批评指正。

编 者

2021 年 8 月

目录

项目一

机械识图

项目导入

本项目主要介绍图样。其能准确地表达物体的形状、尺寸与设计要求的图形。图样是机械产品设计、制造、检验、维修和使用过程中不可缺少的重要技术资料，也是进行技术交流的工具，因此图样也被称为“工程界的技术语言”。在设计和绘制图样时，必须严格遵守国家标准的规定。

◆知识目标

1. 了解： 工程图样的概念；国家标准的相关规定；标准件与常用件的规定画法。

2. 掌握： 正投影原理与三视图的形成；表达零件结构的方法；掌握零件图与装配图的内容及读图方法。

◆能力目标

培养学生的空间想象力、识图能力、绘图能力，养成严格遵守国家标准的意识。

◆考核标准

应知： 三视图的形成；表达零部件的基本方法；标准件与常用件的表达方法；零件图与装配图的基本内容。

应会： 读懂零件图与装配图，能根据图样正确认识和分析零部件结构。

任务一　制图的基本知识

知识储备

一、国家标准关于制图的一般规定

为了便于图样的绘制、使用和保管，图样应按照一定的比例（GB/T 14690—1993）字体（GB/T 14691—1993）、尺寸注法（GB/T 4458. 4—2003、GB/T 16675. 2—2012），画在规定幅面和格式（GB/T 14689—2008）的图纸上。

（一）图纸幅面及格式

1. 图纸幅面尺寸

绘制图样时，应优先采用表 1-1 中规定的基本幅面尺寸，必要时也允许以基本幅面的短边的整数倍加长幅面。

表 1-1　图纸基本幅面尺寸

幅面代号	A0	A1	A2	A3	A4
$B\times L$	841×1 189	594×841	420×594	297×420	210×297
e	20		10		
c	10		5		
a	25				

2. 图框格式

图纸可以横放和竖放。在图纸上必须用粗实线画出图框。图框格式分为不留装订边（图 1-1）和留装订边（图 1-2）两种。图纸基本幅面尺寸如表 1-1 所示。

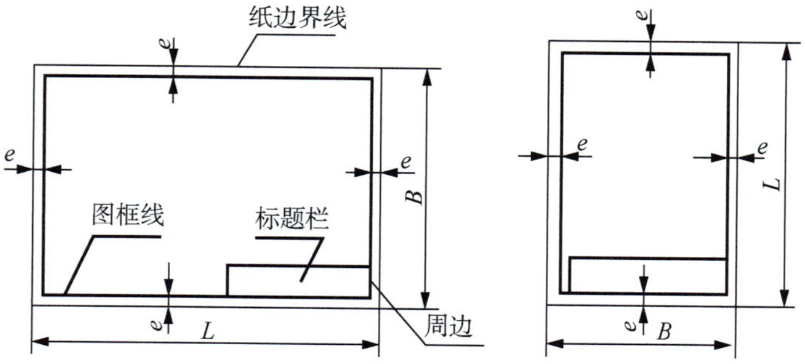

图 1-1　不留装订边的图框格式

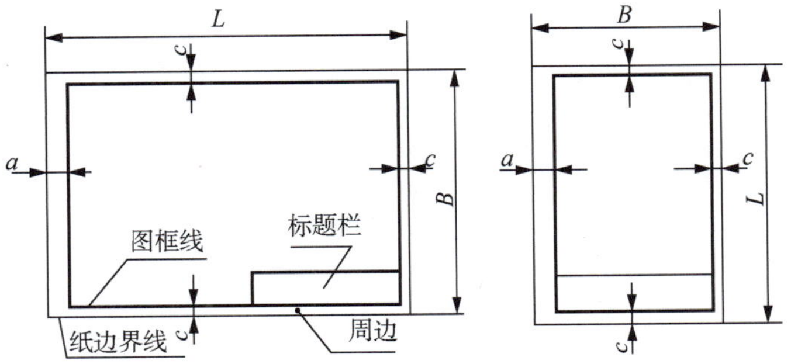

图 1-2 留装订边的图框格式

3. 标题栏

每张图样上都必须画出标题栏、内容和尺寸，如图 1-3 所示。标题栏表达了零部件及管理等多方面的信息，是机械图纸上不可缺少的一项内容。标题栏的格式和尺寸应按 GB/T 10609.1—2008 的规定，一般位于图纸的右下角，并使标题栏的底边与下图框线重合，使右边与右图框线重合。标题栏中的文字方向通常为看图方向，字体应符合 GB/T 14691—1993 的规定。各设计单位的标题栏格式有不同变化。

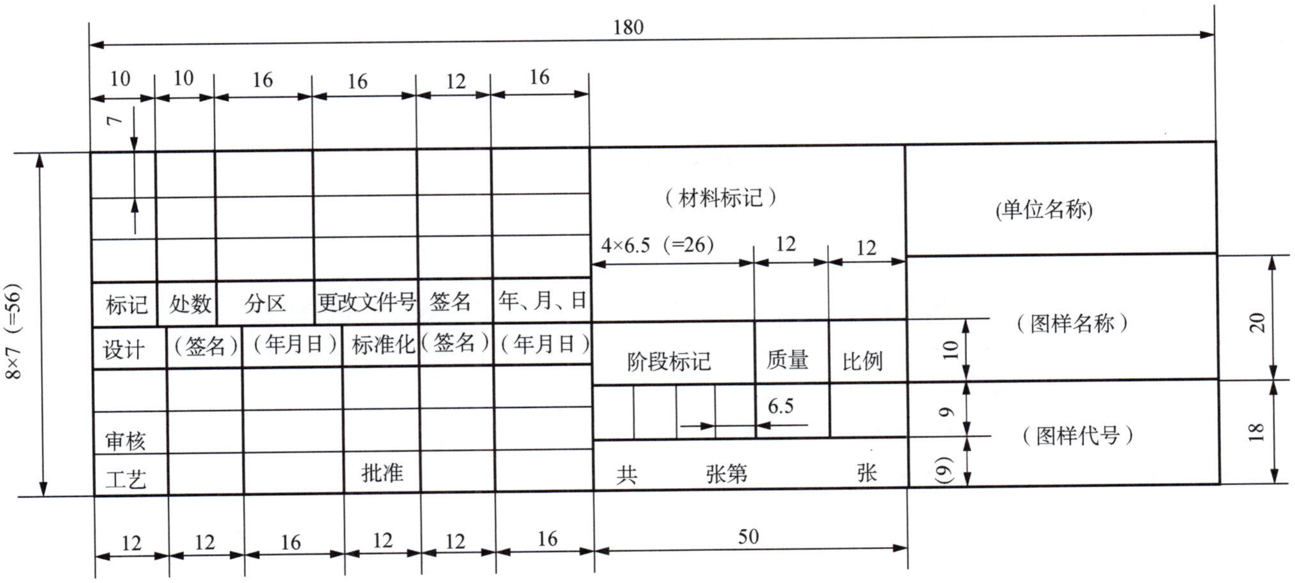

图 1-3 标题栏格式、内容和尺寸

（二）比例

图形与实物相应要素的线性尺寸之比称为比例。比例（GB/T 14690—1993）分为原值、缩小和放大 3 种。画图时，应尽量采用 1∶1 的比例。绘制同一机件的各个视图时，应尽量采用相同的比例，并将其标注在标题栏的比例栏内。当图样中的个别视图采用了与标题栏中不相同的比例时，可在该视图名称的下方或右侧标注比例。国家标准规定的绘图比例如表 1-2 所示。

表 1-2 绘图比例

种　类	比例	
	第一系列	第二系列
原值比例	1∶1	
缩小比例	1∶2　1∶5　1∶10　1∶1×10^n 1∶2×10^n　1∶5×10^n	1∶1.5　1∶2.5　1∶3　1∶4 1∶6　1∶1.5×10^n　1∶2.5×10^n 1∶3×10^n　1∶4×10^n　1∶6×10^n

（续表）

种　类	比例	
	第一系列	第二系列
放大比例	2∶1　5∶1　1×10^n∶1 2×10^n∶1　5×10^n∶1	2.5∶1　4∶1　2.5×10^n∶1　4×10^n∶1

不论缩小或放大，在图样上标注的尺寸均为机件的实际大小，而与比例无关，如图 1-4 所示。

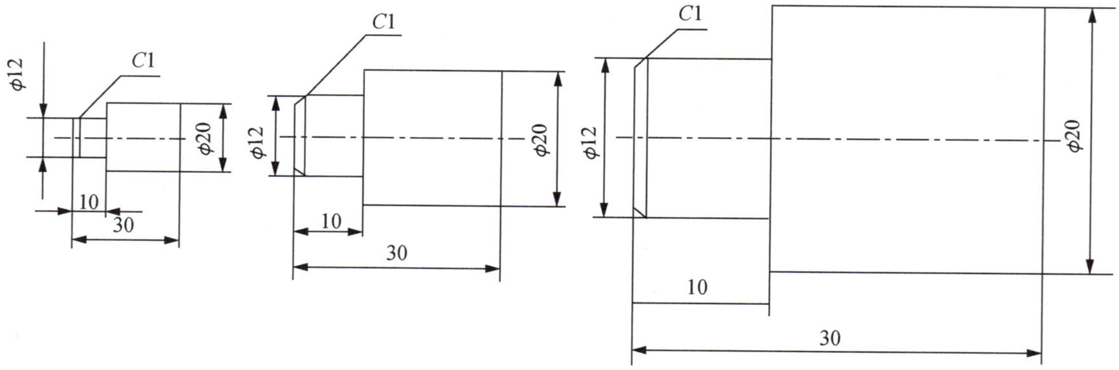

(a) 1∶2　(b) 1∶1　(c) 2∶1

图 1-4　绘图比例与尺寸数字无关

（三）字体

图样上用文字填写标题栏和技术要求，用数字标注尺寸。字体（GB/T 14691—1993）的高度（用 h 表示）的公称尺寸系列有 1.8 mm、2.5 mm、3.5 mm、5 mm、7 mm、10 mm、14 mm 和 20 mm 等 8 种。汉字应写成长仿宋体，汉字的高度不应小于 3.5 mm。字母和数字分 A 型（笔画宽度 $h/14$）和 B 型（笔画宽度 $h/10$）两种，可书写成直体或斜体（字头向右斜，与水平基准线成 75°），同一张图纸只允许用一种形式的字体。

汉字、字母和数字示例如图 1-5 所示。字体工整、笔画清楚、间隔均匀、排列整齐。

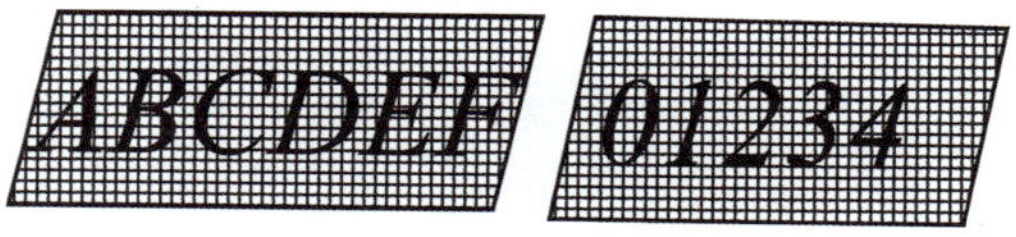

图 1-5　汉字、字母和数字示例

（四）图线

图线（GB/T 17450—1998、GB/T 4457.4—2002）分粗、细两种。当粗线的宽度为 d 时，细线的宽度应为 $d/2$。图线宽度有 9 种：0.13 mm、0.18 mm、0.25 mm、0.35 mm、0.5 mm、0.7 mm、1 mm、1.4 mm、2 mm，一般选择 0.7 mm 为宜。图线画法注意事项如下。

（1）同一图样中，同类图线的宽度应基本一致。

（2）虚线、点画线、双点画线的线段长度和间隔应各自大致相等。

（3）绘制圆的对称中心线时，圆心应为线段与线段的交点；点画线应超出圆的轮廓线外 2～5 mm，且轮廓线外不能出现点画线中的点。当所绘制的圆的直径较小，画点画线有困难时，中心线可用细实线代替。

（4）虚线、细点画线与其他图线相交时，都应交到线段处。当虚线处于粗实线的延长线上时，虚线与粗实线间应留有间隙。

（5）当线段重合时，优先次序为粗实线、虚线、点画线。

图线的画法及应用如表 1-3 所示，如图 1-6 所示为图线的应用示例。

表 1-3　图线的画法及应用

序号	图线名称	图线型式	图线宽度	一般应用
1	粗实线		d	A1 可见轮廓线
2	细实线		约 $d/2$	B1 尺寸线及尺寸界线 B2 剖面线 B3 重合剖面的轮廓线
3	波浪线		约 $d/2$	C1 断裂处的边界线 C2 视图和剖视图的分界线
4	双折线		约 $d/2$	D1 断裂处的边界线
5	虚线		约 $d/2$	F1 不可见轮廓线
6	细点画线		约 $d/2$	G1 轴心线 G2 对称中心线
7	粗点画线		d	J 有特殊要求的线或表面
8	双点画线		约 $d/2$	K1 相邻辅助零件的轮廓线 K2 极限

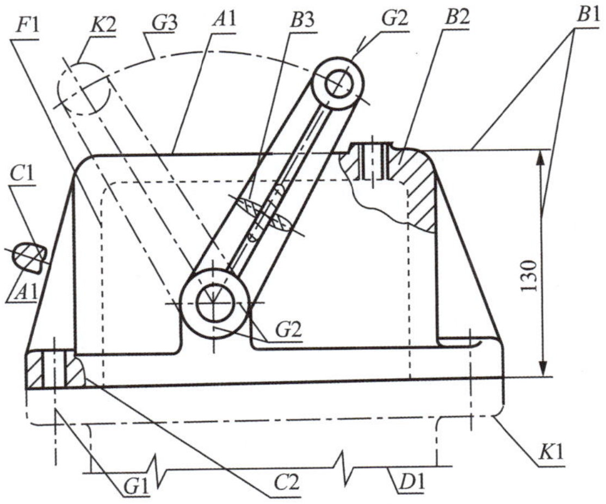

图 1-6　图线的应用示例

(五) 尺寸注法

1. 尺寸标注的基本规则

制图时尺寸的标注应符合国家标准 GB/T 4458.4—2003 和 GB/T 16675.2—2012 的规定。

(1) 机件真实大小应以图样上所注尺寸数值为依据，与图形的大小及绘图准确度无关。

(2) 图样中（包括技术要求和其他说明）的尺寸以毫米为单位时，不需要标注单位符号或名称。如采用其他单位，则必须注明相应的单位符号。

(3) 图样中所标注的尺寸，为该图样所示机件的最后完工尺寸，否则应另加说明。

(4) 机件的每一尺寸，一般只标注一次，并应标注在能够反映该结构最清晰的图形上。

2. 尺寸标注的基本要素

一个完整的尺寸包括尺寸界线、尺寸线和尺寸数字，如图 1-7 所示。

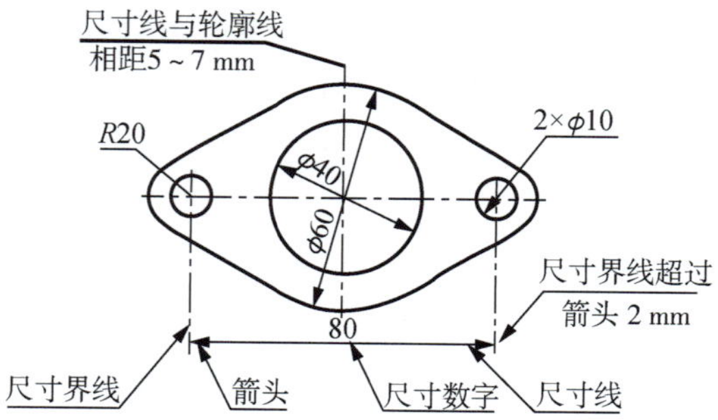

图 1-7　尺寸的组成

①尺寸界线。尺寸界线用细实线绘制，并应在图形的轮廓线、轴线或对称中心线处引出，也可以直接把这些线作为尺寸界线。尺寸界线一般应与尺寸线垂直，并超出尺寸线终端 2～3 mm；在光滑过渡处标注尺寸时，必须用细实线将轮廓延长，从交点处引出尺寸界线。

②尺寸数字。线性尺寸的数字通常注写在尺寸线的上方或中断处，如图 1-8 所示。线性尺寸数字的注写方向为：水平方向的尺寸数字字头向上；垂直方向的尺寸数字字头向左；倾斜方向的尺寸数字字头偏向斜上方。应避免在 30°范围内标注尺寸，当无法避免时，可按如图 1-8（b）所示形式标注。尺寸数字不允许被任何图线遮住，否则，需将图线断开或引出标注。角度尺寸数字必须水平书写。

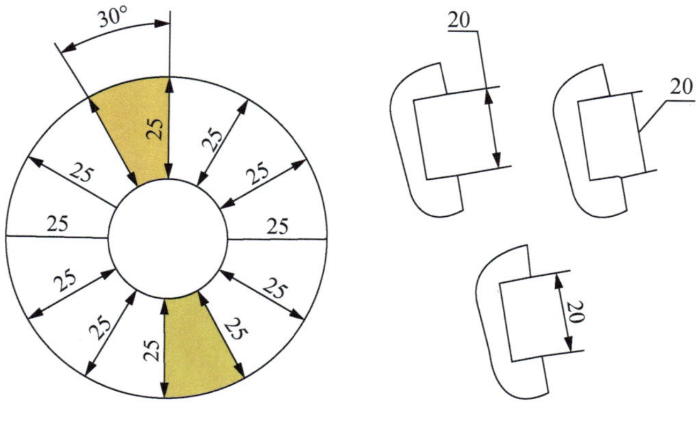

（a）箭头　　（b）斜线

图 1-8　线性尺寸数字的注法

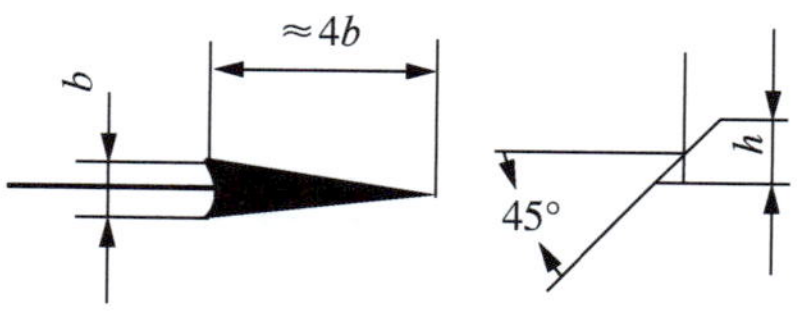

（a）　　（b）

图 1-9　尺寸线的终端形式

③尺寸线。尺寸线用细实线绘制，不能画在其他图线的延长线上或与其他图线重合。线性尺寸的尺寸线应与所标注尺寸线段平行；尺寸线与尺寸线之间和尺寸线与尺寸界线之间应尽量避免相交。尺寸线的终端形式有两种：箭头和斜线。箭头的形式如图 1-9（a）所示，适用于各种类型的图样。斜线用细实线绘制，方向和画法如图 1-9（b）所示，只适用于尺寸线和尺寸界线相互垂直的场合。

3. 常用尺寸注法

常用尺寸注法如表 1-4 所示。

表 1-4　常用尺寸注法

<table>
<tr><th>项目</th><th>说明</th><th>图例</th></tr>
<tr><td rowspan="2">圆</td><td>标注整圆或大于半圆的圆弧半径时，以圆周为尺寸界线，尺寸线通过圆心，并在尺寸数字前加直径符号“φ”。圆弧直径尺寸线应画至略超过圆心，只在尺寸线一端画出箭头指向圆</td><td>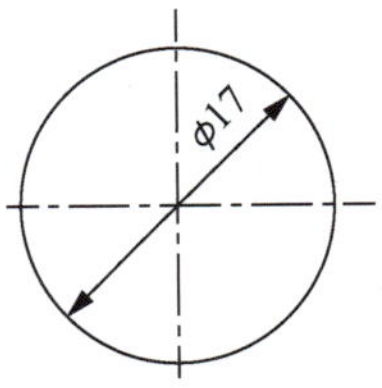</td></tr>
<tr><td>标注大于半圆的圆弧直径时，圆弧直径尺寸线应画至略超过圆心，只在尺寸线一端画出箭头指向圆</td><td>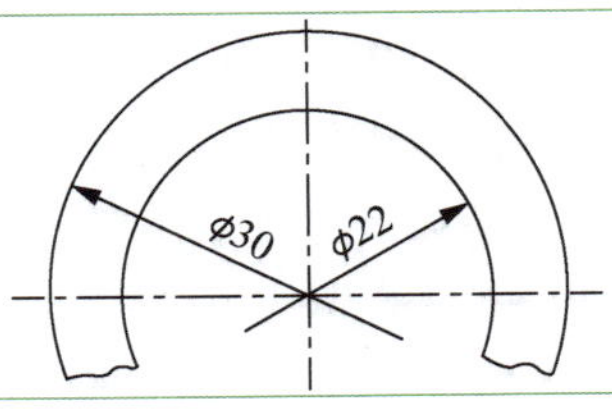</td></tr>
<tr><td rowspan="2">圆弧</td><td>标注小于或等于半圆的圆弧半径尺寸时，尺寸线应从圆心出发指向圆弧，只画一个箭头，并在尺寸数字前加注半径符号“R”</td><td>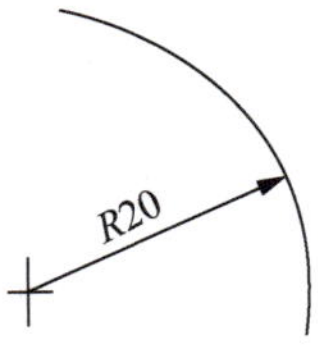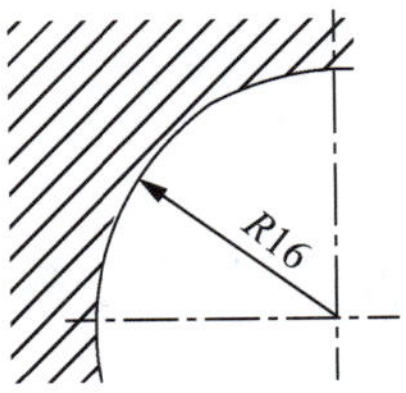</td></tr>
<tr><td>当圆弧半径过大或在图纸范围内无法标出圆心准确位置时，可按右图（a）的折线形式标注。当不需要标出圆心位置时，则尺寸线只画靠近箭头的一段，如右图（b）所示</td><td>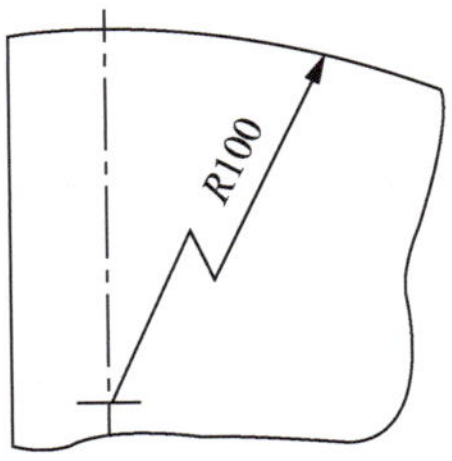(a)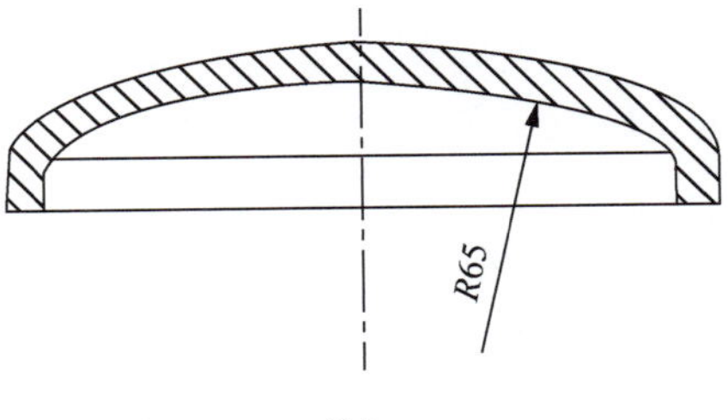(b)</td></tr>
<tr><td>球面</td><td>标注球面直径或半径尺寸时，应在尺寸数字前加注符号“S φ”或“SR”</td><td>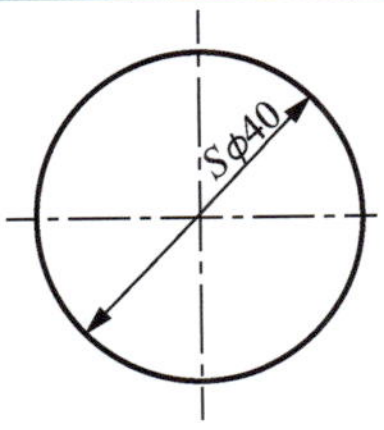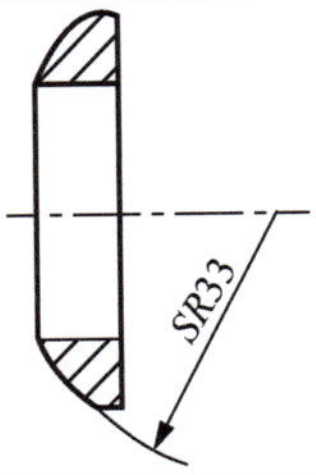</td></tr>
<tr><td>角度</td><td>尺寸界线应沿径向方向引出，尺寸线画成圆弧，其圆心为该角的顶点，半径取适当大小；角度数字一律写成水平方向，一般注写在尺寸线中断处或尺寸线的上方或外边，也可引出标注</td><td>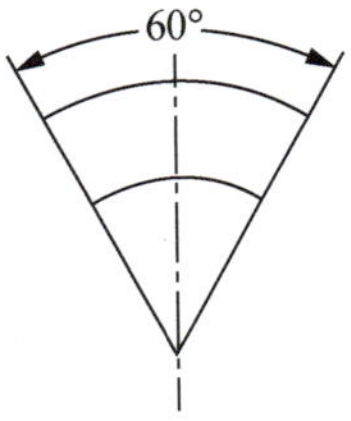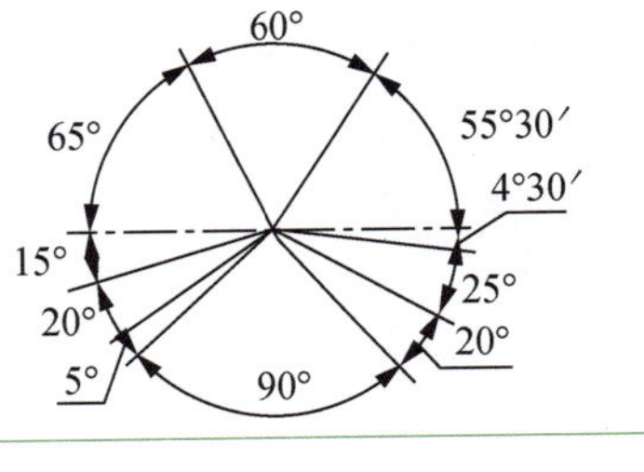</td></tr>
</table>

（续表）

项目	说明	图例
小尺寸	在没有足够位置画箭头或标注数字时，可将箭头标注在外面，也可将箭头和数字都布置在外面；几个小尺寸连续标注时，中间的箭头可用斜线或圆点代替	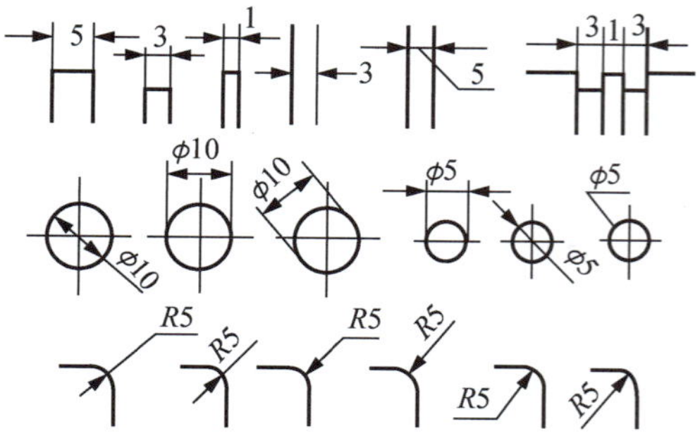
对称机件	当对称机件的图形只画出一半或略大于一半时，尺寸线应略超过对称中心线或断裂处的边界线，并在尺寸线一端画出箭头	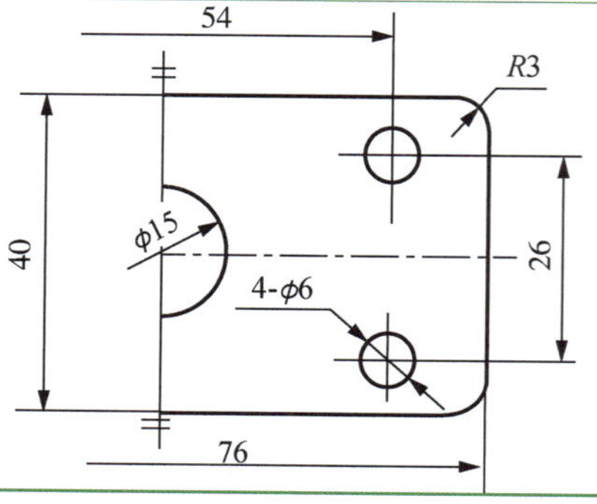

二、投影原理与三视图

采用一定的投影方法，按照一定的投影原理和规定的放置位置所组成的视图，才能表达机件的轮廓要素。

（一）投影法的基本知识

1. 投影的概念

物体在阳光或灯光照射下，地面或墙面上会出现物体的影子，这就是投影现象。设有三角板 ABC（以下简称$\triangle ABC$），光源 S 和平面 H。自光源 S 通过三角板 3 个顶点的光线 SA、SB、SC 分别与平面 H 相交于 a、b、c 三点。这时$\triangle abc$ 称为$\triangle ABC$ 在 H 面上的投影。光源 S 称为投影中心，Sa、Sb、Sc 称为投影线，H 面称为投影面。以上在投影面上作出的物体投影的方法称为投影法。

2. 投影法的分类

（1）中心投影法

所有投影线都相交于投影中心的投影方法称为中心投影法，如图 1-10 所示。根据中心投影法得到的投影称为中心投影。

中心投影法得到的投影大小随着物体、投影中心及与投影面的距离远近而变化，不能反映物体的真实形状和大小。工程上常用这种方法绘制建筑物的透视图。虽然具有较强的立体感，但作图复杂，度量性较差，因此机械制图较少使用。

（2）平行投影法

将图 1-10 的投影中心 S 移至无穷远处，则所有投影线可以看作互相平行。由互相平行的投影线在投影面上作出物体投影的方法称为平行投影法。根据投影线是否垂直于投影面，平行投影法又分为斜投影法和正投影法。

①斜投影法。斜投影法为投影线倾斜于投影面的平行投影法，如图 1-11（a）所示。

②正投影法。正投影法为投影线垂直于投影面的平行投影法，如图 1-11（b）所示。

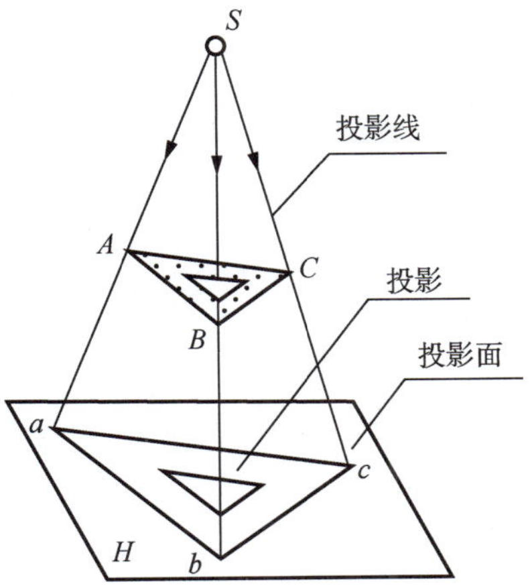

图 1-10　中心投影法

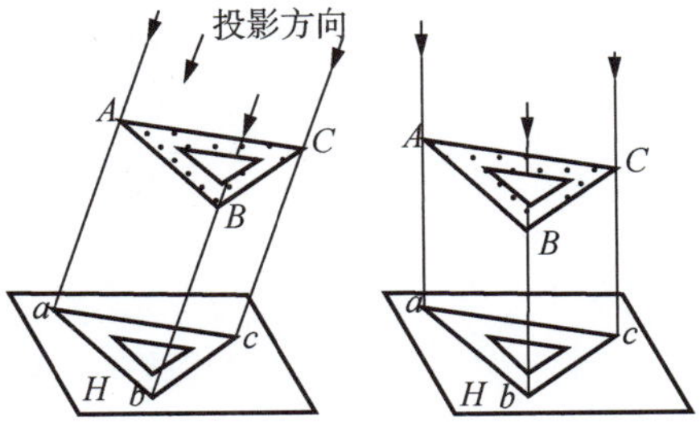

（a）斜投影法　（b）正投影法

图 1-11　平行投影法

由于正投影法能准确反映物体的真实形状和大小，度量性好，作图简便。因此，机械图样一般均采用正投影法绘制，所得投影称为正投影。

（二）三视图的形成

在正投影中只用一个视图是不能确定物体的形状和大小的。如图 1-12（a）所示为三个形状不同的物体，在单一投影面上的投影完全相同。如图 1-12（b）所示为两个形状不同的物体，在两个投影面上的投影也完全相同。因此，为了能够确切表示物体的总体形状，还需要在其他的方向再进行投影。

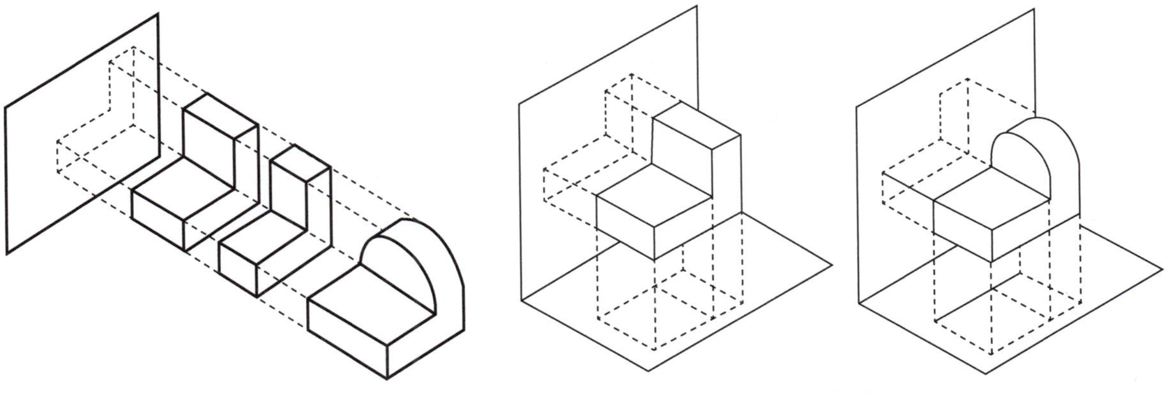

（a）单一投影面的投影　（b）两面投影

图 1-12　单一投影面与两投影面上物体的投影

1. 三面投影体系的建立

为了表达物体的形状，通常会采用互相垂直的三个投影面，建立三投影面体系，如图 1-13 所示。

（1）正立位置的投影面称为正投影面，用 *V* 表示。

（2）水平位置的投影面称为水平投影面，用 *H* 表示。

（3）侧立位置的投影面称为侧投影面，用 *W* 表示。

两投影面的交线称为投影轴。正投影面（*V*）与水平投影面（*H*）的交线称为 *X* 轴；水平投影面（*H*）与侧投影面（*W*）的交线称为 *Y* 轴；正投影面（*V*）与侧投影面（*W*）的交线称为 *Z* 轴。*X*、*Y*、*Z* 三轴的交点称为原点，用字母 *O* 表示。

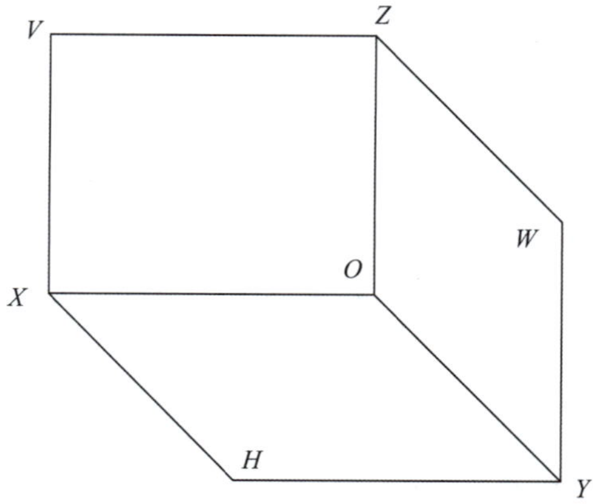

图 1-13　建立三投影面体系

2. 投影的形成

将物体置于三投影面体系中，按如图 1-14（a）所示箭头方向，用正投影法将物体分别向 V、H、W 面进行投射，即得到物体的三个投影。

3. 投影面的展开

将物体从三面体系中移开，规定 V 面保持不动，H 面向下向后绕 OX 轴旋转 90°，W 面向右向后绕 OZ 轴旋转 90°，使 V、H、W 三个投影面展开在同一平面内，三视图的形式如图 1-14（b）所示。

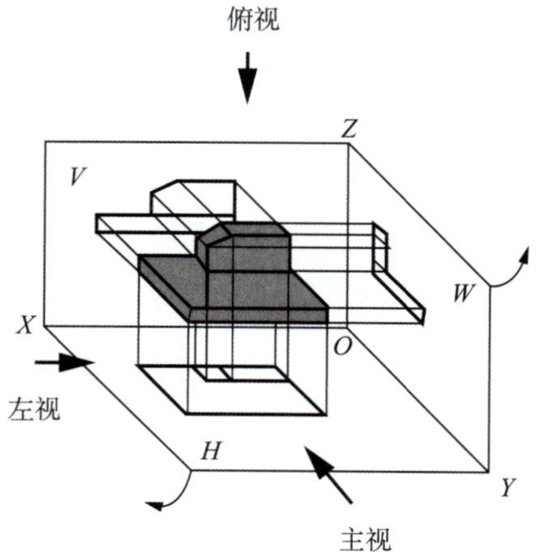

（a）投影面的展开

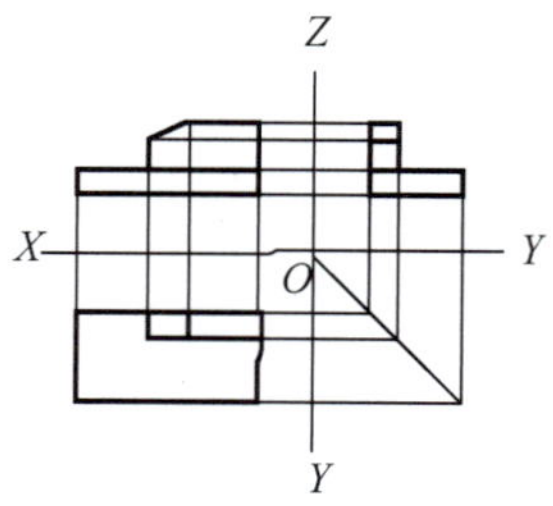

（b）三视图的形式

图 1-14　投影面的展开与三视图的形式

（1）主视图为物体的正面投影。

（2）俯视图为物体的水平投影。

（3）左视图为物体的侧面投影。

以主视图为准，俯视图配置在正下方，左视图配置在正右方。

4. 三视图的投影规律

主视图与俯视图长度相等且对正；主视图与左视图高度相等且平齐；俯视图与左视图宽度相等。以上简称“长对正、高平齐、宽相等”。不仅整个物体的三视图符合投影规律，而且物体上的每一组成部分的三个投影也符合投影规律。

5. 三视图的方位关系

物体各结构之间，都具有 6 个方向的相互位置关系，如图 1-15 所示的视图反映的方位关系如下。

（1）主视图反映上、下、左、右。

（2）俯视图反映前、后、左、右。

（3）左视图反映上、下、前、后。

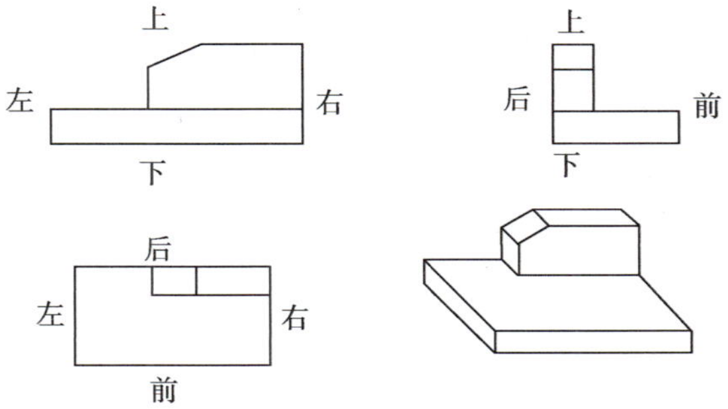

图 1-15　三视图的方位关系

三、点、线、面的投影

点、线、面是最基本的几何要素，一切几何形体都是点的集合。机件的轮廓要素都是由点、线、面构成的，因此掌握点、线、面的投影是机械识图的关键。

（一）点的投影

1. 形体上点的投影分析

如图 1-16 所示为形体上点的投影分析，设形体上有点 A，A 点的三个投影就是由 A 向 3 个投影面所作垂线的垂足。

（1）A 点在正面 V 上的投影称为正面投影，用 a'表示。

（2）A 点在水平面 H 上的投影称为水平投影，用 a 表示。

（3）A 点在侧面 W 上的投影称为侧面投影，用 a''表示。

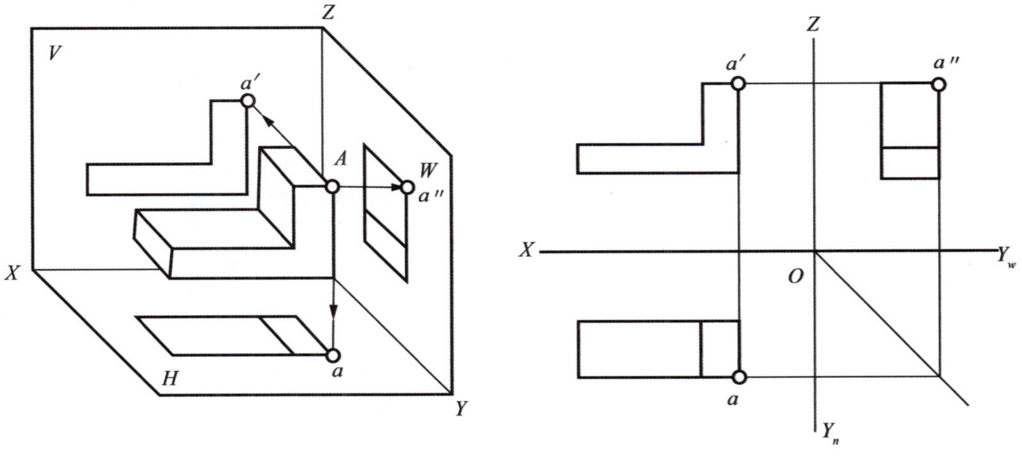

（a）　（b）

图 1-16　形体上点的投影分析

由图 1-16 可以看出，A 点三个投影之间的投影关系与三视图之间的三个关系是一致的。

（1）点的水平投影 a 和正面投影 a'的连线垂直于 OX 轴，即 $aa' \perp OX$。

（2）点的正面投影 a'和侧面投影 a''的连线垂直于 OZ 轴，即 $a'a'' \perp OZ$。

（3）点的水平投影 a 到 OX 轴的距离等于侧面投影 a''到 OZ 轴的距离。因此，过 a 的水平线与过 a''的垂直线必相交于过原点 O 的 45°斜线上。

2. 点的投影与坐标

如图 1-17 所示，空间 A 点到投影面的距离与坐标的关系如下。

(1) A 点到 V 面的距离$=a''a_Z=aa_X=A$ 点的 Y 坐标。

(2) A 点到 H 面的距离$=a'a_X=a_{YW}a''=A$ 点的 Z 坐标。

(3) A 点到 W 面的距离$=a'a_Z=aa_{YH}=A$ 点的 X 坐标。

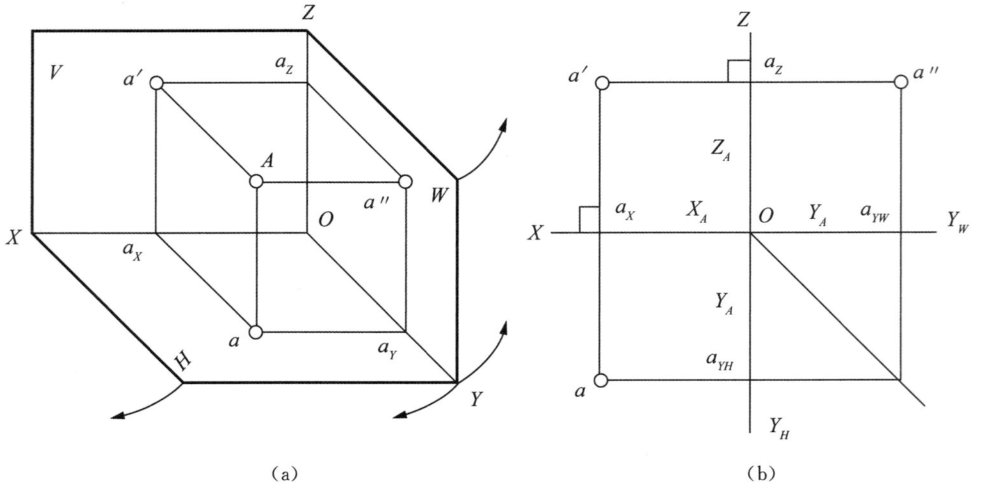

图 1-17　空间 A 点到投影面的距离与坐标的关系

根据空间点 A 的三个坐标（x，y，z）及投影规律便可作出该点的投影图。反之，如果已经知道空间 A 点的两个或三个投影，即可求该点的三个坐标。

3. 两点的相对位置

判定空间两点的相对位置，根据点的 x、y、z 坐标值的大小来确定。x 坐标值大的点在左边；y 坐标值大的点在前边；z 坐标值大的点在上边，如图 1-18 所示。

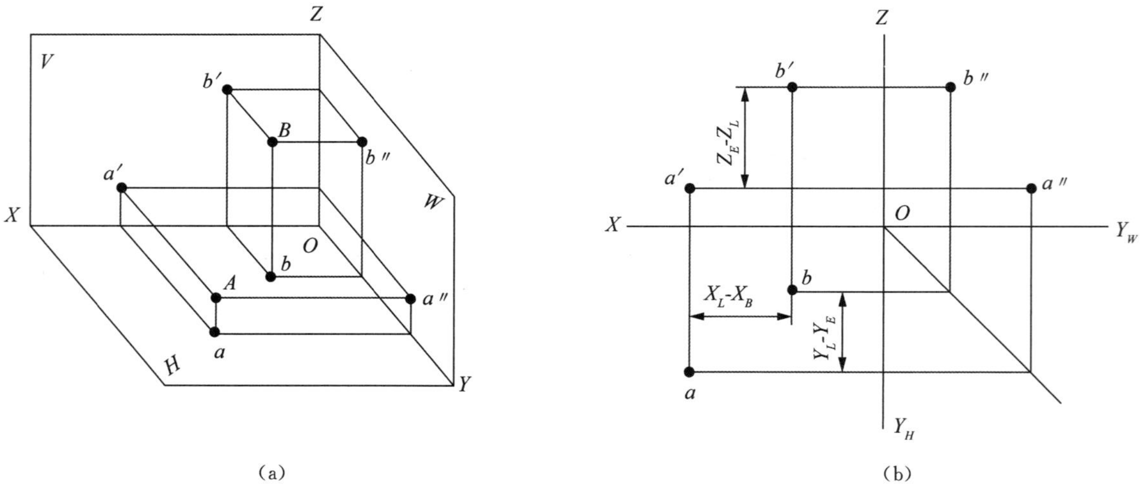

图 1-18　空间两点的相对位置

（二）直线的投影

1. 直线的空间投影

通常，直线的投影仍然是一条直线，如图 1-19（a）所示中的直线 CD。在特殊情况下（当直线垂直于投影面时），积聚成一点。如图 1-19（a）所示中的直线 AB 垂直于 H 面，水平投影积聚为一点。当从上向下看时，B 点被 A 点遮住，是不可见的，不可见点的投影用字母外加一个括号来表示。直线的空间位置由直线上任意两点决定，因此，直线的投影实际上是直线上两点同面投影的连线。若已知直线上两个端点 C 和 D 的三面投影，如图 1-19（b）所示，将同面投影连接起来，得到直线 CD 的三面投影图，如图 1-19（c）所示。

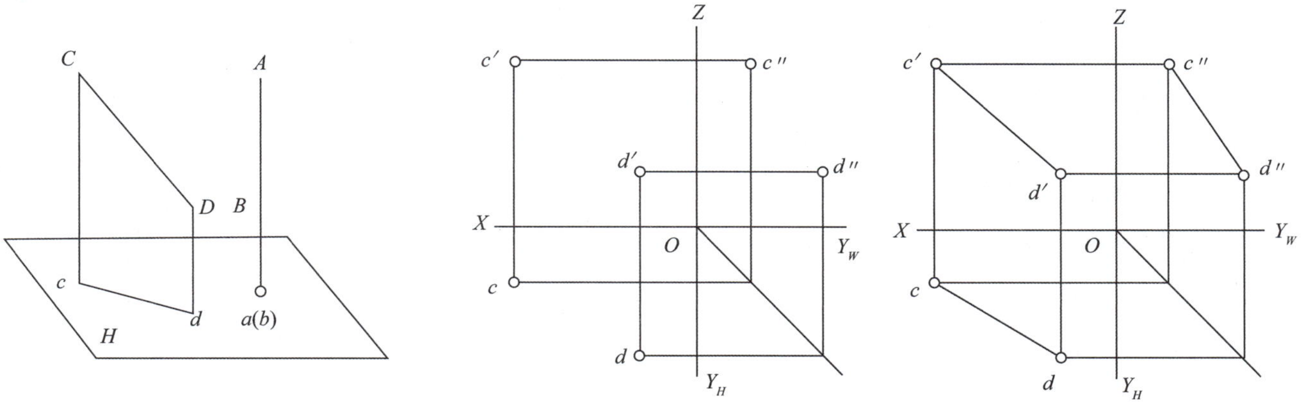

（a）　　（b）　　（c）

图 1-19　直线的空间投影

2. 直线的投影特性

根据直线对投影面的相对位置，直线可分为投影面平行线、投影面垂直线和一般位置直线三种。

（1）投影面平行线

平行于一个投影面，同时倾斜于另外两个投影面的直线，称为投影面平行线。平行于 *V* 面的直线称为正平线；平行于 *H* 面的直线称为水平线；平行于 *W* 面的直线称为侧平线。

如表 1-5 中投影面平行线的投影特性如下。

①在直线所平行的投影面上，投影反映实长并倾斜于投影轴。

②其他两面投影分别平行于相应的投影轴，且小于实长。

表 1-5　投影面平行线的投影及投影特性

名称	水平线（∥*H* 面）	正平线（∥*V* 面）	侧平线（∥*W* 面）
立体图	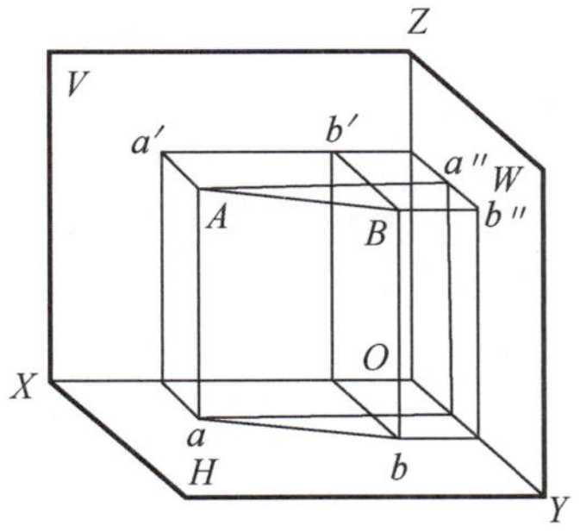	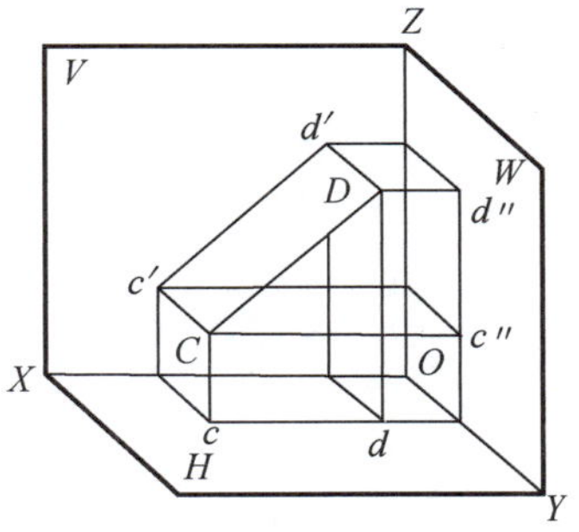	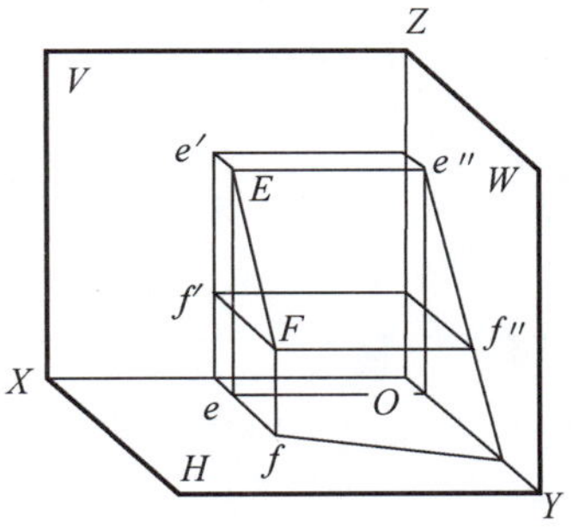
投影图	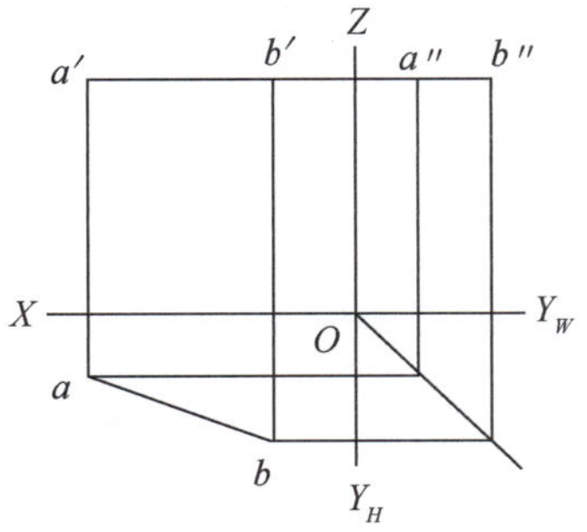	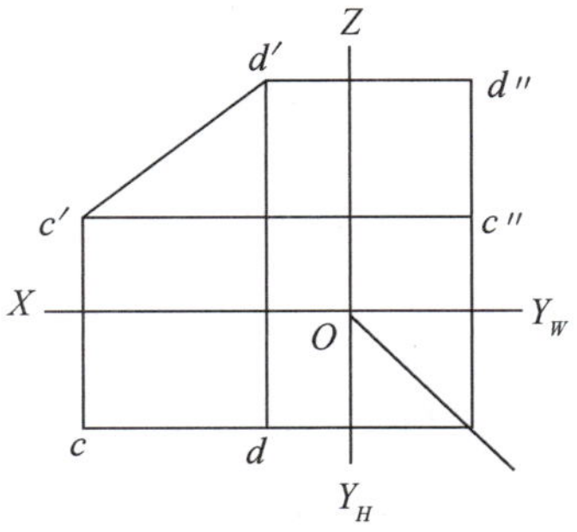	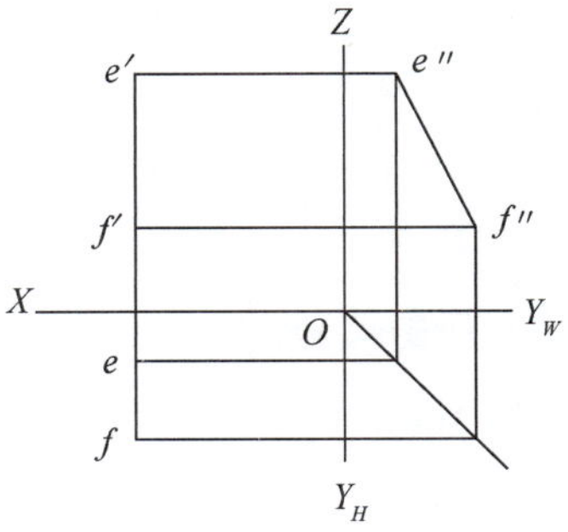
投影特性	（1）*ab* 反映实长； （2）*a′b′* ∥ *OX*，*a″b″* ∥ OY_W，长度缩短	（1）*c′d′*反映实长； （2）*cd* ∥ *OX*，*c″d″* ∥ *OZ*，长度缩短	（1）*e″f″*反映实长； （2）*ef* // OY_H，*e′f′*∥*OZ*，长度缩短

（2）投影面垂直线

垂直于一个投影面，同时平行于另外两个投影面的直线称为投影面垂直线。垂直于 H 面的直线称为铅垂线；垂直于 V 面的直线称为正垂线；垂直于 W 面的直线称为侧垂线。

如表 1-6 所示可概括出投影面垂直线的投影特性如下。

①在直线所垂直的投影面上，其投影有积聚性。

②其他两面投影分别垂直于相应的投影轴且反映实长。

表 1-6　投影面垂直线的投影及投影特性

名称	铅垂线（$\perp H$ 面，$\parallel V$ 面，$\parallel W$ 面）	正垂线（$\perp V$ 面，$\parallel H$ 面，$\parallel W$ 面）	侧垂线（$\perp W$ 面，$\parallel V$ 面，$\parallel H$ 面）
立体图	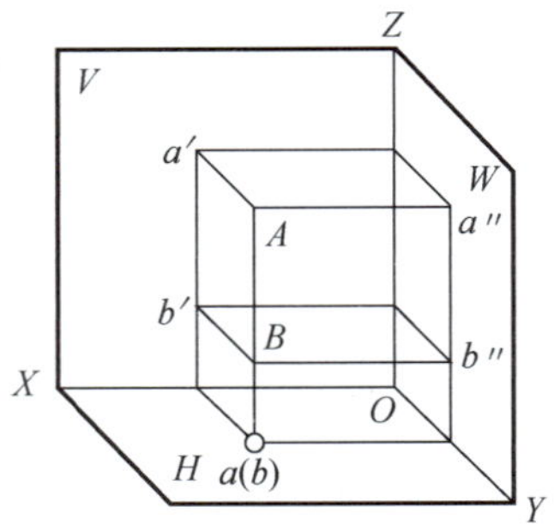	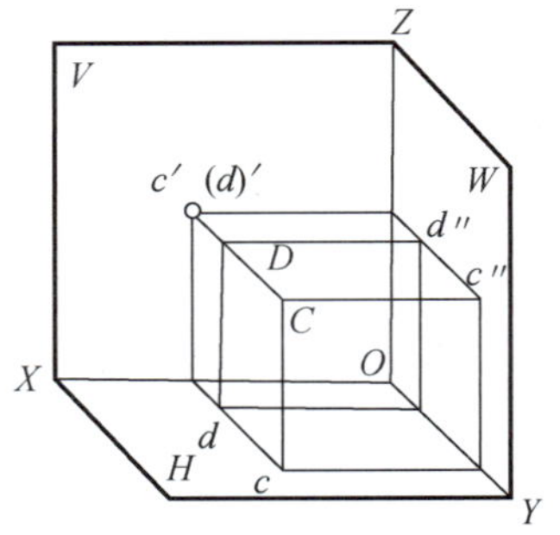	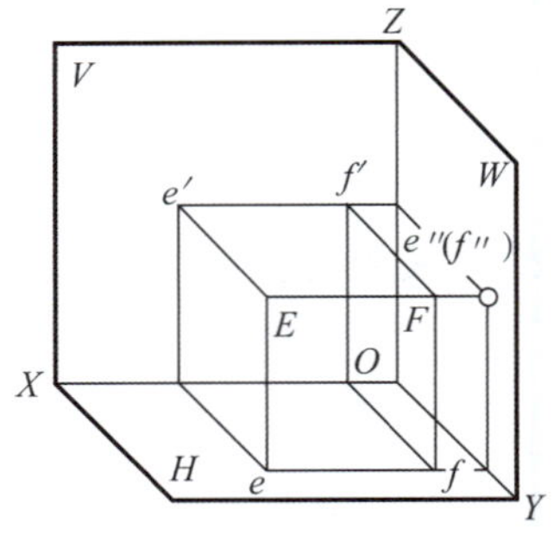
投影图	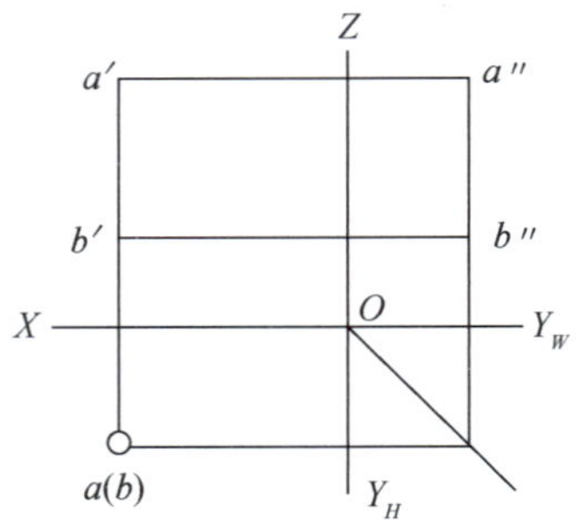	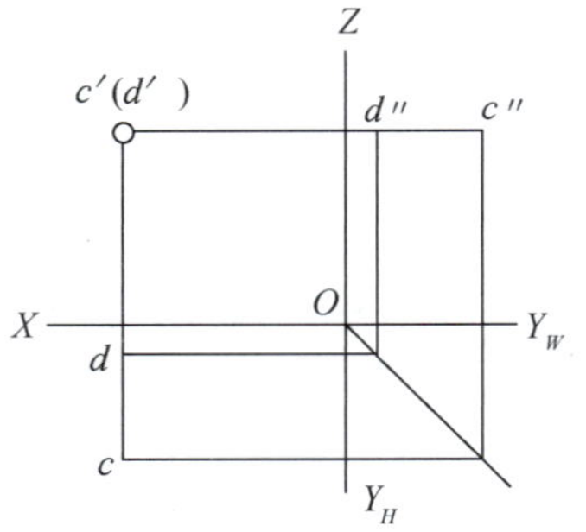	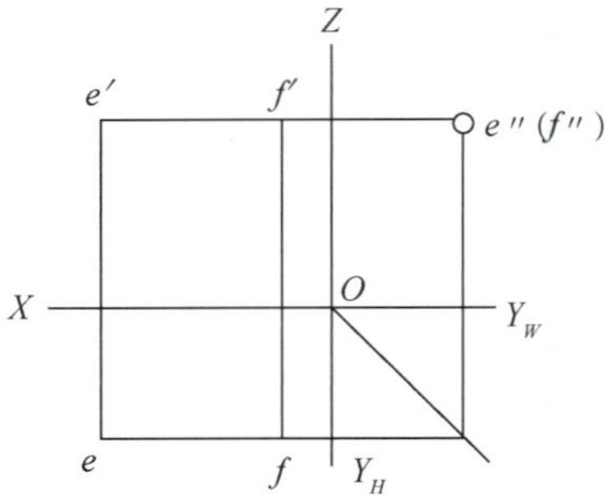
投影特性	（1）a（b）积聚为一点； （2）$a'b' \perp OX$，$a''b'' \perp OY_W$， $a'b'$ 和 $a''b''$ 都反映实长	（1）c'（d'）积聚为一点； （2）$cd \perp OX$，$c''d'' \perp OZ$，cd 和 $c''d''$ 都反映实长	（1）e''（f''）积聚为一点； （2）$ef \perp OY_H$，$e'f' \perp OZ$，$e'f'$ 和 ef 都反映实长

（3）一般位置直线

与 3 个投影面都倾斜的直线，称为一般位置直线。如图 1-19（c）所示为一般位置直线，投影特性如下。

①在 3 个投影面上的投影都倾斜于投影轴。

②在 3 个投影面上的投影的长度都小于实长。

任务实施

【例 1-1】求作直线的投影，如图 1-20a 所示。已知点 E 的三面投影，如图 1-20（a）所示，试过点 E 作一长度为 10 mm 的正垂线 EF，且点 F 在点 E 的正前方。

解（1）先作 EF 的正投影 e'（f'）。

（2）作 $ef \perp OX$，在 e 前方量取 ef=10 mm。

（3）由 e'（f'）和 ef 作出 $e''f''$，如图 1-20（b）所示。

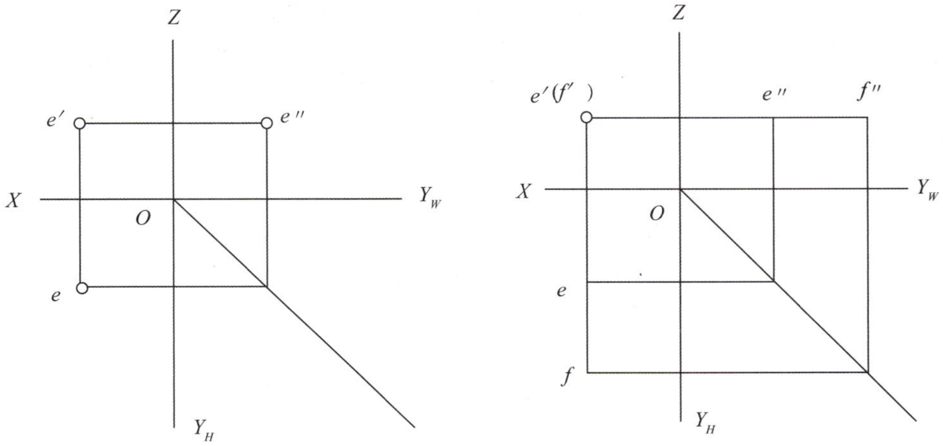

（a）　　　　　　　　　　（b）

图 1-20　求作直线的投影

（三）平面的投影

1. 平面的三面投影

平面图形的投影类似于平面图形。如图 1-21（a）所示，△*ABC* 的水平投影 *abc*、正面投影 *a′b′c′*、侧面投影 *a″b″c″*均为三角形。求作△*ABC* 的投影。可先作出三个顶点的投影；然后将各顶点的同面投影依次连接起来，即得到该平面的投影，如图 1-21（b）所示。

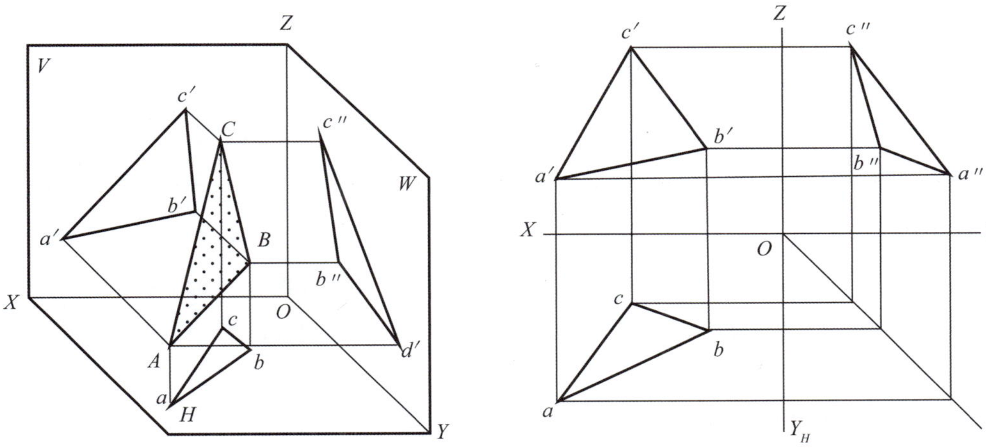

（a）　　　　　　　　　　（b）

图 1-21　平面的投影

2. 各种位置平面的投影特性

根据平面对投影面的相对位置，平面可分为投影面平行面、投影面垂直面和一般位置平面。

（1）投影面平行面

平行于一个投影面，同时垂直于另外两个投影面的平面称为投影面平行面。平行于 *V* 面的平面称为正平面；平行于 *H* 面的平面称为水平面；平行于 *W* 面的平面称为侧平面。投影面平行面的投影及投影特性如表 1-7 所示，从表中可概括出投影面平行面的投影特性如下。

①在平面所平行的投影面上，投影反映实形。

②其他两面投影分别积聚为直线，并平行于相应的投影轴。

表 1-7　投影面平行面的投影及投影特性

名称	水平面（∥*H* 面，⊥*V* 面，⊥*W* 面）	正平面（∥*V* 面，⊥*H* 面，⊥*W* 面）	侧平面（∥*W* 面，⊥*V* 面，⊥*H* 面）
立体图	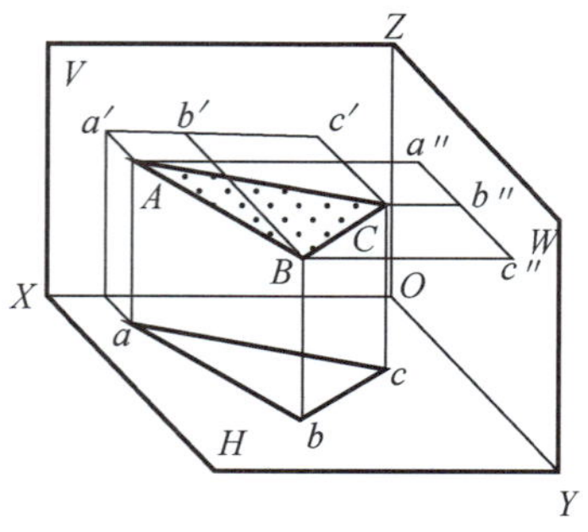	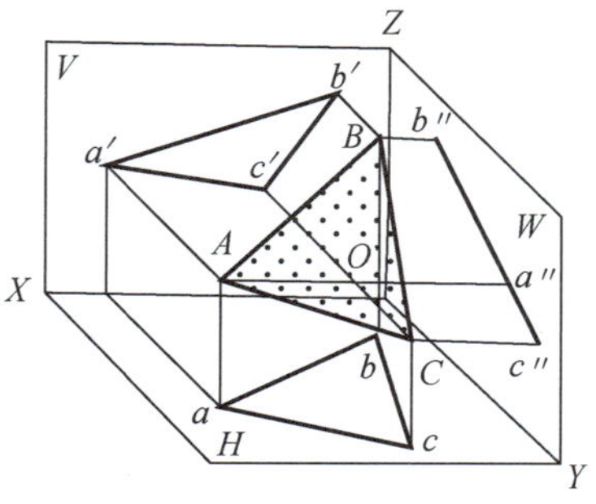	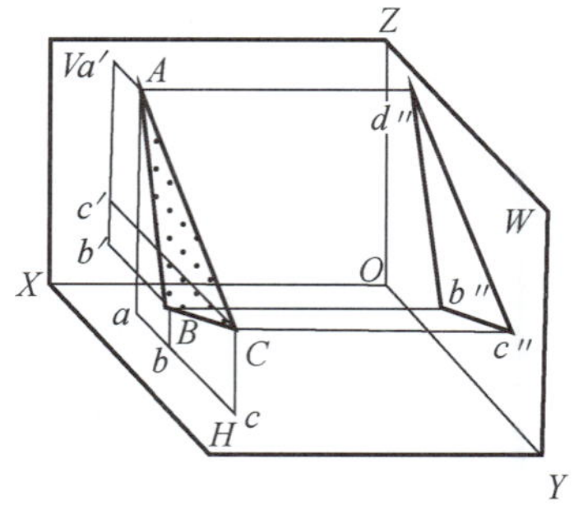
投影图	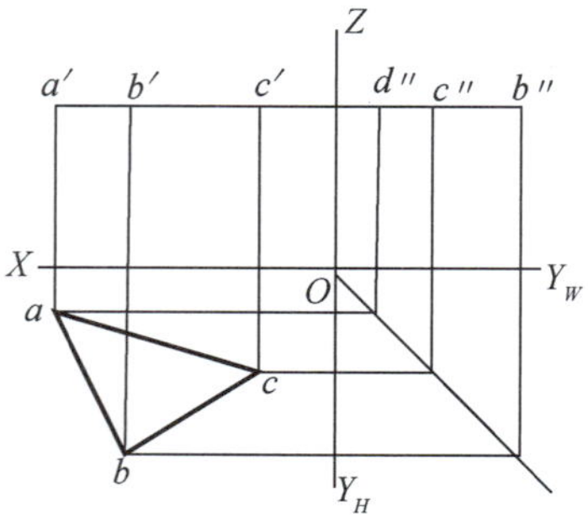	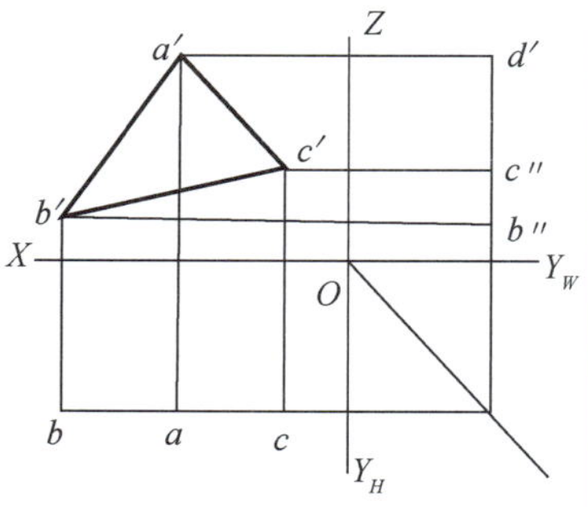	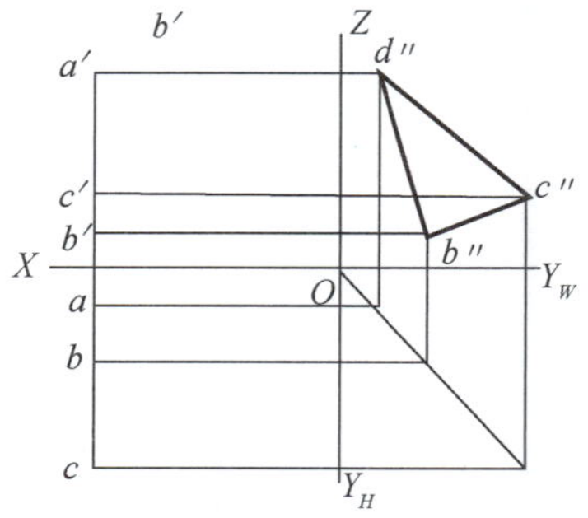
投影特性	（1）*H* 面投影反映实形； （2）*V* 面投影积聚为直线，且平行于 *OX* 轴； （3）*W* 面投影积聚为直线，且平行于 OY_W 轴	（1）*V* 面投影反映实形； （2）*H* 面投影积聚为直线，且平行于 *OX* 轴； （3）*W* 面投影积聚为直线，且平行于 *OZ* 轴	（1）*W* 面投影反映实形； （2）*H* 面投影积聚为直线，且平行于 OY_H 轴； （3）*V* 面投影积聚为直线，且平行于 *OZ* 轴

（2）投影面垂直面

垂直于一个投影面，同时倾斜于另外两个投影面的平面称为投影面垂直面。垂直于 *V* 面的平面称为正垂面，垂直于 *H* 面的平面称为铅垂面，垂直于 *W* 面的平面称为侧垂面。投影面垂直面的投影及投影特性如表 1-8 所示，从表中可概括出投影面垂直面的投影特性如下。

①在平面所垂直的投影面上，投影积聚为一倾斜直线。

②其他两面投影均为缩小的类似形。

表 1-8　投影面垂直面的投影及投影特性

名称	铅垂面（⊥*H* 面）	正垂面（⊥*V* 面）	侧垂面（⊥*W* 面）
立体图	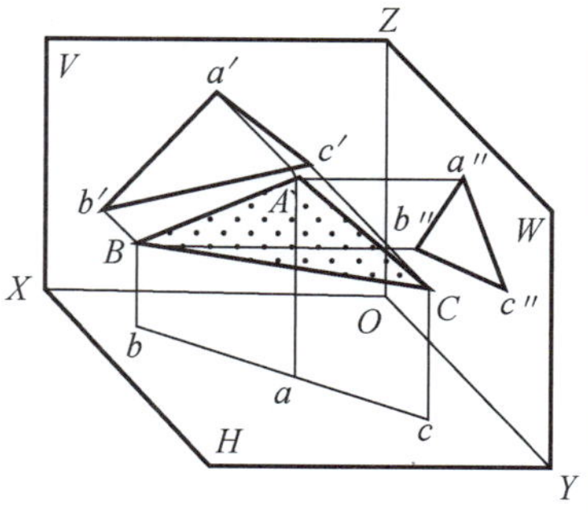	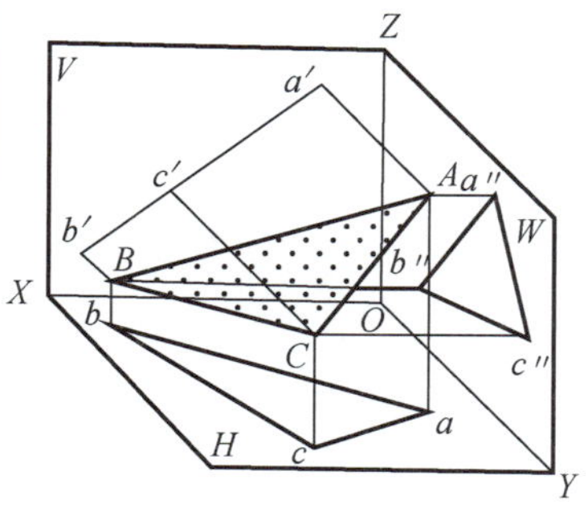	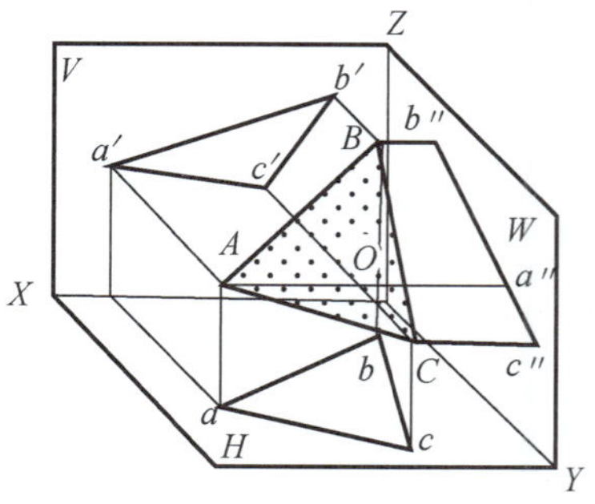

（续表）

名称	铅垂面（⊥H 面）	正垂面（⊥V 面）	侧垂面（⊥W 面）
投影图	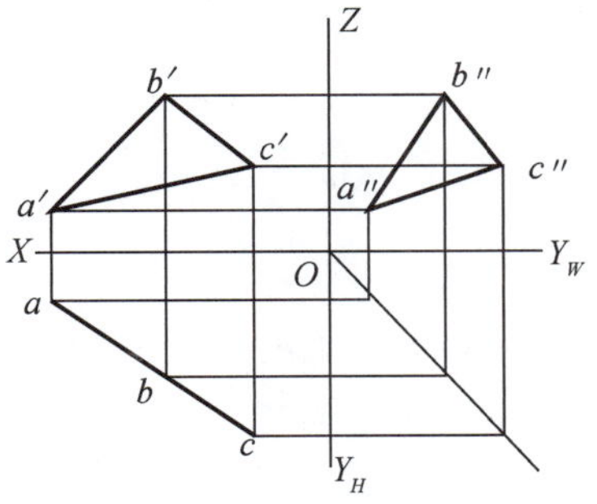	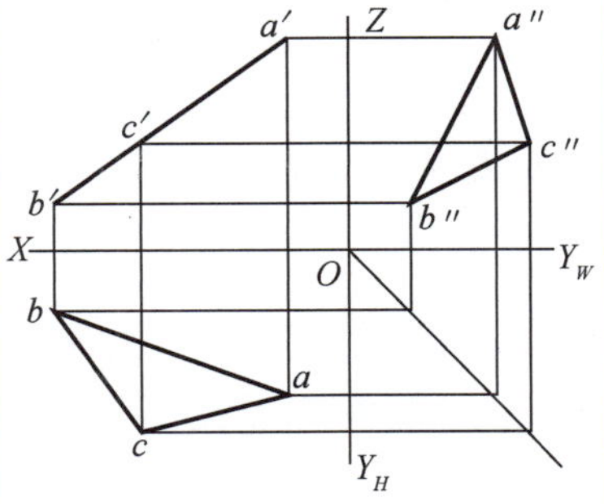	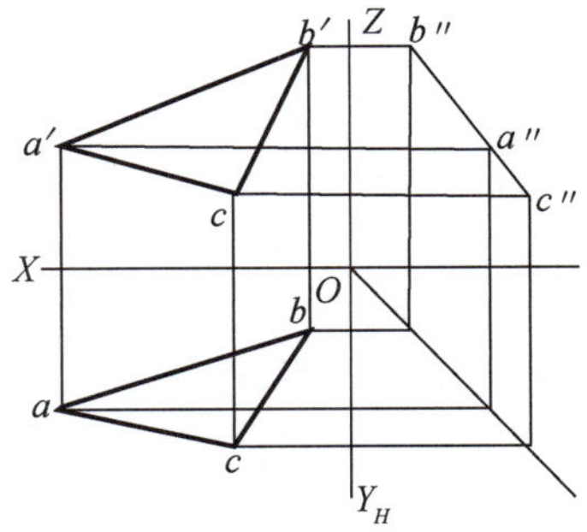
投影特性	（1）H 面积聚为一斜线； （2）V、W 面投影为缩小类似形	（1）V 面积聚为一斜线； （2）H、W 面投影为缩小类似形	（1）W 面积聚为一斜线； （2）V、H 面投影为缩小类似形

（3）一般位置平面

与三个投影面都倾斜的平面，称为一般位置平面。如图 1-21（b）所示为一般位置平面，投影特性为：一般位置平面在 3 个投影面上的投影均为小于原平面的类似形。

任务实施

【例 1-2】 如图 1-22（a）所示，已知平面图形的正面投影和水平投影，求侧面投影。

解 该平面图形为一垂直于水平面的六边形，只要求出 6 个顶点的侧面投影，并依次连接，即可求得六边形的侧面投影。作图步骤如图 1-22（b）所示。

（1）将六边形正面投影中的 6 个顶点依次标上字母 a'、b'、c'、d'、e'、f'，即为 6 个顶点的正面投影。

（2）根据投影面垂直面的投影特性可知，六边形的水平投影具有积聚性，由此可直接得出 6 个顶点的水平投影 a、b、c、d、e、f。

（3）由各点的正面投影和水平投影，求得侧面投影 a''、b''、c''、d''、e''、f''。

（4）依次连接 a''、b''、c''、d''、e''、f''，即得六边形的侧面投影。

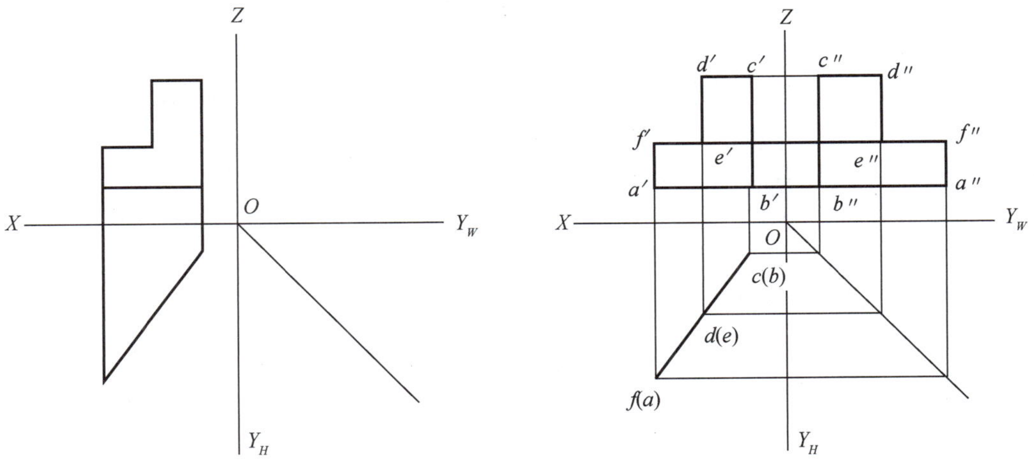

（a）　　（b）

图 1-22　求作平面图形的侧面投影

四、基本体的三视图

（一）平面立体投影

表面都是由平面围成的立体称为平面立体。最常见的平面立体有棱柱和棱锥。

1. 棱柱

如图 1-23（a）所示为正六棱柱，上下底面为正六边形；6 个侧面为相等的矩形；6 条侧棱互相平行且与底面垂直；六棱柱是一个前后、左右对称的平面立体。为了作图方便，将正六棱柱放成上下底面与 H 面平行，前后两个侧面与 V 面平行，如图 1-23（b）所示。这时，左、右 4 个侧面与 H 面垂直，6 条侧棱互相平行并垂直于 H 面。正六棱柱的三视图分析如图 1-23（c）所示，视图特性如下。

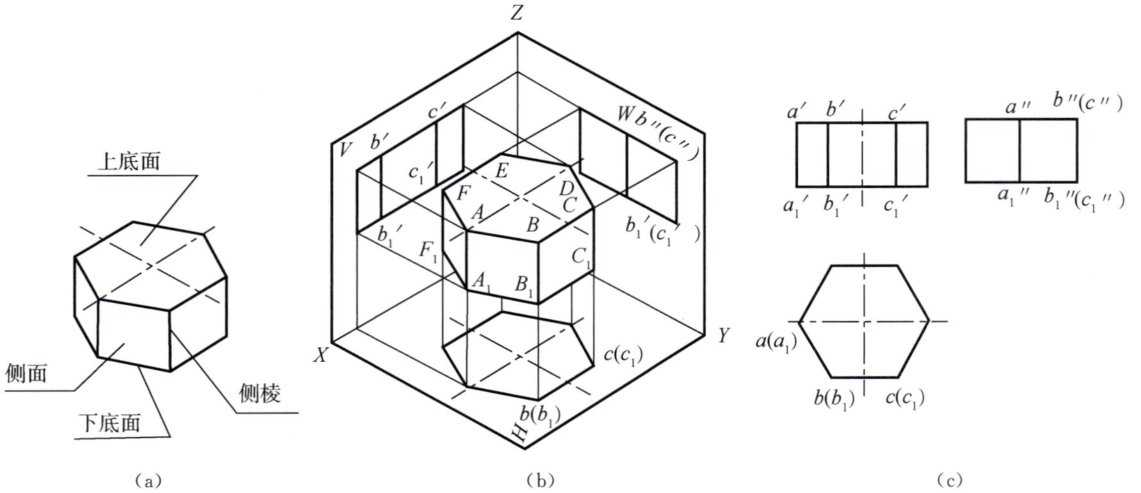

图 1-23　正六棱柱的三视图分析

（1）正六棱柱的俯视图是正六边形，是上下底面的重合投影，并反映底面实形。六边形的 6 条边是棱柱 6 个侧面的积聚投影，6 条棱线的水平投影则积聚在六边形的 6 个顶点上。

（2）正六棱柱的主视图是 3 个相连的矩形线框。中间一个较大的矩形线框 $b'b_1'C_1'C'$ 是六棱柱前后两个侧面投影的重合，并反映实形；左右两个较小的矩形线框是六棱柱其余 4 个侧面投影的重合，为小于实形的类似形。六棱柱的上、下底面为水平面，正面投影积聚成两段水平方向的直线（平行 OX 轴）。

（3）正六棱柱的左视图是两个相连且大小相等的矩形线框，是左右 4 个侧面投影的重合，为小于实形的类似形。由于棱柱体前后两个侧面为正平面，所以侧面投影积聚成两段铅垂线。六棱柱上、下底面的侧面投影积聚成两段水平方向的直线（平行 OY 轴）。

2. 棱锥

如图 1-24（a）所示为正三棱锥。底面为正三角形；3 个侧面为等腰三角形；3 条侧棱相交于锥顶 S。将正三棱锥放置在轴线垂直于 H 面的位置，底面与 H 面平行，侧面 SAC 与 W 面垂直。这时，其他两个侧面 SAB 和 SBC 均与 3 个投影面倾斜，如图 1-24（b）所示。正三棱锥的三视图分析如图 1-24（c）所示，视图特性如下。

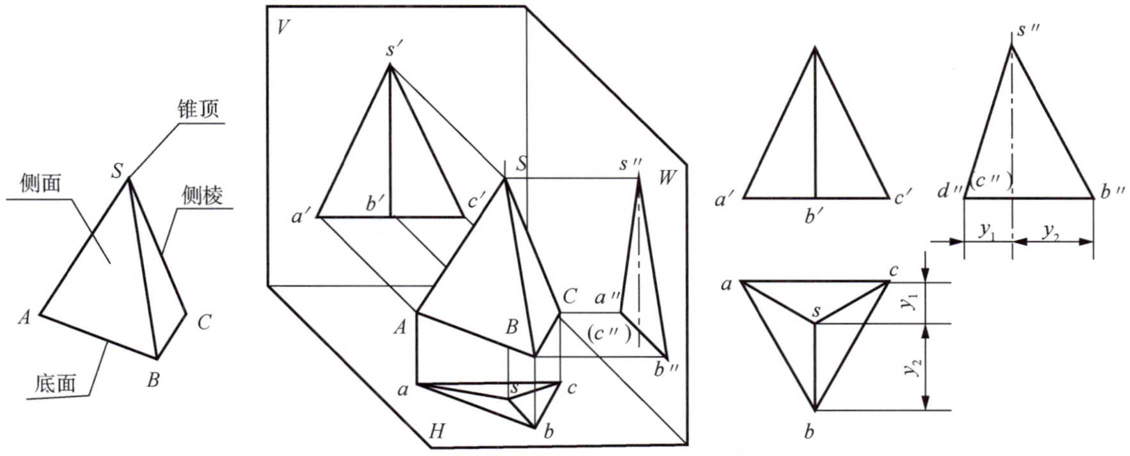

(a) (b) (c)

图 1-24 正三棱锥的三视图分析

（1）正三棱锥的俯视图中，△*abc* 的投影反映实形。由于是正三棱锥，所以锥顶 *S* 的水平投影 *s* 位于底面三角形的中心上，*sa*、*sb*、*sc* 为 3 条侧棱的水平投影，把△*abc* 分成 3 个等腰三角形，是三棱锥体 3 个侧面的投影，都不反映实形。

（2）正三棱锥的主视图中，底面的正面投影积聚成一条水平方向的直线 $a'b'c'$。由于棱锥的 3 个侧面都倾斜于 *V* 面，所以正面投影△$s'a'b'$、△$s'b'c'$和△$s'a'c'$都不反映实形。

（3）正三棱锥的左视图中，底面的侧面投影也积聚成一条水平方向的直线 a''（c''）b''。侧面 *SAC* 为侧垂面，侧面投影积聚成一条直线 $s''a''$（c''）。左右两个侧面 *SAB* 和 *SBC* 倾斜于 *W* 面，侧面投影重合且不反映实形。侧棱 *SB* 为侧平线，侧面投影 $s''b''$反映实长。注意，正三棱锥的左视图不是一个等腰三角形，宽度 y_1 和 y_2 应与俯视图中相应的宽度相等。

（二）曲面立体投影

工程上常见的曲面立体是回转体。

一条母线（直线或曲线）绕一轴线回转而形成的表面称为回转面。由回转面或回转面与平面围成的立体，称为回转体。常见的回转体有圆柱、圆锥和圆球等。

1. 圆柱

如图 1-25（a）所示为一圆柱，圆柱表面由圆柱面和上、下两个圆组成。其中，圆柱面由一直线（母线）绕与之平行的轴线回转而成。如图 1-25（b）所示为圆柱的三视图。圆柱的俯视图为一个圆，反映了顶面和底面的实形。

圆柱的主视图为矩形线框。线框的上下两条直线是圆柱体顶面和底面的积聚投影。线框的左右两轮廓线 $a'a_1'$和 $c'c_1'$是圆柱面上最左最右素线 AA_1 和 CC_1 的投影。把圆柱面分为前后两半，前半部分看得见，后半部分看不见，因而这两条素线是主视图中可见与不可见的分界线。

圆柱的左视图也是一个矩形线框，上下两条直线仍是圆柱体的顶面和底面的积聚投影。左右两轮廓线 $d''d_1''$和 $b''b_1''$则是圆柱面上最后最前两条素线 DD_1 和 BB_1 的投影，也是左视图中可见与不可见的分界线。

画圆柱的三视图时，一般先画投影具有积聚性的圆，再根据投影规律和圆柱的高度完成其他两视图。

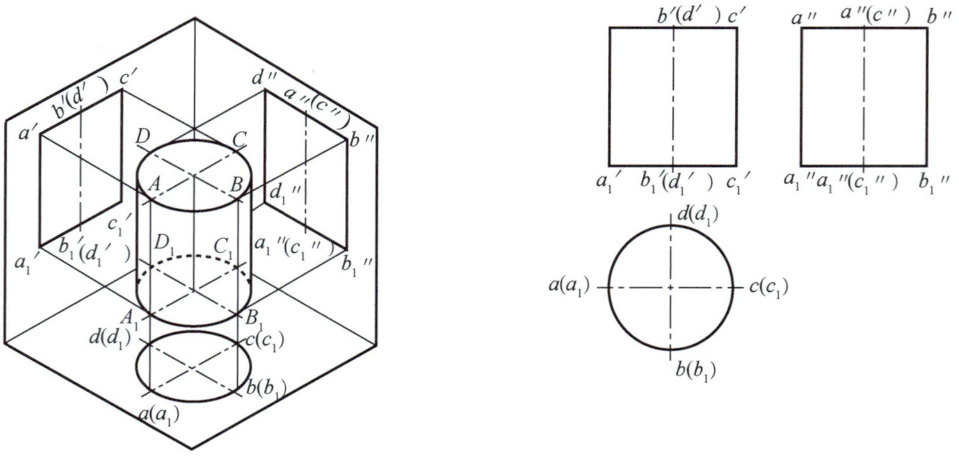

（a）　　　　（b）

图 1-25　圆柱及其三视图

2. 圆锥

如图 1-26（a）所示为圆锥，轴线为铅垂线，如图 1-26（b）所示为圆锥的三视图。圆锥的俯视图是一个圆，反映底圆的实形，同时也表示圆锥面的水平投影。圆锥的主视图是一个等腰三角形；底边是圆锥底面的积聚投影；两腰是圆锥面最左最右两条素线的投影。圆锥面的正面投影是可见与不可见的分界线，圆锥的左视图也是一个等腰三角形。

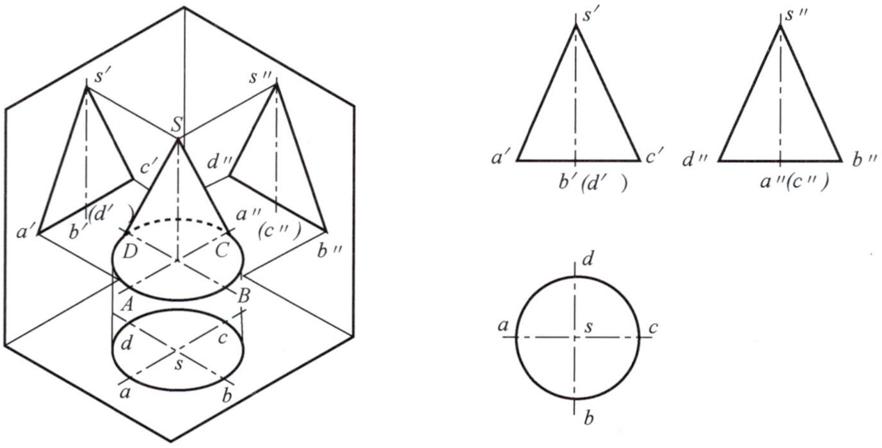

（a）　　　　（b）

图 1-26　圆锥及其三视图

3. 圆球

如图 1-27（a）所示为圆球，如图 1-27（b）所示为圆球的三视图，是大小相等的 3 个圆，圆的直径与球的直径相等。球在各个投影面上的投影虽然都是圆形，但各个圆的意义却不相同。

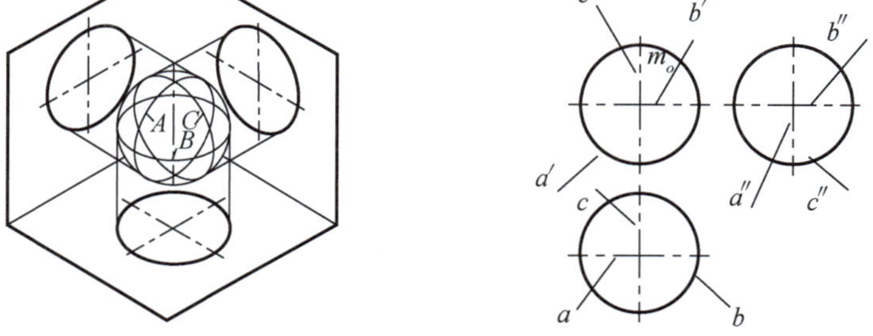

（a）　　　　（b）

图 1-27　圆球及其三视图

主视图中圆 a' 是球面上平行于 V 面的最大圆的投影，也是前半球和后半球可见与不可见的分界圆，其水平投影和侧面投影与球的中心线 a、a' 重合，不必画出。

俯视图中圆 b 是球面上平行于 H 面的最大圆的投影，也是上半球和下半球可见与不可见的分界圆，其正面投影和侧面投影与球的中心线 b'、b'' 重合，不必画出。

左视图中圆 c' 是球面上平行于 W 面的最大圆的投影，也是左半球和右半球可见与不可见的分界圆，其正面投影和侧面投影与球的中心线 c'、c'' 重合，不必画出。

（三）组合体及其尺寸标注

1. 组合体的组合形式及表面连接处的画法

组合体的组合形式有叠加类和切割类，但一般以综合形式出现。组合体中的各基本几何体表面之间有平齐与不平齐、相切和相交三种情况。

（1）平齐与不平齐

平齐与不平齐是指两基本几何体以平面的方式相互接触。如图 1-28 所示为两个支架的投影图和轴测图，都可以看作由下部的底板和上部的竖板组合而成。如图 1-28（a）所示为不平齐，正面投影中间应该有线隔开。如图 1-28（b）所示为平齐，中间不应有线隔开。

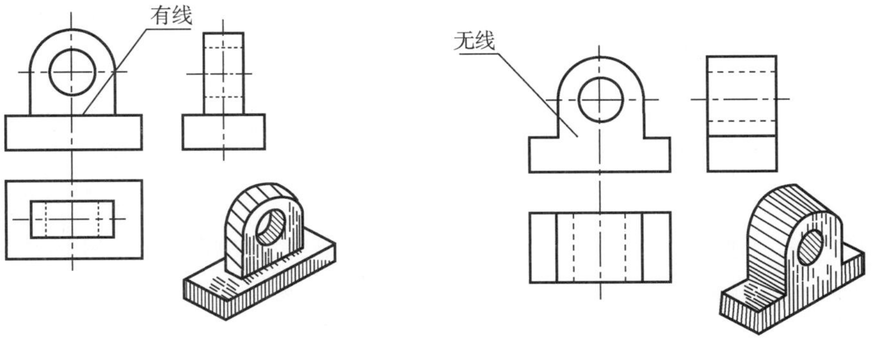

（a）不平齐　　（b）平齐

图 1-28　两个支架的投影图和轴测图

（2）相切

相切是指两基本几何体表面（平面与曲面、曲面与曲面）光滑过渡。当曲面与曲面、曲面与平面相切时，在相切处不存在交线。如图 1-29 所示为零件左端底板上，铅垂面与空心圆柱相切，主、左视图上相切处不画交线。

（3）相交

相交是指两基本体表面彼此相交。相交处应画出交线，这种交线按相交表面不同可为直线，如图 1-30 所示；也可为曲线，如图 1-31 所示。

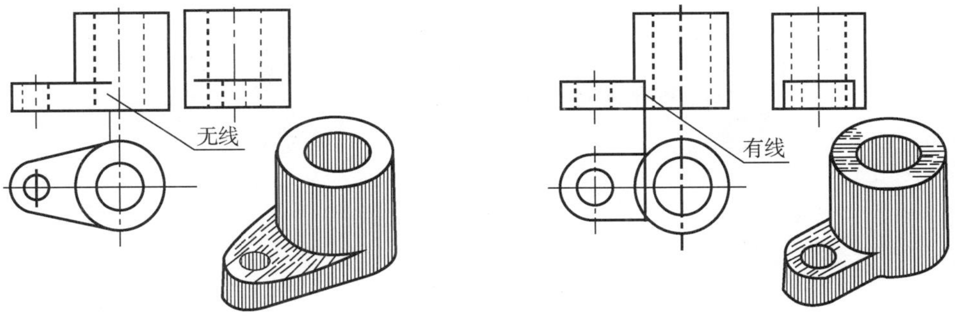

图 1-29　表面相切　　**图 1-30 表面相交（交线为直线）**

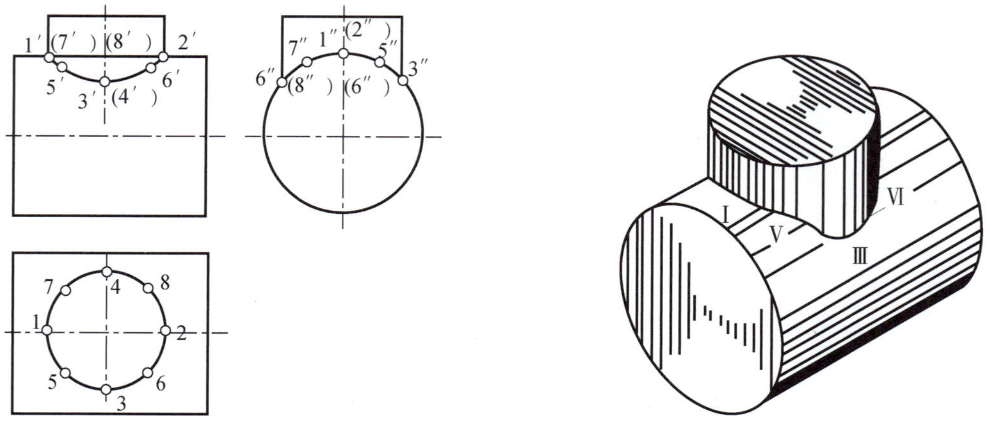

(a)　　(b)

图 1-31　表面相交（交线为曲线）

任务二　标准件与常用件的表达方法

知识储备

常用机件是指在机械设备和仪器仪表的装配及安装过程中广泛使用的机件。其中包括结构、尺寸，以及技术要求都按标准化的常用标准件（如螺钉等）和非标准的常用机件（如齿轮等）。

为了减少设计和绘图工作量，常用机件及某些重复结构要素（如螺钉上的螺纹和齿轮上的轮齿等），绘图时可按国家标准规定的特殊表示法简化画出，并进行必要的标注。

一、螺纹和其连接件的基本知识和画法

（一）螺纹与螺纹连接

1. 螺纹的基本知识

螺纹是在圆柱或圆锥表面上，沿着螺旋线所形成的具有规定牙型的连续凸起。在圆柱或圆锥外表面上形成的螺纹称为外螺纹，如图 1-32（a）所示。在内表面上形成的螺纹称为内螺纹，如图 1-32（b）所示。

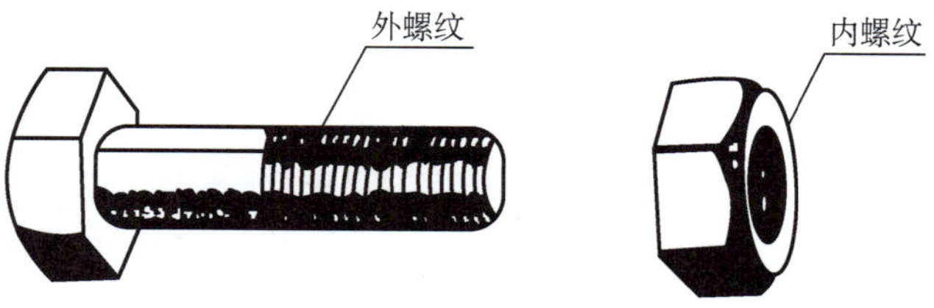

(a)　　(b)

图 1-32　内螺纹与外螺纹

1）螺纹的形成

形成螺纹的加工方法有很多，如图 1-33（a）所示为车床上车削外螺纹。如图 1-33（b）所示为车床上加工内螺纹。若加工直径较小的螺孔，可如图 1-33（c）所示，先用钻头钻孔（钻头顶角约为 120°，所以钻孔底部应该画成 120°），再用丝锥攻丝加工内螺纹。

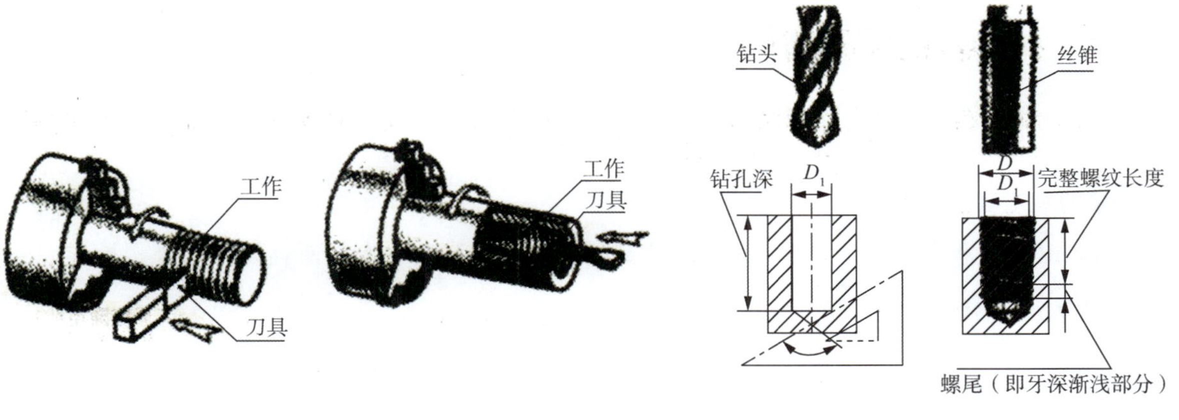

（a）车床上车削外螺纹　（b）车床上加工内螺纹　（c）用丝锥攻丝加工内螺纹

图 1-33　螺纹的形成

（2）螺纹的要素

螺纹由牙型、公称直径（大径）、螺距、线数和旋向五个要素所确定，通常称为螺纹五要素。只有这五要素都有相同的外螺纹和内螺纹才能相互旋合。

①牙型。用通过螺纹轴线的平面剖切所得到的螺纹剖面轮廓称为牙型，如图 1-34（a）所示。螺纹的牙型有许多种，常用的种类已标准化并规定了符号。

②直径。直径有大径（d，D）、小径（d_1，D_1）和中径（d_2，D_2），大径是指与外螺纹的牙顶或内螺纹的牙底相重合的假想圆柱面的直径。小径是指与外螺纹的牙底或内螺纹的牙顶相重合的假想圆柱面的直径。中径是在大径和小径之间，母线通过牙型上的沟槽宽度和凸起宽度相等的假想圆柱的直径。

③螺距（P）和导程。相邻两牙在中径线上对应两点之间的轴向距离称为螺距（P）；同一条螺旋线上相邻两牙，在中径线上对应两点之间的轴向距离称为导程（P_h）。其中，$P_h = nP$

④线数（n）。螺纹有单线和多线之分，沿一条螺旋线形成的螺纹，称为单线螺纹。沿两条或两条以上在轴向等距分布的螺旋线形成的螺纹，称为多线螺纹，如图 1-34（b）所示为双线螺纹。普通螺纹一般为单线螺纹。

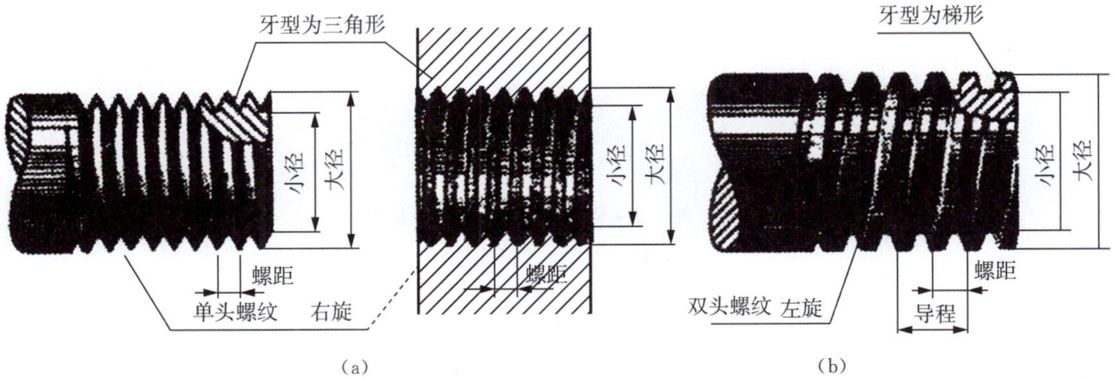

（a）　（b）

图 1-34　螺纹要素

⑤旋向。螺纹旋向分为右旋和左旋两种，螺纹的旋向可用如图 1-35 所示方法来判定。顺时针方向旋转时沿轴向旋入的螺纹是右旋螺纹，可见螺旋线表现为左低右高的特征。逆时针方向旋转时沿轴向旋入的螺纹称为左旋螺纹，可见螺旋线具有左高右低的特征。工程上右旋螺纹应用最多。

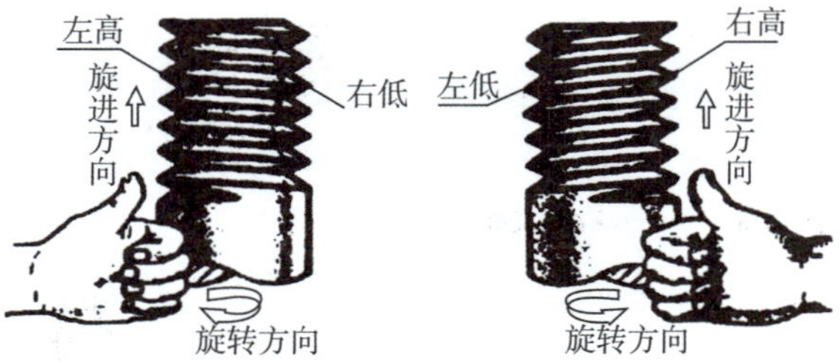

（a）左旋　　（b）右旋

图 1-35　螺纹旋向的判断

2. 螺纹的规定画法

由于制造螺纹是采用专用机床和刀具，不需要画出螺纹的真实投影，而且螺纹的真实投影的画法很繁杂，所以用规定画法作图。

（1）外螺纹的规定画法

外螺纹的规定画法如图 1-36 所示。

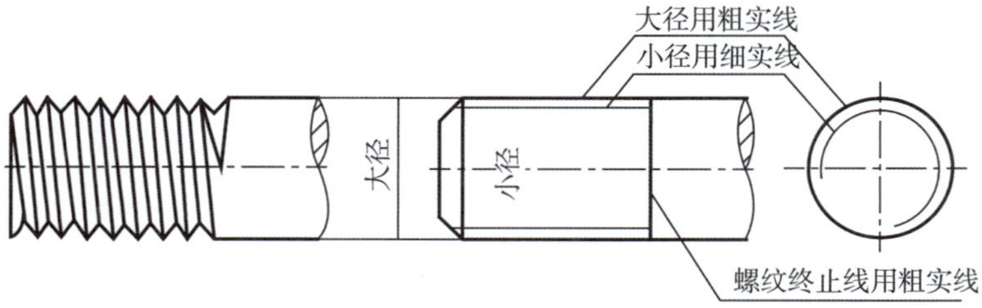

图 1-36　外螺纹的规定画法

外螺纹大径用粗实线表示、螺纹小径用细实线表示，并画入倒角部分，螺纹终止线用粗实线表示。当需要表示螺纹收尾部时，螺尾部分的牙底用与轴线成 30°的细实线绘制，一般不画螺尾。

在轴线垂直的投影图上，螺纹小径细实线圆只画约 3/4 圈，螺纹上的倒角圆不画。

在螺纹的剖视图上，螺纹的大、小径之间应按实体处理，画上剖面符号。

（2）内螺纹的规定画法

内螺纹的规定画法如图 1-37 所示。

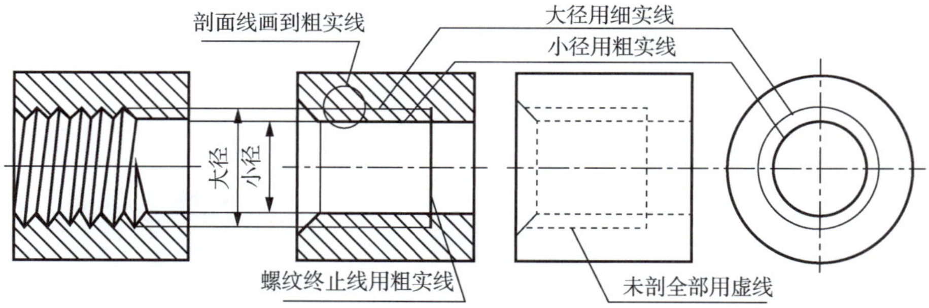

（a）剖切后的立体图　（b）剖切主视图　（c）未剖主视图　（d）左视图

图 1-37　内螺纹的规定画法

①在零件上螺纹孔未剖时，在轴线平行的视图上，螺纹大、小径均用虚线表示，如图 1-37（c）所示。

②在螺纹的剖视、剖面图上，内螺纹大径用细实线表示，螺纹小径用粗实线表示，螺纹终止线用粗实线表示。

③在轴线垂直的投影图上，螺纹大径细实线圆只画约 3/4 圈，螺纹上的倒角圆不画。

④在螺纹的剖视、剖面图上，螺纹的大、小径之间应按实体处理，画上剖面符号。

⑤螺纹盲孔一般应将钻孔深度画得比螺孔深度深，钻孔底部的锥面是钻头形成的，如应将锥顶角画成 120°。

(3) 螺纹连接的规定画法

只有螺纹的要素都相同的内、外螺纹才可连接（即旋合）在一起。螺纹连接在画成剖视图时，当剖切面通过轴线时，实心螺杆按不剖绘制，螺纹连接的部分按外螺纹的规定画法绘制，其余部分的螺纹按各自的规定画法绘制，如图 1-38 所示。

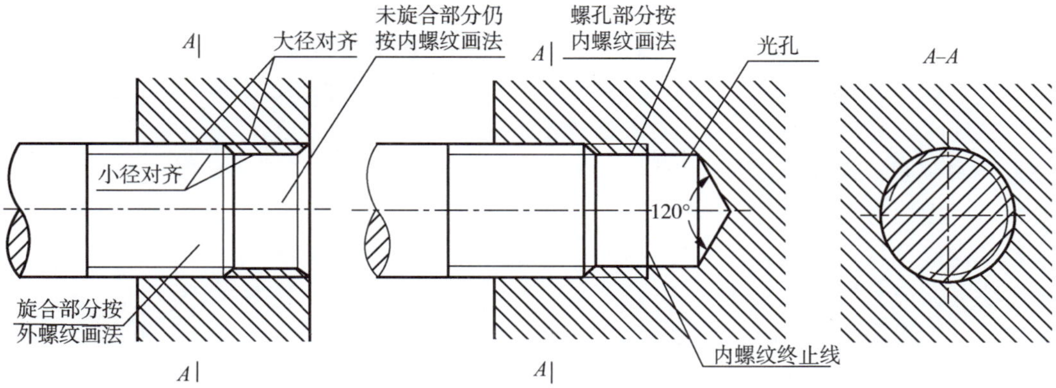

(a) 通孔　(b) 不通孔　(c) 剖面图

图 1-38　螺纹连接的规定画法

3. 螺纹的标注

由于螺纹规定画法不能表示螺纹种类和螺纹要素，因此绘制螺纹图样时，对于标准螺纹必须按照国家标准所规定的格式和相应代号进行标注。

(1) 普通螺纹标记

完整的螺纹标记由螺纹特征代号、尺寸代号、公差带代号及其他有必要做进一步说明的个别信息组成。螺纹特征代号用字母“M”表示。

单线螺纹的尺寸代号为“公称直径×螺距”，公称直径和螺距数值的单位为 mm。对粗牙螺纹，可以省略其螺距项。

多线螺纹的尺寸代号为“公称直径×导程 P_h×螺距 P”，公称直径、导程和螺距的单位为 mm。如果要进一步表明螺纹的线数，可在后面增加括号说明（使用英语进行说明。例如，双线为 two starts；三线为 three starts；四线为 four starts）。

公差带代号包含中径公差带代号和顶径公差带代号。中径公差带代号在前，顶径公差带代号在后。各直径的公差带代号由表示公差等级的数值和表示公差带位置的字母（内螺纹用大写字母，外螺纹用小写字母）组成。如果中径公差带代号与顶径公差带代号相同，则应只标注一个公差带代号。螺纹尺寸代号与公差带间用“-”号分开。标记内有必要说明的其他信息包括螺纹的旋合长度和旋向。

对短旋合长度组和长旋合长度组的螺纹，宜在公差带代号后分别标注“S”和“L”代号。旋合长度代号与公差带间用“-”分开。中等旋合长度组螺纹不标注旋合长度代号（N）。

对左旋螺纹，应在旋合长度代号之后标注“LH”代号。旋合长度代号与旋向代号间用“-”分开。右旋螺纹不标注旋向代号。

任务实施

【例 1-3】某粗牙普通螺纹，大径为 20、中径公差带为 5/g、大径公差带为 6/g、短旋合长度，右旋，试标记该螺纹。

解　该螺纹可标记为 M20-5/g6/g-S。

【例 1-4】某细牙普通内螺纹，大径为 10、螺距为 1、中径公差带为 6H、小径公差带为 6H、中等旋合长度，左旋，试标记该螺纹。

该螺纹可标记为 M20×1-6H-LH。

（2）管螺纹标记

由于管螺纹按性能分为密封管螺纹和非密封管螺纹，两种管螺纹的标记又有很大不同。

①密封管螺纹的标记。

螺纹特征代号　尺寸代号×旋向代号

密封管螺纹又分为圆柱内螺纹相配合的圆锥外螺纹（特征代号为 R1）、圆锥内螺纹相配合的圆锥外螺纹（特征代号为 R2）、圆锥内螺纹（特征代号为 Rc）、圆柱内螺纹（特征代号为 Rp）。

管螺纹的尺寸代号并不是螺纹大径，而是管螺纹所在管子的孔径，标记需用指引线自大径引出标注。

当螺纹为左旋时，左后边加注 LH，右旋螺纹不标注旋向代号。

【例 1-5】某右旋圆锥内螺纹，尺寸代号为 3/4，试标记该螺纹。

解　该螺纹可标记为 Rc3/4。

【例 1-6】某左旋圆柱内螺纹，尺寸代号为 3/4，试标记该螺纹。

解　该螺纹可标记为 Rp3/4 LH。

内、外螺纹装配在一起时，内、外螺纹的标记用斜线分开，左边表示内螺纹，右边表示外螺纹。例如，圆柱内螺纹与圆锥外螺纹配合（右旋），其标记为 Rc/Rp 3/4。

②非密封管螺纹标记。非密封管螺纹其内、外螺纹都是圆柱管螺纹，标记有螺纹特征代号、尺寸代号、公差等级代号和旋向代号组成，规定格式如下。

螺纹特征代号 尺寸代号 公差代号-旋向代号

螺纹特征代号用字母“G”表示。

螺纹尺寸代号由相应国家标准规定分数和整数。

螺纹公差等级代号：外螺纹分 A、B 两级进行标记，内螺纹不标记公差等级代号。

当螺纹为左旋时，应在外螺纹的公差等级代号或内螺纹的代号之后加 LH。

表示螺纹副时，仅需标注外螺纹的标记代号。

【例 1-7】试标记尺寸代号为 3 的 A 级右旋圆柱外螺纹。

解　该螺纹标记为 G 3 A。

【例 1-8】试标记尺寸代号为 3 的 B 级左旋圆柱外螺纹。

解　该螺纹标记为 G 3 B-LH。

③梯形和锯齿形螺纹标记。完整的梯形螺纹标记应包括螺纹特征代号、尺寸代号、公差带代号和旋合长度代号。

梯形和锯齿形螺纹的标记如下。

螺纹特征代号 公称直径×导程 P_h（螺距 P）-中径公差带代号-旋合长度代号-旋向梯形螺纹的特征代号用字母“Tr”表示，锯齿形螺纹的特征代号用字母“B”表示。

公称直径与导程之间用“×”号分开；螺距代号“P”和螺距值用圆括号括上。对单线螺纹，其标记应省略圆括号部分。

梯形螺纹和锯齿形螺纹的公差带代号仅包含中径公差带代号。公差带代号由公差等级数字和公差带位置字母（内螺纹用大写字母；外螺纹用小写字母）组成。螺纹尺寸代号与公差带代号间用“-”号分开。

表示内、外螺纹配合时，内螺纹公差带代号在前，外螺纹公差带代号在后，中间用斜线分开。

对长旋合长度组的螺纹，应在公差带代号后标注代号 L。旋合长度代号与公差带间用“-”号分开。中等旋合长度组螺纹不标注旋合长度代号 N。

对标准左旋螺纹，标记内应添加上左旋代号“LH”，右旋螺纹不标注其旋向代号。

需要注意，梯形螺纹的公称直径是指外螺纹大径。实际上内螺纹大径大于外螺纹大径，但标注内螺纹代号时要标注公称直径，即外螺纹大径。

【例 1-9】某单线梯形外螺纹，大径为 48，螺距为 8，中径公差带为 7e，中等旋合长度，右旋，试标记该螺纹。

解　螺纹标记为 Tr48×8-7e。

【例 1-10】某双线梯形螺纹，大径为 48，螺距为 8，内螺纹公差带为 7H，外螺纹公差带为 7e，中等旋合长度，右旋，试标记该螺纹。

解　螺纹标记为 Tr48×16（P8）-7H/7e。

普通螺纹、梯形螺纹和锯齿形螺纹的标注示例如表 1-9 所示。

表 1-9　普通螺纹、梯形螺纹和锯齿形螺纹的标注示例

螺纹种类	标注示例	说明
普通螺纹	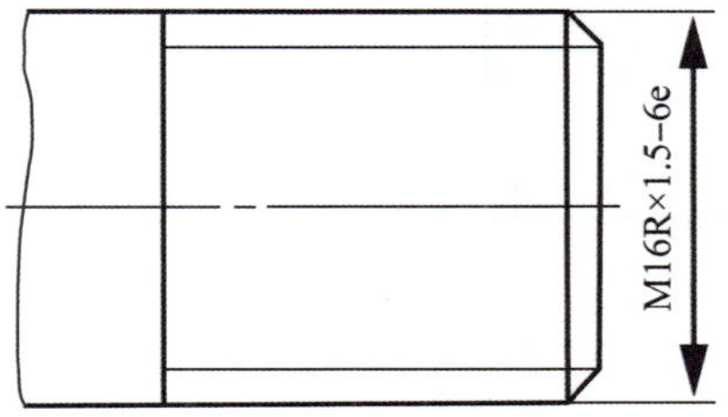	表示公称直径为 16 mm、螺距为 1.5 mm 的右旋细牙普通螺纹（外螺纹），中径和顶径公差带代号为 6e，中等旋合长度
	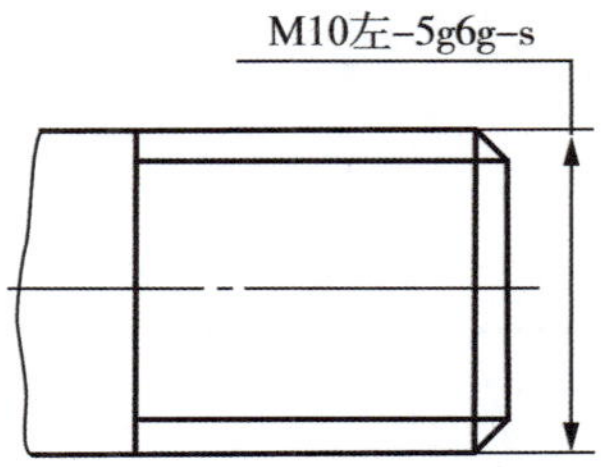	表示公称直径为 10 mm 的左旋粗牙普通螺纹（外螺纹），中径公差带代号为 5/g，顶径公差带代号为 6/g，短旋合长度
	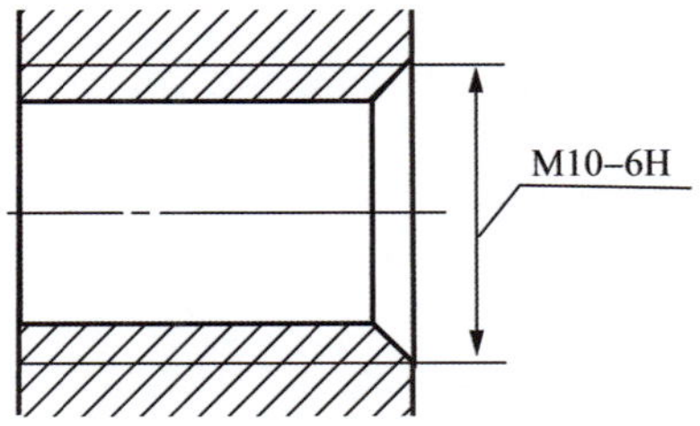	表示公称直径为 10 mm 的右旋细牙普通螺纹（内螺纹），中径和顶径公差带代号皆为 6H，中等旋合长度
梯形螺纹	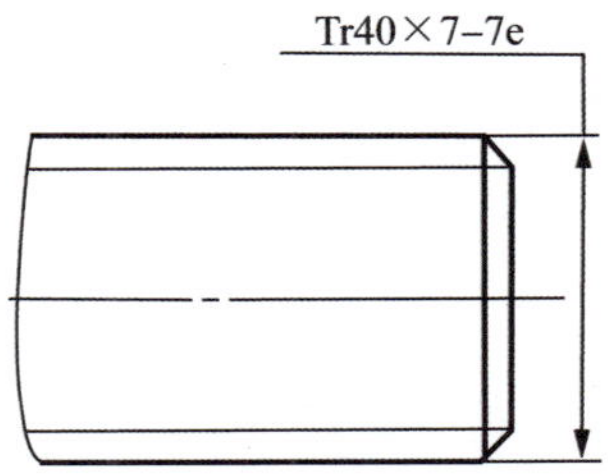	表示公称直径为 40 mm、螺距为 7 mm 的单线右旋梯形外螺纹，中径公差带代号为 7e，中等旋合长度
	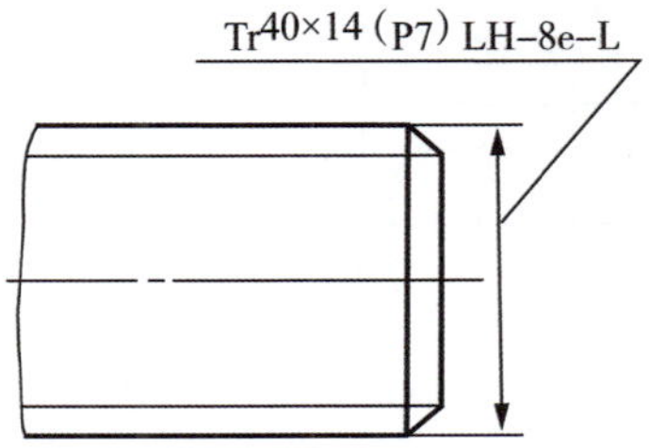	表示公称直径为 40 mm、螺距为 14 mm 的双线左旋梯形外螺纹，中径公差带代号为 8e，长旋合长度

（续表）

螺纹种类	标注示例	说明
锯齿形螺纹	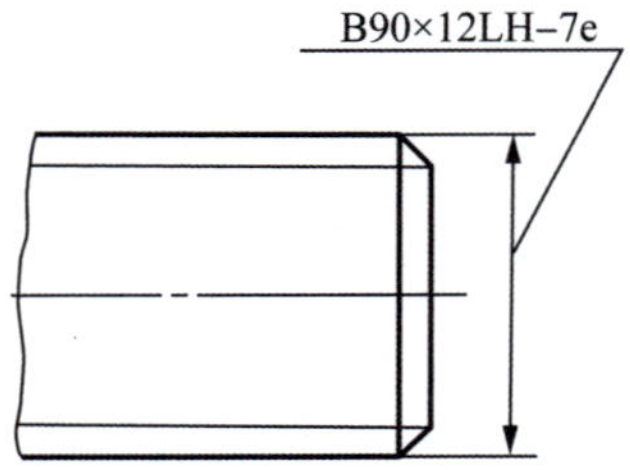	表示公称直径为 90 mm、螺距为 12 mm 的单线左旋锯齿形外螺纹，中径公差带代号为 7e，中等旋合长度

管螺纹的标注示例如表 1-10 所示。

表 1-10　管螺纹的标注示例

螺纹种类	标注示例	说　明
用螺纹密封的管螺纹	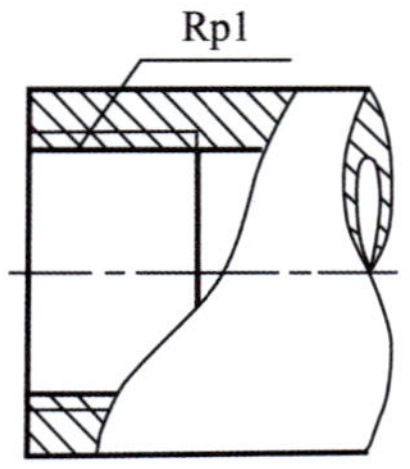	表示尺寸代号为 1、密封的圆柱内螺纹
	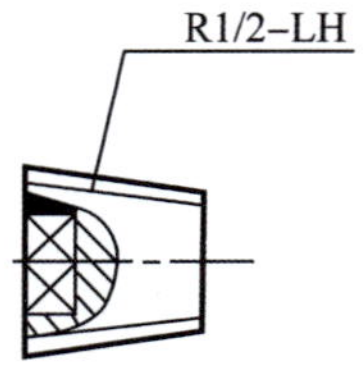	表示尺寸代号为 1/2、密封的与圆柱内螺纹相配合的圆锥外螺纹，左旋
	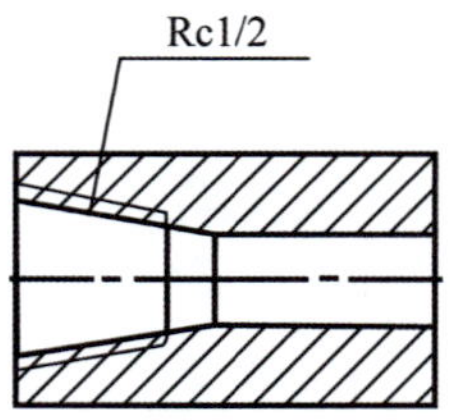	表示尺寸代号为 1/2、用螺纹密封的圆锥内螺纹

（续表）

螺纹种类	标注示例	说　明
非螺纹密封的管螺纹	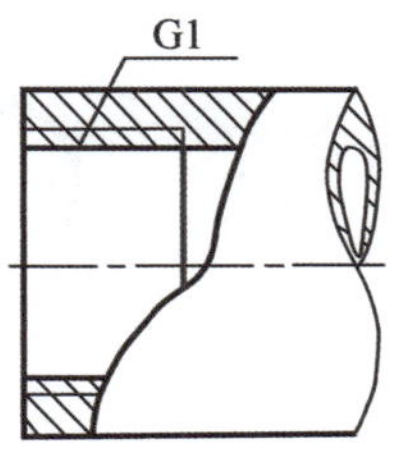	表示尺寸代号为 1、非螺纹密封的圆柱内螺纹
	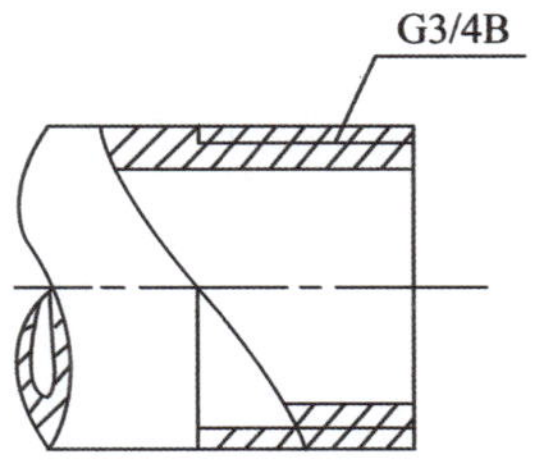	表示尺寸代号为 3/4、非螺纹密封的 B 级圆柱外螺纹

4. 螺纹紧固件及连接的画法

（1）常用螺纹紧固件及其标记

常用的螺纹紧固件都是标准件，有螺栓、螺柱、螺钉、螺母和垫圈等。由于螺纹紧固件的结构、尺寸均已标准化，使用时按规定标记直接外购即可。常用螺纹紧固件的标记示例如表 1-11 所示。

在有关标准中可以查得结构形式和全部尺寸。为作图方便，画装配图时一般不按实际尺寸作图，而是采用按比例画出画法。

表 1-11　常用螺纹紧固件的标记示例

序号	名称（标准号）	图例及规格尺寸	标记示例
1	六角头螺栓-A 级和 B 级 （GB/T 5782—2000） 	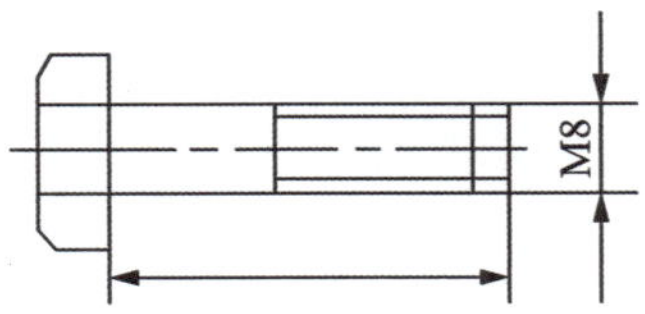	螺纹规格 d＝M8、公称长度 L＝40 mm、性能等级为 8.8 级、表面氧化、产品等级为 A 级的六角头螺栓的标记： 螺栓 GB/T 5782 M8×40
2	双头螺柱 bm＝ld （GB/T 897—1988） 	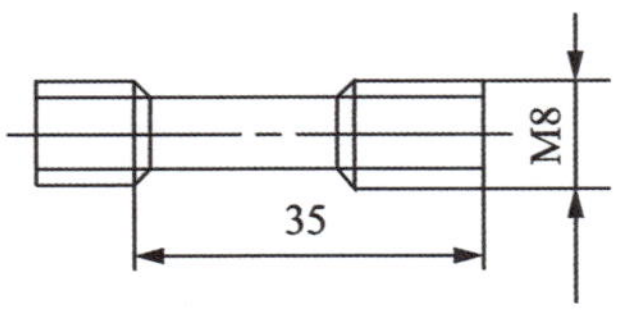	两端均为粗牙普通螺纹，d＝8 mm、L＝35 mm、性能等级为 4.8 级、不经表面处理、B 型、bm＝1d 的双头螺柱的标记： 螺柱　GB 897 M8×35

（续表）

序号	名称（标准号）	图例及规格尺寸	标记示例
3	1 型六角螺母 A 级和 B 级 （GB/T 6170—2000） 	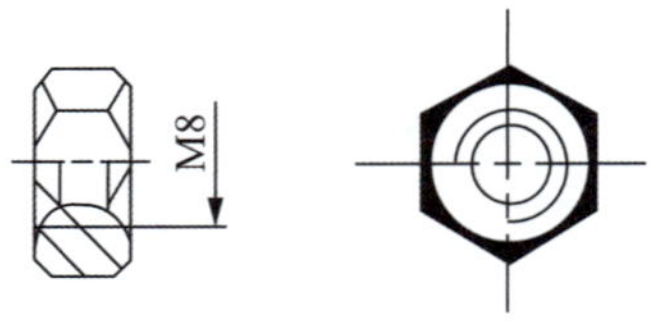	螺纹规格 D＝M8、性能等级为 10 级、不经表面处理、A 级的 1 型六角螺母的标记： 螺母 GB/T 6170 M8
4	平垫圈-A 级 （GB/T 97.1—2000） 		规格 d＝8 mm、性能等级为 140 HV 级、不经表面处理的平垫圈的标记： 垫圈 GB/T 97.1 8
5	标准型弹簧垫圈 （GB 93—1987） 	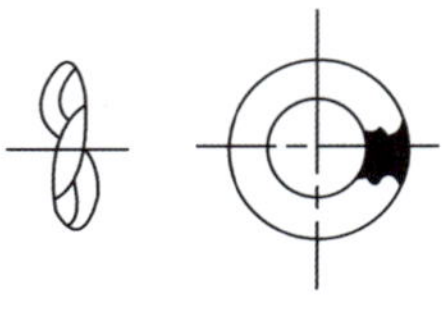 规格8 mm	规格 8 mm、材料为 65Mn、表面氧化的标准型弹簧垫圈的标记： 垫圈 GB 93 8
6	开槽盘头螺钉 （GB/T 67—2008） 	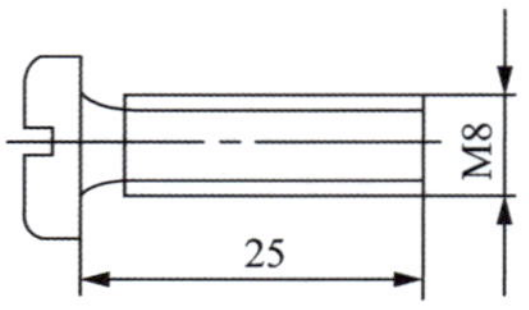	螺纹规格 d＝M8、公称长度 L＝25 mm、性能等级为 4.8 级、不经表面处理的开槽盘头螺钉的标记： 螺钉 GB/T 67 M8×25
7	开槽沉头螺钉 （GB/T 68—2000） 	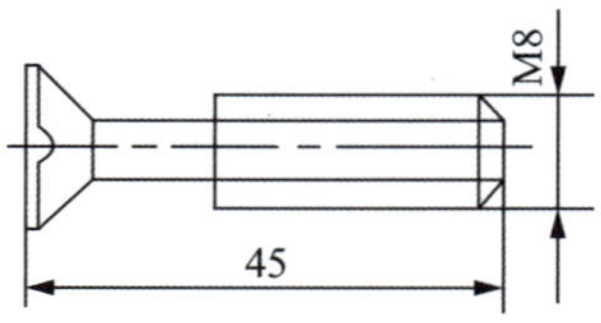	螺纹规格 d＝M8、公称长度 L＝45 mm、性能等级为 4.8 级、不经表面处理的开槽沉头螺钉的标记： 螺钉 GB/T 68 M8×45
8	内六角圆柱头螺钉 （GB/T 70.1—2008） 	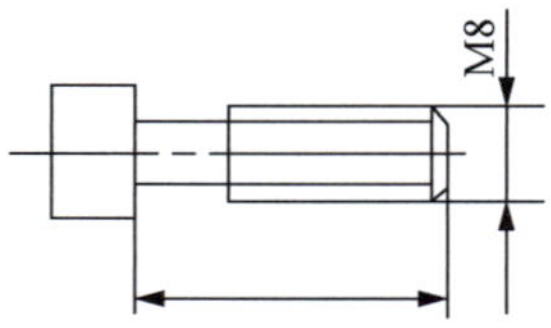	螺纹规格 d＝M8、公称长度 L＝30 mm、性能等级为 8.8 级、表面氧化的 A 级内六角圆柱头螺钉的标记： 螺钉 GB 70.1 M8×30

（续表）

序号	名称（标准号）	图例及规格尺寸	标记示例
9	开槽锥端紧定螺钉 （GB/T 71—1985） 	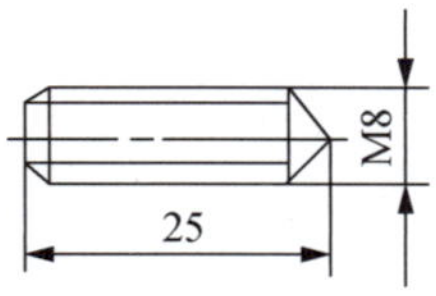	螺纹规格 d＝M8、公称长度 L＝25 mm、性能等级为 14H 级、表面氧化的开槽锥端紧定螺钉的标记： 螺钉 GB　71　M8×25

注：* 平垫圈的公称尺寸与弹簧垫圈的规格尺寸是指与之相配的螺纹直径，并非垫圈的内径或外径。

（2）常用螺纹紧固件的连接画法

螺纹紧固件的连接画法如图 1-12 所示。

表 1-12　螺纹紧固件的连接画法

连接类型	画法示例	简化画法示例	说明
螺栓连接	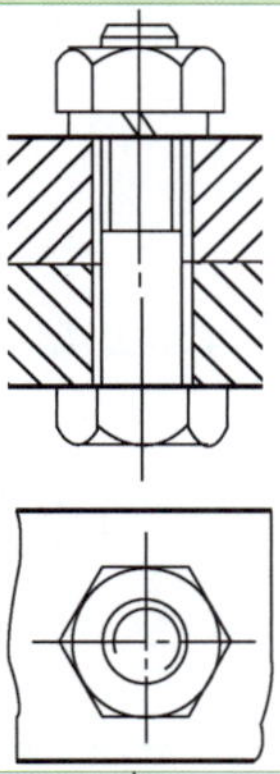	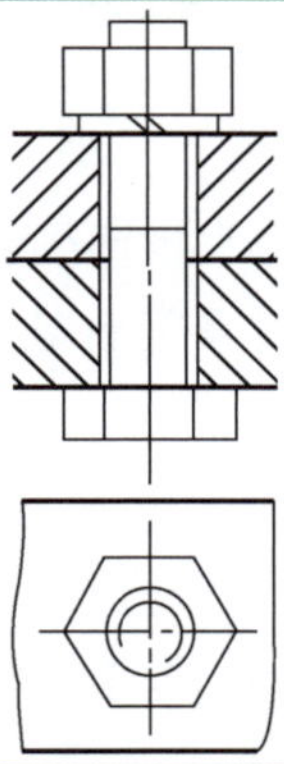	（1）在装配图中，当剖切平面通过螺杆的轴线时，对于螺柱、螺栓、螺钉、螺母及垫圈等均按未剖切绘制 （2）螺纹紧固件的工艺结构，如倒角、退刀槽、缩颈、凸肩等均可省略不画 （3）在装配图中，不穿通的螺纹孔可不画出钻孔深度，仅按有效螺纹部分的深度（不包括螺尾）画出 （4）螺钉连接图中，螺钉头部上的槽口，在轴线垂直的投影图上规定画成与水平方向成 45°。当槽口较小时，允许涂黑表示
螺柱连接	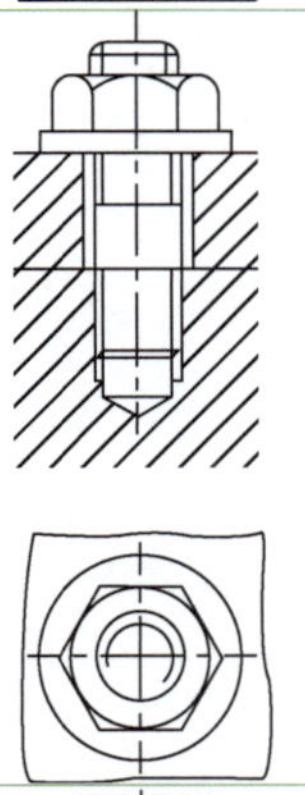	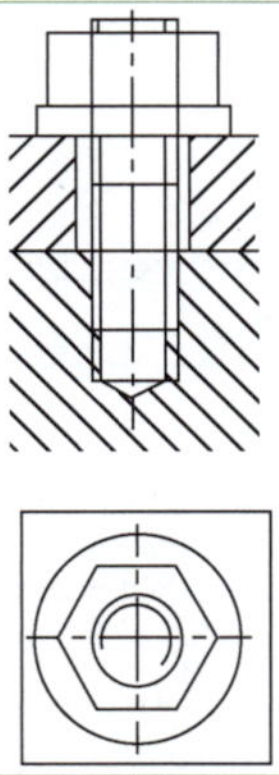	
螺钉连接	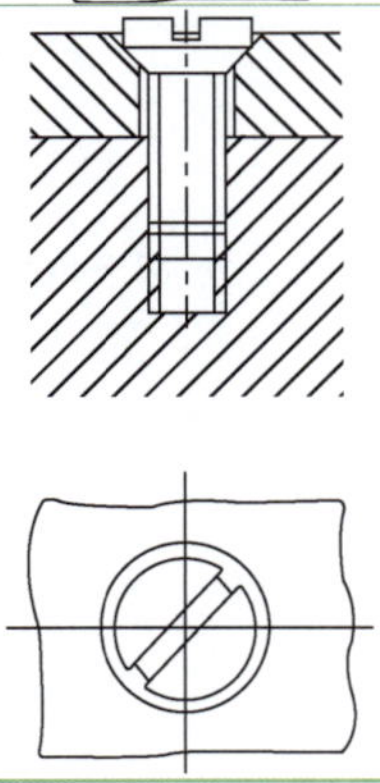	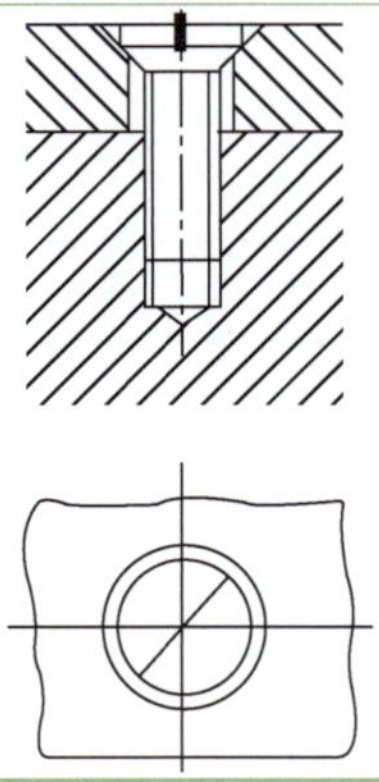	

二、键、销及其连接

(一) 键及键连接

为了使齿轮、带轮等零件和轴一起转动，通常在轮孔和轴上分别绘制出键槽，用键将轴、轮连接起来，进行传动曲平键连接如图 1-39 所示。

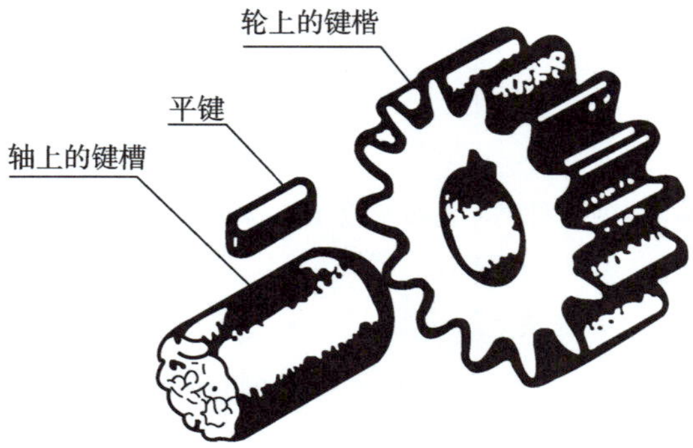

图 1-39　平键连接

1. 常用键的形式和标记

常用键的种类有普通平键、半圆键和钩头楔键等。

平键应用最广，按轴槽结构可分为圆头普通平键（A 型）、方头普通平键（B 型）和单圆头普通平键（C 型）三种形式。

键已标准化，结构形式尺寸都有相应的规定。关于键与键槽的形式、尺寸可参看国家有关标准。常用键的形式和标记示例如表 1-13 所示。

表 1-13　常用键的形式和标记示例

序号	名称（标准号）	图例	标记示例
	普通平键 （GB/T 1096—2003） 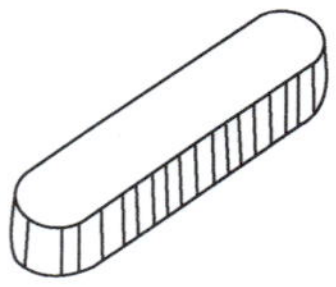	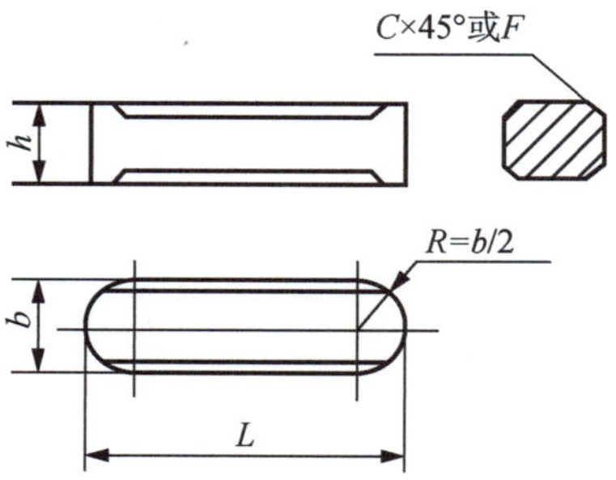	b＝8 mm、h＝7 mm、L＝25mm 的普通平键（A 型）的标记： 键 GB/T 1096 8×7×25
2	半圆键 （GB/T 1099.1—2003） 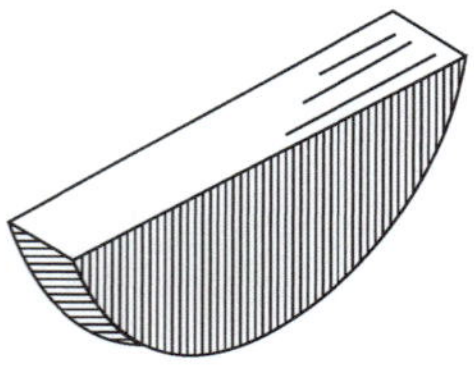	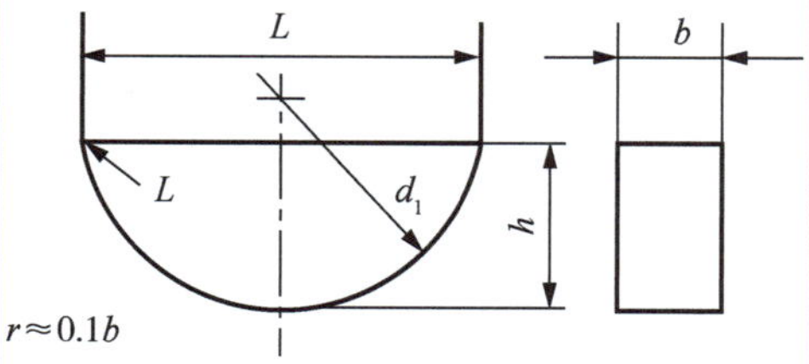	b＝10 mm、h＝10 mm、D＝25 mm 的半圆键的标记： 键 GB/T 1099.1 6×10×25

（续表）

序号	名称（标准号）	图例	标记示例
3	钩头楔键 （GB/T 1565—2003） 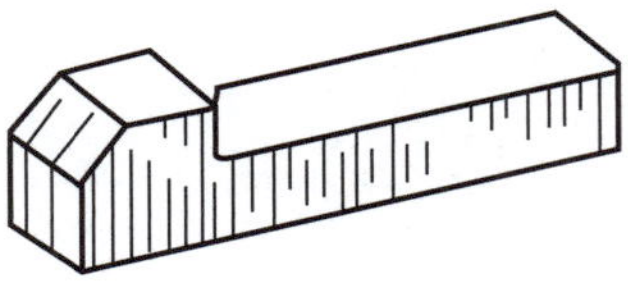	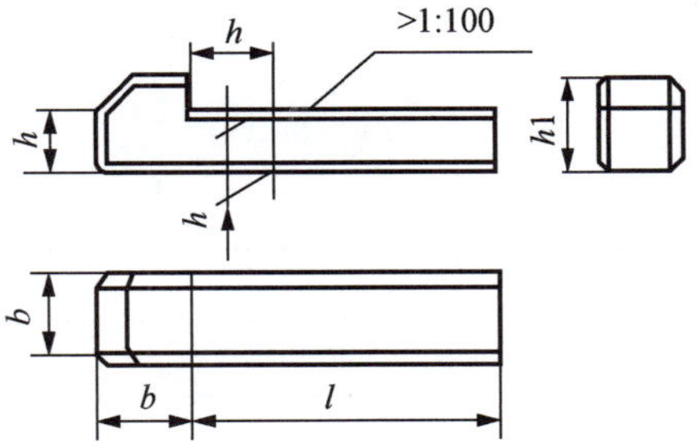	b=18 mm、h=11 mm、L=100 mm 的钩头楔键的标记：键 GB/T 1564 18×100

常用键的连接画法如表 1-14 所示。

表 1-14　常用键的连接画法

名称	画　　法	图　　例
普通平键连接	普通平键的长度 L 和宽度 b 要根据轴的直径 d 和传递的转矩大小从标准中选取适当值。轴上的键槽若在前面，局部视图可以省略不画，键槽在上面时，键槽和外圆柱面产生的截交线可用柱面的转向轮廓线代替	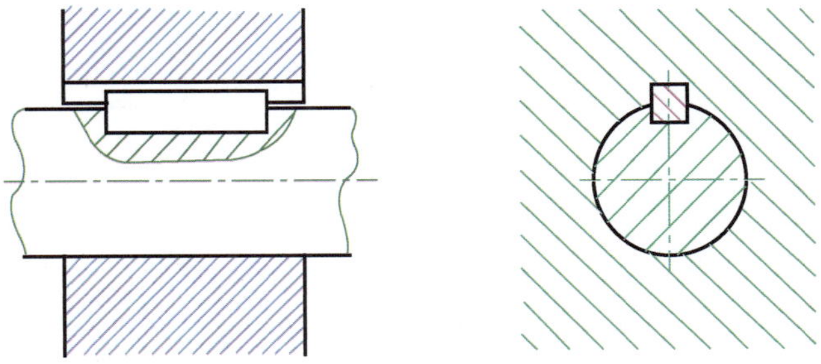
半圆键连接画法	半圆键连接常用于载荷不大的传动轴上，工作原理和画法与普通平键相似	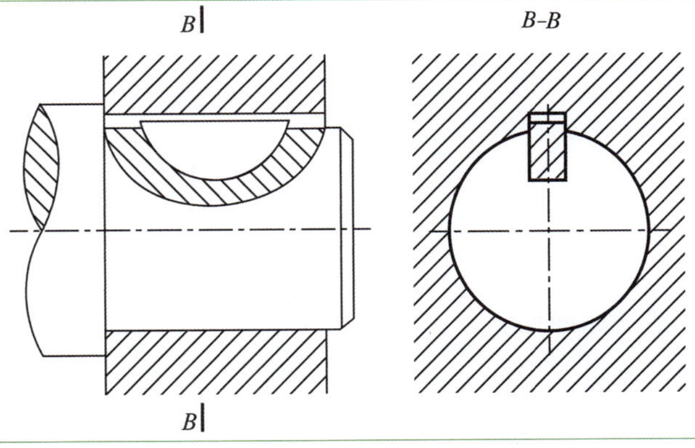
钩头楔键连接画法	钩头楔键的上顶面有 1∶100 的斜度，装配时将键沿轴向嵌入键槽内，靠键的上、下面将轴和轮连接在一起，键的侧面为非工作面	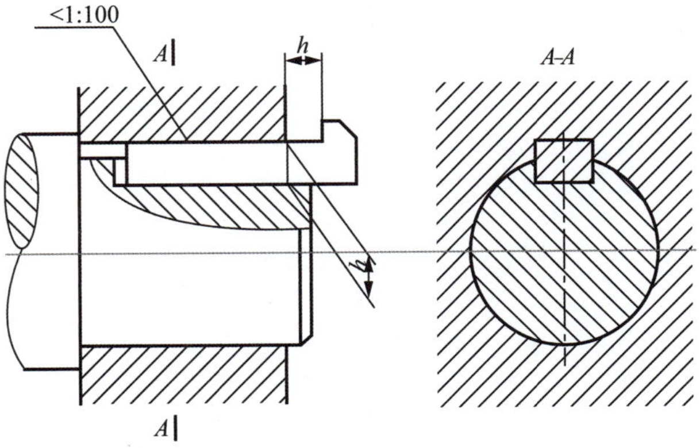

花键的画法如表 1-15 所示。

表 1-15 花键的画法

名称	画法	图例
外花键	外花键的标注可采用一般尺寸标注法和标记标注法两种	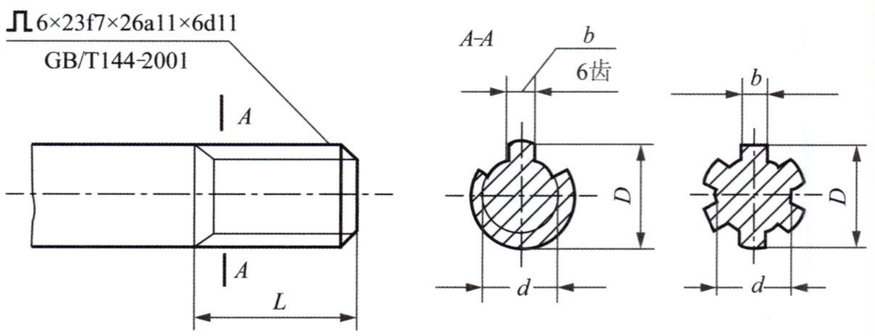
内花键	采用剖视时，若平行于键齿剖切，键齿按不剖绘制，且大、小径均用粗实线绘制。在反映圆的视图上，大径用细实线圆表示。内花键的标记中表示公差带的偏差代号用大写字母表示	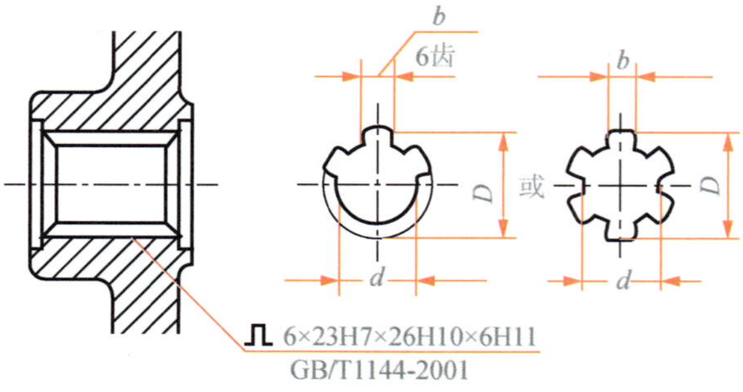
矩形花键	与螺纹连接画法相似，花键连接的画法为公共部分按外花键绘制，不重合部分按各自的画法规定绘制	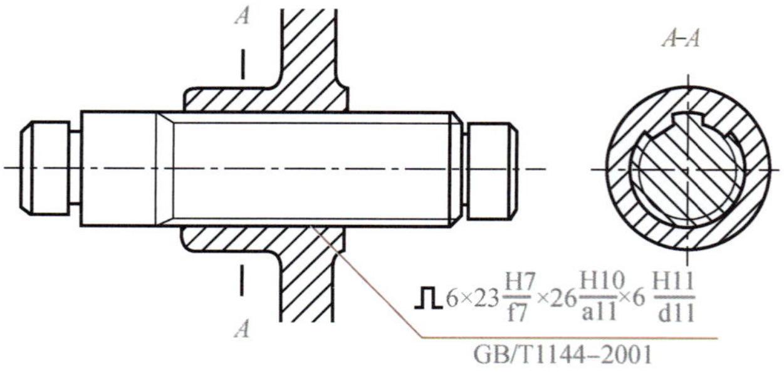

（二）销及销连接

销是标准件，主要用于零件间的连接或定位。常用的销有圆柱销、圆锥销、开口销等。销的形式、标记示例及连接画法如表 1-16 所示。

表 1-16 销的形式、标记示例及连接画法

名称	形式	标记示例	连接画法
圆柱销	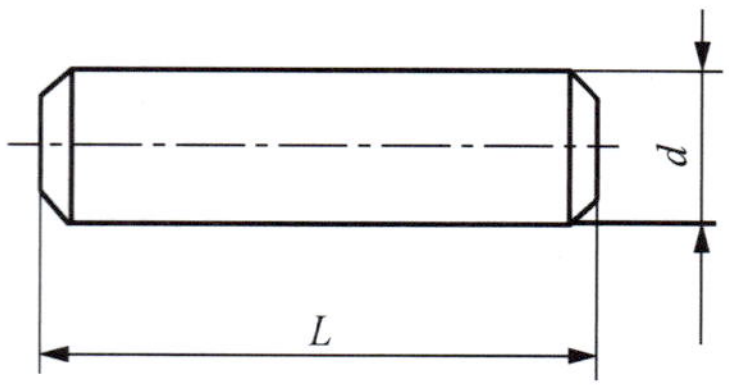	销 GB 119.1 B6×50 表示公称直径（外径） $d=6$ mm、$L=50$ mm B 型	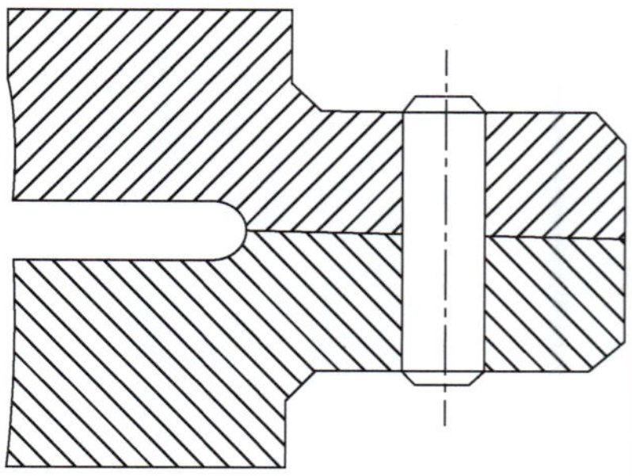

（续表）

名称	形式	标记示例	连接画法
圆锥销	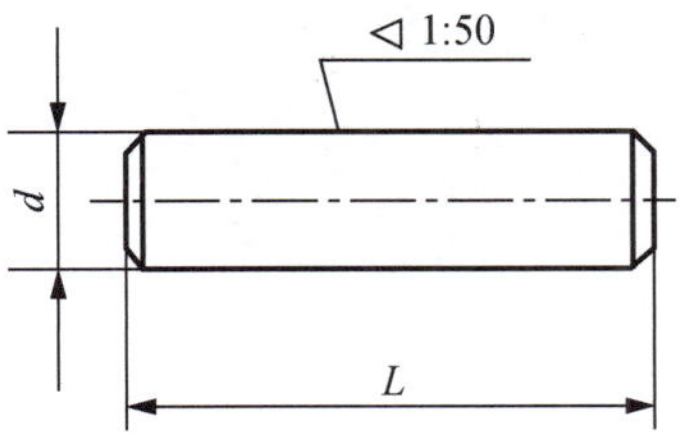	销 GB/T117　A10×80 表示公称直径（小端） d=10 mm、L=80 mm A 型	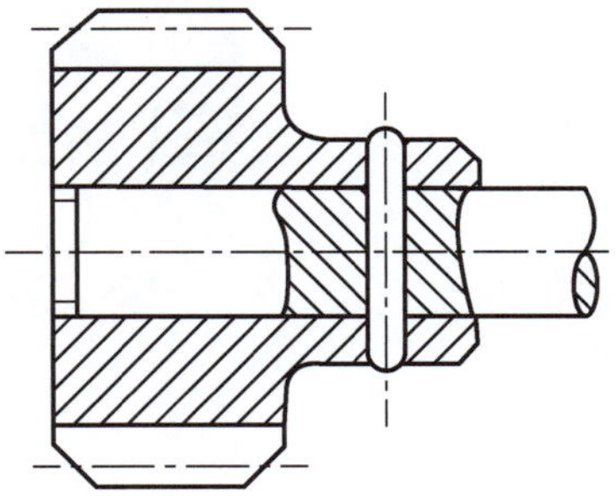
开口销	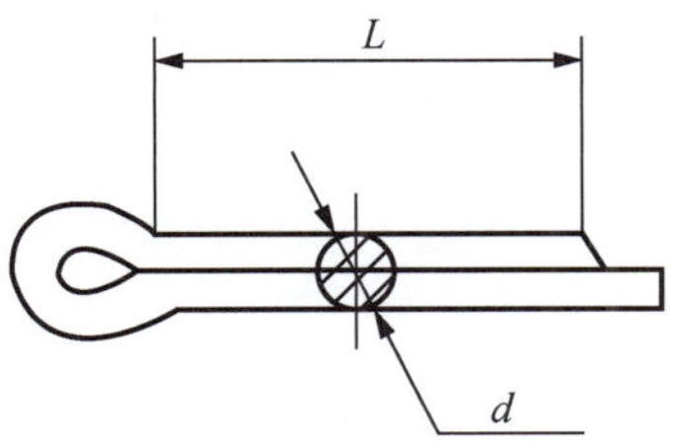	销 GB 119.1 B6×50 表示公称直径（外径） d=6 mm、L=50 mm B 型	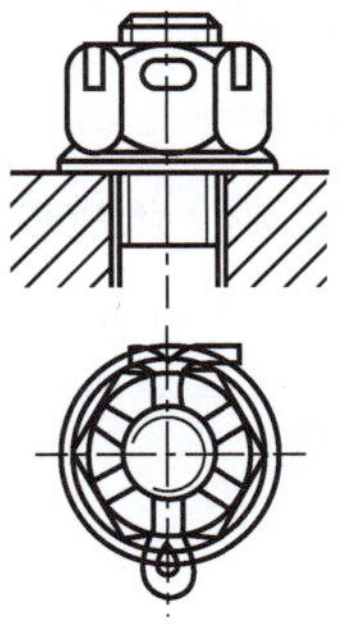

三、齿轮种类及直齿圆柱齿轮的规定画法

(一) 齿轮的种类

齿轮是广泛应用于机器中的传动零件，也可改变转速和旋转方向。齿轮油泵，就是靠相互啮合的齿轮来传动输油的。

常用的齿轮按两轴的相对位置不同分为如下四种。

(1) 圆柱齿轮，用于平行两轴间的传动，如图 1-40 (a) 所示。

(2) 圆锥齿轮，用于相交两轴间的传动，如图 1-40 (b) 所示。

(3) 蜗杆与蜗轮，用于交错两轴间的传动，如图 1-40 (c) 所示。

(4) 齿轮与齿条，用于平行两轴间的传动，如图 1-40 (d) 所示。

(a) 圆柱齿轮　　(b) 圆锥齿轮　　(c) 蜗杆与蜗轮　　(d) 齿轮与齿条

图 1-40　齿轮传动形式

圆柱齿轮类型和齿轮结构如图 1-41 所示。

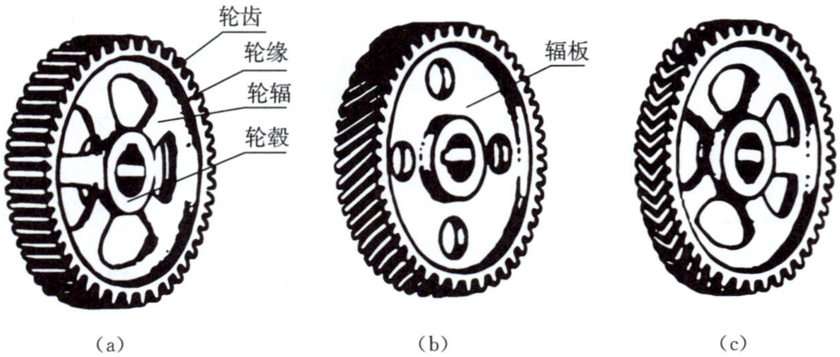

图 1-41　圆柱齿轮类型和齿轮结构

（二）直齿圆柱齿轮的规定画法

圆柱齿轮的轮齿方向有直齿、斜齿和人字齿等。斜齿比直齿传动平稳，人字齿适用于大功率传动。

1. 直齿圆柱齿轮各部分的名称

直齿圆柱齿轮各部分的名称如图 1-42 所示。

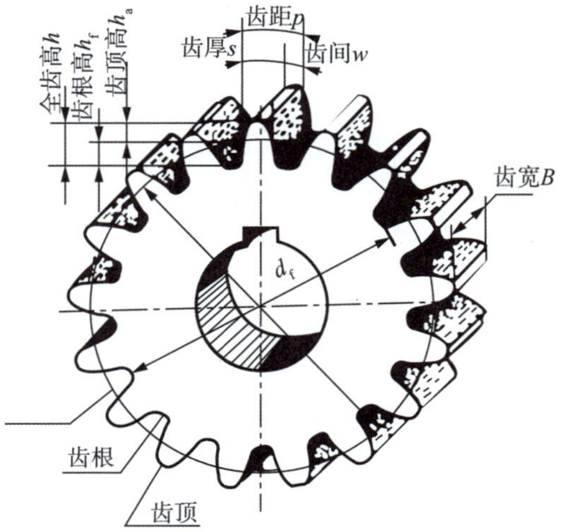

图 1-42　直齿圆柱齿轮各部分的名称

（1）齿数：齿数用 z 表示。

（2）齿顶圆：通过轮齿顶部的圆，直径用 d_a 表示。

（3）齿根圆：通过轮齿根部的圆，直径用 d_f 表示。

（4）分度圆：设计、计算和加工齿轮的基准圆，位于齿顶圆和齿根圆之间。标准齿轮是指在齿厚 s 与齿槽宽 e 相等处的圆周，是加工时分齿用的圆，直径用 d 表示。

（5）齿距：在分度圆上相邻两齿对应点之间的弧长，用 p 表示。分为齿厚 s 和齿槽宽 e 两部分。标准齿轮来说，$p=s+e$。齿距 p、分度圆直径 d 和齿数 z 之间的关系式：

$$\pi d = pz \text{ 或 } p = \pi d/z$$

（6）模数：齿距 p 与 π 之比，用 m 表示，$m=p/\pi$。GB/T 1357—2008 规定了齿轮的标准模数，如表 1-17 所示。

表 1-17　齿轮的标准模数

圆柱齿轮	m	第一系列	1，1.25，1.5，2，2.5，3，4，5，6，8，10，12，16，20，25，32，40，50
		第二系列	1.125，1.375，1.75，2.25，2.75，3.5，4.5，5.5，（6.5），7，9，11，14，18，22，28，36，45

（7）齿顶高：从分度圆到齿顶圆的径向距离，用 h_a 表示。

（8）齿根高：从分度圆到齿根圆的径向距离，用 h_f 表示。

（9）全齿高：从齿顶圆到齿根圆的径向距离，用 h 表示，$h = h_a + h_f$。

（10）齿宽：沿齿轮轴线方向量取的距离，用 B 表示。

2. 圆柱齿轮规定画法

齿轮由轮毂、轮辐和带有轮齿的轮缘构成。齿轮的轮齿部分（从根圆到顶圆的部分）用规定画法画，其余部分按真实投影画。

（1）单个圆柱齿轮的画法

单个直齿圆柱齿轮的规定画法如如图 1-43 所示。

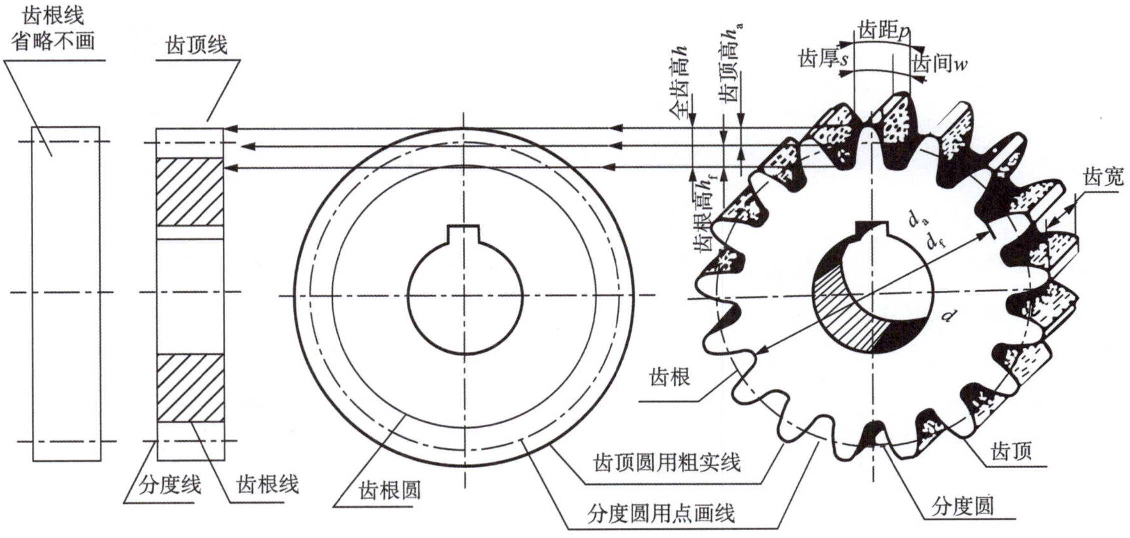

（a）投影为非圆的视图、剖视图　（b）投影为圆的视图　（c）立体图

图 1-43　单个直齿圆柱齿轮的规定画法

①在轴线垂直的视图中，齿顶圆用粗实线，齿根圆用细实线或省略不画，分度圆用点画线画出。

②一般画成全剖视图或半剖视图，当剖切面通过轴线时，轮齿规定按不剖处理，用粗实线表示齿顶线和齿根线，点画线表示分度线；若不画剖视图，齿根线可省略不画。

③轮齿为斜齿、人字齿时按如图 1-44 所示方法画，用三条与齿线方向一致的细实线表示齿线形状的形式画出。

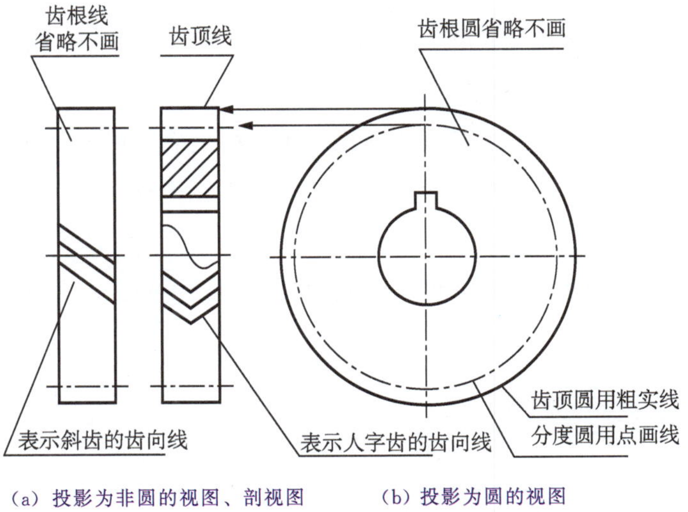

（a）投影为非圆的视图、剖视图　（b）投影为圆的视图

图 1-44　单个斜齿、人字齿圆柱齿轮的规定画法

(2) 圆柱齿轮的啮合画法

圆柱齿轮啮合的规定画法如图 1-45 所示。

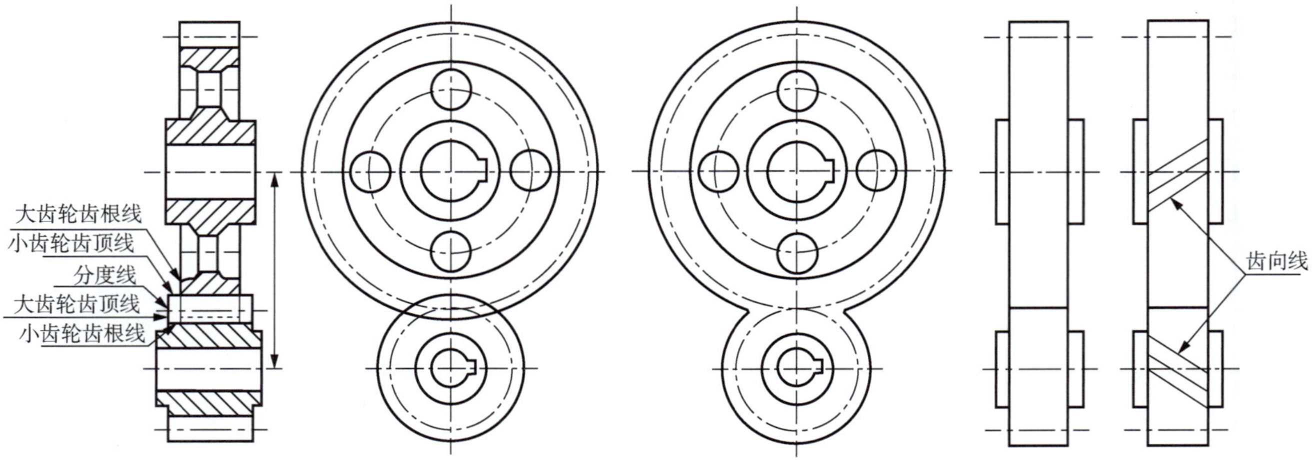

(a) 全剖的非圆视图　(b) 投影为圆的视图　(c) 投影为非圆的视图

图 1-45　圆柱齿轮啮合的规定画法

①在轴线垂直的图中，啮合区内的齿顶圆如图 1-45 (b) 所示，可用粗实线绘制，也可省略不画。相切的两分度圆用点画线画出，两齿根圆省略不画。

②在剖视图上，啮合区的投影，如图 1-45 (a) 所示，齿顶与齿根之间有 0.25 mm 的间隙，被遮挡的齿顶线也可省略不画。在剖视图上，若不作剖视，则啮合区内的齿顶线不必画出，此时分度线用粗实线绘制，如图 1-45 (c) 所示。

任务三　零件图的识读

知识储备

一、零件图的作用

表达零件的形状结构、尺寸及其技术要求的图样称为零件图。

各种机器都是由许多零件组成的，零件又是根据零件图制造的。在零件图制造过程中，首先根据零件图上对该零件所要求的材料和数量进行备料；其次，按图样上表示的形状、尺寸和技术要求进行生产加工；最后，根据零件图上的全部要求检验加工完毕后的零件，检查是否达到规定的质量标准。零件图是零件制造与检验的重要技术文件。

在汽车维修过程中，常需要按照零件图来修复和制配零件。正确、熟练地识读零件图是汽车维修技术工人必须掌握的基本功之一。

二、零件图的内容

零件图的内容如图 1-46 所示。

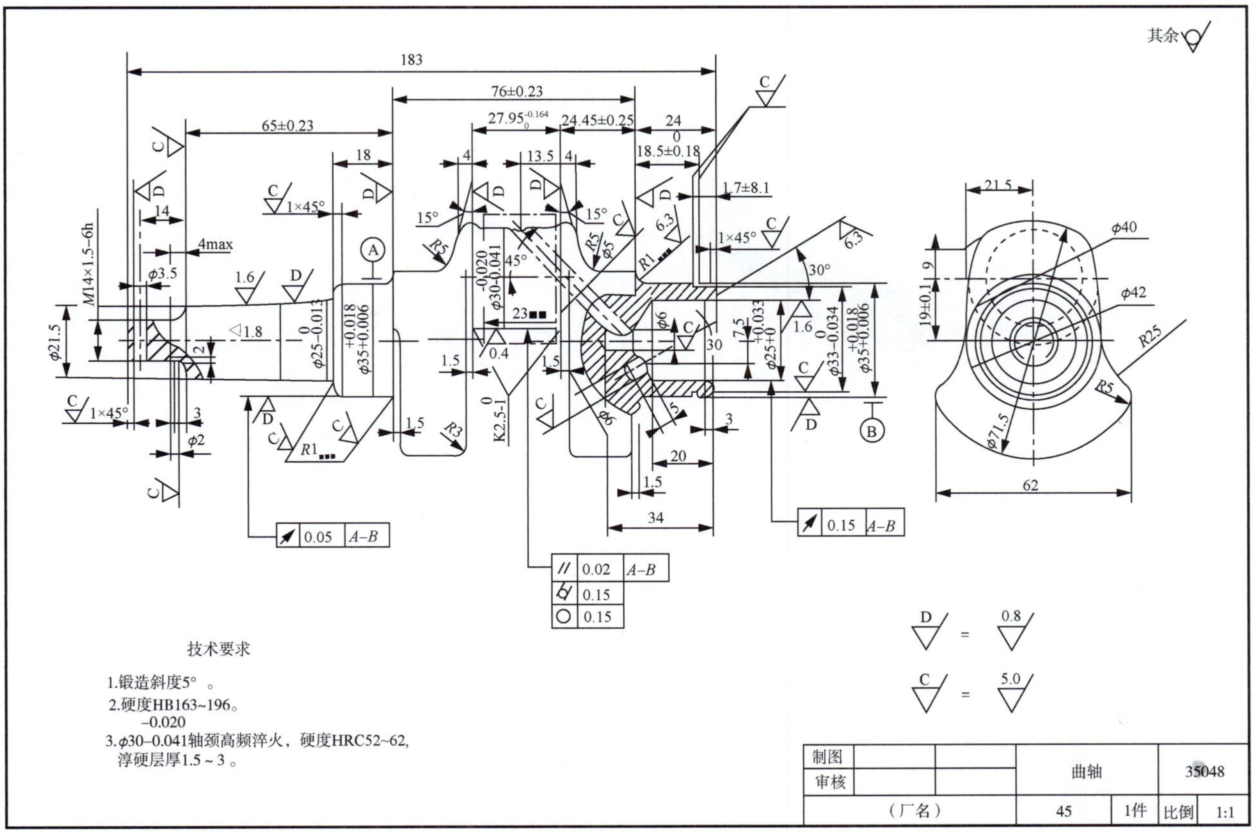

图 1-46　零件图的内容

（一）一组视图

用一组恰当的视图（包括基本视图、辅助视图、剖图、剖面图和其他表达方法），正确、完整、清晰地表达出零件的内外结构和形状。正确、完整、清晰、合理地标出能满足制造、检验、装配所需要的全部尺寸。

（二）必要的技术要求

用规定的符号、数字或文字表达出零件在制造和检验时应达到的技术质量指标，如零件的尺寸公差、表面粗糙度、形状和位置公差、热处理等要求。

标题栏中写明零件的名称、材料、比例、数量、重量和设计、校核者的姓名等（为节约幅面，图 1-46 的标题栏已简化）。

三、零件图的视图

识读零件图要根据各图形间的投影关系，想象出立体形状，要了解图形表达特点。

（一）主视图的选择原则

主视图是一组图形的中心内容。在看零件图时，一般从主视图开始，了解主视图需遵循以下原则。

1. 形状特征原则

一般把最能反映零件结构形状特征的一面作为主视图的投影方向。如图 1-47（a）所示的回转轴，可

分别用 A、B、C 三个方向作为主视图的投影方向来分析。A 向投影能反映出该轴各段的形状、大小和相互位置，突出表达轴类零件的形状特征；而 C 向投影只是一些重叠的同心圆和方框，不能表达零件的形状特征；B 向投影反映不出平面的形状。形状特征原则如图 1-47 所示。

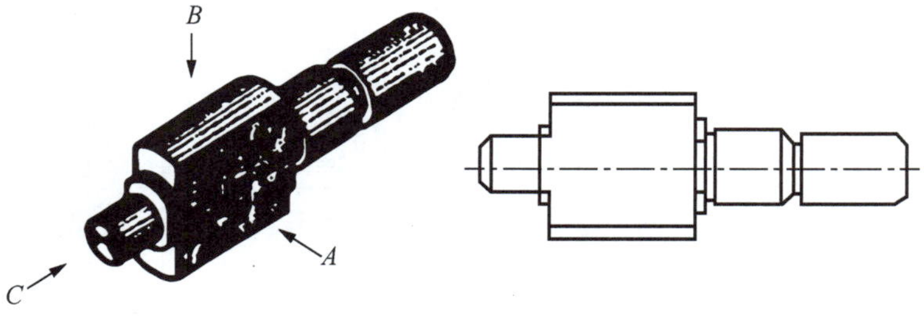

（a）　　（b）

图 1-47　形状特征原则

2. 工作位置原则

尽量使主视图符合零件在机器上的工作位置，这样可以使看图的人较容易地想象出这个零件工作时的情形，如图 1-48 所示。

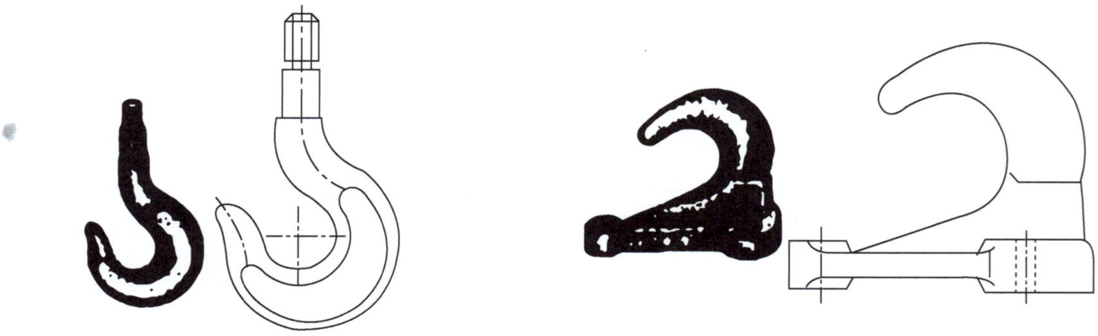

（a）　　（b）

图 1-48　工作位置原则

3. 加工位置原则

当机件的工作位置不易确定时，尽量按零件在加工时所处的位置，作为画主视图的投影方向。这样在加工时看图方便，可减少加工中产生的差错。如图 1-49 所示为加工位置原则，考虑车床上的加工位置，主视图以图 1-49（a）所示为合理的加工位置，如果加工位置多变，则按自然位置确定。

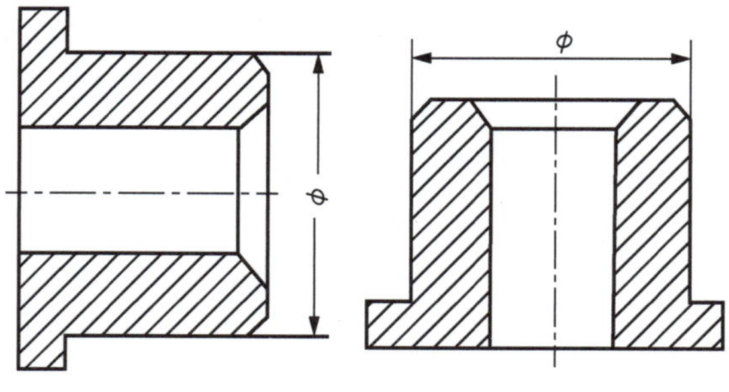

（a）　　（b）

图 1-49　加工位置原则

（二）其他视图的选择

其他视图中每一视图都各有其表达的重点，对于主视图未表达或未完全表达的结构，选择恰当的表达方法，逐一表达清楚。

在表达完整、清晰的前提下，尽量采用较少图形数量，以方便绘图和看图。

四、零件图的尺寸标注

零件图上标注的尺寸是加工、度量和检验的依据。因此，读图样时应详细了解图上所标注的尺寸。

（一）机械图样上尺寸标注的基本规则

（1）机件真实大小应以图样所注的尺寸数值为依据，与图样的大小及绘图的准确度无关。

（2）图样（包括技术要求和其他说明）中的尺寸，以毫米（mm）为单位时，不需标注计量单位的代号或名称，如采用其他单位，则必须标明相应的计量单位的代号和名称。

（3）图样中所标注的尺寸为该图样所示机件的最后完工尺寸，否则应另加说明。

（4）机件的每一尺寸，一般只标注一次，并标注在反映该结构最清晰的图形上。

（5）标注尺寸时，应尽可能使用符号和缩写词。例如，在半径尺寸数字前加注半径符号“*R*”；在直径尺寸数字前加注直径符号“ϕ”；在球面的半径尺寸数字前加注符号“*SR*”；在球直径尺寸数字前加注符号“*S* ϕ”。

（二）零件图上的尺寸种类

（1）定形尺寸。定形尺寸是确定组成零件的长、宽、高三个方向大小的尺寸。

（2）定位尺寸。定位尺寸是确定基本形体间的相对位置尺寸。

（3）总体尺寸。总体尺寸是零件的总长、总宽、总高尺寸。有时兼为定形尺寸或定位尺寸。

零件图上标注的尺寸是加工、度量和检验的依据。因此，读图时应按形体分析逐一将尺寸分类。

（三）零件图上的尺寸基准

零件图上的每个尺寸标注时都要有起始位置，这个起始位置为尺寸基准。因为零件有长、宽、高三个方向的尺寸，所以每个方向上至少有一个尺寸基准。当有两个以上的基准时，其中必有一个是主要基准，其余是辅助基准。

零件通常选取较大的装配表面、工作表面、零件的对称平面、轴的重要端面以及回转体的轴线等作为尺寸基准。尺寸基准的确定须根据零件在部件中的位置、作用，以及零件在加工过程中的定位、测量要求来确定，即设计基准和工艺基准。通常尽可能使设计基准和工艺基准重合。

零件图上的尺寸应达到标注准确、完整、清晰和合理的要求来满足制造、检验、装配的需要。尺寸标注的合理性是指所注的尺寸既能保证机器对零件使用性能的要求，又能满足制造加工、测量和检验简便、经济的要求。

（四）合理标注尺寸应注意以下几个问题

（1）主要尺寸必须直接注出。零件上的主要尺寸是确保其使用性能和互换性的重要尺寸，是设计、加工必须保证的，应直接标注出来。重要的定位尺寸必须直接从设计基准标出，以免换算尺寸之弊，可以保证零件的精度。零件上的主要尺寸一般在基本尺寸后面，有上、下偏差值或公差带代号。

（2）不应标注成封闭的尺寸链。

（3）尽量按零件表面的加工顺序标注尺寸。

（4）根据加工方法标注尺寸以便于测量。

（五）零件图上常见结构的尺寸标注

对零件图上常见螺孔、销孔、沉孔、倒角、退刀槽等结构的尺寸标注，应根据国家标准 GB/T

4458.4—2003 的具体规定，如表 1-18 所示为零件图上常见结构的尺寸标注。画图时，结构的尺寸按规定进行标注；看图时，根据标注，正确理解结构的形状和大小。

表 1-18　零件图上常见结构的尺寸标注

<table>
<tr><th colspan="2">零件结构类型</th><th>标注示例</th><th>备注</th></tr>
<tr><td colspan="2">斜度</td><td>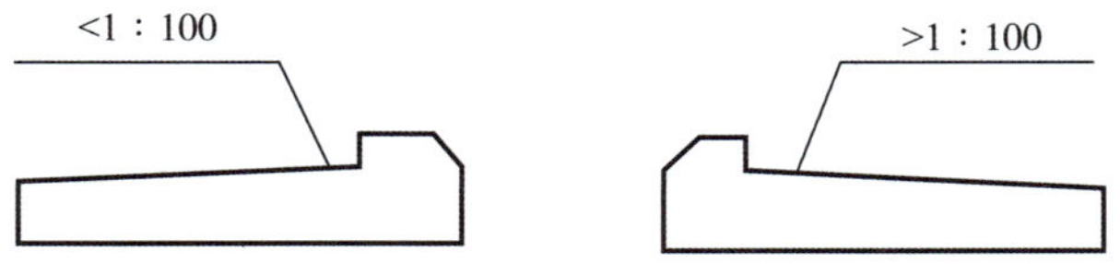
</td><td>符号的方向应与斜度的方向一致</td></tr>
<tr><td colspan="2">锥度</td><td>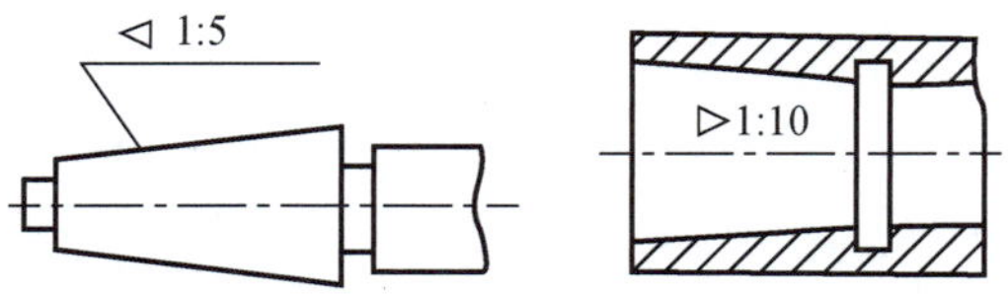
</td><td>符号的方向应与锥度的方向一致</td></tr>
<tr><td colspan="2">平面</td><td>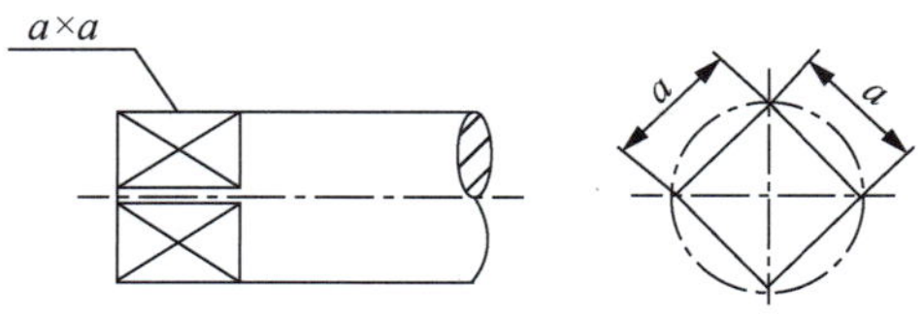
</td><td>在没有表示出正方形实形的图形上，可在正方形边长尺寸数字前加注符号“□”或用该正方形的尺寸 $a\times a$（a 为正方形边长）表示，否则要直接标注</td></tr>
<tr><td colspan="2">倒角</td><td>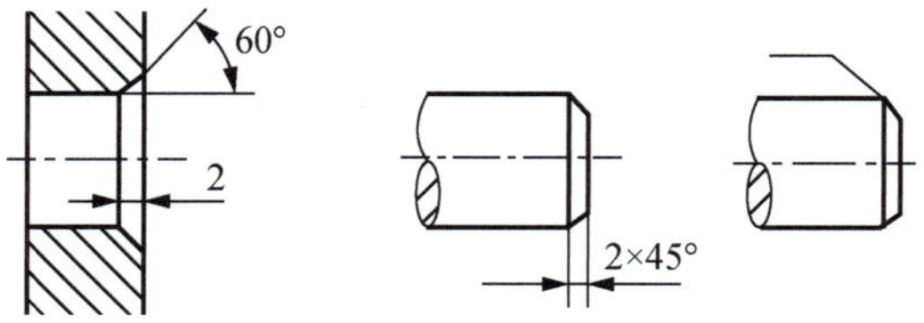
</td><td>倒角 45°时，可与倒角的轴向尺寸连注；倒角不是 45°时，要分开标注</td></tr>
<tr><td rowspan="3">螺孔</td><td>通孔</td><td>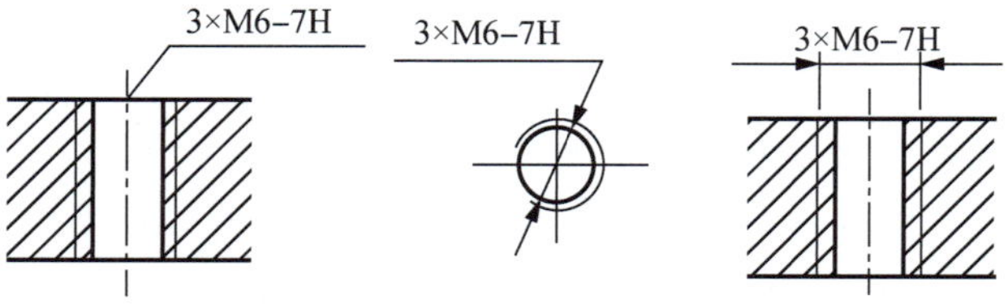
</td><td>3×M6 表示直径为 6 均匀分布的 3 个螺孔，可以旁注，也可以直接注出</td></tr>
<tr><td>不通孔</td><td>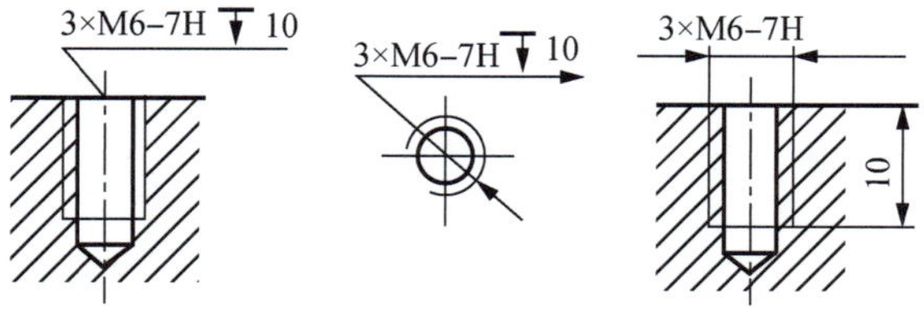
</td><td>螺孔深度可与螺孔直径连注，也可以分开注出</td></tr>
<tr><td>不通孔</td><td>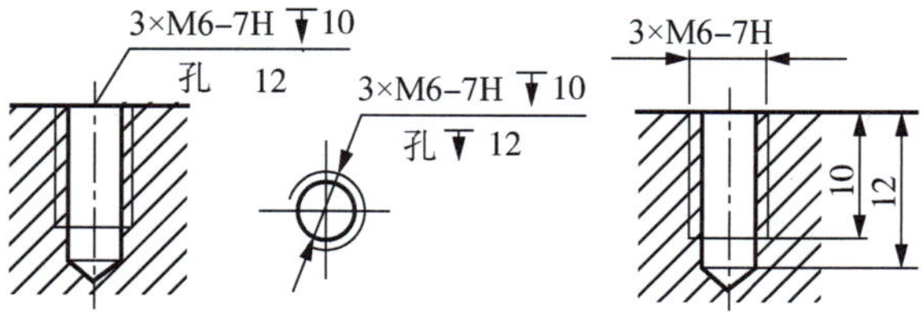
</td><td>需要注出孔深时，应明确标出孔深尺寸</td></tr>
</table>

（续表）

零件结构类型		标注示例	备注
光孔	一般孔	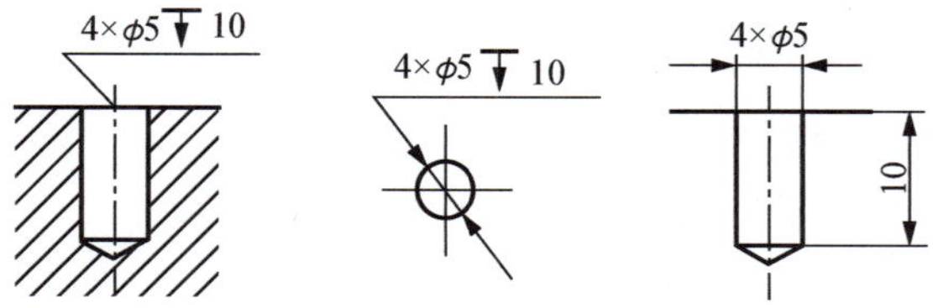	4×φ 5 表示直径为 5 均匀分布的 4 个光孔
	精加工孔	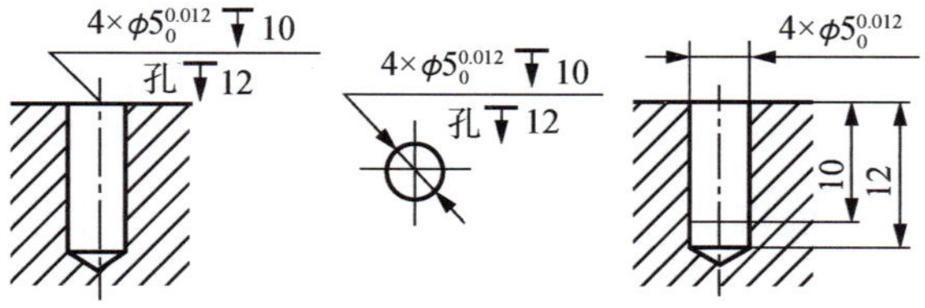	光孔深为 12，钻孔后需精加工至 $\phi 5_0^{+0.012}$，深度为 10
	锥销孔	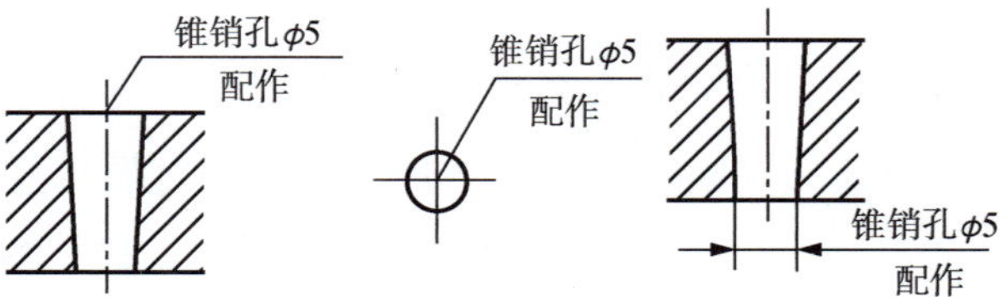	φ 5 为与锥销孔相配的圆锥销小头直径锥销孔通常是相邻两零件装在一起时加工的，即配作
沉孔	锥形沉孔	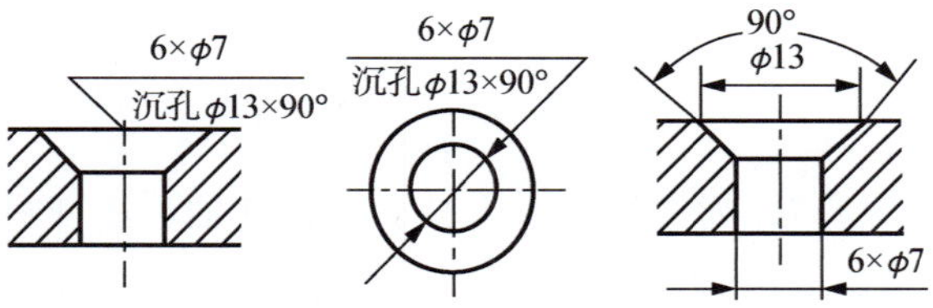	6×φ 7 表示直径为 7 均匀分布的 6 个孔，锥形部分尺寸可以旁注，也可以直接注出
	柱形沉孔	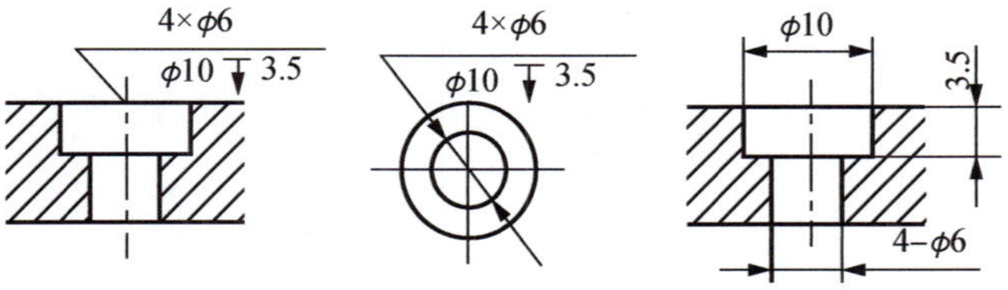	柱形沉孔的小直径为 φ 6，大直径为 φ 10，深度为 3.5，均需标注
	锪平面	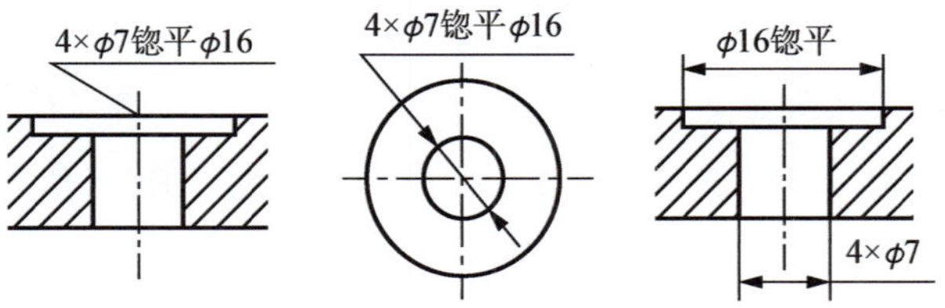	锪平面 φ 16 的深度不需要标出，一般锪平到不出现毛面为止
键槽	平键键槽	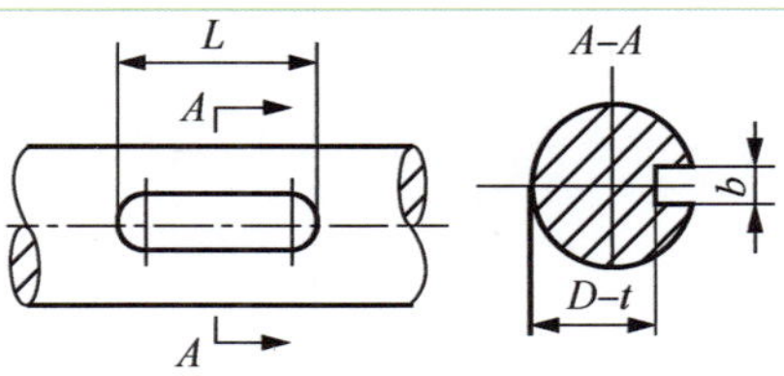	键槽按左图标注更便于测量
	半圆键键槽	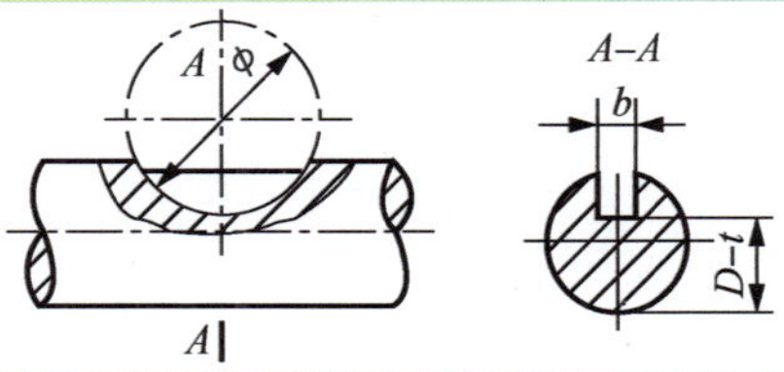	半圆键键槽按左图标注便于选择铣刀（铣刀直径为 φ）及测量

五、识读零件图的方法

零件可分为轴套类、轮盘类、叉架类和箱体类。同一类零件的形状各种各样、各有各自的特点，但在视图选择、尺寸标注、加工制造上又往往有共同之处。

（一）零件图的识读方法与步骤

识读零件图的一般步骤如下。

（1）看标题栏。从标题栏中了解零件的名称、材料、数量及所采用的比例。

（2）分析视图。分析视图时，按看组合体视图的方法和步骤进行。应先看主要部分，后看次要部分；先看外形，后看内部构造；先看容易确定的部分，后看难于确定的部分；最后再把各部分的分析结果综合起来，逐步想象出零件的整体形状和结构。

（3）读零件图上的尺寸。明确各部分的大小及其相对位置，尺寸读取应在分析视图的基础上进行。先找出总体尺寸；再找出各部分的定形尺寸；最后找出各部分的定位尺寸。看定位尺寸时，必须先确定各方向的主要尺寸基准。另外，对图上基本尺寸后面，有上下偏差值或公差带代号的尺寸应加以特别注意，因为这些尺寸都是有公差要求的重要尺寸。

（4）看技术要求。零件图上的技术要求除尺寸公差外，还有表面粗糙度和形位公差。

（二）轴、套类零件图的识读

轴类零件的名称有“××轴”“××套”，如汽车上的半轴、变速器轴、连杆衬套等均为轴套类零件。主要作用是与传递件结合，传递动力。轴类零件通常由若干个不等直径的实心圆柱体组成，用来安装齿轮、皮带轮等，以传递动力或运动。

套类零件主要用来包容轴类零件，因此，一般由若干个直径不等的空心圆柱体组成，并常有径向的孔或槽。

表达轴、套类零件时，一般按加工位置原则将其轴线水平放置。这类零件的视图表达特点有：当端面形状特别简单时，一般只用一个主视图来表达（如是套，用全剖视或半剖来表达其内部形状和结构）；当圆柱面上有槽或孔时，通常根据需要增加配置若干个移出剖面图，以表达槽或孔的形状及其相对位置；当端面的形状结构比较复杂时，除主视图外，常增设左视图（或右视图），用以表达端面的形状和端面上各结构的形状及相对位置。

轴、套类的尺寸，主要有径向（直径）和轴向（长度方面）两类尺寸。径向尺寸以轴的轴线作为基准，直接注出各段圆柱直径。轴向尺寸的基准一般不止一个，是根据零件的设计要求和加工要求确定的。如图 1-50 所示为半轴的零件图。

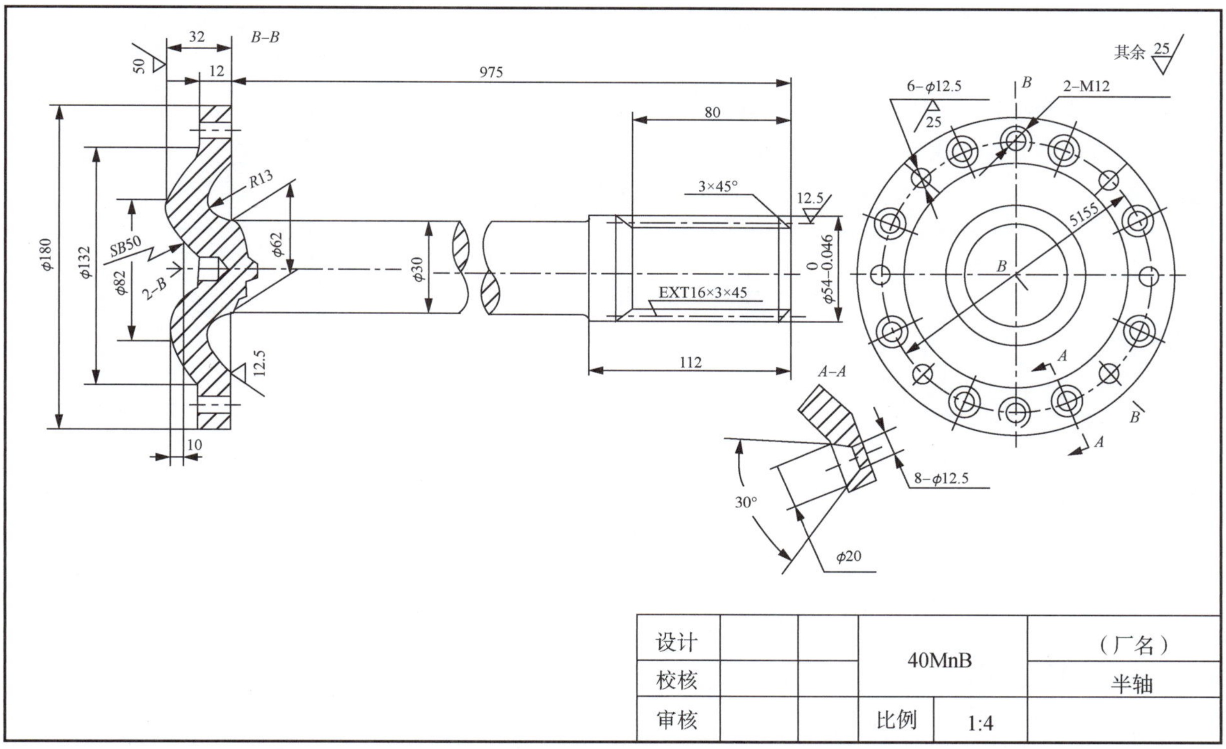

图 1-50　半轴的零件图

轴、套类型零件图的识读步聚如下。

(1) 看标题栏。从图 1-50 标题栏中了解零件的名称为半轴、材料为 40MnB、数量为 1、所采用的比例为 1∶1。

(2) 分析视图。图 1-50 中主视图为局部剖视，从左视图的剖切位置符号可知是旋转剖，表达了螺孔、光孔的深度、左端的凹坑形状及中心孔的形状。

由主视图右端的表达方式和尺寸 EXT16×3×45 的标注形式可知半轴右端刻有齿数为 16，模数为 3，压力角为 45°的渐开线形外花键。中段为圆柱形。

由主视图和左视图上的相应部分及 *A-A* 移出断面图，可知半轴左端为中间有凹坑，凹坑底有中心孔的圆盘形状。圆盘上钻有 6 个光孔、两个螺孔、8 个锥形沉孔。

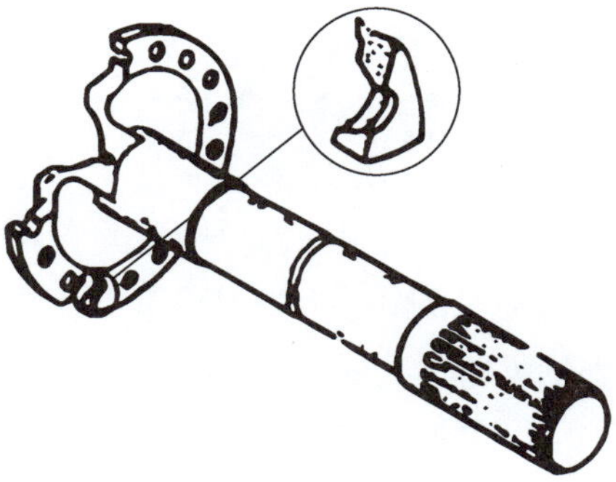

图 1-51　半轴形状和结构

综上所述，想象出来的半轴形状和结构如图 1-51 所示。

(3) 读零件图上的尺寸。由图上所标注的尺寸可知，半轴总长为 975＋32＝1 007、最大直径为 180。圆盘总的厚度为 32、最大直径就是 180。中段圆柱形的直径为 50；右端长为 112；径向尺寸为 $\phi 50^{0}_{-0.046}$；外花键工作长度为 80。右端有倒角；倒角宽为 3，斜角为 45°。

长度方向的主要尺寸基准是圆盘的右平面，径向的主要尺寸基准是轴线。

(三) 盘、盖类零件图的识读

盘、盖类零件的名称有“××盘”“××盖”“××轮”。如汽车上离合器中压盘、法兰盘、气泵皮带轮、气泵盖等均属盘盖类零件。这类零件还可细分为盘类、轮类和盖类零件。

这类零件形状特征均为短而粗的圆柱体。从总体上看，轴向尺寸小于径向尺寸。盘类零件主要起连接作用，因此端面上都有连接用孔。轮类零件用以传递动力或运动，内孔有键槽，外圆柱面上常有槽等结构；盖类零件用于密封，因此都有一个端面比较光滑、平整，该端面且都有用于紧固的孔。

盘、盖类零件常用主视图和左视图（或右视图、俯视图）两个基本视图，并将主视图作全剖视，以表达内部的形状和结构，用左视图（或右视图、俯视图）表达端面形状和端面上各结构的形状及其相对位置。这类零件通常用轮的轴线和轮毂的一个端面作为尺寸基准。

如图 1-52 所示为盘、盖类型零件图，识读方法和步骤如下。

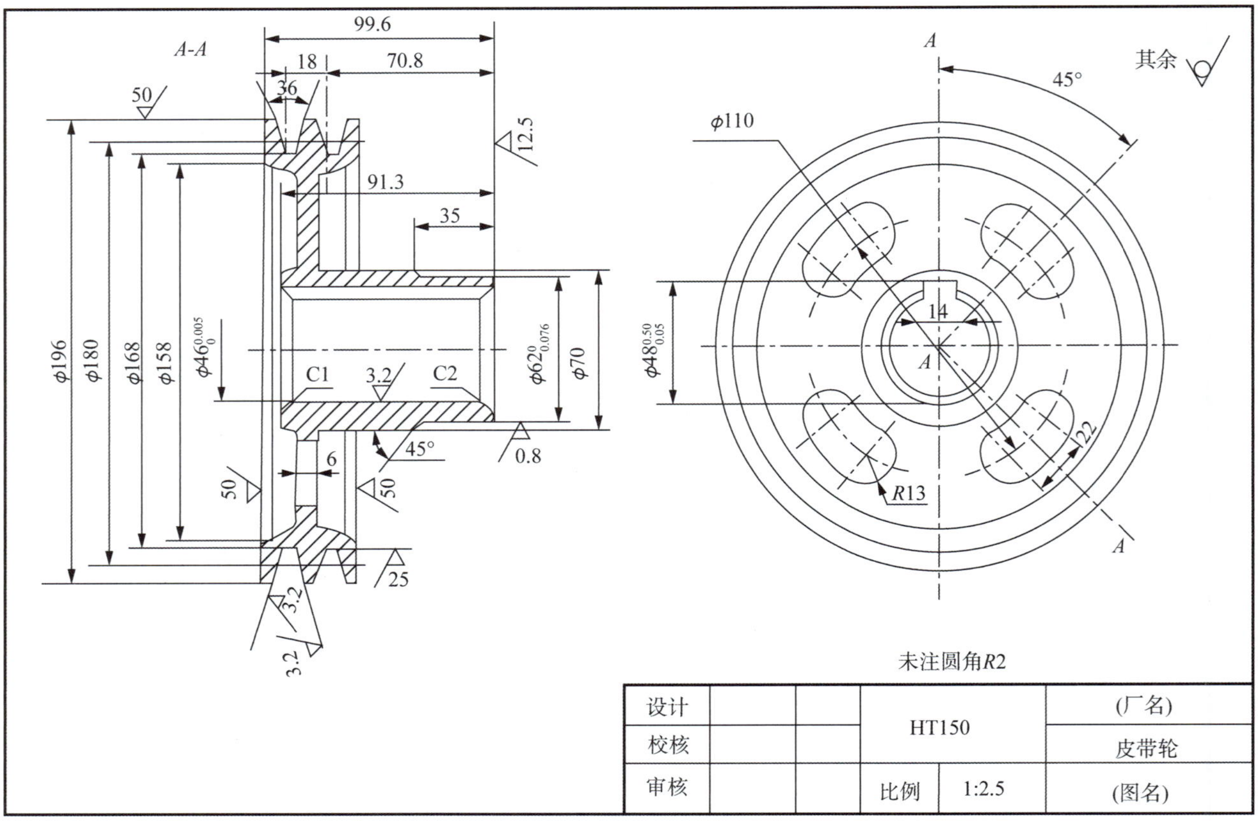

图 1-52　盘、盖类零件图

（1）看标题栏。从图 1-52 标题栏中了解到零件的名称为皮带轮、材料为 HT150、数量为 1、所采用的比例为 1∶2.5。

（2）分析视图。皮带轮共有两个图形，根据图 1-52 的图形的位置及标注可知，左边的是主视图，右边的是左视图。主视图采用旋转剖的全剖视，主要表达了轮缘上三角皮带槽和轮毂的形状。左视图主要表达了轮辐上减轻孔的形状和相对位置，以及轮毂上键槽的形状。

由主视图可知皮带轮中间两段直径为 $\phi 62^{0}_{-0.074}$、$\phi 70$ 的圆柱，加工了一个带键槽的 $\phi 46^{+0.025}_{0}$ 通孔，轮缘上有两个梯形的三角皮带槽。由左视图可知皮带轮的轮辐上均匀分布着四个长圆形的减轻孔。

综上所述，想象出来的皮带轮立体图如图 1-53 所示。

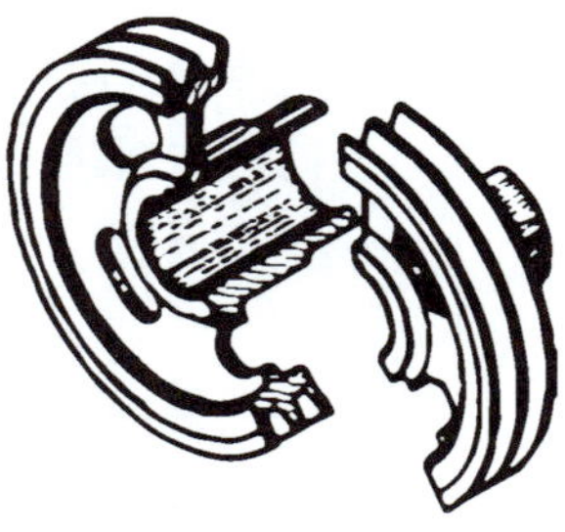

图 1-53　皮带轮立体图

由图 1-52 上所标注的尺寸可知，皮带轮总长为 99.6，最大直径为ϕ196。中心孔直径为 $\phi 46_{0}^{+0.025}$，其他尺寸自行阅读。该皮带轮长度方向的主要尺寸基准是右端面，径向的主要尺寸基准也是轴线。

(四) 叉架类零件图的识读

叉架类零件的名称有“××叉”“××杆”“××架”等，如汽车上变速器中的拨挡叉、制动杠杆、轴承支架等均属叉架类零件。

如图 1-54 所示为叉架类零件图，识读方法和步骤如下。

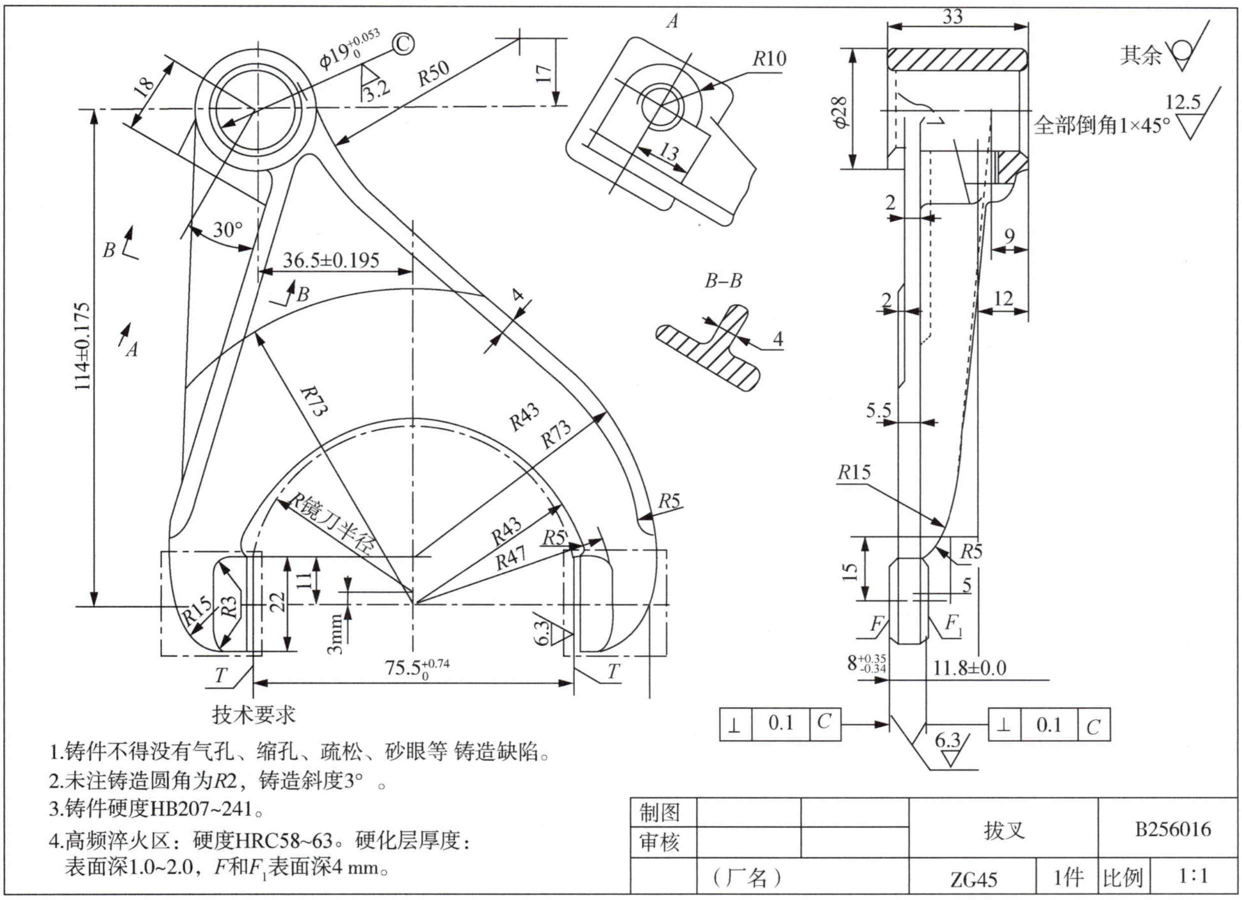

图 1-54 叉架类零件图

叉架类零件又称叉杆类零件，形状不规则，主要由带有叉和支承孔的连接板（或杆）组成。在机器中起操纵作用。表达叉架类零件时，常采用一两个基本视图和斜视图或局部视图。主视图主要表达整体外形，斜视图主要表达倾斜杆的形状。为了表达孔等结构，常采用局部剖视。

叉架类零件常与机器上两个轴有关，而机器上轴与轴间的距离一般都是精度要求较高的尺寸。因此，以主要孔的轴线、对称面或工作端面作为尺寸基准。

如图 1-54 所示的叉架类零件图，主要采用主视图、左视图、一个 *A* 向斜视图和 *B*-*B* 移出断面来表达的。主视图重点表达叉的外形；左视图主要表达支撑孔的深度、叉头的厚度；*A* 向斜视图主要表达螺纹孔凸缘的形状；*B*-*B* 移出断面表达连接板的断面形状。

拨叉高度和长度的主要尺寸基准都是上支撑孔的轴线；宽度方向的主要尺寸基准是拨叉的叉头前工作面（图 1-54 中标 F_1 的面）。

(五) 箱体类零件图的识读

箱体类零件的名称有“××壳”“××体”“××箱”等。如汽车上的变速器壳体、气缸体、气泵缸体、后桥壳等均属箱体类零件。

表达箱体类零件时，一般取工作位置画主视图。常采用数量较多的基本视图（为了同时表达内部的形状结构，通常画成剖视图）和局部视图。如采用剖视图，其剖切平面一般通过主要支承孔的轴线或对称平面，局部视图主要表达基本视图中尚未表达完整部分的形状。

如图 1-55 所示为箱体类零件图，识读方法和步聚如下。

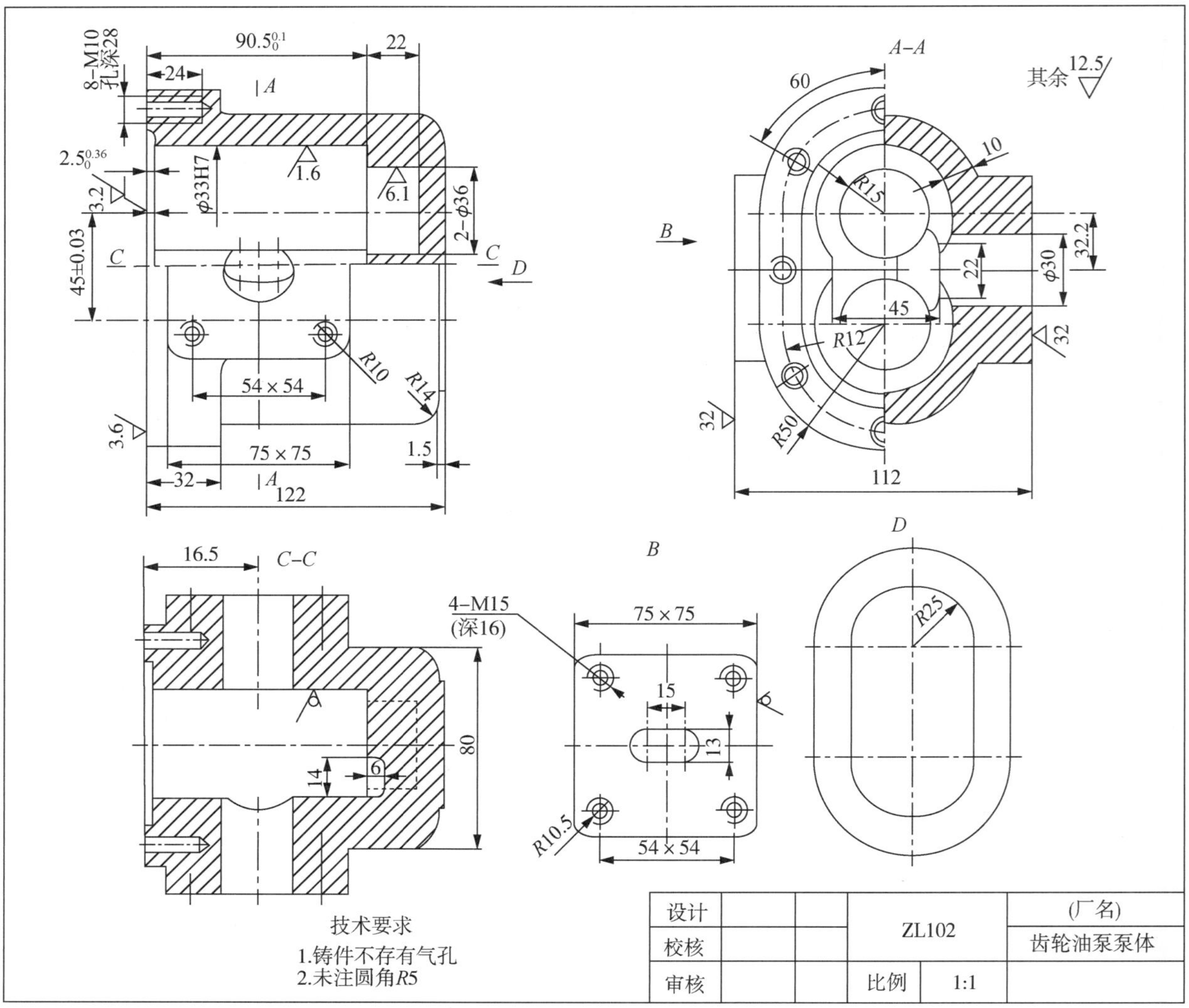

图 1-55　箱体类零件图

（1）看标题栏。从图 1-55 标题栏中了解到该零件的名称是齿轮油泵泵体，由 ZLl02 材料制成，图样采用 1∶1 的比例。

（2）分析视图。从图 1-55 中可知齿轮油泵泵体的形状采用了主、俯、左三个基本视图和 *B*、*D* 两个局部视图来表达，并且将主、左两个视图画成了半剖视图，将俯视图画成了全剖视图。

半剖视的主视图既表达了泵体正面的外部形状，又表达了泵体的内部空腔的各部分的深度，左端面上螺孔为不通孔。

半剖视的左视图重点表达左端面的外形；左端面上 8 个螺孔的分布情况，以及正面的进油孔（ϕ30 的圆孔）；内部长为 14 深为 6 槽的外部形状。

全剖视的俯视图表达了进、出油孔（背面的长圆孔）与中间空腔的关系，长为 14、深为 6 槽的断面形状，以及泵体外形俯视方向的轮廓。

B 向局部视图主要表达背面出油孔处凸台外形和上面的 4 个螺孔的相对位置；*D* 向局部视图表达泵体右端面的形状。

综上所述，想象出来的齿轮油泵泵体如图 1-56 所示。

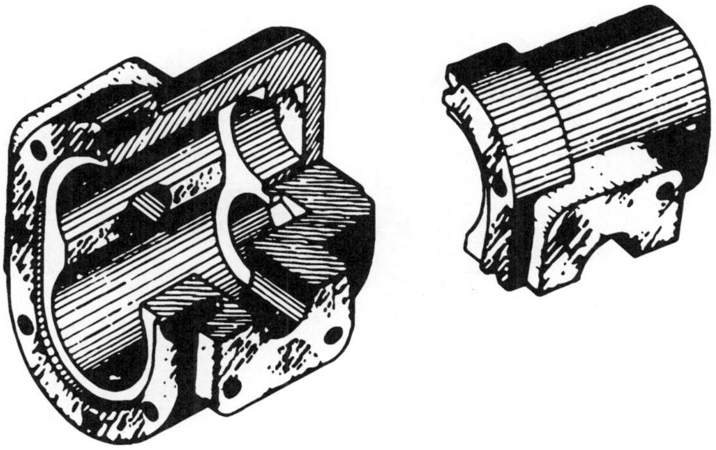

图 1-56　齿轮油泵泵体

(3) 看尺寸标注

由图 1-55 上所标注的尺寸可知，泵体总长为 122、总宽为 112、总高＝45＋50×2＝145。两轴孔的中心距为 45±0.03；进、出油孔轴线到左端面的定位尺寸为 16.5；到上轴孔的轴线的定位尺寸为 22.5。哑铃形的空腔深 $90.5_{0}^{+0.1}$ 中，长圆形的空腔深 $2.5_{0}^{+0.05}$；哑铃形的空腔底部的两个轴孔的直径为 φ 36、深 22。

泵体长度的主要尺寸基准是泵体与泵盖的结合面；高度的主要尺寸基准是上轴孔的轴线；宽度的主要尺寸基准是泵体的前后对称中心面。

思考与练习

1. 读组合体的基本方法是什么？

2. 如图 1-57 所示，根据三视图，分析图形，想象形体；判断各表面的相对位置，写出平面的名称或曲面的形状。

表面连接关系：

①是________面与________面相切无交线；

②是________面与________面相交的交线；

③是________面与________面相切无交线。

形体分析：

a 是________体；

b 是________体：

c 是________体；

d 是________体。

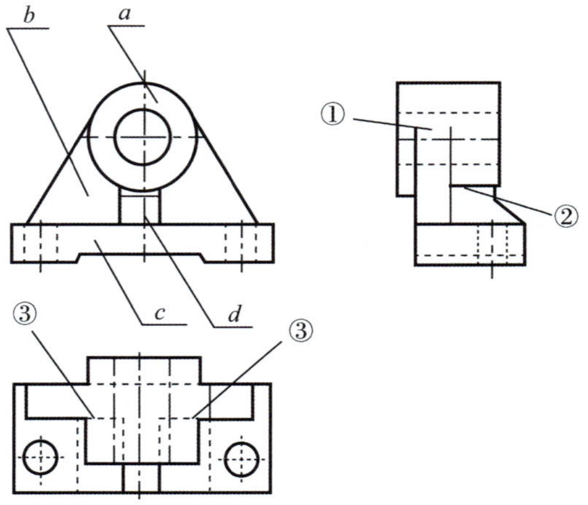

图 1-57 习题 2 图

3. 根据如图 1-58 所示的三视图，分析线条，找图框，想象形体。写出该零件由哪些几何体组成；分析表面相切或相交（包括相贯线的情况），并写出平面的名称或曲面的形状。

表面连接关系：

①是________面与________面相切________线；

②是________面与________面相交________线；

③是________面与________面相切________线。

形体分析：

a 是________体；

b 是________体；

c 是________体。

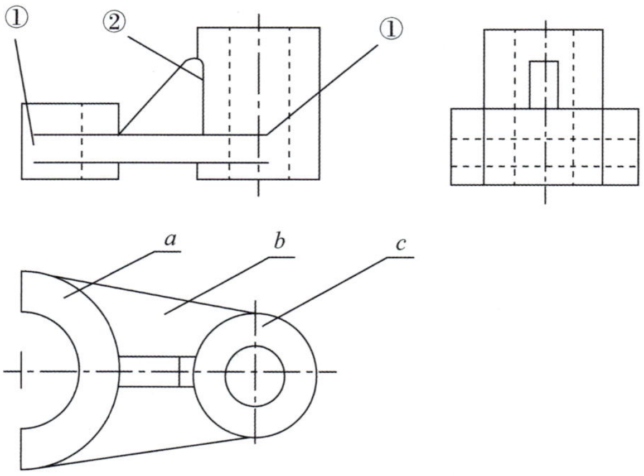

图 1-58 习题 3 图

4. 根据如图 1-59 所示的三视图，分析线条，找图框，想象形体，写出该零件由哪些几何体组成；分析表面相切或相交（包括相贯线的情况）。

形体分析：

a 是________体；

b 是________体；

c 是________体。

形体分析：

a 是________体；

b 是________体；

c 是________体。

表面连接关系：

①是____面与____面相切________线；

②是____面与____面相交________线；

③是____面与____面相切________线。

表面连接关系：

①是____面与____面相切________线；

②是____面与____面相交________线；

③是____面与____面相切________线。

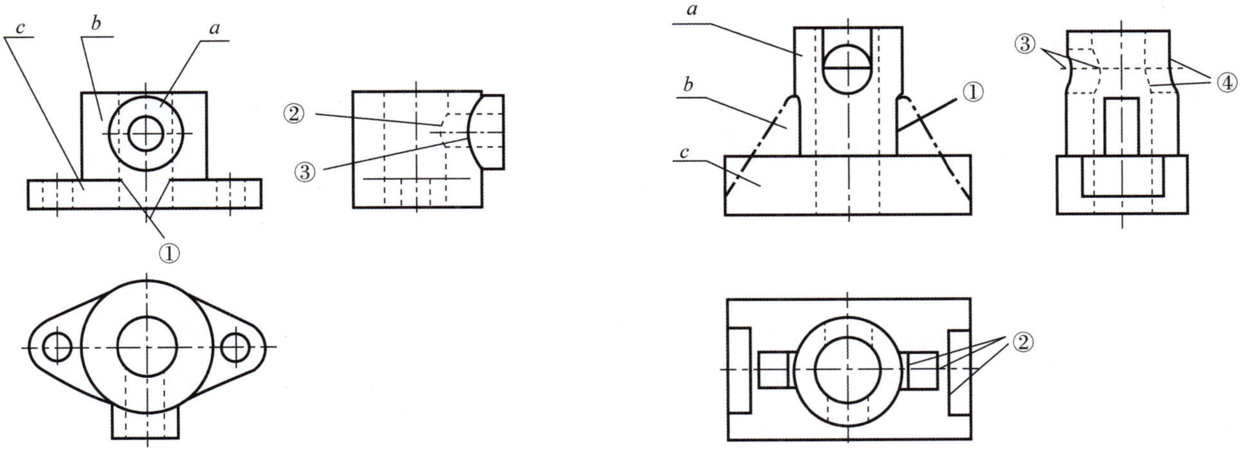

图 1-59　习题 4 图

5. 一张完整的基本图应包括哪几项内容？

____

____

____

6. 根据用途、结构不同，零件可分为哪四类？

____

____

____

项目二

汽车工程材料

项目导入

本项目主要介绍材料是人类社会发展和经济建设的物质基础。汽车行业的工程技术人员在设计选材、加工制造、使用维修等方面都必须懂得汽车用材。现代汽车所要求的安全、舒适、减轻自重、廉价等都离不开材料的选择。材料是汽车工业发展的重要物质基础。

汽车工程材料是指用于制造汽车部件的材料，通常分为金属材料、非金属材料和复合材料三大类。金属材料具有优良的使用性能和工艺性能，在汽车制造中占绝对主流地位，约占所有用材的 80%。非金属材料和复合材料也各有特点，与汽车的安全性、经济性、舒适性密切相关，在汽车制造中的应用正在逐步增加。

◆知识目标

了解：金属材料的力学性能；载荷的概念与分类；材料的分类。

掌握：常用金属材料与非金属材料的特点及在汽车上的应用。

◆能力目标

掌握金属材料的力学性能指标，熟悉汽车上的金属材料与非金属材料的特点及具体应用。

◆考核标准

应知：金属材料的力学性能、载荷、强度、刚度、硬度、塑性、冲击韧性和疲劳强度的概念；典型金属材料的牌号及用途；典型非金属材料在汽车上的应用。

应会：测定金属硬度；典型汽车零件的选材；主要性能的评价指标。

任务一　金属材料的力学性能

知识储备

金属材料的力学性能又称机械性能，是指材料在外力（载荷）作用下所表现出来的性能，包括强度、刚度、弹性、塑性、硬度及疲劳强度。

根据作用性质的不同，载荷可分为静载荷、冲击载荷和交变载荷三种。静载荷是指载荷的大小和方向不变或变动极缓慢的载荷；如汽车静止时，车身对车架的压力即为静载荷。冲击载荷是指以极高速度作用于零部件上的载荷；如汽车在不平路面上行驶时，车身对悬架的冲击即为冲击载荷。交变载荷是指大小和方向随时间发生周期性变化的载荷，也称为疲劳载荷；如运转中的发动机曲轴、齿轮等零部件所承受的载荷均为交变载荷。

一、强度

金属材料抵抗塑性变形或断裂的能力称为强度。抵抗外力的能力越大，则强度越强。强度依据载荷的不同，可分为抗拉强度（σ_b）、抗压强度（σ_{bc}）、抗弯强度（σ_{bb}）、抗剪强度（τ_b）以及抗扭强度（τ_t）等。

材料受到外力作用会发生变形，同时在材料内部产生一个抵抗变形的力（又称为内力）。其大小和外力相等，但方向相反。在单位面积上产生的内力称为应力，单位为 Pa，工程上常用兆帕（MPa）。

抗拉强度可通过拉伸试验测定。将一截面为圆形的低碳钢拉伸试样，如图 2-1 所示，装夹在材料拉伸试验机上，然后开动试验机以缓慢速度增加轴向的拉力，材料受拉后逐渐伸长直至拉断为止。测得低碳钢的应力-应变曲线如图 2-2 所示。

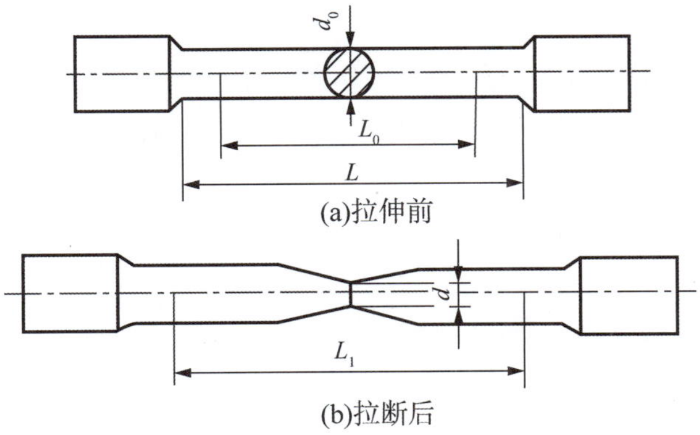

图 2-1 圆形拉伸试样

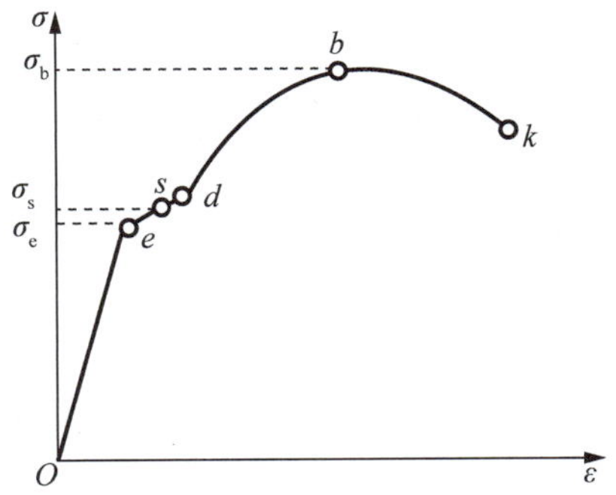

图 2-2　低碳钢的应力-应变曲线

在图 2-2 中，σ 为应力，ε 为应变，方程式如下。

$$\sigma = \frac{F}{d_0} \tag{2-1}$$

$$\varepsilon = \frac{\Delta L}{L_0} = \frac{L_1 - L_0}{L_0} \times 100\% \tag{2-2}$$

式中，F 为所加载荷；d_0 为试样原始截面积，mm²；L_0 为试样的原始标距长度，mm；L_1 为试样变形后的标距长度，mm；ΔL 为伸长量，mm。

由图 2-2 可看出低碳钢拉伸过程有以下几个阶段。

①弹性变形阶段 Oe：弹性变形阶段变形量与外加载荷成正比，当载荷去掉后试样变形完全恢复。

②屈服阶段 es：屈服阶段伴随着弹性变形，还发生了塑性变形。当去除载荷后，试样部分形变恢复；还有一部分形变不能恢复，将这部分不能恢复的形变称为塑性变形。s 为屈服点。

③明显塑性变形阶段 sd：明显塑性变形阶段中载荷不再增加或是微量增加，试样却继续变形。

④强化阶段 db：载荷不断增加，试样继续变形。随着塑性变形增大，强化阶段材料变形抗力也不断增加。

⑤颈缩阶段 bk：当试样变形达到最高点 b 后，试样就在某个薄弱部分发生局部变形，形成颈缩；此时变形所需的载荷逐渐降低。

⑥k 点时试样发生断裂。

根据金属材料变形的特点，强度指标分为以下几个。

①弹性极限 σ_e：表示材料保持弹性变形，不产生永久变形的最大应力。

②屈服极限 σ_s：屈服极限也称为屈服强度，表示金属材料开始发生明显塑性变形的抗力。除退火或热轧的低碳钢和中碳钢等少数合金有屈服极限外，大多数合金都没有屈服现象。因此，提出“规定残余伸长应力”作为相应的强度指标。国家规定：当试样卸除拉伸应力之后，其标距部分的残余伸长达到规定的原始标距百分比时的应力作为规定残余应力。规定残余应力 σ_{r0} 表示此应力的符号应附以角标说明，例如，$\sigma_{r0.2}$ 表示规定残余伸长率为 0.2%时的应力。

③强度极限 σ_b：也称抗拉强度，表示金属材料受拉时所能承受的最大应力。它是设计和选材的主要依据之一，是工程技术上的主要强度。

二、刚度和弹性

由图 2-2 中可测出材料的弹性模量 E，即可确定该材料的刚度和弹性。弹性模量 E 是指金属材料在弹性状态下的应力与应变的比值，方程式如下

$$E = \frac{\sigma}{\varepsilon} \tag{2-3}$$

在应力-应变曲线上，弹性模量就是试样在弹性变形阶段线段的斜率。它表示金属材料抵抗弹性变形的能力，工程上将材料抵抗弹性变形的能力称为刚度。

在实际应用中，绝大多数机械零件都是在弹性状态下进行工作的，而工作过程中一般不允许有过量的弹性变形，更不允许有明显的塑性变形。故对刚度有一定的要求。刚度除了与材料的横截面积大小、形状有关，还取决于弹性模量 E；E 越大，刚度越大。

三、塑性

塑性是指材料断裂前发生不可逆永久变形的能力。材料断裂前的塑性变形越大，表示塑性越好；反之则其塑性越差。常用的塑性指标是断后伸长率和断面收缩率。

（一）断后伸长率

断后伸长率是指试样拉断后的标距伸长量与原始标距的比值，即标距的相对伸长，用 δ 表示。方程式如下

$$\delta = \frac{\Delta l}{l_0} = \frac{l_1 - l_0}{l_0} \times 100\% \tag{2-4}$$

式中，l_0 为试样原始的标距长度，mm；l_1 为试样断裂后的标距长度，mm。

（二）断面收缩率

断面收缩率是指试样拉断后，颈缩处横截面积的最大缩减量与原始横截面积的百分比，用 ψ 表示。

方程式如下

$$\psi=\frac{\Delta A}{A_0}=\frac{A_1-A_0}{A_0}\times 100\% \tag{2-5}$$

式中，A_0 为试样原始的横截面积，mm^2；A_1 为试样断裂后颈缩处的最小横截面积，mm^2。

金属材料的断后伸长率 δ 和断面收缩率 ψ 越大，表示材料的塑性越好。塑性好的材料可发生较大的塑性变形而不被破坏，便于通过各种压力加工获得形状复杂的零件。例如，汽车的车身，一般采用低碳钢或铝合金等材料冲压成形。

四、硬度

硬度是指金属材料抵抗局部变形，特别是塑性变形、压痕或划伤的能力，即材料对局部塑性变形的抗力。它是衡量材料性能的一个综合的工程量或技术量。通常材料的硬度越高，耐磨性越好，强度也高。

强度的测量方法很多，常用的有布氏硬度测试法和洛氏硬度测试法。

（一）布氏硬度及其测定

布氏硬度的测定是在布氏硬度试验机上进行的，试验原理如图 2-3 所示。用直径为 D 的钢球或硬质合金球，在规定载荷 F 的作用下压入被测金属表面，保持一定时间后卸除载荷，测定压痕直径，求出压痕球的表面积，压痕的表面积通过压痕的平均直径和压头直径计算得到。压痕单位面积上所承受的平均压力即为布氏硬度值，用符号 HBW（当用硬质合金球压头时）表示。方程式如下

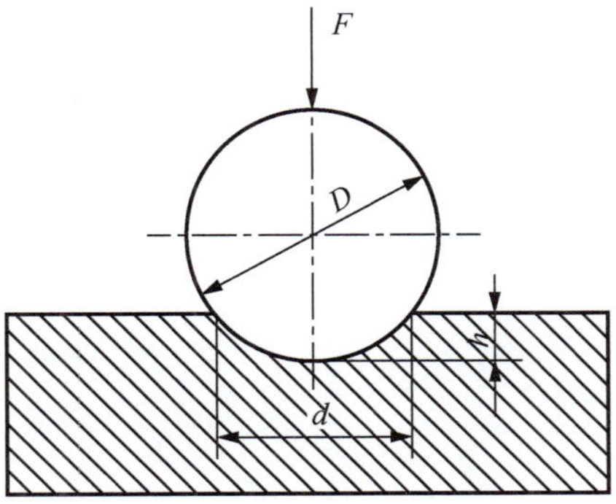

图 2-3　布氏硬度试验原理图

$$\text{HBW}=\text{常数}\times\frac{\text{试验力}}{\text{压痕表面积}}=0.102\frac{2F}{\pi D(D-\sqrt{D^2-d^2})} \tag{2-6}$$

式中，F 为所加载荷；D 为硬质合金球体直径，mm；d 为压痕平均直径，mm。

由式 2-6 可知，当实验载荷和球体直径一定时，压痕直径 d 越大，则布氏硬度值越小，即材料的硬度越低。在实际应用时，只要测出压痕直径 d 的大小，即可在专用表中查出相应的布氏硬度值。

布氏硬度试验的优点是测定的数据准确稳定，数据重复性强，但压痕的面积较大；对金属表面的损伤很大，且不易测定太薄零件的硬度，也不适应与测定成品件的硬度。布氏硬度试验多适用于测定原材料、半成品及微小部分性能不均匀材料（如铸铁）的硬度。

（二）洛氏硬度及其测定

将压头（金刚石圆锥、硬质合金球）分两个步骤压入试样表面。经规定保持时间后，卸除主试验力，测量在初试验力下的残余压痕深度 h。

根据 h 值、常数 N 和 S 及表 2-1，用如下方程式计算洛氏硬度

$$\text{洛氏硬度}=N-\frac{h}{S} \tag{2-6}$$

表 2-1　洛氏硬度标尺

洛氏硬度标尺	硬度符号	压头类型	初试验力 F_0/N	主试验力 F_1/N	总试验力 F/N	适用范围
A	HRA	金刚石圆锥	98.07	490.3	588.4	20～88 HRA
B	HRB	直径 1.587 5 mm 球	98.07	882.6	980.7	20～100 HRB
C	HRC	金刚石圆锥	98.07	1 373	1 471	20～70 HRC
D	HRD	金刚石圆锥	98.07	882.6	980.7	40～77 HRD
E	HRE	直径 3.175 mm 球	98.07	882.6	980.7	70～100 HRE
F	HRF	直径 1.587 5 mm 球	98.07	490.3	588.4	60～100 HRF
G	HRG	直径 1.587 5 mm 球	98.07	1 373	1 471	30～94 HRG
H	HRH	直径 3.175 mm 球	98.07	490.3	588.4	80～100 HRH
K	HRK	直径 3.175 mm 球	98.07	1 373	1 471	40～100 HRK
15N	HR15N	金刚石圆锥	29.42	117.7	147.1	70～94 HR15N
30N	HR30N	金刚石圆锥	29.42	264.8	294.2	42～86 HR30N
45N	HR45N	金刚石圆锥	29.42	411.9	441.3	20～77 HR45N
15T	HR15T	直径 1.587 5 mm 球	29.42	117.7	147.1	67～93 HR15T
30T	HR30T	直径 1.587 5 mm 球	29.42	264.8	294.2	29～82 HR30T
45T	HR45T	直径 1.587 5 mm 球	29.42	411.9	441.3	10～72 HR45T

洛氏硬度的表示方法具体内容如下。

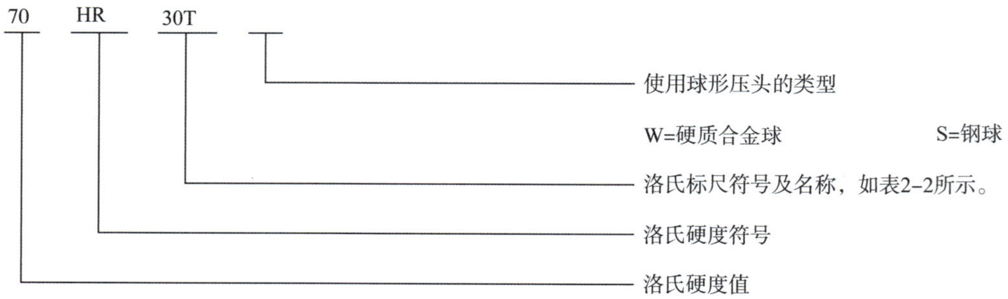

表 2-2　洛氏标尺符号及名称

符号	说明	单位
F_0	初试验力	N
F_1	主试验力	N
F	总试验力	N
S	给定标尺的单位	mm
N	给定标尺的硬度数	
h	卸除主试验力，在初试验力下压痕残留的深度（残余压痕深度）	mm
HRA	洛氏硬度 $=100-\dfrac{h}{0.002}$	
HRC		
HRD		

（续表）

符号	说明	单位
HRB	洛氏硬度$=130-\dfrac{h}{0.002}$	
HRE		
HRF		
HRG		
HRH		
HRK		
HRN	表面洛氏硬度$=100-\dfrac{h}{0.001}$	
HRK		

洛氏硬度的测定是在洛氏硬度试验机上进行的，原理如图 2-4 所示。

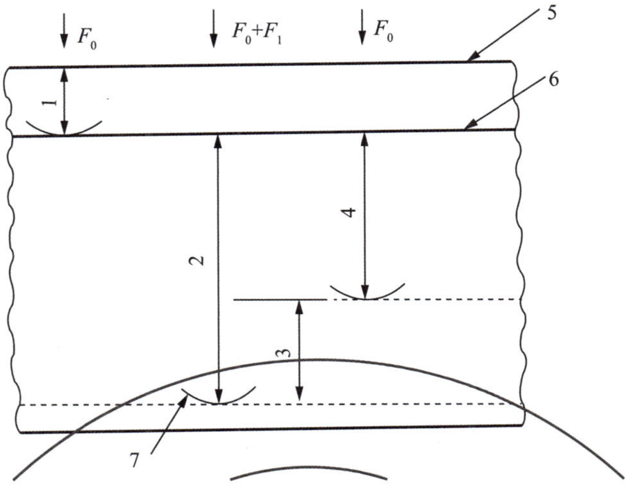

1—在初试验力 F_0 下的压入深度；2—由主试验力 F_1 引起的压入深度；
3—卸除主试验力 F_1 后的弹性回复深度；4—残余压入深度 h；
5—试样表面；6—测量基准面；7—压头位置。

图 2-4　洛氏硬度测试原理

洛氏硬度试验压痕小、直接读数、操作方便，可用于测量低、中、高硬度材料，应用最广。其适合于测量各种钢铁原材料、有色金属、经淬火后工件、表面热处理工件及硬质合金等。

材料的硬度还可以用维氏硬度试验法及显微硬度试验法等进行测定。各种不同方法所测定的硬度值可以通过查表的方法进行互换。

五、疲劳强度

疲劳强度是指在循环应力和应变作用下，一处或几处产生局部永久性累积损伤，经一定循环次数后产生裂纹或突然断裂的过程。这种断裂方式称为疲劳断裂。

许多机械零件，如汽车中的轴、齿轮、轴承和弹簧等，经常受到大小和方向周期性变化的载荷作用。在这种交变载荷下，虽然零件工作中所承受到的应力值远低于材料的强度极限，甚至小于屈服极限。但经过多次循环也会使零件在没有明显的外观变形时突然发生断裂，疲劳断裂常常会造成严重事故，存在安全隐患。据统计，损坏的机械零件中，有 80％以上是由金属的疲劳造成的。

通过实验证明，金属材料能承受的交变应力，与断裂前应力循环基数 N 有关，如图 2-5 所示。由图可知，金属承受的交变应力 σ 越大，则断裂时应力循环次数 N 越少。当应力低于某一值时，曲线与横坐标平行，表示材料可经无限周期循环而不破坏，此应力值称为材料的疲劳极限或疲劳强度，用 σ_{-1} 表示。因无数次应力循环的实验是不能完成的，工程上一般规定：对于钢铁循环次数为 10^7 所对应的应力即 σ_{-1}；有色金属循环则规定为 10^8。

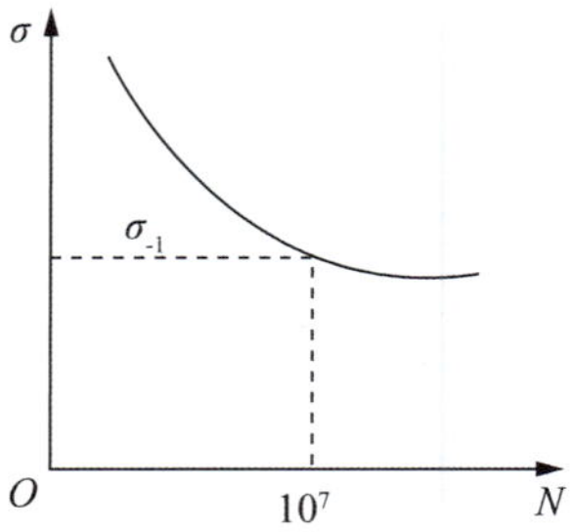

图 2-5 钢铁疲劳强度

金属的疲劳破坏与很多因素有关，主要有工作条件、表面状态、材质和残余内应力等。可通过改善零件结构形状避免应力集中，以及改善零件表面粗糙度、进行表面强化处理来提高金属材料的疲劳强度。

任务二 常用金属材料

知识储备

金属材料是目前汽车上应用最广泛的工程材料。工业上通常把金属材料分为两大类：黑色金属和有色金属。黑色金属是指钢铁材料。有色金属是指除钢铁材料以外的其他所有金属材料，如铝、铜、镁及合金。

一、黑色金属材料

钢铁材料最大的特点是价格低廉，比强度（强度/密度）高，便于加工，因而得到广泛应用。汽车用钢铁材料有钢板、结构钢、特殊用途钢、钢管、烧结合金、铸铁及部分复合材料等。其主要用于制造车架、车轴、车身、齿轮、发动机曲轴、缸体、罩板、外壳等零件。

（一）碳素钢

碳素钢又称碳钢，含碳量小于 2.11%，并含有少量硅、锰、磷、硫等杂质元素的铁碳合金。碳钢具有一定的力学性能和良好的工艺性能，且价格低廉、品种多样，在工业中广泛应用。

1. 碳素钢的分类

碳素钢的分类方法很多，常见的有以下三种：

（1）按钢中的含碳量分类

①低碳钢：$\omega_C \leqslant 0.25\%$。

②中碳钢：$\omega_C = 0.25\% \sim 0.60\%$。

③高碳钢：$\omega_C > 0.60\%$。

（2）按钢的质量分类（主要根据含有害杂质硫、磷的多少）

①普通碳素钢：$\omega_S \leqslant 0.05\%$，$\omega_P \leqslant 0.045\%$。

②优质碳素钢：ω_S、$\omega_P \leqslant 0.035\%$。

③高级优质碳素钢：$\omega_S \leqslant 0.02\%$，$\omega_P \leqslant 0.03\%$。

（3）按钢的用途分类

①碳素结构钢：主要用作各种工程构件、桥梁、建筑构件和机器零部件等，一般为中低碳钢。

②碳素工具钢：主要用于制作各种刃具、量具、模具，一般为高碳钢。

2. 碳素钢的牌号、性能和主要用途

（1）碳素结构钢

碳素结构钢对生产过程中控制质量无特殊规定的一般用途的碳钢，其碳含量较低，而硫、磷等有害杂质的含量较高，故强度不高，但塑性、韧性较好、焊接性能好、价格低廉。该类钢通常不进行处理而直接使用。常见的有热轧钢板、钢带、钢棒和型钢。其可用于制造焊、铆、螺栓连接的一般工程构件和不重要的一般机械零件，如货车车架、发动机支架、后视镜支杆等。

碳素结构钢和低合金结构钢的牌号通常由四部分组成。

第 1 部分：前缀符号＋强度值（以 N/mm^2 或 MPa 为单位），其中通用结构钢前缀符号为代表屈服强度的拼音的字母“Q”，专用结构钢的前缀符号查询相关国家标准。

第 2 部分（必要时）：钢的质量等级，用英文字母 A、B、C、D、E、F 等表示。

第 3 部分（必要时）；脱氧方式表示符号，即沸腾钢、半镇静钢、镇静钢、特殊镇静钢分别以“F”“b”“Z”“TZ”表示。镇静钢、特殊镇静钢表示符号通常可以省略。

第 4 部分（必要时）：产品用途、特性和工艺方法表示符号。

碳素结构钢和低合金结构钢牌号示例如表 2-3 所示。

表 2-3　碳素结构钢和低合金结构钢牌号示例

序号	产品名称	第一部分	第二部分	第三部分	第四部分	牌号示例
1	碳素结构钢	最小屈服强度 235 N/mm^2	A 级	沸腾钢		Q235AF
2	低合金高强度结构钢	最小屈服强度 345 N/mm^2	D 级	特殊镇静钢		Q345D
3	热轧光圆钢筋	屈服强度特征值 235 N/mm^2				HRB235
4	热轧带肋钢筋	屈服强度特征值 335 N/mm^2				HRB335
5	细晶粒热轧带肋钢筋	屈服强度特征值 335 N/mm^2				HRBF335
6	冷轧带肋钢筋	最小抗拉强度 550 N/mm^2				CRB550
7	预应力混凝土用螺纹钢筋	最小屈服强度 830 N/mm^2				PSB830

碳素结构钢的规定牌号有 Q195、Q215、Q235、Q255、Q275 五类。如 Q235AF。

（2）优质碳素结构钢

优质碳素结构钢的牌号用平均含碳量的万分之几（两位数字）表示。如钢号 45 表示平均含碳量为 0.45％的优质碳素结构钢。优质碳素结构钢具有较好的塑性、韧性，可通过热处理来提高力学性能，主要用来制造各种机器零件。

优质碳素钢牌号通常由以下五部分组成。

第 1 部分：以两位阿拉伯数字表示平均碳含量（以万分之几计）。

第 2 部分（必要时）：较高含锰量的优质碳素结构钢，加锰元素符号 Mn。

第 3 部分（必要时）钢材冶金质量，即高级优质钢、特级优质钢分别以 A、E 表示，优质钢不用字母表示。

第 4 部分（必要时）：脱氧方式表示符号，即沸腾钢、半镇静钢、镇静钢分别以“F”“b”“Z”表示，但镇静钢表示符号通常可以省略。

第 5 部分（必要时）：产品用途、特性或工艺方法表示符号。

优质碳素弹簧钢的牌号表示方法与优质碳素结构钢相同，示例如表 2-4 所示。

表 2-4 优质碳素弹簧钢的牌号表示方法

序号	产品名称	第 1 部分	第 2 部分	第 3 部分	第 4 部分	第 5 部分	牌号示例
1	优质碳素结构钢	碳含量：0.05%～0.11%	锰含量：0.25%～0.50%	优质钢	沸腾钢		08F
2	优质碳素结构钢	碳含量：0.47%～0.55%	锰含量：0.50%～0.80%	高级优质钢	镇静钢		50A
3	优质碳素结构钢	碳含量：0.48%～0.56%	锰含量：0.70%～1.00%	特级优质钢	镇静钢		50MnE
4	保证淬透性用钢	碳含量：0.42%～0.50%	锰含量：0.50%～0.85%	高级优质钢	镇静钢	保证淬透性钢表示符号“H”	45AH
5	优质碳素弹簧钢	碳含量：0.62%～0.70%	锰含量：0.90%～1.20%	优质钢	镇静钢		65Mn

常用碳素结构钢及常用优质碳素结构钢的牌号、性能及用途如表 2-5 所示。

表 2-5 碳素结构钢及常用优质碳素结构钢的牌号、性能及用途

类别	钢号	抗拉强度 σ_b /MPa	工艺性	淬火硬度范围/HRC	汽车中应用举例
普通碳素钢	Q235	235（屈服强度）	焊接性好，切削加工性不好，良好的韧性和锻造性	—	车厢板件、制动器底板、拉杆、销、键、法兰轴、螺等
优质碳素钢	08	327	焊接性好，切削加工性差，良好的韧性和冷冲性	—	驾驶室、油箱、离合器等
	15	372		56～62（渗碳）	离合器分离杠杆、风扇叶片、驻车制动杆等
	35	529	切削加工性好		
	45	597		30～40 45～55	凸轮轴、曲轴、转向节主销等

3. 碳素工具钢

碳素工具钢是用于制造刃具、量具、模具的钢，在使用时应经淬火加低温回火热处理，使其具有更高的硬度和耐磨性。碳素工具钢牌号在“T”后标出平均含碳量的千分数。常用碳素工具钢牌号、性能及用途如表 2-6 所示。

碳素工具钢牌号通常由以下四部分组成。

第 1 部分：碳素工具钢表示符号“T”。

第 2 部分：阿拉伯数字表示平均碳含量（以千分之几计）。

第 3 部分（必要时）：较高含锰量碳素工具钢，加锰元素符号“Mn”。

第 4 部分（必要时）：钢材冶金质量，即高级优质碳素工具钢以 A 表示，优质钢不用字母表示。

表 2-6 常用碳素工具钢的牌号、性能及用途

牌号	淬火硬度/HRC	特性与应用
T10、T10A	62	有一定的韧性和较高硬度，用作不受突然冲击并且刃口有韧性要求的刀具，如丝锥、冷冲模等
T12、T12A	62	韧性较小，具有较高的耐磨性，用做不受振动的高硬度工具，如钻头、铰刀、量规等

（二）合金钢

碳钢虽得到广泛应用，但因其淬透性低、绝对强度低、回火抗力差，不能用于大尺寸、重载荷的零件，也不能用于耐腐蚀、耐高温的零件，而且它的热处理工艺性能不佳。

为改善碳钢的组织和性能，在碳钢基础上有目的地加入一种或几种合金元素所形成的钢称为合金钢。合金钢通过热处理能获得优良的综合机械性能及一些特殊的物理、化学性能。常加入的合金元素有钛（Ti）、钒（V）、镍（Ni）、钨（W）、钼（Mo）、铬（Cr）、锰（Mn）、铝（Al）、钴（Co）、硅（Si）、硼（B）、氮（N）及稀土元素。但是合金钢的冶炼、加工困难，价格较贵，所以应合理选用。

合金钢按合金元素的含量分为低合金钢、合金钢；按用途又分为合金结构钢、合金工具钢和特殊性能钢。

1. 低合金结构钢

低合金结构钢是在低碳钢的基础上加入少量合金元素（合金元素总量小于 3%）而得到的钢。这类钢比低碳钢的强度要高 10%～30%，冶炼比较简单，生产成本与碳钢相近。广泛用于建筑、石油、化工、桥梁、造船等行业，一般不再进行热处理。

牌号表示方法与普通碳素结构钢相同。例如，Q 235 表示屈服强度不低于 235 MPa 的低合金结构钢。可取代普通碳素结构钢。在汽车中主要用于制作车身，还可以用于制造高强度连接件，如螺栓、弹簧钢板吊环等。

2. 合金结构钢

合金结构钢是在碳素结构钢的基础上加入合金元素而得到的钢。

合金结构钢牌号通常由四部分组成：

第 1 部分：以两位阿拉伯数字表示平均碳含量（以万分之几计）。

第 2 部分：合金元素含量，以化学元素符号及阿拉伯数字表示。具体表示方法为：平均含量小于 1.50%时，牌号中仅标明元素，一般不标明含量。平均含量为 1.50%～2.49%、2.50%～3.49%、3.50%～4.49%、4.50%～5.49%等时，在合金元素后相应写成 2、3、4、5 等。

注：化学元素符号的排列顺序推荐按含量值递减排列。如果两个或多个元素的含量相等时，相应符号位置按英文字母的顺序排列。

第 3 部分：钢材冶金质量，即高级优质钢、特级优质钢分别以“A”“E”表示，优质钢不用字母表示。

第 4 部分（必要时）：产品用途、特性或工艺方法表示符号，可查询相应国家标准。

（1）合金渗碳钢

合金渗碳钢是适用于渗碳＋淬火＋低温回火的热处理方式的合金结构钢。其含碳量低（$0.1\% < \omega_C < 0.25\%$），所以心部具有良好的塑性和韧性；而渗碳层具有高硬度、优良的耐磨性及抗疲劳性。主添加元素为铬、锰、镍、硼等，可以提高淬透性，保证心部强度；辅加元素为钼、钨、钒、钛等。其适用于承受冲击载荷及磨损条件下工作的重要渗碳零件，20GrMnTi 是应用最多的合金渗碳钢，用于制造汽车发动机凸轮和变速箱齿轮等。

（2）合金调质钢

合金调质钢是在中碳钢的基础上加入一些合金元素，经调质处理后使用的钢。含碳量适中（ω_C=0.25%～0.50%），主要添加元素为铬、镍、钨、钒、钛、铝等，以防止第二类回火脆性，细化晶粒，增加回火稳定性。因而具有良好的综合力学性能，主要用来制造在多种载荷下工作的重要零件。

此类钢中，40MnB 适用于中等截面的结构件，如汽车连杆螺栓、后桥半轴等；40GrNi、37GrNi3 适用于大截面的、承受大载荷的重要结构件，如中间轴、曲轴等。

（3）合金弹簧钢

适用于做弹簧的合金结构钢称为合金弹簧钢。其含碳量中等偏高（ω_C=0.50%～0.70%），因零件受动载荷，所以必须具有高抗拉强度、屈强比（σ_s/σ_b）、疲劳强度，足够的塑性和韧性，良好的表面质量，高淬透性和低脱碳敏感性。主加元素为硅、锰；辅加元素有铬、钨、钒等。其主要用于制造各种弹性零件，如减振板簧、螺旋弹簧、缓冲弹簧等。

常用的合金弹簧钢中 55Si2Mn、60Si2Mn、65Mn 等用于制造截面大于 25 mm 的各种螺旋弹簧和钢板弹簧；55GrMnA 和 60GrMnA 用于制造截面小于 50 mm 的各种螺旋弹簧和钢板弹簧。

3. 合金工具钢

合金工具钢是在碳素工具钢的基础上加入合金元素（V、Mo、Mn、Si 等）制成的。加入了合金元素，使得合金工具钢热处理性能得到了改善，因而提高了材料的热硬性、耐磨性。这类钢常用来制造各种量具、模具和切削刀具，也可分为量具钢、模具钢和刃具钢，其化学成分、性能和组织结构也不同。

合金工具钢牌号通常由以下 2 部分组成。

第 1 部分：平均碳含量小于 1.00%时，采用一位数字表示碳含量（以千分之几计）；平均碳含量不小于 1.00%时，不标明含碳量数字。

第 2 部分：合金元素含量，以化学元素符号及阿拉伯数字表示，表示方法同合金结构钢第 2 部分。低铬（平均铬含量小于 1%）合金工具钢，在铬含量（以千分之几计）前加数字“0”。

刃具钢又分为低合金刃具钢和高速钢。低合金刃具钢主要是含铬的钢，而高速钢是一种含钨、铬、钒等合金元素较多的钢。

4. 轴承钢

轴承钢是主要用来制造轴承中的内外套圈、滚动体（滚珠、滚柱、滚针）等的专用钢，也可用于制造形状复杂的精密量具等。含碳量高（ω_C=0.95%～1.10%），属过共析钢，添加元素以铬为主，ω_{Gr}=0.5%～1.65%，辅以硅、锰等，可以提高淬透性，具有极高的硬度和耐磨性、良好的接触疲劳强度和抗压强度，较高的弹性极限和一定的冲击韧度及抗蚀性等。

轴承钢的牌号用“GGr＋数字”表示，其中“G”为“滚”字的汉语拼音首字首，数字为铬的千分含量，其他合金元素表示与合金结构钢相同。常用滚动轴承钢牌号有 GGr 9、GGrl5，广泛用于汽车、拖拉机、内燃机等各种机械的轴承。

5. 特殊性能钢

特殊性能钢是指具有某些特殊的物理、化学、力学性能。因而能在特殊的环境、工作条件下使用的钢。其牌号表示方法与合金工具钢基本相同，但若钢中碳的质量分数小于 0.03%或小于 0.08%，牌号分别以“00”或“0”为首。例如，00Gr1TiNi14Mo2、0Gr18Ni11Ti 钢等。常用的特殊性能钢有不锈钢、耐热钢、耐磨钢。

在腐蚀介质中具有耐腐蚀性能的钢称为不锈钢，其主要合金元素是铬和镍。常用的不锈钢有 1Gr13、2Gr13、3Gr13、1Gr17、1Gr18Ni9Ti 和 0Gr19Ni9Ti 等，适用于制造化工设备、医疗和食品器械等。

耐热钢是指在高温下不发生氧化并具有较高强度的钢。为提高耐蚀性和高温强度，常加入较多的 Ni、

Al、Si 等合金元素。在汽车上常用的耐热钢是 4Gr9Si2、4Gr10Si2Mo 等，用于制造发动机排气门等。

在耐磨钢中常用的一种是高锰钢，在强烈冲击下的耐磨零件必须具有表面硬度高、耐磨，心部韧性好、强度高的特点。高锰钢适用于制造该类零件，如制造铁路道岔、挖掘机铲齿等。

（三）铸铁

铸铁是含碳量大于 2.11%，并且含有硅、锰、硫和磷等杂质元素的铁碳合金。在铸铁中，碳可以以渗碳体形式存在，也可以以石墨的形式存在。铸铁的强度、塑性等力学性能不如钢，但它有良好的铸造性能、切削加工性能、耐磨性、减振性，且价格低廉。因此，广泛应用于机械制造业。根据碳在铸铁中存在形态的不同，铸铁可分为以下几种。

1. 白口铸铁

白口铸铁中碳以渗碳体形式存在，断口呈亮白色，称白口铸铁。其性能特点是硬而脆，切削加工非常困难，一般不用于制造零件。一些具有高硬度和耐磨性要求的零件，如轧辊、球磨机的磨球以及可锻铸铁的毛坯件，其组织为白口组织。

2. 灰铸铁

灰铸铁中碳全部或大部分以片状石墨形态存在，其断口呈暗灰色，故称灰铸铁。机械性能虽不如钢，但其软而脆，具有良好的铸造性、耐磨性、减振性和切削加工性，是应用最广的铸造金属。

灰铸铁的牌号以灰铁两字的汉语拼音字首“HT”与一组数字表示，数字表示最小抗拉强度，如 HT 200 表示最小抗拉强度为 200 MPa 的灰铸铁。

灰铸铁广泛用于制造形状复杂但力学性能要求不高的箱体、叉架、壳体类零件，如缸盖、缸体、变速拨叉、变速器壳等；还用于承受压应力且有减振要求的零件，如床身、机架、立柱等。

灰铸铁的牌号、性能、用途如表 2-7 所示。

表 2-7 灰铸铁的牌号、性能、用途

牌号	最小抗拉强度/MPa	应用举例
HT100	100	适用于负荷小，对摩擦、磨损无特殊要求的部件，如盖、油盘、支架、手轮
HT150	150	适用于承受中等负荷的零件，如机床支柱、底座、刀架、齿轮箱、轴衬座
HT200	200	适用于承受较大负荷的零件，如机床床身、立柱、汽车缸体、缸盖、制动轮、联轴器、油缸、齿轮、飞轮
HT250	250	
HT300	300	适用于承受较高负荷的重要零件，如齿轮、凸轮、大型发动机曲轴、缸体、缸套、缸盖、高压油缸、阀体、泵体
HT350	350	

3. 可锻铸铁

可锻铸铁是由白口铸铁经石墨化退火得到的一种具有团絮状石墨的铸铁，其中碳以团絮状石墨形式存在。因为呈团絮状的石墨对金属基体的割裂作用和应力集中，可锻铸铁比灰铸铁有更高的强度，并且有一定的塑性和韧性，可以部分代替锻钢，但可锻铸铁并不可锻造。其常用于制造汽车、拖拉机的薄壳零件、低压阀门和各种管接头等。

我国常用的可锻铸铁有黑心可锻铸铁和珠光体可锻铸铁。其牌号由三个字母及两组数字组成。黑心可锻铸铁用“可、铁、黑”三个字的汉语拼音首字母“KTH”表示；珠光体可锻铸铁用“可、铁、珠”三个字的汉语拼音字首字母“KTZ”表示。后面两组数字分别代表抗拉强度和伸长率的最小值，两组数字用“-”隔开。

4. 球墨铸铁

球墨铸铁是将铁液经过球化处理而使石墨大部分或者全部呈球状的铸铁。由于球墨铸铁中的石墨呈球状，其割裂基体的作用减小，可以充分发挥基体的性能。所以，强度和塑性已超过灰铸铁和可锻铸铁，甚至还超过某些低碳钢，接近铸钢。但球墨铸铁仍具有和灰铸铁相同的铸造性、减振性、耐磨性及切削加工性等优点。用球墨铸铁可制造一些受力复杂而强度、韧性及耐磨性要求高的零件。

球墨铸铁牌号用“QT”加两组数字表示，“QT”为“球铁”汉语拼音首字首，后面两组数字分别代表抗拉强度和伸长率的最小值。例如，QT 400-18 适用于做汽车、拖拉机的轮毂、后桥壳及减速器壳体等；QT 500-7 适用于做汽车、拖拉机的曲轴、连杆和凸轮轴等零件。

5. 蠕墨铸铁

蠕墨铸铁兼有球墨铸铁和灰铸铁的性能，因此，具有独特的用途。其在钢锭模、汽车发动机、排气管、玻璃模具、柴油机缸盖、制动零件等方面的应用均取得了良好的效果。蠕墨铸铁牌号用“RuT”与一组数字表示，数字表示最小抗拉强度，如 RuT420。

6. 合金铸铁

为提高铸铁的耐磨、耐热、耐蚀性等某些特殊性能，在熔化时加入合金元素的铸铁称为合金铸铁。与合金钢相比，合金铸铁熔炼简单、成本低，但力学性能较差。汽车中常用的合金铸铁有以下几种。

（1）耐热铸铁。耐热铸铁是在铸铁中加入 Al、Si、Gr 等合金元素，可在铸件表面形成一层致密的、牢固的、均匀的保护膜，如 Al_2O_3、SiO_2、Gr_2O_3，使铸件在 700～1 000 ℃高温下具有抗氧化性。汽车发动机排气门座采用耐热铸铁制作。

（2）耐磨铸铁。耐磨铸铁是在铸铁中加入少量 P、Cu、Ti、Mn、Mo 等合金元素，可大大提高铸铁的耐磨性。其广泛用于制造汽车、拖拉机行业中气缸套筒、排气门座圈、活塞环等零件。

二、有色金属材料

与钢铁材料相比较而言，有色金属材料具有质轻、导电性好等特性，有色金属在现代汽车上的用量呈逐年增加的趋势。例如，铝合金材料因其密度低、强度高及耐腐蚀性好，在轿车的轻量化中占重要地位。轿车上的铝及铝合金用量占比逐年递增，此外，采用新型镁合金制造的凸轮轴盖、制动器等零件，可减轻质量和降低噪声。在轿车制造行业，采用铝、镁、钛等轻金属替代钢铁材料减轻自重是轿车轻量化的一个重要手段。

（一）铝及铝合金

铝及铝合金的密度小，属轻金属，在地球上的储量丰富，居金属元素之首。有关实验证明，如采用铝合金制造汽车的缸体和车身，整个汽车的自重可减轻 40%。

1. 纯铝

纯铝呈银白色，密度小（约 2.7 g/cm^3），导电性和导热性仅次于铜、银和金，强度低（σ_b =80 MPa），塑性好（δ =50%、ψ =80%），具有良好的耐蚀性。但强度和硬度都比较低，可经冷变形和合金化使其强化；可进行冷、热压力加工。我国工业纯铝的牌号是用其纯度来编号的，如 L1、L2 和 L3 等。L 为“铝”字的拼音字首字母，编号数字越大，杂质的含量越高，纯度越低。

2. 铝合金

在纯铝中加入 Si、Cu、Mg、Zn、Mn 等金属元素形成铝合金，其密度小、比强度高、耐腐蚀、导热性好，可以用来制作机器零件，尤其在要求结构质量小的产品中应用较多。在轿车日益轻量化的今天，铝及铝合金也得到了广泛的应用。

根据成分和工艺的特点，铝合金分为变形铝合金（或称压力加工铝合金）和铸造铝合金两类。

变形铝合金具有较高的强度和良好的塑性，可通过压力加工制成各种半成品，也可以焊接。主要用于承受中等载荷或高载荷的构件，飞机上应用较广，如飞机大梁、起落架等。常用的变形铝合金有防锈铝合金（LF＋顺序号）、硬铝合金（LY＋顺序号）、超硬铝合金（LC＋顺序号）及锻铝合金（LD＋顺序号）等，牌号表示方法见 GB/T 16474—2011。此类铝合金在汽车中应用不多。

按主加合金元素的不同，铸造铝合金可分为铝硅合金、铝铜合金、铝镁合金及铝锌合金等。其中铝硅合金使用最广，俗称硅铝明，具有良好的铸造性能，广泛用来制造形状复杂的零件。如发动机活塞、气缸体、水冷的气缸头、气缸套等。

各类铸造铝合金的牌号为：ZAl＋合金元素符号＋合金元素的平均质量分数的百分数（如 ZAlSi12），代号用 ZL（“铸铝”汉语拼音首字母）及 3 位数字表示。第 1 位数字表示合金类别：1、2、3、4 分别表示铝硅合金、铝铜合金、铝镁合金及铝锌合金；第 2、3 位数字表示顺序号。如代号为 ZL101 铸造铝合金相应的牌号为 ZAlSi7Mg。

应用于轿车上的铝合金以铸铝为主。发动机部分气缸体是大尺寸的铝铸件，采用铝铸件的还有曲轴箱、气缸盖、活塞、滤清器和发动机架等，尤其是活塞几乎都用铝合金。我国应用铝硅合金 ZL108、ZL109、ZL111 比较多。底盘上采用铝铸件的零件也不少，如离合器壳、变速器壳等，车轮箍也有用铝合金铸造的。

（二）铜及铜合金

铜是人类发现和使用最早的金属。在汽车工业所用的有色金属材料中，铜合金用量仅次于铝合金。

1. 纯铜

纯铜呈紫红色，故又称紫铜。纯铜导电性、导热性优良，仅次于金和银；是最常用的导电、导热材料。其耐蚀性和塑性很好，但强度低。纯铜的牌号有 T1、T2、T3 3 种。“T”为“铜”字拼音首字母，编号越大，纯度越低。无氧铜，其含氧量极低，代号为 TU1、TU2。纯铜广泛应用于制造电线、电缆等各种导电材料；在机械中主要应用紫铜的导热性、塑性及耐蚀性，制造发动机的输油管、缸头垫和火花塞垫等。

2. 铜合金

汽车制造业主要使用铜合金。铜合金比纯铜强度高，且具有优良的物理化学性能。铜合金按化学成分不同分为黄铜、青铜和白铜三类，普通机械制造中，应用较广的是黄铜和青铜。

（1）黄铜。黄铜是以铜和锌为主组成铜合金，其强度、硬度和塑性都随锌的质量分数增加而升高。锌的质量分数为 30%～32%时，塑性达到最大值；锌的质量分数为 45%时，强度最高。在黄铜的基础上再加入少量的其他元素组成的铜合金称为特殊黄铜，如锡黄铜、铅黄铜、硅黄铜等。黄铜通常用来制造耐蚀和耐磨零件，如弹簧、阀门、管件等。

黄铜的牌号用 H＋数字表示，其中 H 为“黄”的汉语拼音首字母，数字表示铜平均质量分数的百分数。例如 H62 表示含铜量为 62%，含锌为 38%的黄铜。特殊黄铜在牌号中标出合金元素符号及质量分数。如 HSn62-1 含铜量 62%，含锡量为 1%，含锌量为 38%的黄铜。

黄铜在轿车上用作转向节衬套、钢板弹簧衬套、轴套等耐磨件，也可用作散热器冷、凝器、冷却管，还可用作装饰件、供水排水管、油管接头、制动三通接头、垫片和垫圈。

（2）青铜。除黄铜和白铜（铜和镍的合金）以外的其他铜合金称为青铜，青铜又分为锡青铜和特殊青铜（无锡青铜）。

锡青铜是以锡（锡的含量一般为3%～14%）为主要合金元素的铜合金。锡的含量直接影响到青铜的力学性能。当含锡量小于8%时，锡青铜具有良好的塑性和一定的强度，适用于压力加工，故称变形锡青铜。当含锡量大于10%时，此时的锡青铜由于塑性差，只适于铸造，故称铸造锡青铜，可铸造形状复杂的零件。锡青铜抗腐蚀性好、耐磨性高，多用于制造轴瓦、轴套等耐磨零件。

特殊青铜指不含锡的青铜。特殊青铜具有良好塑性、耐磨性、耐蚀性及铸造性能，主要用于耐磨损零件和耐蚀零件的制造，如蜗轮、轴瓦等。常见的有铝青铜、锰青铜、硅青铜和铅青铜，通常作为锡青铜的代用材料。

压力加工青铜牌号依次为“青”的拼音首字母“Q”、主加元素符号及其平均质量分数。

任务三　非金属材料和复合材料

知识储备

除金属以外，如塑料、橡胶、玻璃、陶瓷、合成纤维、胶黏剂、摩擦材料和涂装材料等均为非金属材料。非金属材料是工业中必不可少的门类，其中有许多金属材料不具备的特点。如高分子材料质轻、耐蚀、减振和价廉等，陶瓷高硬度、耐高温、耐腐蚀等。它们在汽车上的应用呈逐年增长的趋势。

工程上常用的非金属材料包括有机高分子材料、陶瓷材料和复合材料。高分子材料（分子量特别大的有机化合物）包括塑料、橡胶等。陶瓷材料包括陶瓷、玻璃等。复合材料包括金属和金属之间、非金属和金属之间、非金属和非金属之间的复合材料，但工程用复合材料大多以非金属复合材料为主。

一、塑料

塑料是在一定温度和压力下可塑制成型的高分子合成材料的统称，是当前机械工业中应用最广泛的高分子材料。

（一）塑料的组成

塑料一般以合成树脂（高聚物）为基础，再加入各种添加剂而制成。

合成树脂是指从煤、石油和天然气中提炼出来的高分子化合物，是塑料的主要成分（占40%～100%），对塑料的性能起着决定性作用，故绝大多数塑料以树脂的名称命名。例如，聚氯乙烯塑料的树脂就是聚氯乙烯。合成树脂受热时呈软化或熔融状态，因而塑料具有良好的成型能力。

添加剂是为了改善塑料的使用性能或成型能力而加入的其他辅助组分。常见添加剂的作用有：填充剂用来调整塑料的物理学性能，提高材料强度；增塑剂可提高塑料的柔软性和可塑性；固化剂在塑料加工过程中可使树脂硬化，从而达到使用要求；防老化剂（稳定剂）可提高树脂在受热、光、氧等作用时的稳定性。此外，还有为防止塑料在成型过程中粘在模具上，并使塑料表面光亮美观而加入的润滑剂；为使塑料具有美丽的色彩，加入的染料有着色剂、发泡剂、阻燃剂等。总之，根据不同的塑料品种和性能要求，加入不同的添加剂。

（二）塑料的分类

1. 按塑料的用途分类

塑料按用途分为通用塑料和工程塑料。

（1）通用塑料。通用塑料的产量大、价格低、性能一般，可作为日用品、农用及包装材料。常用的通用塑料主要有聚乙烯、聚氯乙烯、聚苯乙烯、ABS聚丙烯、氨基塑料和酚醛塑料等。

（2）工程塑料。一般工程塑料的力学性能较好，且耐高温、耐辐射、耐腐蚀，电绝缘性能好，因而有时可代替金属，在汽车、机械、化工等部门用来制造机械零件及工程结构。常用的工程塑料主要有聚酰胺（尼龙）、聚碳酸酯、ABS、聚甲醇等。

在实际使用中，通用塑料和工程塑料并没有严格的界限。

2. 按树脂的热性能分类

塑料按树脂的热性能分为热固性塑料和热塑性塑料两大类。

（1）热固性塑料可在常温或受热后起化学反应、固化成形，再加热时不能恢复成形前的化学结构。这类塑料耐热性好，不易变形，但生产周期长，废旧塑料不能回收利用。热固性塑料主要有聚氯乙烯、聚苯乙烯、尼龙及ABS等。

（2）热塑性塑料受热软化，熔融，冷却后固化，可以多次反复而化学结构基本不变，但其耐热性相对较差，容易变形。常用的热塑性塑料有聚乙烯、聚丙烯、聚氯乙烯、ABS塑料、聚甲醛、聚酰胺和有机玻璃等。

（三）塑料的特点

与金属材料相比，塑料有以下特点。

（1）质量小、强度低、刚度低。塑料的密度一般为0.9～2.0 g/cm^3，仅为钢的1/7～1/4，强度σ_b一般为30～150 MPa，刚度仅为金属的1/10，所以塑料只能制作承载不大的零件。但由于密度小，所以塑料的比强度、比模量还是很高的。

（2）耐热性差，易老化。多数塑料只能在小于100 ℃时使用，少数塑料可在200 ℃左右时使用。

（3）热膨胀系数大。塑料的热膨胀系数是钢的3～10倍，所以塑料零件的尺寸精度不够稳定。

（4）绝缘性好。塑料广泛用于电器、电力工程中。

（5）耐蚀性好。塑料化学稳定性很高，耐酸、碱、油、水及大气等物质的侵蚀，特别适合制造化工机械零件及在腐蚀介质中工作的零件。

（6）导热性差。塑料的导热性一般为金属的1/600～1/500，所以具有良好的绝热性，但易摩擦发热。

（7）减摩性能、耐磨性能差异大。大部分塑料的减摩、耐磨性较金属差，但也有些塑料（如聚氟乙烯、尼龙等），摩擦系数很小，约为0.04，而且具有良好的自润性，所以是极好的轴承材料和耐磨材料，因而大量用来制造密封件、齿轮、轴承等零件。

此外，塑料还具有吸振性能高、易于加工成型等优点。

（四）塑料在汽车上的应用

目前，塑料在汽车上的应用越来越多，在轿车上的用量约占全车质量的9%左右。常用塑料的主要特性及其在汽车上的应用如表2-8所示。

表 2-8 常用塑料的主要特性及其在汽车上的应用

种类	代号		主要特性	应用举例
热固性塑料	聚乙烯	PE	强度高，耐磨性、耐高温性、耐腐蚀性和绝缘性较好	汽油箱、挡泥板、风窗嵌条、保险杠等
	聚酰胺（尼龙）	PA	韧性好，强度高，耐磨性、耐疲劳性、耐油性等综合性能好，但吸水性和收缩性大	车窗摇柄、风扇叶片、里程表齿轮、钢板弹簧销衬套等
	聚甲醛	POM	综合力学性能优良，尺寸稳定性好，耐磨性、耐油性、耐老化性好，吸水性小	半轴齿轮和行星齿轮垫片、汽油泵壳，转向节衬套等
	有机玻璃	PMMA	透明度高，耐腐蚀性、绝缘性好，有一定的力学性能，但耐腐蚀性差	灯罩、油杯、标牌、仪表壳件等
	聚碳酸酯	PC	具有较高的抗冲击性、抗拉性及耐热性，还兼有优良的尺寸稳定性、电绝缘性和阻燃性	仪表盘、分电器壳、暖风机风扇叶、保险杠灯等
热塑性塑料	酚醛塑料	PF	耐热性、绝缘性、化学稳定性、尺寸稳定性等性能优于热塑性塑料，但质地较脆，抗冲击性差	分电盘盖、分火头、制动摩擦片和离合器摩擦片等
	环氧塑料	EP	强度较高，塑性较好，收缩性低，绝缘性、化学稳定性、耐蚀性好	塑料量具、磨具电气和电子元件的密封等

二、橡胶

橡胶是一种具有极高弹性的高分子材料，弹性变形量可达100%～1 000%，且回弹性好，同时还具有一定的耐磨、吸振、绝缘、隔音特性，是常用的弹性、密封、减振防振和传动材料。其主要缺点是易老化，耐油性差。

（一）橡胶的组成

橡胶是以生胶为基础加入适量的配合剂而组成的高分子材料。

生胶是指未加配合剂的天然橡胶或人工合成橡胶，是橡胶制品的主要原料。生胶的性能不好，为改善和提高橡胶制品的各种性能常在生胶中加入各种物质，加入的物质称为配合剂。常见配合剂的作用有：硫化剂的作用与热固性塑料中的固化剂类似，可使橡胶分子间形成交联而成网状结构；硫化促进剂可加速硫化过程，缩短硫化时间，降低硫化温度，减少硫化剂用量，并改善橡胶制品的性能；活性剂能加速发挥硫化促进剂的作用；软化剂可增加橡胶的塑性，改善黏附力，并能降低橡胶的硬度，提高橡胶的耐寒性；填充剂有助于提高橡胶制品的强度，减少生胶的用量、降低成本和改善工艺性能；防老剂能在橡胶表面形成稳定的氧化膜，防止和延缓橡胶老化；着色剂可使橡胶制品着色。

由于橡胶的弹性大，在外力作用下极易发生变形。因此，很多橡胶制品都必须用纺织材料或金属材料做骨架材料，以增加橡胶制品的强度和抗变形能力。

（二）橡胶的分类

按原料的来源不同，橡胶可分为天然橡胶和合成橡胶两大类。

天然橡胶是橡胶工业中应用最早的橡胶，主要取自橡胶树上采集的白色乳胶，属于通用橡胶。其具有优良的弹性、较高的强度和优异的抗疲劳性、耐磨性、防水性、绝热性与电绝缘性以及良好的加工性能。

合成橡胶是指以石油、天然气和煤等为原料，通过化学合成的方法制成与天然橡胶性质相似的高分子材料。合成橡胶的原料来源丰富，成本低廉，其品种和数量较多，产量已超出天然橡胶。

（三）橡胶在汽车中的应用

橡胶是在汽车上大量应用的一种重要材料。常用橡胶的主要特性及其在汽车上的应用如表 2-9 所示。

表 2-9　常用橡胶的主要特性及其在汽车上的应用

种　类	代　号	主要特性	应用举例
天然橡胶	NR	强度高，耐磨性、抗撕裂性、耐寒性、气密性和加工性能良好，但耐高温性、耐油性较差，易老化	轮胎、胶带、胶管和通用橡胶制品等
丁苯橡胶	SBR	耐磨性优良，耐老化性、耐热性优于天然橡胶，力学性能和天然橡胶相近，但加工性能和黏着性较天然橡胶差	轮胎、胶带、胶管、摩擦片和通用橡胶制品等
氯丁橡胶	CR	力学性能良好，耐老化性、耐腐蚀性、耐热性、耐油性较好，但密度大，绝缘性、耐寒性较差，加工时易黏结	广泛应用于制造轮胎胎侧、耐热运输带、耐油耐蚀胶管、汽车拖拉机配件、门窗密封条
丁基橡胶	2R	气密性好，吸振能力强，化学稳定性、耐气候性、耐酸性、耐老化性，耐碱性良好，但耐油性、加工性能差	轮胎内胎、胶管、电线护套和减振元件等
丁腈橡胶	NBR	优良的耐油性、耐热性、耐磨性、耐老化性，气密性较好，但加工性能差	广泛应用于耐油橡胶制品如油封、轴封、垫圈等，还可以制造耐油胶卷、输送带等
三元乙丙橡胶	EPDM	耐老化性、耐蚀性优异，有很好的弹性，但加工性能差	制造耐热输送带、蒸汽胶管、耐腐蚀密封件以及垫片、散热器胶卷等汽车零件

三、玻璃

玻璃是由二氧化硅和各种金属氧化物组成的无机化合物，由石英等硅酸盐矿物质材料经过配料、熔制而成。

玻璃硬度高（仅次于陶瓷）、抗压强度高、抗拉弯强度低、塑性小、韧性很差，是典型的脆性材料。玻璃有良好的化学稳定性，对酸、碱的腐蚀具有较强的抵抗能力，但氢氟酸对玻璃具有较强的腐蚀作用。普通玻璃的耐热性较差，经过热处理后，可提高耐热性。固态玻璃具有良好的绝缘性能，可用于制造各种绝缘器材和电学仪器。液态玻璃却具有良好的导电性。玻璃最突出的特点是具有良好的光学性质，即透明性和折光性。除此之外，特种玻璃还有吸热、防辐射、防爆等特殊性能。广泛用于制造透光、透视、隔音、隔热等器件及装饰物。在汽车上，主要用作挡风玻璃和车身玻璃等。

常用玻璃主要有普通平板玻璃、钢化玻璃和夹层玻璃等。具体内容如下。

（1）平板玻璃。平板玻璃又称镜片玻璃，在日常生活中随处可见，主要用于建筑物的门窗上，或进一步处理形成具有特殊性能的其他玻璃，如磨砂玻璃、夹层玻璃、磨光玻璃等。

（2）钢化玻璃是由普通玻璃经一定的热处理后制成的。钢化玻璃的抗弯强度高，冲击韧性较高，且在受到冲击破碎后，碎片小而无棱角，不会造成人体伤害。但这种玻璃在破碎前会产生很多裂纹，由于光线的漫射作用，玻璃会变得模糊不清。所以，钢化玻璃仅作为汽车后窗玻璃和侧窗玻璃。

（3）夹层玻璃又称为安全玻璃，是将两片或两片以上的平板透明玻璃或钢化玻璃用聚乙烯醇缩丁醛塑料衬片黏合在一起而成。这种玻璃强度高，即使被击碎后，由于中间有塑料衬片的黏合作用，仅产生辐射状的裂纹而玻璃不脱落导致伤人，并且不产生折光现象，透明度仍然良好。各国规定汽车前挡风玻璃必须使用夹层玻璃。

四、陶瓷

陶瓷是指以天然或人工合成的各种化合物为基本原料，经原料处理、成形、干燥、高温烧结而成的一种无机非金属固体材料。陶瓷具有高硬度、高抗压强度、高熔点、良好的高温强度及抗氧化能力。有较好的绝缘性能，但抗拉强度较低，韧性和疲劳性能较差。目前在汽车上应用的陶瓷材料主要有普通陶瓷、工程陶瓷和功能陶瓷。

（一）普通陶瓷

普通陶瓷以天然的硅酸盐矿物为原料（如黏土、长石、石英等），经成形、烧结而成的产品。普通陶瓷质地坚硬，耐腐蚀性好，不导电，易于加工成型，是应用广泛的传统材料。日用陶瓷、建筑陶瓷和化工陶瓷一般都属于普通陶瓷。汽车发动机的火花塞就是由普通陶瓷制成的。

（二）工程陶瓷

工程陶瓷是指具有优良的物理、化学和力学性能的陶瓷，是以氧化铝、氧化硅、碳化硅或氧化硼等化合物为原料经过配制、烧结而成的。工程陶瓷具有高强度、高硬度、高耐热性、高耐磨性和高耐腐蚀性等特点。目前工程陶瓷已应用于燃气涡轮机零件、柴油机喷嘴、气门零件和活塞等，在汽车上具有十分广阔的应用前景。

（三）功能陶瓷

功能陶瓷是指一些具有特殊的介电性、压电性、导电性、透气性和磁性等性能的陶瓷材料。功能陶瓷在汽车上主要用于各种电子设备的传感器、导电材料和显示元件等。

五、复合材料

复合材料由两种或两种以上性质不同的金属材料或非金属材料通过人工复合而制成的。

复合材料是由基体材料和增强材料两部分组成。基体材料主要有合成树脂、橡胶、陶瓷、石墨和有色金属等；增强材料主要有玻璃纤维、碳纤维等。复合材料可克服或改善单一材料的弱点，充分发挥优点，并能得到单一材料不易具备的性能和功能。例如，混凝土性脆，但抗压强度高，钢筋韧性好又有较高的抗拉强度，为使两者在性能上取长补短，人工制成了钢筋混凝土复合材料。

常用的复合材料主要有纤维增强型复合材料、层叠复合材料以及颗粒状增强复合材料。在汽车上应用最多的为纤维增强型复合材料。纤维增强型复合材料因能减小汽车质量，降低能耗，提高载重能力，故在汽车工业中得以广泛应用。如增强橡胶材料制成的轮胎，玻璃纤维复合材料制作的车身、顶篷、车体结构件等，无机纤维塑料制作的制动片、离合器片、电热水箱等。层叠复合材料在汽车中也有应用，如汽车前窗。夹层玻璃是由两层玻璃中间夹一层透明的塑料薄层制得的复合材料。有些汽车中使用金属粉与陶瓷粉烧结所得复合材料制作制动片。从今后汽车发展动向出发，为减轻自重、节能和安全，复合材料在汽车上的应用会进一步增加。

思考与练习

一、填空题

1. 金属材料的力学性能是指______________________特性。

2. 工业上，通常把金属材料分为_____________和_____________两大类。

3. 铜合金中，按主加元素不同分为_____________、_____________和白铜。

4. 根据成分和工艺的特点，铝合金分_____________和_____________两类。

5. 工程上常用的非金属材料包括有_____________、_____________和复合材料。

6. 塑料按用途分为_____________和_____________两类；按树脂的热性能分有_____________和____________。

二、选择题

1. 大小不变或变化过程缓慢的载荷是指（　　）。

A. 静载荷　　B. 冲击载荷　　C. 交变载荷

2. 表示布氏硬度值的符号是（　　）。

A. HRA　　B. HRB　　C. HBW

3. 下列金属材料的强度指标中，（　　）表示金属材料开始发生明显塑性变形的抗力。

A. 弹性极限 σ_e　　B. 屈服极限 σ_s　　C. 强度极限 σ_b

4. 塑料的性能特点包括（　　）。

A. 质量小、强度低　　B. 耐热性差，易老化　　C. 导热性好

5. 各国规定汽车前挡风玻璃必须使用（　　）。

A. 普通平板玻璃　　B. 钢化玻璃　　C. 夹层玻璃

三、判断题

1. 通常材料的硬度越高，耐磨性越好，强度也高。（　　）

2. 可通过改善零件结构形状避免应力集中，以及改善零件表面粗糙度、进行表面强化处理来提高金属材料的疲劳强度。（　　）

3. 纯铜具有很高的导电性和导热性，也有优良的塑性，强度不高，不宜做承受载荷的汽车零件。（　　）

4. 青铜中锡的含量直接影响其力学性能，当含锡量小于8%时，锡青铜塑性差，只适于铸造。（　　）

5. 在腐蚀介质中具有耐腐蚀性能的钢称为不锈钢，其主要合金元素是铬、镍及硅。（　　）

四、简答题

1. 金属材料的性能指标主要包括哪些？

____

____

____

2. 什么是弹性变形？什么是塑性变形？

____

____

____

3. 汽车钢板弹簧在长期工作后突然断裂，属于哪类问题？与材料的哪些性能有关？

4. 有色金属与黑色金属相比较，具有哪些优良的性能？汽车上常用的有色金属是哪几种？

5. 汽车常用的非金属材料有哪些？各具有什么特性？

项目三

构件的静力分析与动力分析

项目导入

本项目主要介绍汽车机械基础的研究是以构件的力学分析为基础的，而静力分析主要研究力系的简化及物体在力的作用下平衡的普遍规律。在静力学里关于力的合成、分解与力系简化的研究结果可以直接应用于动力学。静力学在工程技术中具有重要的实用意义。

◆知识目标

1. 了解： 力的性质及基本定理的含义；平面力系的合成与平衡条件；旋转构件的特征及惯性力的概念；滑动摩擦和滚动摩擦的基本内容。

2. 掌握： 典型约束的约束性质，对简单物体进行受力图的绘制；应用平衡方程求解物体的平衡问题；定轴转动刚体的动静法；考虑摩擦时的平衡问题。

◆能力目标

学会用抽象简化的思维方式理解力学的一般规律，同时灵活运用数学工具解决实际问题。

◆考核标准

应知： 力的常见种类及约束的类型、性质及约束反力的特征；力在坐标轴上的投影、合力矩定理；旋转构件的角速度、角加速度与各点的速度、加速度的关系，惯性力的概念；静滑动摩擦的情形。

应会： 力矩的计算及受力图的绘制；应用任意力系的平衡方程求解平面力系的平衡问题；应用动静法对定轴转动刚体进行动力分析，会计算移动构件和转动构件的功与功率；摩擦时的平衡问题。

任务一　静力学分析基础

知识储备

一、静力学基本概念

静力是物体平衡时物体之间的作用力关系。汽车上每一个零部件都受着各种不同的力的作用。通过静力分析，熟悉静力的基本概念，研究力系的简化和平衡条件的问题。

（一）力

人们在长期生活和生产实践中，经过科学的抽象，有了力的概念。力是物体间的相互机械作用。力的结果使物体的运动状态发生改变，即力的运动效应或外效应。力使物体的形状发生改变称为力的变形效应或内效应。

1. 力的三要素

实践证明，力对物体的效应取决于力的大小、方向（包括方位和指向）和作用点，这三者称为力的三要素。在这三个要素中，如果改变其中的任何一个，也就改变了力对物体的作用效应。如用扳手拧螺母时，作用在扳手上的力，因大小不同或方向不同或作用点不同，所产生的效果就不同。

2. 力的矢量表示和单位

力是一个具有大小和方向的矢量，如图 3-1 所示。力可以用一个有向线段表示，线段 AB 的长度按一定的比例尺表示力的大小，线段的方位以及箭头的指向表示力的方向；线段的起点（或终点）表示力的作用点。力的单位是 N（牛），或 kN（千牛），1 kN＝1 000 N。

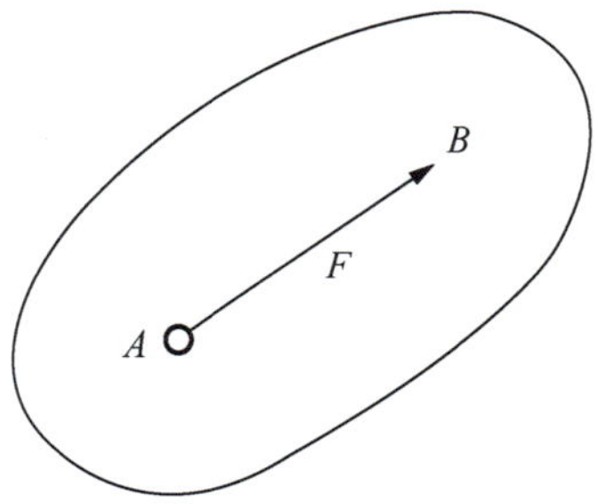

图 3-1　力的矢量表示

（二）力系

物体的平衡是指物体相对于地球处于静止或匀速直线运动状态。平衡是相对的，物体的平衡是物体机械运动的特殊形式，物体的平衡规律远比一般运动规律简单。在工程中往往会遇到很多机器零件、部件等物体的平衡问题，需要进行静力分析计算。因此，平衡规律的应用很广泛。

作用在同一物体上的一群力称为一个力系。物体处于平衡状态时，则作用在物体上的力系称为平衡力系。如果两个力系分别对同一个物体的运动效应相同，则这两个力系彼此称为等效力系。若一个力与另一个力系等效，则称这个力是该力系的合力，而该力系中的每个力是合力的分力。

注意：等效力系只是不改变原力系对于物体作用的外效应，内效应将随力的作用位置的改变而有所不同。

（三）刚体

刚体是指在力的作用下不变形的构件。实际上，任何构件在力的作用下或多或少都会产生变形。如果物体变形很小，且变形对所研究问题的影响可以忽略不计，则可将物体抽象地视为刚体。

工程实际中常用的构件材料，如钢、铸铁、混凝土、木材及陶瓷等，均有足够的抵抗变形的能力。因此，受力产生的变形是极其微小的。在许多工程问题中，构件的微小变形对研究物体的平衡问题来说是可以忽略不计的。忽略微小变形，将该构件视为不变形的“刚体”使问题得以简化，但是，如果在研究的问题中，物体的变形成为主要因素时，就不能再把物体看成刚体，而要看成变形体。

（四）力矩

若某物体具有固定支点 O，受 F 力作用，当力 F 的作用线不通过固定支点 O 时，则物体将产生转动效应。其转动效应与力 F 的大小和点 O 到力 F 作用线的垂直距离 h 有关，用它们的乘积来度量，称为平面力对点的矩，简称力矩。方程式如下

$$M_O(F) = \pm Fh$$

式中，h 为力臂；O 点称为矩心，可以是固定支点，也可以是某指定点。规定：产生逆时针转动效应的力矩取正值；反之，产生顺时针转动效应的力矩取负值，如图 3-2 所示。

在平面问题中，力对点的矩只需考虑力矩的大小和转向。因此，力矩是代数量。力矩的单位为 N·m 或 kN·m。

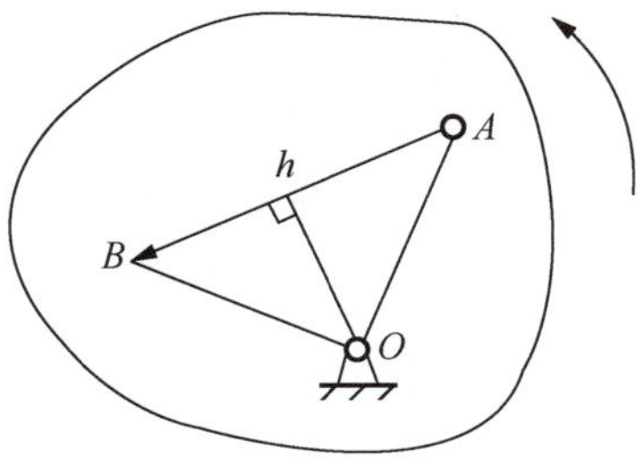

图 3-2　力对点的矩

（五）力偶

由两个作用于刚体上大小相等、方向相反但不共线的平行力所组成的最简单的力系称为力偶。力偶只能使刚体产生纯转动效应，而不能产生移动效应。力偶对刚体产生的转动效应用力偶矩 M 来度量，方程式如下

$$M = \pm Fd$$

式中，d 为两个力作用线之间的垂直距离，称为力偶臂。

两力作用线所组成的平面称为力偶的作用面。规定：如力偶使刚体做逆时针方向转动，则力偶矩取正值；反之，力偶使刚体做顺时针方向转动，则力偶矩取负值。力偶矩的单位为 N·m 或 kN·m。衡量力偶转动效应的三个要素：力偶矩的大小、力偶的转向和力偶的作用面。

平面力偶除了用力和力偶臂表示外，也可以用一带箭头的弧线表示，M 表示力偶矩的大小，箭头表示力偶矩的转向，如图 3-3 所示。

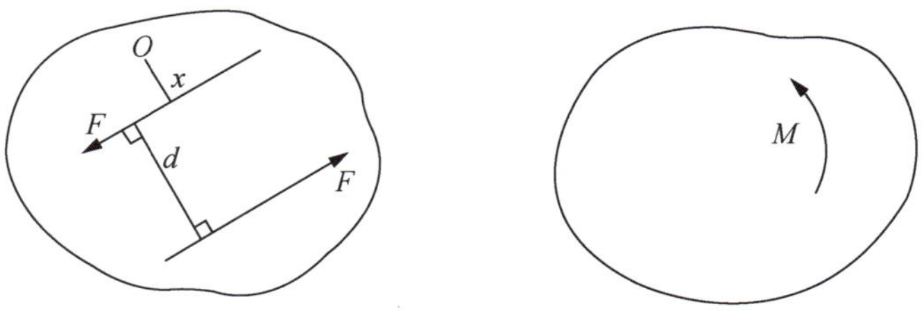

（a）用力和力偶臂表示力偶　　（b）用带箭头的弧线表示力偶

图 3-3　力偶

力偶具有如下性质。

(1) 力偶不能合成为一个力。力偶不能用一个力来代替，也不能用一个力来平衡，只能用反向的力偶来平衡。

(2) 力偶对其所在平面内任一点的力矩都等于一个常量，其值等于力偶矩本身的大小，而与矩心的位置无关。

(3) 力偶的等效性。在同一平面内的两个力偶，如果力偶矩大小相等，转向相同。则两力偶等效，且可以相互替换。

二、静力学基本公理

人们在长期的生活和生产实践中，发现和总结出一些最基本的力学规律，又经过实践的反复检验，证明是符合客观实际的普遍规律，这些规律称为静力学公理。静力学公理概括了力的各种性质，是静力分析的理论基础。

(一) 二力平衡公理 (公理一)

当一个刚体受两个力作用而处于平衡状态时，其充分与必要的条件下，这两个力大小相等，方向相反，作用于同一直线上，简称“等值、反向、共线”。二力平衡如图 3-4 所示。

二力平衡公理是作用于物体上的最简单的力系，也是静力学中最基本的平衡条件。

工程上受两个力作用而平衡的刚体称为“二力构件”或“二力体”。受力特点是两个力的方向必在二力作用点的连线上，而且两个力大小相等，方向相反。

应用二力杆的概念，可以很方便地判定结构中某些构件的受力方向。如图 3-5 所示为三铰拱中的 AB 部分。当车辆不在该部分上且不计自重时，只可能通过 A、B 两点受力，是一个二力构件，故 A、B 两点的作用力必沿 AB 连线的方向。

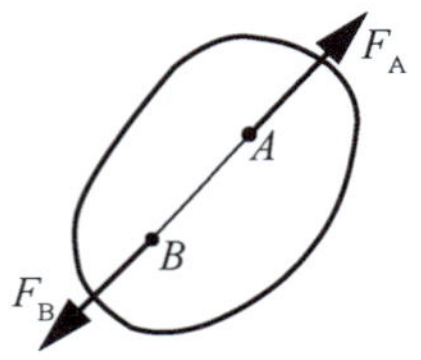

图 3-4　二力平衡

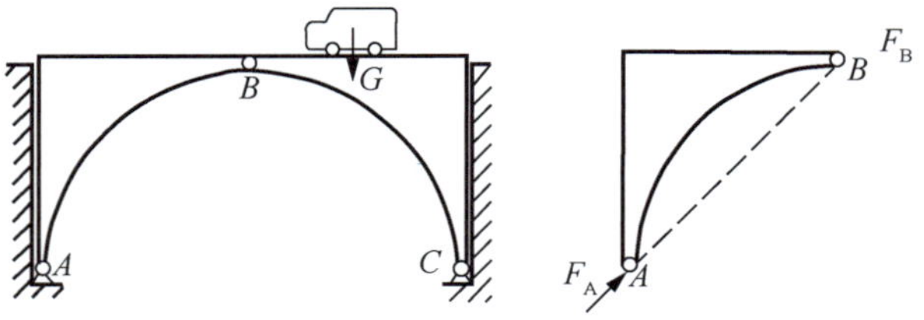

图 3-5　三铰拱中的二力杆

(二) 加减平衡力系公理 (公理二)

在刚体的原有力系中，加上或减去任一平衡力系，不会改变原力系对刚体的作用效应。这一公理的正确性是显而易见的，因为平衡力系不会改变物体的原有状态。这公理常被用来简化某一已知力系。依据这一公理，可以得出一个重要推论——力的可传性原理。

力的可传性原理：作用于刚体上的力可以沿其作用线移至刚体内任一点，而不改变原力对刚体的作用效应。如图 3-6 所示，在车后 A 点加一水平力推车，与在车前 B 点加一水平力拉车，其效果是一样的。

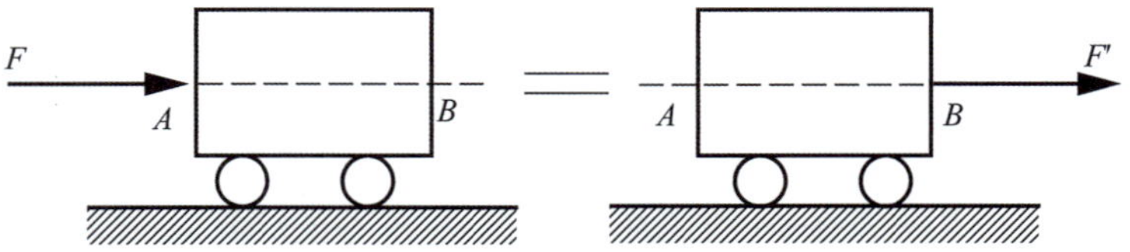

图 3-6　力的可传性

这个原理可以利用上述公理推证如下内容。

（1）设 F 作用于 A 点，如图 3-7（a）所示。

（2）在力的作用线上任取一点 B，并在 B 点加一平衡力系（F_1，F_2），使 $F_1=F_2=F$，如图 3-7（b）所示。由加减平衡力系公理可知，这并不影响原力 F 对刚体的作用效应。

（3）再从该力系中去掉平衡力系（F，F_1），则剩下的 F_2 与原力 F 等效，如图 3-7（c）所示。这样把原来作用在 A 点的力 F 沿其作用线移到了 B 点。

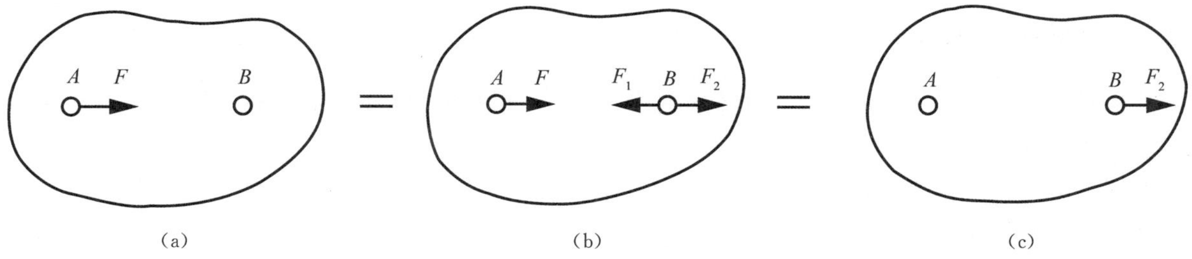

图 3-7　力的可传性原理

根据力的可传性原理，力在刚体上的作用点已为它的作用线所代替。所以作用于刚体上的力的三要素又称为力的大小、方向和作用线。这样的力矢量称为滑移矢量。力的可传性原理只适用于刚体，对变形体不适用。

（三）力的平行四边形法则（公理三）

作用于物体同一点的两个力可以合成为一个合力。合力也作用于该点，其大小和方向由以这两个力为邻边所构成的平行四边形的对角线所确定，即合力矢等于这两个分力矢的矢量和，如图 3-8 所示。其矢量方程式如下

$$F_R=F_1+F_2$$

从图 3-8 中可以看出，在求合力时，实际上只须作出力的平行四边形的一半，一个三角形就可以。其方法是自任意点 O 先画出一力矢 F_1；然后再由 F_1 的终点画一力矢 F_2；最后由点 O 至力矢 F_2 的终点作一矢量 F_R，它就代表 F_1、F_2 的合力。合力的作用点仍为汇交点 O。这种作图方法称为力的三角形法则。在作力的三角形时，必须遵循一个原则，即分力力矢首尾相接，但次序可变，合力力矢与最后分力箭头相接。还应注意，力的三角形只表示力的大小和方向，而不表示力的作用点或作用线。

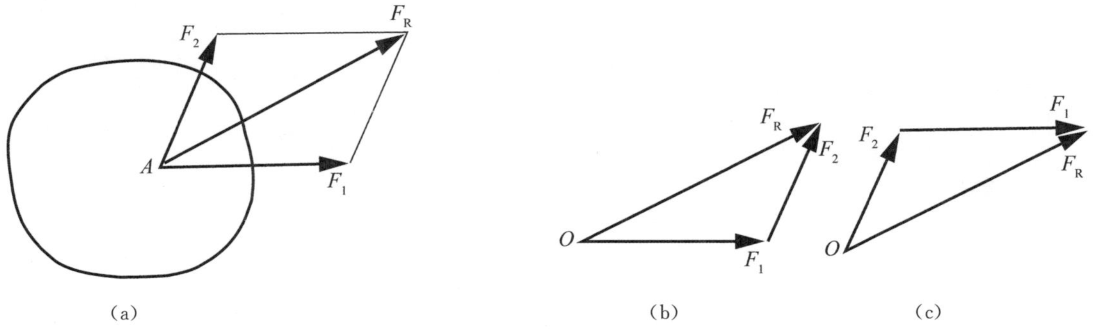

图 3-8　力的平行四边形法则

力的平行四边形法则总结了最简单的力系简化规律，是较复杂力系合成的主要依据。力的分解是力的合成的逆运算，因此，也是按平行四边形法则来进行的，但为不定解。在工程实际中，通常是分解为方向互相垂直的两个分力。

运用公理二、公理三可以得出下面的推论：物体受三个力作用而平衡时，此三个力的作用线必汇交于一点。此推论称为三力平衡汇交定理。

（四）作用力与反作用力公理（公理四）

两个物体间的作用力与反作用力，总是大小相等、方向相反、作用线相同，并分别作用于这两个物体。这个公理概括了自然界物体相互作用的关系，表明了作用力和反作用力总是成对出现的。必须强调指出，作用力和反作用力是分别作用于两个不同的物体上的。因此，决不能认为这两个力相互平衡，这与两力平衡公理中的两个力有着本质上的区别。

三、约束与约束反力

在空间的位移不受任何限制，可自由运动的物体称为自由体，位移受限制的物体称为非自由体。约束对自由体的位移起限制作用的周围物体，通常是通过与被约束体之间相互连接或直接接触而形成。例如，工程中的机器或者机构，总是由许多零部件按照一定的形式相互连接。因此，它们的运动必然互相牵连和限制。如果从中取出一个物体作为研究对象，则它的运动也会受到与它连接或接触的周围其他物体的限制。所以一个运动受到限制或约束的物体，即被约束体。

作用于被约束体的力称为约束反力。约束反力总是作用在被约束体与约束体的接触处，其方向也总是与该约束所能限制的运动或运动趋势的方向相反。物体所受的力除约束反力外，还有重力、水压力、风力、电磁力等，它们是使物体运动或有运动趋势的力，这些力称为主动力。约束反力通常是由主动力引起的，并且取决于约束本身的性质、主动力及物体的运动状态。

在静力分析中，主动力往往都是已知的力，因此，对约束反力的分析就成为物体受力分析的重点。工程实践中，物体间的连接方式是很复杂的，为了分析和解决实际计算问题，必须将物体间各种复杂的连接方式抽象分为几种典型的约束类型。

下面介绍工程中常见的几种典型的约束模型，根据它们的结构特点，分析约束反力的作用点和方向。

（一）柔索约束

由绳索、胶带、链条等形成的约束称为柔索约束。这类约束只能限制物体沿柔索伸长方向的运动，因此，它对物体只有沿柔索方向的拉力，如图 3-9 所示。常用符号为 F_T。当柔索绕过轮子时，常假想在柔索的直线部分处截开柔索，将与轮接触的柔索和轮子一起作为考察对象。这样处理就不考虑柔索与轮子间的内力，此时作用于轮子的柔索拉力即沿轮缘的切线方向，如图 3-10 所示。

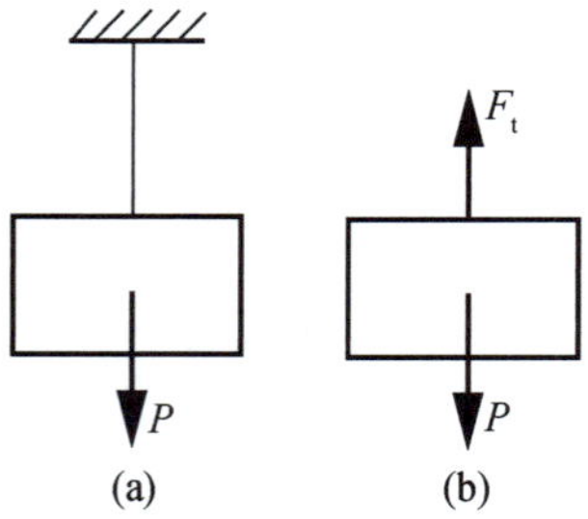

图 3-9　柔索约束

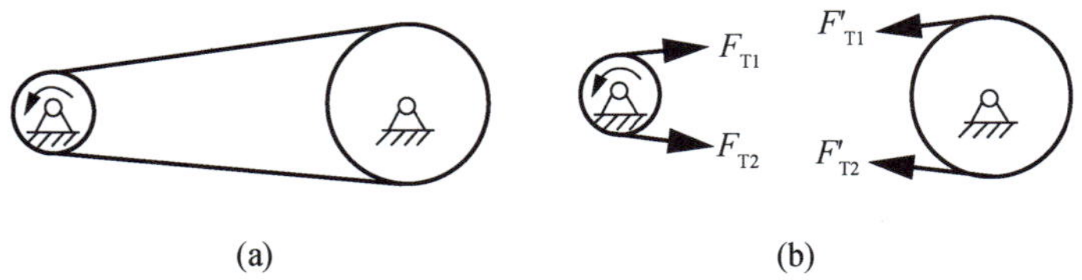

图 3-10　柔索拉力

（二）光滑面约束

当两物体直接接触，并可忽略接触处的摩擦时，约束只能限制物体在接触点沿接触面的公法线方向约束物体的运动。不能限制物体沿接触面切线方向的运动，故约束反力必过接触点沿接触面法向并指向被约束体，简称法向压力，通常用 F_N 表示。如图 3-11 所示为光滑曲面对刚体球的约束和齿轮传动机构中齿轮轮齿的约束。如图 3-13 所示为直杆与方槽在 A、B、C 三点接触，三处的约束反力沿两者接触点的公法线方向作用。

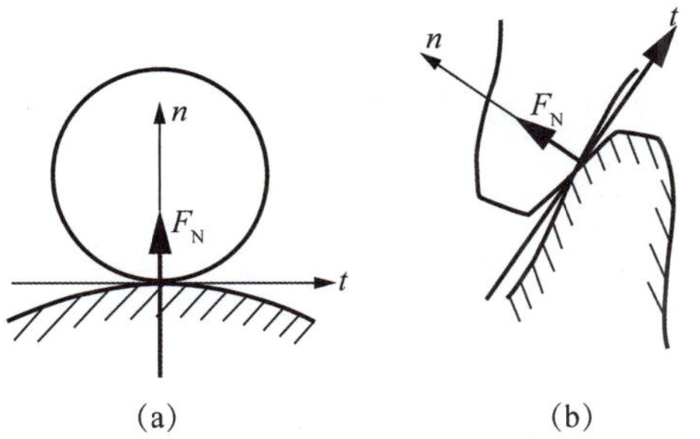

图 3-11　光滑面约束

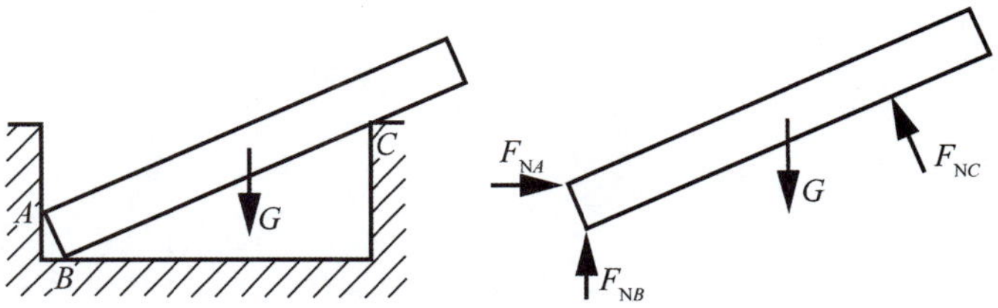

图 3-12　直杆接触

（三）铰链约束

铰链是工程上常见的一种约束。是在两个钻有圆孔的构件之间采用圆柱定位销所形成的连接，如图 3-13 所示。门所用的合叶、铡刀与刀架、起重机的起动臂与机座的连接等，都是常见的铰链连接。

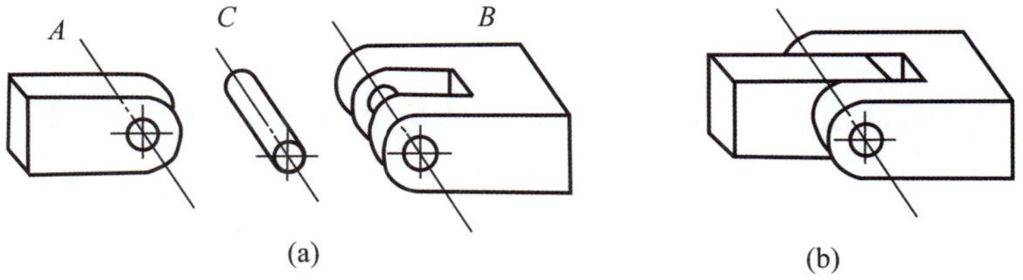

图 3-13　铰链连接

一般认为销钉与构件光滑接触，所以这也是一种光滑表面约束，约束反力应通过接触点 K 沿公法线方向（通过销钉中心）指向构件，如图 3-14（a）所示。但实际上很难确定 K 的位置，因此反力 F_N 的方向无法确定。所以，这种约束反力通常是用两个铰链中心的大小和方向未知的正交分力 F_x、F_y 表示，两分力的指向可以任意设定，如图 3-14（b）所示。

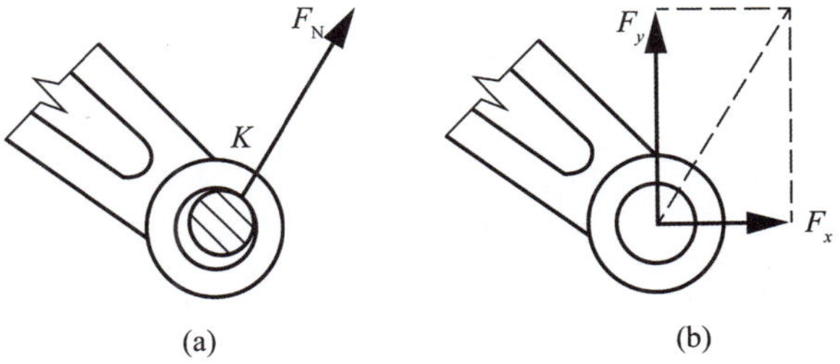

图 3-14　约束反力

这种约束广泛应用在工程上，可分为以下三种类型。

1. 固定铰支座

固定铰支座约束常用以将构件和基础连接，如桥梁的一端与桥墩连接时，如图 3-15（a）所示，图 3-15（b）所示为约束的简图。

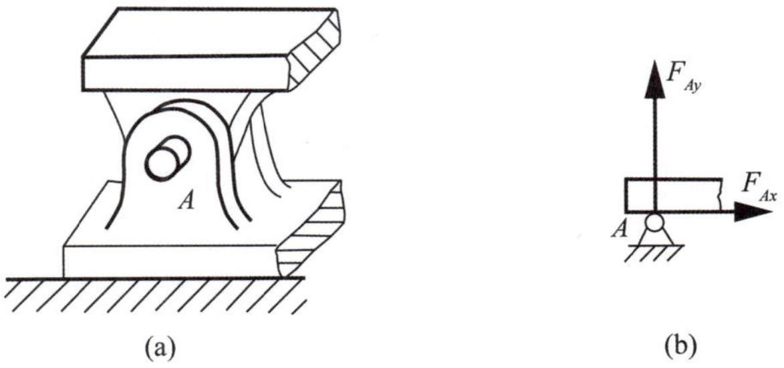

图 3-15　固定铰支座

2. 中间铰链

用来连接两个可以相对转动但不能移动的构件，如曲柄连杆机构中曲柄与连杆、连杆与滑块的连接。通常在两个构件连接处用一个小圆圈表示铰链，如图 3-16（c）所示。

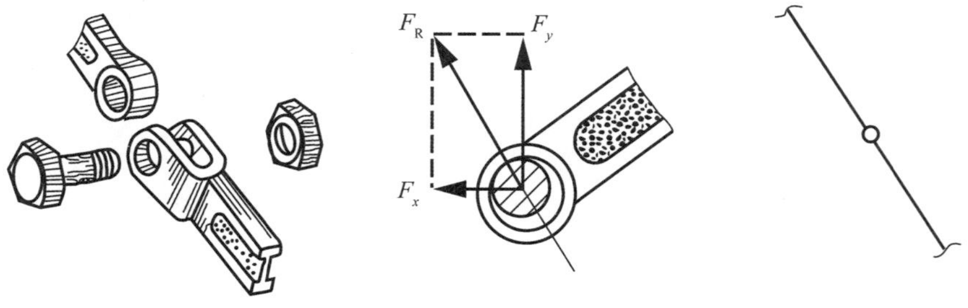

(a) (b) (c)

图 3-16 中间铰链

3. 滚动铰支座

在桥梁、屋架等结构中，除了使用固定铰支座外，还常使用一种放在几个圆柱形滚子上的铰链支座，这种支座称为滚动铰支座，也称为辊轴支座，构造如图 3-17 所示。由于辊轴的作用，被支承构件可沿支承面的切线方向移动，故其约束反力的方向只能在滚子与地面接触面的公法线方向。

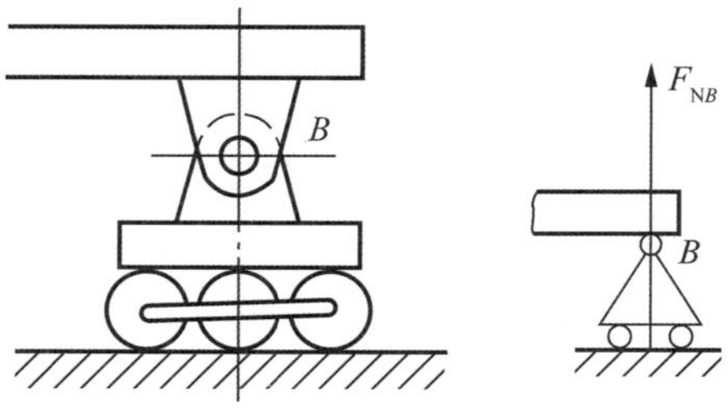

(a) (b)

图 3-17 滚动铰支座

（四）轴承约束

轴承约束是工程中常见的支承形式，如图 3-18 所示，轴承约束的约束反力的分析方法与铰链约束相同。具体内容如下。

（1）支承传动轴的向心轴承，也是一种固定铰支座约束。

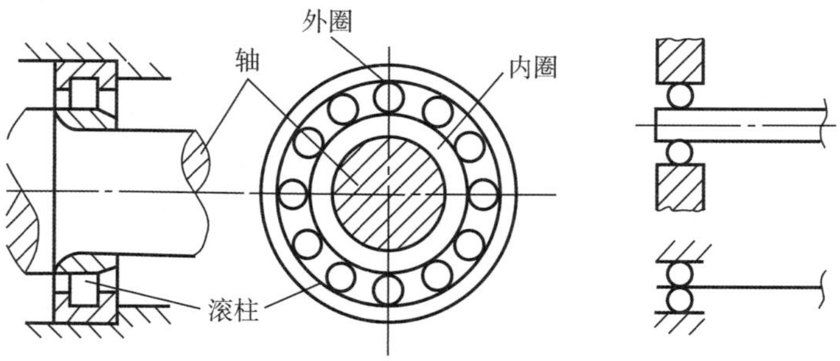

图 3-18 轴承约束

（2）推力轴承约束如图 3-19（a）所示。除了与向心轴承一样具有作用线不定的径向约束力外，由于限制了轴的轴向运动，因而还有沿轴线方向的约束反力，如图 3-19（b）所示。其力学符号如图 3-19（c）所示。

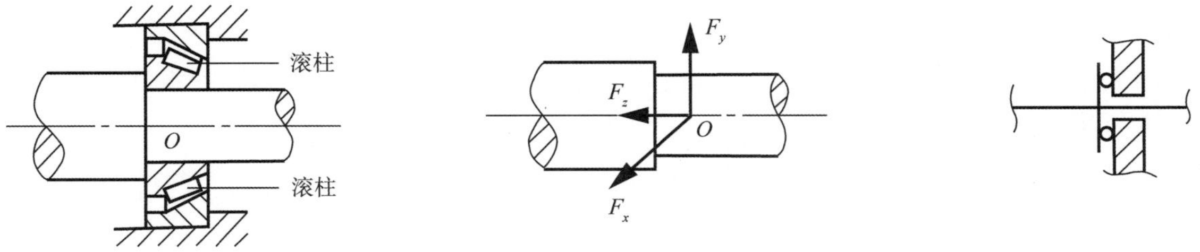

（a）　　（b）　　（c）

图 3-19　推力轴承约束

（五）固定端约束

固定端约束是使被约束体插入约束内部，被约束体一端与约束成为一体而完全固定，既不能移动也不能转动的一种约束形式。工程中的固定端约束是很常见的，例如，机床上装卡加工工件的卡盘对工件的约束，如图 3-20（a）所示；大型机器中立柱对横梁的约束，如图 3-20（b）所示；房屋建筑中墙壁对雨篷的约束，如图 3-20（c）所示。

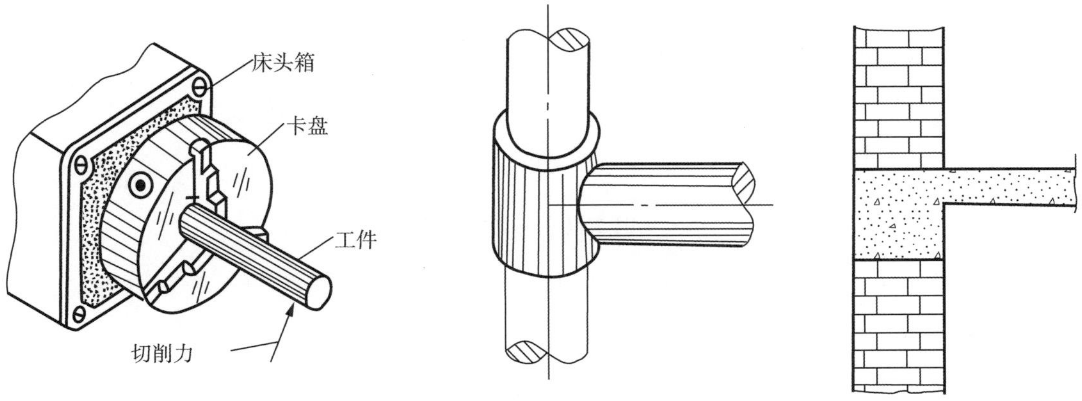

（a）　　（b）　　（c）

图 3-20　固定端约束实例

四、受力分析与受力图

受力分析是指分析所要研究的物体（称为研究对象）受力多少、各力作用点和方向的过程。

工程中物体的受力可分为两类：一类称为主动力，如工作载荷、构件自重、风力等，这类力一般是已知的或可以测量的；另一类就是约束反力。在进行受力分析时，研究对象可以用简单线条组成的简图来表示。在简图上除去约束，使对象成为自由体，添上代表约束作用的约束反力，称为解除约束原理。解除约束后的自由物体称为分离体，在分离体上画上它所受的全部主动力和约束反力，就称为该物体的受力图。具体步骤如下。

（1）根据外加载荷以及研究对象与周围物体的接触联系，在分离体上画出主动力和约束反力。画约束反力时要根据约束类型和性质画出相应约束反力的作用位置和作用方向。

（2）在物体受力分析时，应根据基本公理和力的性质正确判断约束反力的作用位置和作用方向。

画受力图是解决力学问题的第一步骤，正确地画出受力图是分析、解决力学问题的前提。如果没有特别说明，物体的重力一般不计，并认为接触面都是光滑的。

任务实施

【例 3-1】重力为 G 的圆球放在板 AC 与墙壁 AB 之间，如图 3-21（a）所示。设板 AC 重力不计，试作出板与球的受力图。

解 先取球为研究对象，作出简图。球上主动力 G，约束反力有 F_{ND} 和 F_{NE}，均属光滑面约束的法向反力。球的受力图如图 3-21（b）所示。

再取板作研究对象。由于板的自重不计，故只有 A、C、E 处的约束反力。其中 A 处为固定铰支座，其反力可用一对正交分力 F_{Ay}、F_{By} 表示；C 处为柔索约束，其反力为拉力 F_T；E 处的反力为法向反力 F'_{NE}，要注意该反力与球在处所受反力 F_{NE} 为作用力与反作用力的关系。板的受力图如图 3-21（c）所示。

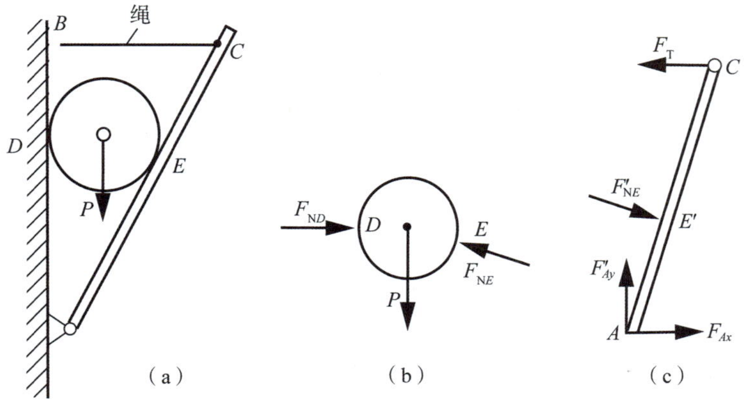

图 3-21 例 3-1 图

【例 3-2】 如图 3-22（a）所示圆柱直齿轮的齿面受一压力角（啮合力与齿轮节圆切线间的夹角）$\alpha=20°$的法向压力 $F_n=1$ kN 的作用，齿轮节圆直径 $d=160$ mm。试求力 F_n 对齿轮轴心 O 的矩。

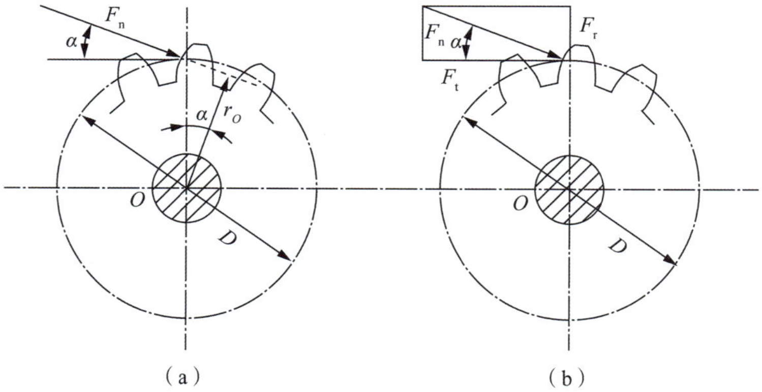

图 3-22 例 3-2 图

解Ⅰ 按力对点的矩的定义，有

$$M_O(Fn)=-F_n r_O=-F_n\frac{D}{2}\cos\alpha$$

$$=-100\ N\times\frac{160\times10^{-3}\ \text{m}}{2}\cos\alpha$$

$$=-75.2\ N\cdot\text{m}$$

解Ⅱ 将 F_n 沿半径 r_O 的方向分解成一组正交的圆周力 F_t 与径向力 F_r，如图 3-22（b）所示，有

$$F_t=F_n\cos\alpha$$

$$F_r=F_n\sin\alpha$$

按合力矩定理，有

$$M_O(F\mathrm{n})=M_O(F_t)+M_O(F_r)=-F_t\frac{D}{2}+0=-(F_n\cos\alpha)\frac{D}{2}$$

$$=-1\ 000\ \mathrm{N}\times\cos 20^\circ\times\frac{160\times10^{-3}\ \mathrm{m}}{2}=32.6\ \mathrm{N\cdot m}$$

【例 3-3】　如图 3-23（a）所示为绳 A 悬挂一重为 G 的均质小球，并靠在光滑的斜面上，试画出球的受力图。

解　以球为研究对象，画出球的分离体图。在球心点 O 标上主动力 G（重力）；在解除约束的点 A 处画上表示柔性约束的约束反力，其反力沿绳的中心线背离小球；B 点约束属光滑面约束，其反力沿公法线即小球半径方向指向球心。小球的受力图如图 3-23（b）所示。

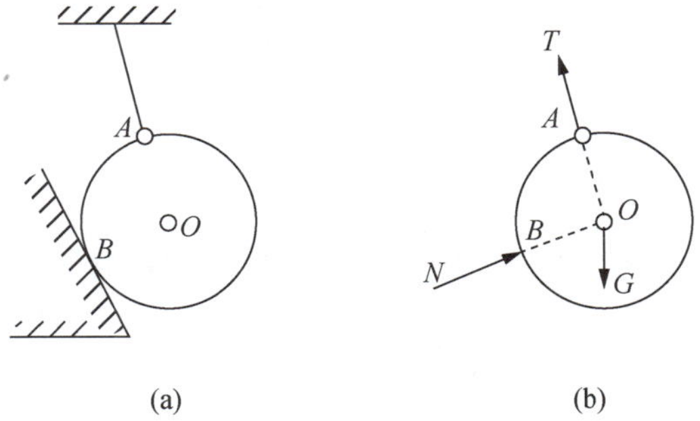

图 3-23　例 3-3 图

知识拓展

如图 3-24 所示为活塞连杆组是发动机的传动件。活塞连杆组主要由活塞、活塞环、活塞销及连杆等组成。活塞连杆组把燃烧气体的压力传给曲轴，使曲轴旋转并输出动力；活塞的顶部还与气缸盖、气缸壁共同组成燃烧室。

图 3-24　活塞连杆组

活塞的顶部直接与高温燃气接触，活塞的温度也很高，高温使活塞的机械性能下降，热膨胀量增加。活塞在做功行程中，承受燃气的高压冲击（3～5 MPa），活塞在气缸中高速运动，平均速度达到 8～12m/s。要求活塞质量小，热膨胀系数小，导热性好和耐磨。一般采用铝合金，个别柴油机也采用高级铸铁或耐热钢。

请根据所学及活塞连杆组的工作原理，试画出活塞的受力图。

任务二 平面力系

知识储备

按照力系中各力的作用线是否在同一平面内，可将力系分为平面力系和空间力系。如作用在物体上的力都分布在同一平面内，或近似分布在同一平面内，则该力系称为平面力系。根据力系中各力作用线分布的特点不同，平面力系可分为平面汇交力系、平面力偶系和平面任意力系。

平面汇交力系：各力作用线汇交于一点的平面力系。

平面力偶系：仅由平面力偶组成的平面力系。

平面任意力系：各力作用线在平面内任意分布的平面力系，又称平面一般力系。

本任务主要介绍平面力系的简化与平衡问题，按照由特殊到一般的认识规律。

一、平面汇交力系

（一）平面汇交力系合成与平衡的几何法

1. 平面汇交力系合成的几何法

如图 3-25（a）所示，刚体上有平面汇交力系 F_1、F_2、F_3，各力作用线汇交于 A 点，现用几何法求力系的合力。为此，可连续应用力的平行四边形法则，将这些力依次相加，便可求出合力的大小和方向。

在图 3-25（b）中，先将 F_1 与 F_2 合成一合力 F_{R12}，再将 F_{R12} 与 F_3 合成 F_R，F_R 的作用线通过 A 点。从图 3-25（c）中可见，中间矢量不必作出，而只需将已知力矢沿环绕多边形边界的同一方向首尾相接。而合力则沿多边形相反方向连接多边形的缺口。

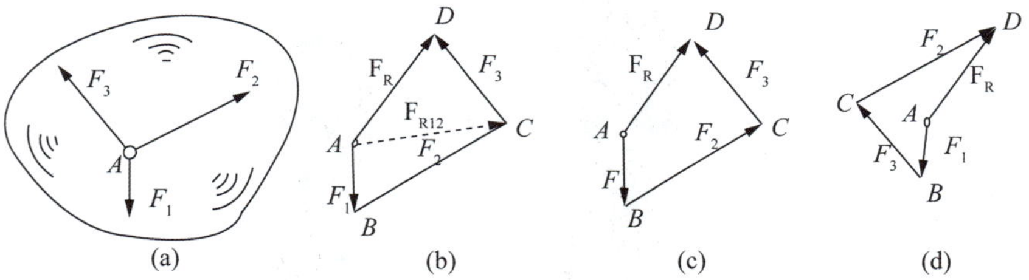

图 3-25 平面汇交力系的合成

上述方法可以推广到若干个汇交力的合成，即设刚体上作用有一个平面汇交力系 F_1，F_2，…，F_n，重复应用力的平行四边形公理可将此力系合成为一个合力 F_R，这种关系可用矢量表达式写成以下方程式

$$F_R = F_1 + F_2 + \cdots + F_n = \sum F_i$$

式中，F_R 即是该力系的合力。故平面汇交力系的合成结果是一个合力，它等于原力系中各力的矢量和。合力的作用线通过汇交点，其大小和方向由力系中各力的矢量和确定。

2. 平面汇交力系平衡的几何条件

因合力与力系等效，故平面汇交力系的平衡条件是该力系的合力为零。用矢量式表达为

$$\sum F_i = 0 \text{ 或 } F_R = 0$$

3. 力在坐标轴上的投影

为了应用解析法研究力系的合成与平衡问题，先引入力在坐标轴上的投影概念。

过力 F 两端向坐标轴引垂线（图 3-26），得垂足 a 、b 、a' 、b' 。线段 ab 和 $a'b'$ 分别为 F 在 x 轴和 y 轴上投影的大小。投影的正负号规定为：从 a 到 b 或从 a' 到 b' 的指向与坐标轴正向相同为正，相反为负。力 F 在 x 轴和 y 轴上的投影分别记作 F_x 和 F_y 。

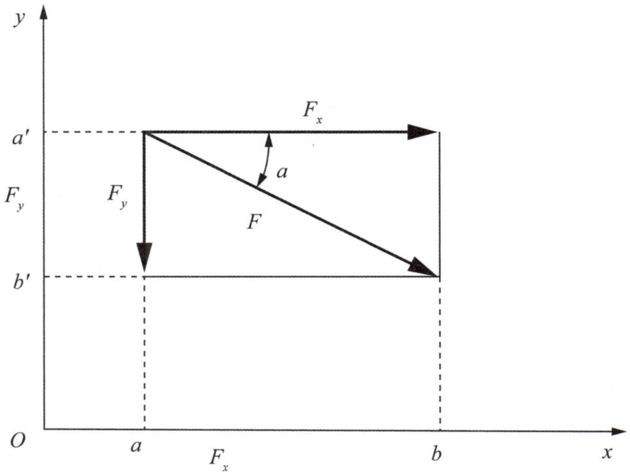

图 3-26　力在坐标轴上的投影

若已知 F 的大小及其与 x 轴所夹的锐角 α ，则有

$$F_x = F\cos\alpha$$

$$F_y = F\sin\alpha$$

（二）平面汇交力系合成与平衡的解析法

1. 合力投影定理

合力在任意轴上的投影等于各分力在同一轴上投影的代数和，这就是合力投影定理。即

$$F_{Rx} = F_{1x} + F_{2x} + F_{3x} + \cdots\cdots + F_{nx} = \sum F_x$$

$$F_{Ry} = F_{1y} + F_{2y} + F_{3y} + \cdots\cdots + F_{ny} = \sum F_y$$

2. 平面汇交力系合成的解析法

知道了合力 F_R 的两个投影 F_{Rx} 和 F_{Ry} ，求出合力的大小和方向。即合力的大小为

$$F = \sqrt{F_{Rx}^2 + F_{Ry}^2} = \sqrt{(\sum F_x)^2 + (\sum F_y)^2}$$

合力的方向可由方向余弦确定。

3. 平面汇交力系的平衡方程式

平面汇交力系平衡的首要条件是力系的合力等于零。即

$$\sum F_x = 0$$

$$\sum F_y = 0$$

二、平面力偶系

作用在物体上同一平面内的若干力偶，总称为平面力偶系。

若在刚体上有若干个力偶作用，其合力偶矩 M 等于力偶系中各力偶矩的代数和，即

$$M = M_1 + M_2 + \cdots + M_n = \sum M_i$$

由合成结果可知，要使力偶系平衡，则合力偶的力矩必须等于零。因此平面力偶系平衡的必要和充分条件是力偶系中各力偶矩的代数和等于零，即

$$M = \sum M_i = 0$$

平面力偶系的独立平衡方程只有一个，故只能求解一个未知数。

三、平面任意力系

平面任意力系是平面力系中的一般形式，是工程实际中最常见的一种力系，工程计算中的许多实际问题都可以简化为平面任意力系问题来进行处理。

（一）力的平移定理

作用在刚体上 A 点处的力 F，可以平移到刚体内任意点 O，但必须同时附加一个力偶，其力偶矩等于原来的力 F 对新作用点 O 的力矩。这就是力的平移定理。

证明如下：根据加减平衡力系公理，在任意点 O 加上一对与 F 等值的平衡力 F'、F''，如图 3-27（b）所示，则 F' 与 F'' 为一对等值、反向、不共线的平行力，组成了一个力偶，其力偶矩等于原力 F 对 O 点的力矩，即

$$M = M_O(F) = Fd$$

于是作用在 A 点的力 F 就与作用于 O 点的平移力 F' 和附加力偶 M 的联合作用等效，如图 3-27（c）所示。

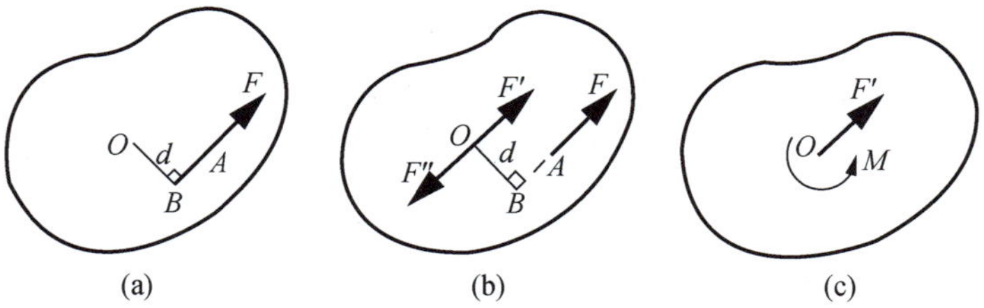

图 3-27　力的平移

力向一点平移的结果，很好地揭示了力对刚体作用的两种外效应。如将作用在静止的自由刚体某点上的力向刚体质心平移，所得到的力将使刚体平动；所得到的附加力偶则使刚体绕质量中心转动。如攻螺纹时，如果用一只手扳动扳手，根据力的平移定理，可使丝锥转动，但也同时会使丝锥弯曲或折断。因此，钳工在攻螺纹时，切记用单手操作，必须用两手握扳手，而且用力要相等。

（二）平面任意力系的简化

1. 平面任意力系向平面内任一点简化

设刚体上作用有一平面任意力系 $F_1, F_2, \cdots, F_n$，如图 3-28（a）所示。在平面内任意取一点 O，称为简化中心。根据力的平移定理，将各力都向 O 点平移，得到一个汇交于 O 点的平面汇交力系 F'_1, F'_2 $\cdots, F'_n$ 以及平面力偶系 $M_1, M_2, \cdots M_n$，如图 3-28（b）所示。其中，平面汇交力系中各个力的大小和方向，分别与原力系中对应的各个力相同，但作用线互相平行；而平面力偶系中各个力偶的力偶矩，分别

等于原力系中各个力对简化中心 O 的力矩。即

$$F'_1=F_1,\ F'_2=F_2,\ \cdots,\ F'_n=F_n$$

$$M_1=M_O(F_1),\ M_2=M_O(F_2),\ \cdots,\ M_n=M_O(F_n)$$

简化后的平面汇交力系和平面力偶系又可以分别合成一个合力和一个合力偶，如图 3-28（c)。这个力等于力系中各力的矢量和，作用于简化中心，称为原力系的主矢。这个力偶的矩等于原力系中各力对简化中心之矩的代数和，称为原力系的主矩。即

$$F'_R=\sum_{i=1}^{n}F'_i=\sum_{i=1}^{n}F_i$$

$$M_O=\sum_{i=1}^{n}M_i=\sum_{i=1}^{n}M_O(F_i)$$

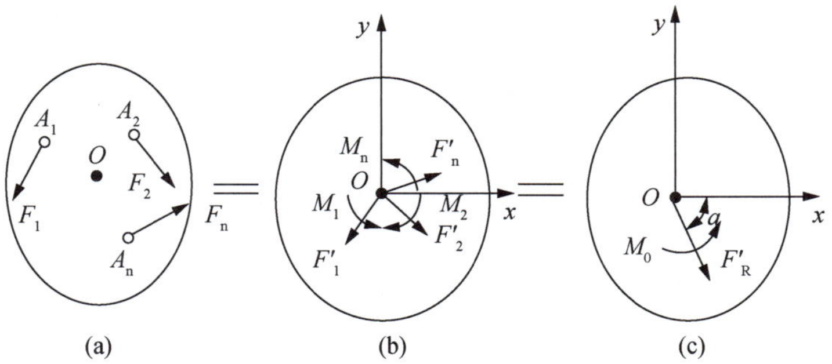

图 3-28　平面任意力系的简化

由此可见，原力系与主矢和主矩的联合作用等效。主矢的大小和方向与简化中心的选择无关。主矩的大小和转向与简化中心的选择有关。

2. 固定端约束

固定端约束是使被约束体插入约束内部，被约束体一端与约束成为一体而完全固定，既不能移动也不能转动的一种约束形式。固定端约束的约束反力是由约束体与被约束体紧密接触而产生的一个分布力系。当外力为平面力系时，约束反力所构成的这个分布力系也是平面力系。由于其中各个力的大小与方向均难以确定，因而可将该力系向一点简化，得到的主矢用一对正交分力表示，而将主矩用一个反力偶矩来表示，这就是固定端约束的约束反力，如图 3-29 所示。

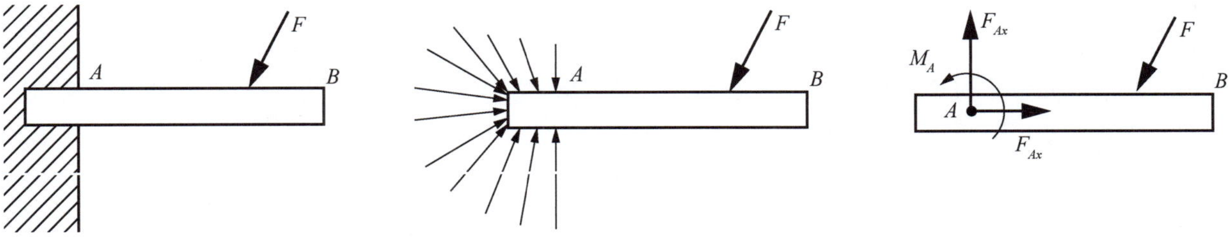

图 3-29　固定端约束简图及受力图

（三）平面任意力系的平衡方程及其应用

要使刚体在平面任意力系作用下保持平衡，力系的主矢和对任一点的主矩必须同时为零，反之，当平面任意力系的主矢和主矩同时为零时，力系一定平衡。所以，平面任意力系平衡的充要条件是力系的主矢和主矩同时等于零，即

$$F'_R = \sqrt{(\sum F_x)^2 + (\sum F_y)^2} = 0$$

$$M_O = \sum M_O(F) = 0$$

此平衡条件用解析式表示为

$$\sum F_x = 0$$

$$\sum F_y = 0$$

$$\sum M_O(F) = 0$$

由上式可知，力系的各个力在直角坐标系的两个坐标轴上的投影的代数和都等于零。力系的各个力对任一点力矩的代数和也等于零，并且平面任意力系有 3 个独立的平衡方程式，可求解最多 3 个未知量。

另外，坐标轴和简化中心或矩心是可以任意选取的。在应用平衡方程式解题时，为使计算简化，通常将矩心选择在两未知力的交点上，坐标轴尽可能选取与力系中多数未知力的作用线平行或垂直。

用解析表达式表示平衡条件的方式不是唯一的。平衡方程式的形式还有二矩式和三矩式两种形式，分别表示如下。

二矩式（AB 连线不得与 x 轴相垂直）

$$\sum F_x = 0$$

$$\sum M_A(F) = 0$$

$$\sum M_B(F) = 0$$

三矩式（A、B、C 三点不在同一条直线上）

$$\sum M_A(F) = 0$$

$$\sum M_B(F) = 0$$

$$\sum M_C(F) = 0$$

平面任意力系平衡方程式的解题步骤如下。

（1）确定研究对象，画出受力图。应取有已知力和未知力作用的物体，画出其分离体的受力图。

（2）列平衡方程式并求解。适当选取坐标轴和矩心。若受力图上有两个未知力互相平行，可选垂直于此二力的坐标轴，列出投影方程式。如不存在两未知力平行，则选任意两未知力的交点为矩心列出力矩方程式，先行求解。任意水平和垂直的坐标轴可画可不画，但倾斜的坐标轴必须画。

（3）求解未知量，讨论结果。将已知条件代入平衡方程式中，求解未知量。必要时可对影响求解结果的因素进行讨论。还可以另选不独立的平衡方程式，对某一解答进行验算。

任务实施

【例 3-4】如图 3-30 所示为已知重物 $G=20$ kN，不计杆重及滑轮尺寸，求杆 AB 和 BC 的受力，$\theta=30^\circ$。

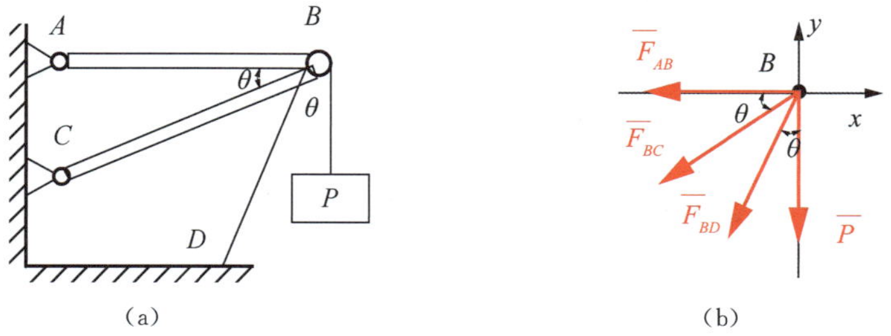

图 3-30 例 3-4 图

解　取 B 点分析（假设均受拉）如图 3-30（b）所示的受力分析，列平衡方程式得

$$\sum F_y = 0，\quad -F_{BC}\sin 30^\circ - F_{BD}\cos 30^\circ - G = 0$$

其中 $F_{BD}=G$，所以 $F_{BC}=-74.64\ \text{kN}$

$$\sum F_x = 0，\quad -F_{AB} - F_{BC}\cos\ 30^\circ - F_{BD}\sin\ 30^\circ = 0$$

$$F_{AB}=-54.64\ \text{kN}$$

【例 3-5】如图 3-31 所示为钢板由 A、B 两处的螺钉固定。已知，$M_1=M_2=10\ \text{N}\cdot\text{m}$，$M_3=20\ \text{N}\cdot\text{m}$，$l=200\ \text{mm}$，求光滑螺钉 A、B 所受水平力。

解　根据力偶平衡的性质得：

$$\sum M_i = 0，\quad F_A l - M_1 - M_2 - M_3 = 0$$

$$F_R = 0，\quad -F_A + F_B = 0$$

得出　$$F_B = F_A = 200\ \text{N}$$

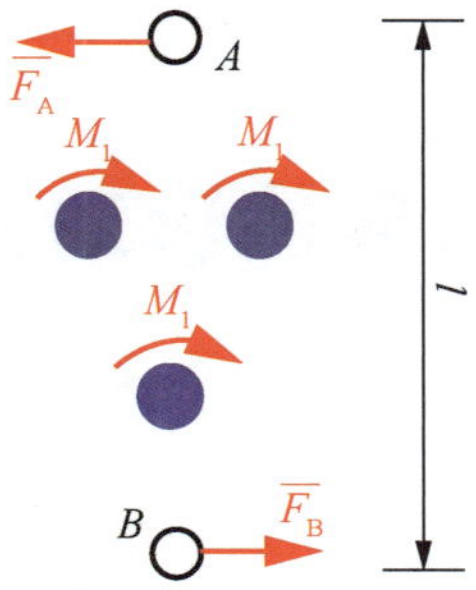

图 3-31　钢板

【例 3-6】　如图 3-32（a）所示，已知梁长 $l=2$ m，$F=100$ N，求固定端 A 处的约束反力。

解　以梁 AB 为研究对象进行受力分析并作受力图，约束反力梁的受力图如图 3-32（b）所示。

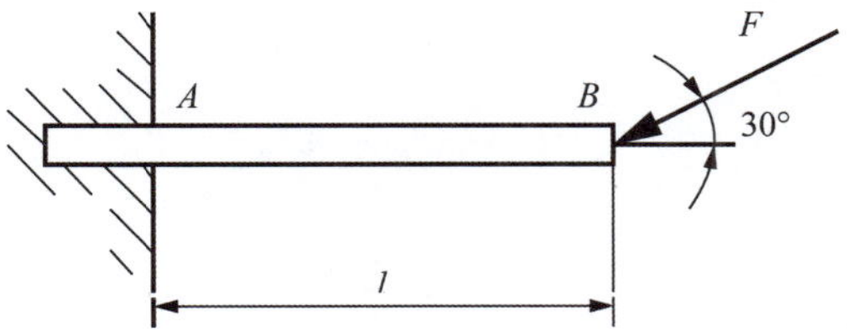

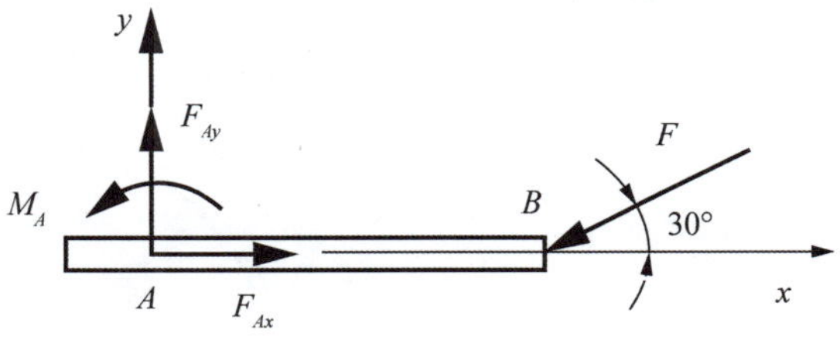

图 3-32　例 3-6 图

建立如图 3-32（b）所示的坐标系，列平衡方程式，有

$$\sum F_x = 0，\quad F_{Ax} - F\cos 30^\circ = 0$$

$$\sum F_y = 0，\quad F_{Ay} - F\sin 30^\circ = 0$$

$$\sum M_A = 0，\quad F_A - Fl\sin 30^\circ = 0$$

将已知条件代入上面的平衡方程中，解得

$$F_{Ax} = F\cos 30^\circ = 100\ \text{N}\times\cos 30^\circ = 86.6\ \text{N}$$

$$F_{Ay} = F\sin 30^\circ = 100\ \text{N}\times\sin 30^\circ = 50\ \text{N}$$

$$M_A = Fl\sin 30^\circ = 100\ \text{N}\times 2\times\sin 30^\circ = 100\ \text{N}\cdot\text{m}$$

所以　$$F_{AB} = 54.64\ kN$$

知识拓展

汽车制动系统作用：使行驶中的汽车按照驾驶员的要求进行强制减速甚至停车；使已停驶的汽车在各种道路条件下（包括在坡道上）稳定驻车；使下坡行驶的汽车速度保持稳定。

汽车制动系统是指为了在技术上保证汽车的安全行驶，提高汽车的平均速度等，而在汽车上安装制动装置专门的制动机构。汽车制动系统一般包括行车制动装置和停车制动装置两套独立的装置。其中行车制动装置是由驾驶员用脚来操纵的，故又称脚制动装置。停车制动装置是由驾驶员用手操纵的，故又称手制动装置。

行车制动装置的功用是使正在行驶中的汽车减速或在最短的距离内停车。而停车制动装置的功用是使已经停在各种路面上的汽车保持不动。但是，有时在紧急情况下，两种制动装置可同时使用而增加汽车制动的效果。在给出一些参数的情况下，可以应用平面任意力系的平衡方程式求解驾驶员作用于踏板上的制动力。

任务三　旋转构件的运动分析和动力分析

知识储备

在汽车机械中，很多构件都在旋转。当刚体绕着固定轴线转动时称为定轴转动，如门、窗、机器上的飞轮的运动等。

一、转动速度

反映物体转动快慢程度的物理量称为转动速度，常用角速度和转速表示。

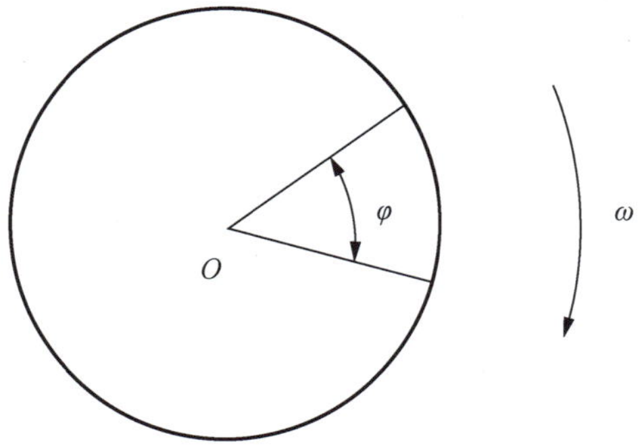

图 3-34　转动构件

（一）角速度

角速度是指单位时间内物体转过的角度，用 ω 表示，rad/s（弧度/秒）

当物体做匀速转动时，在时间 t 内转过的角度为 ϕ 如图 3-33 所示。则角速度为

$$\omega=\frac{\phi}{t}$$

在实际工程中，常以每分钟转数（r/min）来表示发动机转动的快慢程度，称为转速，并用 η 表示，因为每转一周等于 2π rad（弧度），所以角速度 ω 与转速 n 之间的关系为

$$\omega=\frac{2\pi n}{60}=\frac{n\pi}{30}$$

（二）线速度

定轴转动构件上的各点都做圆周运动，它们的角速度相等。但每转一个角度构件上距离转轴不同位置的点其速度是不同的，如图 3-35 所示。如果转动构件上某点的转动半径为 R，在时间 t 内转过的角度为 ϕ，则该点的线速度为

$$v=\frac{s}{t}=\frac{R\ \phi}{t}=R\omega=\frac{\pi Rn}{30}$$

即定轴转动构件上任一点速度的大小，等于转动半径与角速度的乘积。

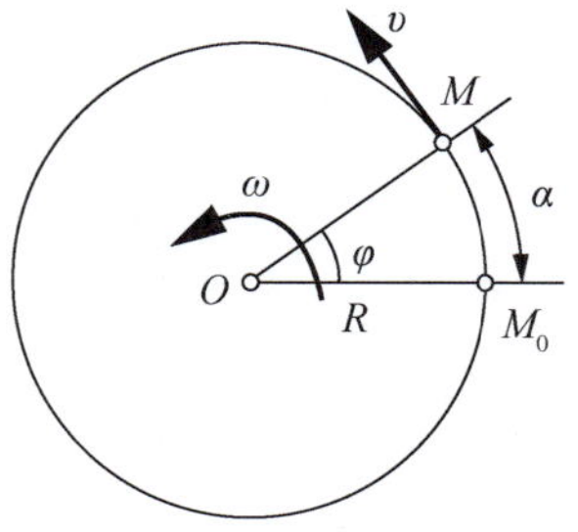

图 3-34　转动构件上点的速度

二、转动加速度

（一）法向加速度

当构件做匀速回转运动时，若角速度为常数，则同一半径上各点的线速度大小保持不变，但线速度的方向却时时在变。速度变化要用加速度来度量，因为速度是矢量，速度的变化包括大小和方向。其方向的变化用法向（向心）加速度表示，按以下方程式计算

$$a_n=\frac{v^2}{R}=R\omega^2$$

式中，a_n 为法向加速度，m/s^2；v 为线速度，m/s；R 为回转半径，mm。

（二）角加速度和切向加速度

当构件做变速回转运动时，其角速度不再是常数，角速度的变化用角加速度来说明。角加速度是指单位时间内角速度的变化。设其角速度在时间 t 内由 ω_0 变化到 ω_t，则角加速度为

$$\alpha=\frac{\omega_t-\omega_0}{t}$$

变速转动的构件，由于角速度是变化的，所以各点的线速度不但方向变化，大小也是变化的。线速度大小的变化用切向加速度表示。切向加速度指单位时间内线速度大小的变化。设构件上某点的线速度在时间 t 内由 v_0 变化到 v_t，则切向加速度为

$$a_t=\frac{v_t-v_0}{t}$$

式中，$v_t=R\omega_t$；$v_0=R\omega_0$。所以

$$a_t=R\frac{\omega_t-\omega_0}{t}=R\alpha$$

故切向加速度等于回转半径与角加速度的乘积。

三、惯性力的概念

惯性是物体所具有的保持静止或匀速直线运动状态的性质。例如，刹车时，车上的人因为惯性而向前倾，仿佛有一股力量将他们向前推。然而只有作用在车的刹车以及轮胎上的摩擦力使车减速，实际上并不存在将乘客往前推的力。因此这是一个假想力，此假想力就是惯性力。

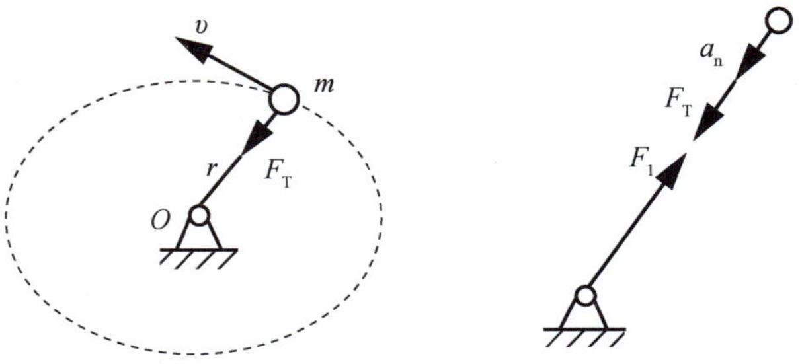

图 3-35　惯性力

如图 3-35 所示为系在绳端质量为 m 的小球在水平面内做匀速圆周运动。小球的线速度为 v，圆的半

径为 r，小球受到拉力 F_T（向心力）的作用获得法向加速度（向心加速度）a_n，其大小为 $a_n=\frac{v^2}{r}$

根据牛顿第二定律和作用力与反作用力公理，得出以下方程式。

$$F_1=-F_T=-ma_n$$

小球对绳子的反作用力 F_1，是由于小球具有惯性，力图保持其原来的运动状态不变。对绳子反抗而产生的力，称为小球法向惯性力或离心惯性力（简称离心力），并作用在绳子上。

由此可知，当质点受到力的作用而改变原来的运动状态时（即当质点具有加速度时），由于质点的惯性而产生的对施力物体的反作用力称为质点的惯性力。

四、动静法

将 $F_T=ma_n$ 写成 $F_T+(-ma_n)=0$ 得出

$$F_T+F_1=0$$

这两个方程只是形式上有所不同，而所表达的物理意义却是相同的，都表示了作用在质点上的力与加速度之间的关系。

方程式 $F_T+F_1=0$ 具有一种新的含义。如果将质点的惯性力假想地加在质点自身上，则作用在质点上的外力与质点的惯性力在形式上组成平衡力系，可以用静力平衡方程式解决质点动力学问题，这种将动力学问题形式上变成静力学问题的方法，称为动静法。不过动静法只是一种解题的方法，惯性力是虚加在质点上的，实际上质点上并未受到惯性力的作用；平衡力系实际上也是不存在的，也未改变质点动力学的性质，但却给旋转构件的动力分析带来了很大的方便。

五、定轴转动刚体的动静法

刚体绕定轴转动时，刚体上各点的速度各不相同。因此，在应用动静法解决动力计算时，不能把整个刚体看成一个质点来处理，只能将转动刚体看成由无限个质点组成的质点系来处理。在每个质点上假想加上该质点的惯性力，然后将全部质点的惯性力向转动中心简化，得到全部惯性力的总和，再以这个总和来代表定轴转动刚体的惯性力。这就是应用动静法解决刚体绕定轴转动的动力分析问题。

对于刚体具有对称平面，且转动轴垂直于此对称平面的情况，将假想的惯性力系向转动中心简化，得到一个惯性力 F_I 和一个惯性力偶矩 M_I。惯性力通过转轴，其大小等于刚体的质量和质心加速度的乘积，方向与质点加速度的方向相反。惯性力偶矩的大小等于刚体对转轴的转动惯量与角加速度的乘积，转向与角加速度的转向相反。即得出

$$F_T=-ma_c$$

$$M_I=-J_Z\alpha$$

式中，m 为刚体的质量；a_c 为质心的加速度；J_Z 为刚体对转轴的转动惯量；α 为角加速度。

物体的质量中心简称质心，在均匀重力场内，质心和重心是重合的。一般情况下，均质等厚度圆盘对通过质心且垂直于对称平面的转轴的转动惯量为

$$J_Z=\frac{1}{2}mR^2$$

六、功和功率

（一）力对移动构件所做的功

作用于物体上的力所做的功，等于沿运动方向作用力的分量与物体沿运动方向的位移的乘积。功的单位为 J，1 J=1 N·m。

如图 3-36 所示，根据功的定义，力 F 对物体所做的功为

$$W = Fs\cos\theta$$

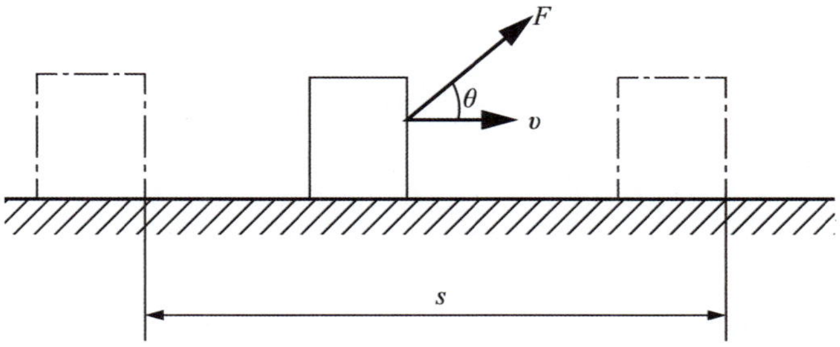

图 3-36　力对移动构件所作的功

(二) 力对转动构件所做的功

如图 3-37 所示的齿轮，轮齿所受的力 F 沿着齿廓的法线方向（摩擦力忽略不计），将其分解为两个力：圆周力 $F_x = F\cos\alpha$ 和径向力 $F_y = F\sin\alpha$。在径向力 F_y 方向齿轮没有运动，故其做功为零，圆周力 F_x 所做的功就代表 F 所做的功。设在圆周力 F_x 作用下齿轮转过角度 ϕ，则力 F 所做的功为

$$W = F_x r\phi = M\phi$$

式中，M 为力 F 对齿轮中心的力矩。

由此可知，力对转动构件所做的功，等于该力对回转中心的力矩与该构件转角的乘积。

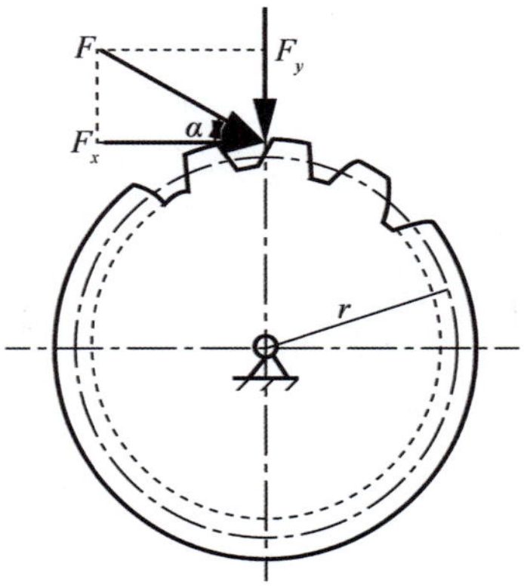

图 3-37　力对转动构件所做的功

(三) 功率

功率是表明机器工作能力的一个重要指标，把力在单位时间内所作的功称为功率，用 P 表示，即 $P = \dfrac{W}{t}$。

(1) 对于移动构件，$P = \dfrac{Fs\cos\theta}{t}$，$\dfrac{s}{t} = v$，因此得出

$$P = Fv\cos\theta$$

上式表明：力的功率等于力在速度方面上的投影与速度的乘积。

(2) 对于转动构件，$P = \dfrac{M\phi}{t}$，$\dfrac{\phi}{t} = \omega$，因此得出

$$P = M\omega$$

上式表明：力矩或力偶矩的功率等于力矩或力偶矩与构件角速度的乘积。

实际工程中常根据功率和转速计算作用在转动构件上的力矩或力偶矩。若构件的转速为 n，则

$$M = \frac{P}{\omega} = \frac{30P}{\pi n}$$

若功率 P 的单位为 kW，转速的单位为 r/min，则

$$M = \frac{30 \times 1000P}{\pi n} = 9550\,\frac{P}{n}\ \text{N·m} \tag{3-1}$$

由上式可知，对于转动构件，转矩与功率成正比，与转速成反比。因此，汽车爬坡时需要降低车轮的转速来增大转矩，以增加爬坡的能力。

任务实施

【例 3-7】质量为 m 的飞轮，其质心与转轴之间的距离为 e，安装在 AB 轴的中点处，如图 3-38 所示。飞轮与轴一起以匀转速 n 绕 AB 轴线转动。已知 $m=200$ kg，$e=0.5$ mm，$n=6\ 000$ r/min。求当飞轮质心 C 转到最低位置时轴承的约束反力。

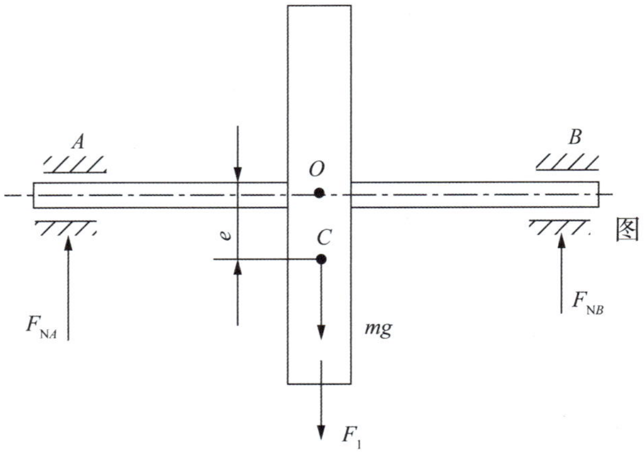

图 3-38　例 3-7

解　以飞轮和转轴组成的系统为研究对象。这是具有对称平面的刚体绕定轴转动问题。忽略轴的质量，作用在系统上的力有：飞轮重力 mg，轴承约束反力 F_{NA}、F_{NB}，惯性力 F_I。由于飞轮匀速转动，角加速度 $\alpha=0$。因此只需要加惯性力 $F_I=me\omega^2$，F_I 的方向随质心加速度方向改变而改变，即随质心位置变化而变化。当质心处于轴下方时，F_I 与重力 mg 方向一致，这时轴承约束反力最大。

平衡方程式为

$$\sum F_y=0,\ F_{NA}+F_{NB}-mg-me\omega^2=0$$

由于重力和惯性力都作用在轴的中点，所以得出

$$F_{NA}=F_{NB}=\frac{1}{2}(mg+me\omega^2)=20.7\ \text{kN}$$

由结果可以看出，由于飞轮质心与转轴中心只偏差 0.5 mm，引起的动约束力约为静约束力的 20 倍，这是有害的。所以对于旋转构件，一方面在设计和制造过程中应尽量避免质量偏心；另一方面也可以用实验的方法对高速旋转构件加以平衡校正，以尽量减少偏心度，避免对机器的损害。

知识拓展

按照机械运动的道理，凡达到较高转速的轮子，由于材料组织内部的不均匀、零件外形的尺寸误差、装配尺寸的误差，以及结构形状等原因，使通过轮子重心的主惯性轴线与旋转轴线不相重合。因而旋转时的轮子会产生不平衡的离心力，特别是高速运转的轿车轮子，每秒钟旋转十几圈以上，即使有极小的偏心矩也会引起很大的不平衡力，导致车轮的持续振动。尤其是方向轮的振动会导致方向盘的抖动，会加速悬架和转向系统部件的磨损，加速车轮内轴承的磨损。振动大的汽车也很难驾驶，行车不安全。因此，轮子的平衡对于现代轿车是非常重要的，轿车在出厂前或者运行一段时间后，轮子都要进行平衡调试，测出轮圈内外不平衡量。

任务四　摩　　擦

知识储备

在现实中完全光滑的接触面是不存在的。当两物体彼此接触并具有相对运动或相对运动趋势时，在接触处便产生了对运动的障碍，这种现象称为摩擦。有时摩擦还起着决定性的作用。因此，在实际生活和生产中，往往需要考虑摩擦。例如，汽车中的离合器与V带传动要依靠摩擦力才能工作，制动器依靠摩擦力来制动，螺钉利用摩擦力起紧固作用等等。在自动调节、精密测量等工程问题中，即使摩擦力很小，也会影响机构的灵敏度和准确性，必须考虑摩擦。根据两物体间相对运动的形式，摩擦可分为滑动摩擦和滚动摩擦。

一、滑动摩擦

当两物体接触面间具有相对滑动或相对滑动趋势时，在两物体接触处的切线方向便会产生相互的阻碍，这种现象称为滑动摩擦。此切向阻力称为滑动摩擦力。滑动摩擦又分为静滑动摩擦和动滑动摩擦两种。

（一）静滑动摩擦

在粗糙的水平面上放置重为 G 的物块，在该物块上施加水平向右的力 F_P，如图3-39所示。当力 F_P 的大小由零逐渐增大而不太大时，物块仍保持静止。可见支承面对物块除作用有法向反力 F_N 外，在接触处还有阻碍物体滑动的切向力 F_f 存在，此力即静滑动摩擦力。简称静摩擦力。静摩擦力的平衡条件方程为

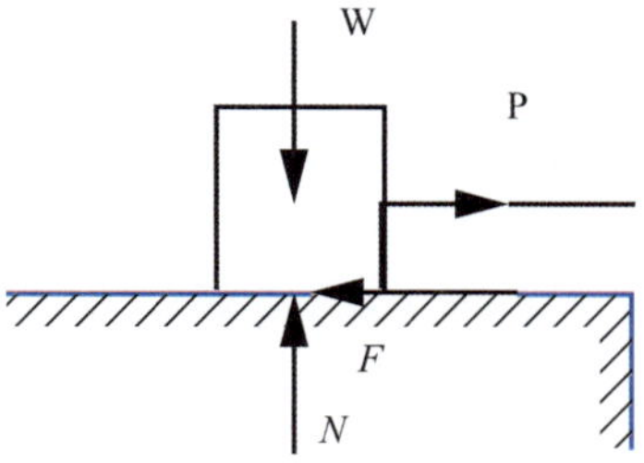

图3-39　静摩擦力

$$\sum F_x=0，F_P-F_f=0$$

得

$$F_P=F_f$$

由上式可见，在物块处于平衡状态下，摩擦力 F_f 的大小随主动力 F_P 的增大而增大。但摩擦力 F_f 并不能无限增大，当力 P 超过某一值时，物体将开始滑动。当 F_P 增大到使物体将要滑动而又未滑动（即物体处于临界平衡状态）时的静摩擦力称为最大静摩擦力，记做 F_{fmax}。

综上可得如下结论：静摩擦力是一种切向的约束反力，它的方向与物体相对运动趋势的方向相反，其大小随主动力的变化而变化，但介于零与最大值 F_{fmax} 之间。

实验证明，最大静摩擦力的大小与接触面间的法向反力 F_N 成正比，这称为静滑动摩擦定律。即得出

$$F_{fmax}=\mu F_N$$

式中，比例系数 μ 称为静滑动摩擦系数，简称静摩擦系数。是一个无量纲的量，与相互接触物体的材料及其表明状况如粗糙度、温度、湿度有关，而一般情况下与接触面积的大小无关。

(二) 摩擦角和自锁现象

当考虑摩擦时，支撑面对物体的约束反力包含两个分量：法向反力 F_N 和切向反力 F_f 。这两个力的合力 F_R 称为全反力。全反力 F_R 与接触面公法线之间的夹角为 ρ ，如图 3-40 所示。显然，全反力 F_R 及夹角 ρ 随静摩擦力 F_f 的增大而增大，在临界状态下，全反力达到最大值，$F_{Rmax}=F_{fmax}+F_N$ 。这时，最大全反力与接触面法线间的夹角也达到最大值，以 ρ_{max} 表示，称为摩擦角。得出以下方程式：

$$\tan\rho_{max}=\frac{F_{fmax}}{F_N}=\frac{\mu F_N}{F_N}=\mu$$

即摩擦角的正切等于静摩擦系数。由此可见，摩擦角和摩擦系数一样，都是表示材料的表面性质的量。

随着水平力 F_P 作用方向的改变，F_{fmax} 与 F_{Rmax} 的方向也将随之改变。这时 F_{Rmax} 的作用线在空间形成的一个以接触点为顶点的圆锥，称为摩擦锥。如接触面是各向同性的，则摩擦锥是一个顶角为 $2\rho_{max}$ 的正圆锥。

全反力与法向线间的夹角 ρ 的范围如下

$$0\leqslant\rho\leqslant\rho_{max}$$

全反力的作用线不可能超出摩擦角。因此，如果作用于物体上的全部主动力的合力作用线在摩擦锥之内，则不论这个力如何大，必有全反力与其平衡，使物体保持静止。这种现象在机械理论中称为自锁。

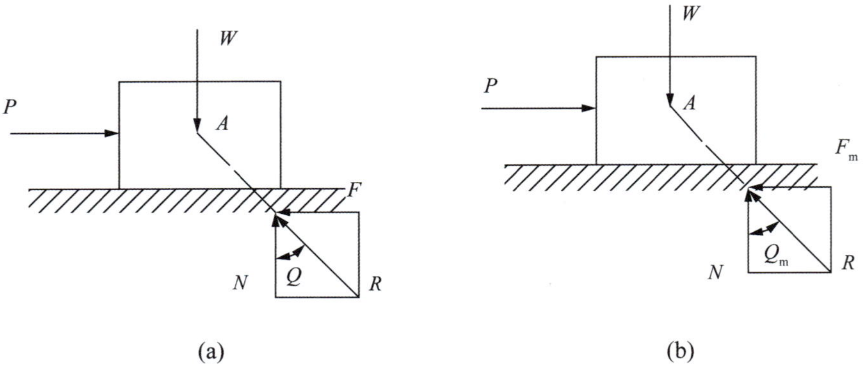

图 3-40　摩擦角

(三) 动滑动摩擦力

当两物体接触面间具有相对滑动时，沿接触面相互产生的切向阻力称为动滑动摩擦力，简称动摩擦力。

实验证明，动摩擦力 F_f' 的大小与接触面间的法向约束反力 F_N 成正比，即

$$F_f'=\mu' F_N$$

式中，μ' 为动摩擦系数，它是一个无量纲的量，其值除与接触物体的材料及其表面状况有关外，通常还随着物体相对滑动速度的增大而略有减小。在一般情况下，动摩擦系数小于静摩擦系数，即 $\mu'<\mu$ 。

二、滚动摩擦

当两个物体间具有相对滚动或相对滚动趋势时，彼此将相互阻碍其滚动，这种现象称为滚动摩擦。

设重为 G ，半径为 r 的轮子放在水平面上，在其轮心上作用水平向右的力 F_P ，如图 3-41 所示。当

F_P 较小时，轮子能保证静止。分析轮子的受力，轮子受主动力 F_P、重力 G、法向约束反力 F_N 及静摩擦力 F_f 作用。G 与 F_N 组成一对平衡力，而 F_P 与静摩擦力 F_f 组成一对力偶。可见支承面的反作用力，除作用于点 A 的力 F_N 与 F_f 外，还有某力偶，称为滚动摩擦阻力偶。与力偶（F_P，F_f）相平衡，其矩用 M 表示，如图 3-41 所示。

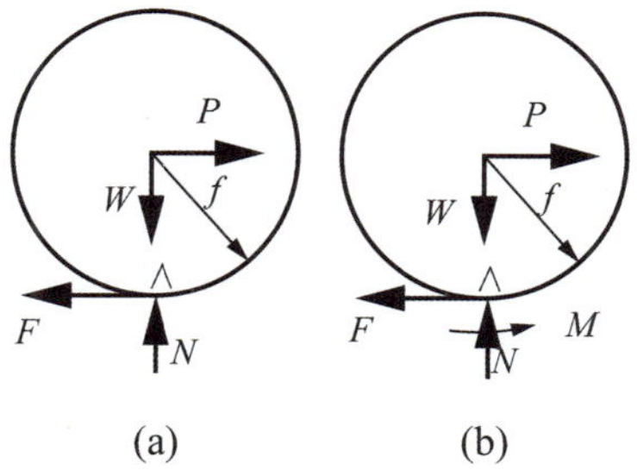

图 3-41 滚动摩擦

滚动摩擦阻力偶与静摩擦力一样，有一定范围，在零与最大值 M_{max} 之间变化，即

$$0 \leqslant M \leqslant M_{max}$$

由实验可知，滚动摩擦阻力偶矩的最大值与法向反力 F_N 的大小成正比，即

$$M_{max} = \delta F_N$$

式中，δ 是比例常数，称为滚动摩擦系数，具有长度量纲。其值与接触物体的材料及表面状况如温度、湿度、硬度有关，应由实验测定。

知识拓展

刹车的工作原理主要是来自摩擦，利用刹车片与刹车碟（鼓）及轮胎与地面的摩擦，将车辆行进的动能转换成摩擦后的热能，将车子停下来。一套良好有效率的刹车系统必须能提供稳定、足够、可控制的刹车力，并且具有良好的液压传递及散热能力。以确保驾驶人从刹车踏板所施的力能充分有效地传到总泵及各分泵，避免高热所导致的液压失效及刹车衰退。

在汽车工业快速发展的今天，车辆的安全、环保尤为重要，对汽车刹车片的要求不断提高。汽车刹车片在工作时通过承受外来压力，产生摩擦，使车辆达到减速的目的。因此，刹车片的材料的耐磨和耐热性能十分重要。此外作为汽车主要安全性零部件的刹车片，除了 100% 的安全外，车辆驾驶人员也期望任何时候都拥有刹车片的舒适性、灵敏性、无噪音和平稳性。对于刹车片而言，最重要的就是摩擦材料的选择。它决定了刹车片的制动性能。摩擦材料从材质上分为石棉、少量金属、半金属和有机物型等几种。

思考与练习

一、填空题

1. 力使构件运动状态发生变化称为________；在外力作用下不发生变形的构件称为________；力使构件的形状发生变化称为________；力的三要素是力对物体的效应，取决于力的__________________、________和________。

2. __________________总是同时存在，两者大小相等、方向相反、沿同一条直线，分别作用在两个物体上。

3. 约束作用于被约束体上的力称为____________。

二、选择题

1. （　　）是指物体在力的作用下，其内部任意两点间的距离始终保持不变。

A. 物体　B. 运动体　C. 变形体　D. 刚体

2. 接触面上产生阻碍物体相对运动或相对运动趋势的力，称为（　　）。

A. 摩擦力　B. 重力　C. 弹力　D. 作用力

3. 如作用在物体上的力都分布在同一平面内，或近似的分布在同一平面内，且汇交于一点，则该力系称为（　　）。

A. 平面任意力系　B. 平面力偶系　C. 平面汇交力系　D. 平面力系

4. （　　）是指单位时间内物体转过的角度。

A. 加速度　B. 线速度　C. 转动速度　D. 角速度

三、判断题

1. 力偶不能合成一个力，力偶不能用一个力来代替。（　　）

2. 各力作用线在平面内任意分布的平面力系，又称平面一般力系。（　　）

3. 如果将固定铰链支座用几个辊轴支承在光滑面上，这种约束称为活动铰链支座。（　　）

四、简答题

1. 什么是二力杆？二力杆一定是直的吗？

____

____

____

2. 画受力图的步骤有哪些？

____

____

____

3. 平面汇交力系平衡的几何条件是什么？

____

____

____

4. 平面任意力系平衡的必要和充分条件是什么？

____

____

____

五、画图题

1. 分别画出如图 3-42 所示构件的受力图。

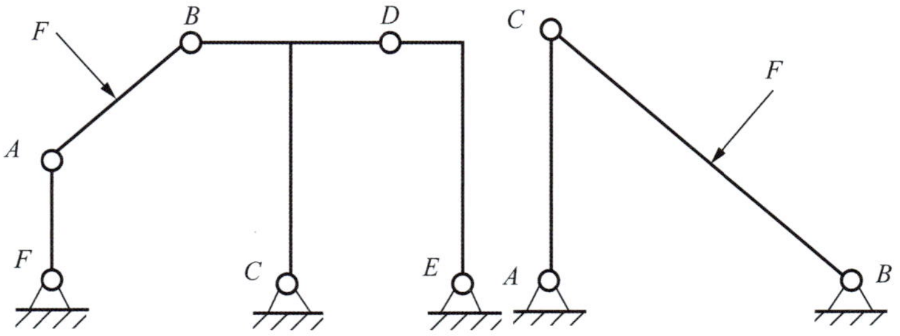

图 3-42　画图题 1

2. 分别画出如图 3-43 所示重力为 G 的构件的受力图。

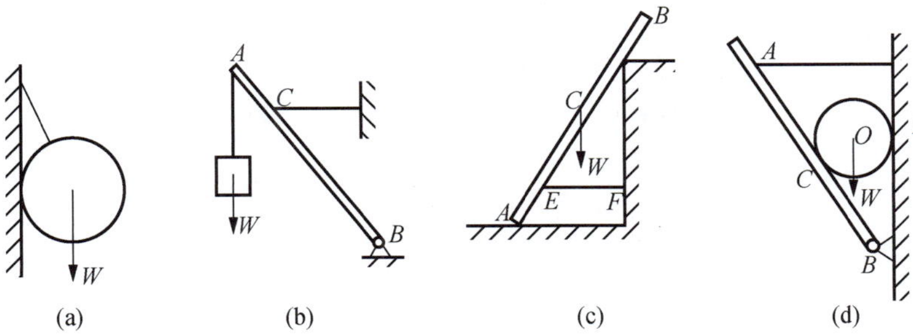

图 3-43 画图题 2

六、计算题

1. 支架如图 3-44 所示，在 A(B) 铰处悬重 $G=20$ kN 的重物。求杆 AB、AC 在图示 4 种情况下所受的力。杆的自重忽略不计。

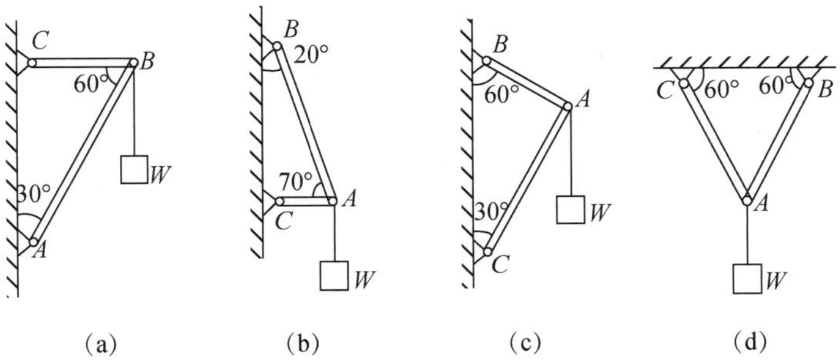

图 3-44 计算题 1

2. 如图 3-45 所示为汽车维修工具，已知 $F=10$ kN，$\alpha=0.05$ rad，试求该状况时压块对工具的压力。

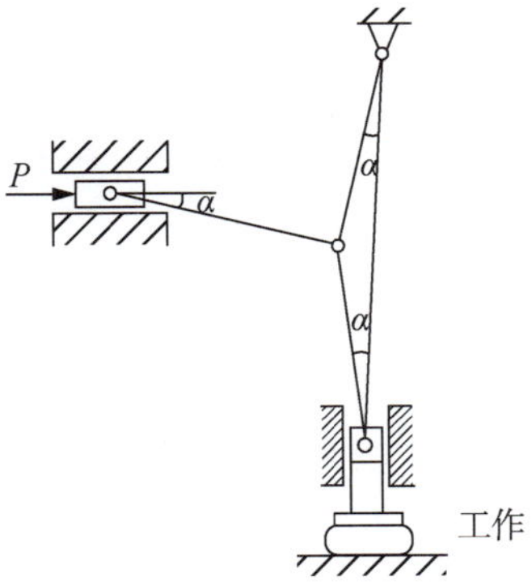

图 3-45 计算题 2

3. 如图 3-46 所示，支架由 AB、AC 构成，A、B、C 3 处都是铰链约束，在 A 点作用一重物，若 $G=260$ kN，求两种情况下杆所受的力。

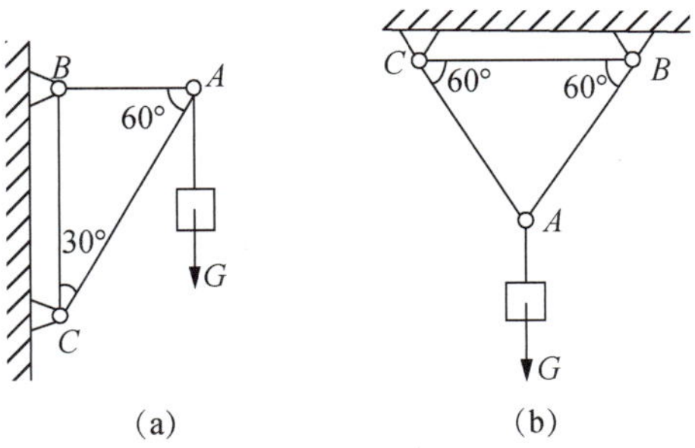

图 3-46 计算题 3

4. 如图 3-47 所示，小球受绳及墙的约束力，G、α 均为已知，试求绳及墙对小球的约束力。

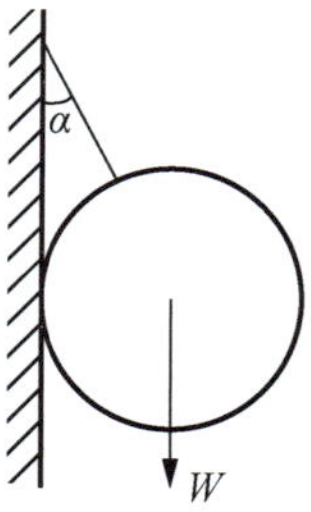

图 3-47　计算题 4

5. 各梁的载荷和尺寸如图 3-48 所示，试画出各梁的受力图，并应用平衡方程式求出各梁支座的约束反力。

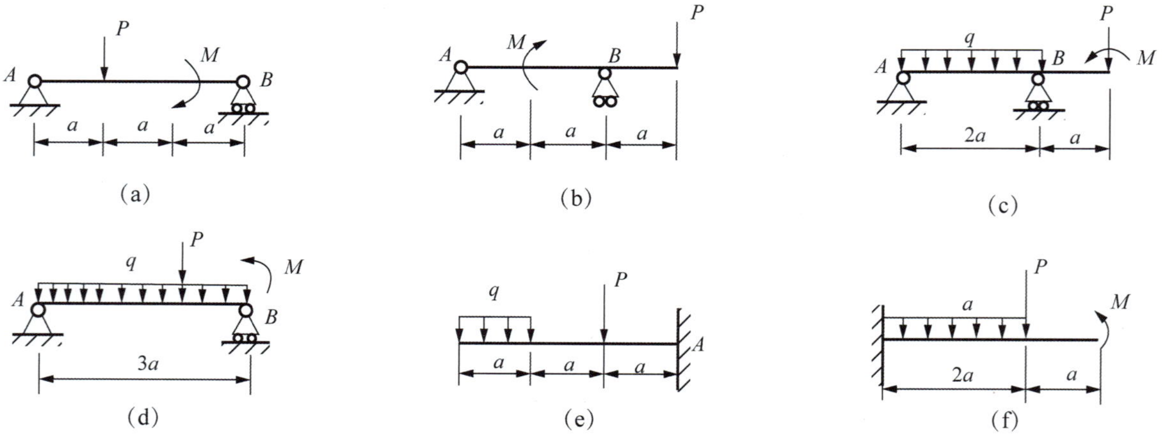

图 3-48　计算题 5

6. 简述汽车爬坡时，需要降低车轮的转速（降低排挡）来增大转矩，以增加爬坡的能力？

项目四

材料力学基础

项目导入

本项目主要介绍各种机械、设备和结构物在使用时，组成的每个构件都要受到从相邻构件或从其他构件来传递外力（即载荷）的作用。材料力学是一门研究各种构件抗力性能的科学，主要任务是从保证所有构件能够正常工作的要求出发，帮助设计者合理地选择构件的适当材料和形状，确定所需要的几何尺寸；判断已有的构件是否能正常地使用，并考虑如何改造，使之能够适应新任务的要求。

◆知识目标

1. 了解：内力、应力、许用应力、应变、及压杆稳定的概念；轴向拉、压时的胡克定律及其应用；载荷、剪力和弯矩之间的微分关系；圆轴扭转的概念；

动载荷与交变应力的概念。

2. 掌握：轴向拉、压时正应力强度条件及其应用；求梁弯曲内力的方法，剪力图、弯矩图的绘制方法；能运用正应力强度条件进行强度计算；平面弯曲的意义，明确内力正负号的规定；圆轴扭转是内力、应力和强度计算。

◆能力目标

学会用抽象简化的思维方式学习理解力学的一般规律，同时灵活运用数学工具解决实际问题

◆考核标准

1. 应知：应力、应变及压杆稳定的概念；平面弯曲、弯曲内力、弯曲应力的概念；弯曲正应力的强度条件；圆轴扭转时的内力。

2. 应会：轴向拉伸与压缩正应力强度条件及其应用；剪力图和弯矩图的绘制，梁的强度计算；圆轴扭转的强度计算。

任务一　承载能力分析的基本知识

知识储备

一、承载能力分析研究的任务

在工作过程中，各个构件都会受到相应的载荷作用，如受拉（压）、受扭、弯曲等，如果载荷过大或构件性能不好或尺寸过小等，会导致构件破坏。因此为了保证构件能安全正常地工作，必须对构件材料的性能、尺寸、形状等提出相应的要求，使其具备足够的承载能力。构件的承载能力主要包括以下三个方面。

（一）强度

构件具有足够的抵抗破坏的能力称为构件的强度。构件强度不够，会在工作中出现过大的塑性变形或断裂等现象，导致失效。如汽车发动机中连杆断裂，导致汽车不能正常运行。

（二）刚度

构件具有足够的抵抗变形的能力称为构件的刚度。刚度不足的构件在工作中会出现过大的变形而影响机械设备的正常运行。如汽车变速器中齿轮轴变形过大使齿轮不能正确啮合，从而导致变速器出现挂挡困难的故障。

（三）稳定性

有些构件在载荷作用下，还会出现不能保持其原有平衡状态的现象，如细长杆在较大压力作用下，可能由原来的直线平衡状态突然变弯，从而丧失工作能力。因此，细长杆还要求其在工作时具有保持原有平衡状态的能力。构件保持原有平衡状态的能力称为稳定性。

为了保证构件在载荷作用下安全可靠的工作，构件就必须具有足够的强度、刚度和稳定性。为构件选用优质材料或较大的截面尺寸，上述要求一般是可以满足的，但是，这样又可能造成材料的浪费和结构笨重。显然，安全与经济以及安全与重量之间是矛盾的。研究材料力学就是为了在保证构件既安全又经济的前提下，为构件选择合理的材料，确定合理的截面形状和几何尺寸，提供必要的理论基础和计算方法。

二、变形体及基本假设

任何研究对象均有多方面的性质。这些性质中又有主、次之分，一些次要因素对所研究的问题影响甚微，可忽略不计。因此，不同学科需要建立不同的理想化模型，对研究对象的属性进行概括。在静力学中，为使问题简化，将研究对象抽象简化为刚体，忽略其变形因素。但在研究构件承载能力时，需要考察物体的受力、变形、失效的现象和规律，变形又成为了主要因素，因此应将研究对象看成是变形体。

实际变形体的结构、形状复杂，当考察宏观变形时，同样也应忽略其次要因素，对其做适当抽象，即做出以下基本假设。

（1）连续性假设。组成物体的物质毫无间隙地充满物体的几何容积。

（2）均匀性假设。物体各处的力学性能是完全相同的。

（3）各向同性假设。物体沿各个方向的力学性能是相同的。

根据这些假设，从宏观和统计学的角度出发，更能反映物体的主要性质。有了这些假设，在解决问题时，如求物体的变形、位移等物理量，可用连续函数、微积分等数学工具解题。实践证明，经过这样的假设得出的理论和计算结果是足够精确的。但应指出，上述假设并不是所有材料都适用，如某些高强度、超高强度钢材，对缺陷有强敏感性，不能适用连续性假设等。另外，在构件承载能力研究中，考察物体的平衡时仍沿用刚体的力学模型。

三、杆件变形的基本形式

工程中构件的几何形状多种多样，大致可分为杆件、板件和箱体类零件。其中，杆件是构件承载能力的主要研究对象。杆件是指某一方向的尺寸远大于其余两个方向尺寸的构件。在研究问题时，往往忽略外形因素，将其抽象、简化为计算简图，使问题简化。大量的工程构件都可简化为杆件，如汽车传动轴、发动机连杆等。

杆件的几何特征有：杆的横截面垂直于杆件长度方向的截面、杆件截面形心的连线即为轴线。杆件受力形式不同，发生的变形也各异，分为以下几类。

（一）轴向拉伸与压缩

如图 4-1 所示为轴向拉伸与压缩是由大小相等、方向相反、作用线与杆件轴线重合的对力所引起。

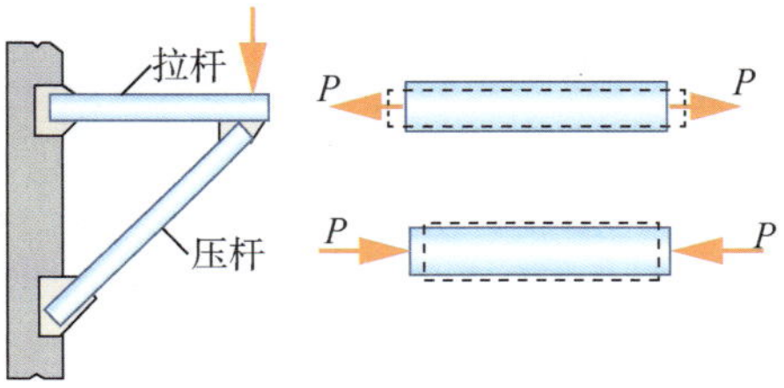

图 4-1 轴的拉伸与压缩

（二）剪切和挤压

如图 4-2 所示为剪切和挤压由大小相等、方向相反、相互平行且非常靠近的一对力所引起。表现为受剪杆件的两部分沿外力作用方向发生相对错动。如连接件中的螺栓和销钉受力后的变形。

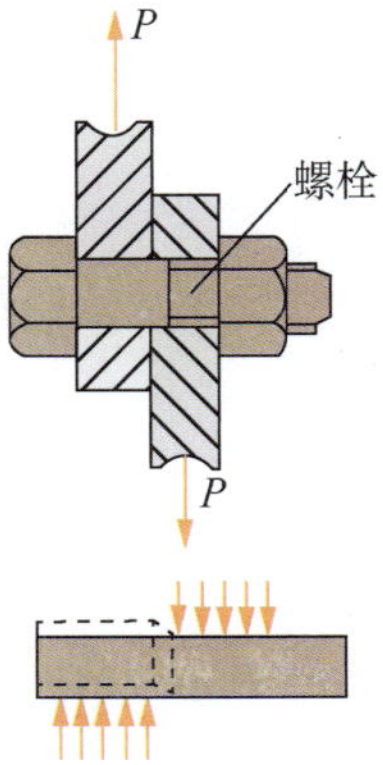

图 4-2 剪切和挤压

（三）扭转

如图 4-3 所示为扭转由大小相等、转向相反、作用面都垂直于杆轴的一对力偶所引起，表现为杆件的任意两个横截面发生绕轴线的相对转动。

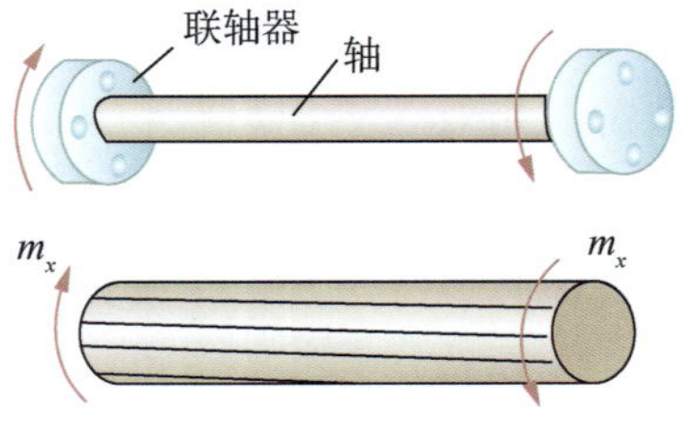

图 4-3　扭转

(四) 弯曲

如图 4-4 所示为弯曲由垂直于杆件轴线的横向力，或由作用于包含杆轴的纵向平面内的一对大小相等、方向相反的力偶所引起的，表现为杆件轴线由直线变为受力平面内的曲线。

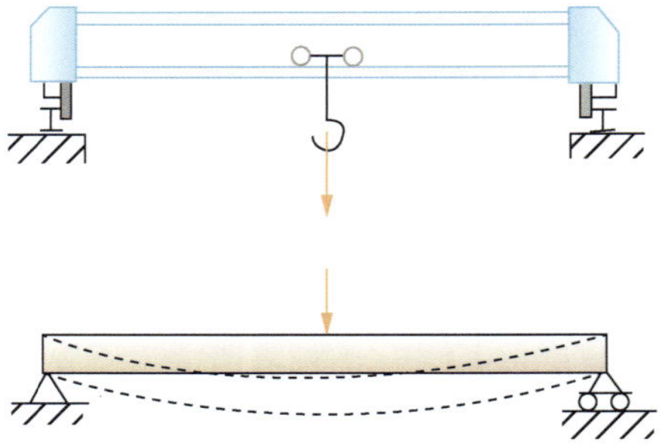

图 4-4　弯曲

四、内力、截面法和应力

(一) 内力

研究构件承载能力，把作用在整个构件上的载荷和约束反力统称为外力。物体的一部分与另一部分或质点与质点之间存在相互的作用力，它维护构件各部分之间的联系及杆件的形状。构件在外力作用下变形时，其内部之间的相互作用力也随之变化，这种因外力作用而引起构件内部的相互作用力称为内力。内力在截面上是连续分布的，通常所称的内力是指该分布力系的合力或合力偶。内力随外力的大小而变化，当内力达到某一极限值时，构件即发生破坏。因此，构件内力大小及其分布方式与其承载能力之间有密切的关系，研究内力是解决强度、刚度等问题的基础。

(二) 截面法

截面法是分析、计算内力的方法。是假想用一截面把构件截为两部分，取其中一部分为研究对象；并以内力代替另一部分对研究部分的作用，根据研究部分内力与外力的平衡来确定内力的大小和方向。如图 4-5 所示。

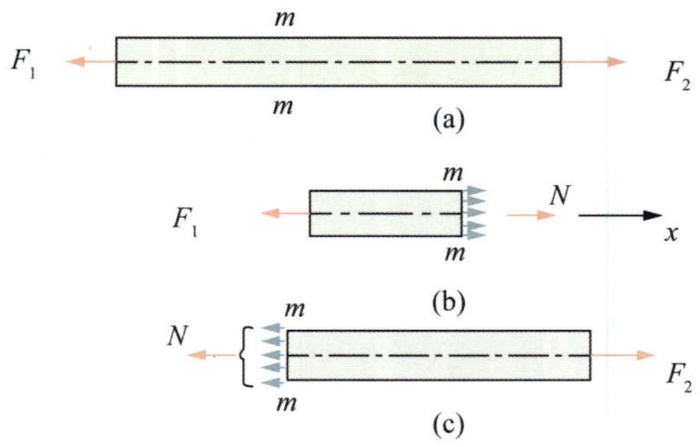

图 4-5　截面法

杆件在外力 F_1 和 F_2 的作用下平衡，欲求杆件的内力。以假象的平面 m-m 将杆件一分为二，任取其中一段来研究。由于杆件处于平衡状态，所以其中任意一段也应平衡，此时可以利用静力平衡条件来列出平衡方程式，求出截面 m-m 上的内力。

因此，这种假想地用一个截面将杆件截开，从而显示和确定内力的方法称为截面法。是求内力的一般方法，截面法包括以下三个步骤。

（1）截开。在需求内力的截面处，假想地将杆件截开分为两部分。

（2）代替。将两部分中的任一部分留下作为研究对象，并把弃去部分对留下部分的作用以内力（力或力偶）代替。

（3）平衡。对留下部分建立平衡方程，求出截面上的内力大小和方向。

对同一截面而言，若选取不同部分为研究对象，所求得的内力必然是数值相等，而方向相反。

（三）应力

截面法可以确定杆件截面上内力的合力，但不能确定内力在截面上的分布密度，由此需引入应力的概念。

两根材料相同、粗细不等的杆件，在相同拉力的作用下，它们的内力是相同的。随着拉力的增加，细杆必然先被拉断。这说明，虽然两杆截面上的内力相同，但由于横截面尺寸不同导致内力分布集度并不相同。细杆截面上的内力分布集度比粗杆内力分布集度大，所以在材料相同的情况下，判断杆件破坏的依据不是内力的大小，而是内力分布集度，即内力在截面上各点处分布的密集程度。内力的集度称为应力，应力表示了截面上某点受力的强弱程度，应力达到一定程度时杆件就发生破坏。

应力是矢量，通常可分解为垂直于截面的分量 σ 和切于截面的分量 τ 。σ 称为正应力，τ 称为切应力。在我国法定计量单位中，应力的单位 Pa，1 Pa=1 N/m^2。在实际工程中，通常用 MPa 和 GPa，1 MPa=10^6 Pa=1 N/mm^2，1 GPa=10^9 Pa。

材料力学的研究内容是按照引起构件失效的内力形式进行划分的。失效按表现形式可以分为破坏和过量变形两种。破坏是由于材料或构件的强度不足引起的；过量变形是由于材料或构件的刚度不足引起的。失效按内力性质可以分为轴向拉伸（压缩）失效、剪切挤压失效、扭转失效、弯曲失效、组合变形失效。

任务二　轴向拉伸与压缩

知识储备

一、轴向拉伸与压缩的概念

工程中存在着很多承受拉伸或压缩的杆件。如火箭发射架撑臂 *AB* 中的活塞杆如图 4-6（a）所示桁架的支杆如图 4-6（b）所示。

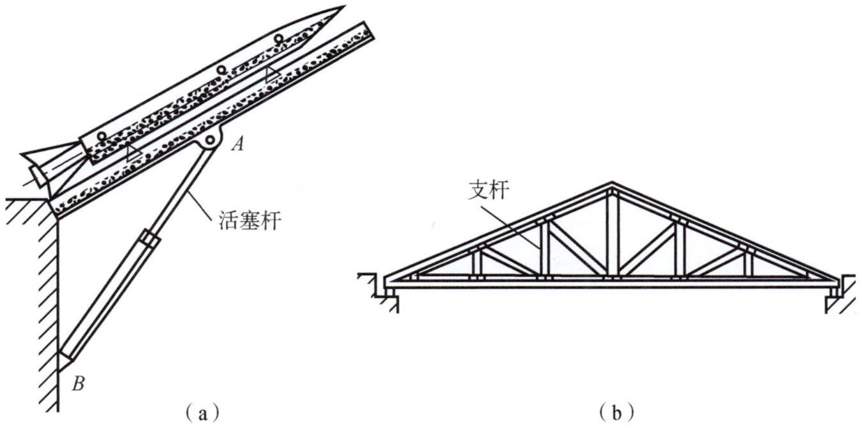

图 4-6　拉伸与压缩的杆件

此外，汽车发动机中连杆机构中的连杆、气缸体与气缸盖的连接螺栓等也为拉压杆件的实例。

虽然这些杆件的形状和加载方式并不相同，但杆长的主要部分却有着相同的特点，即都是直杆。其受力特点是作用在杆件上的两个力大小相等、方向相反，且作用线与杆的轴线重合，沿轴线方向发生伸长或缩短变形。这种变形形式称为直杆的轴向拉伸或压缩，简称拉伸或压缩。这类杆件称为拉压杆。

二、拉压杆的内力计算和轴力图

（一）内力的计算

受拉伸的等截面直杆，简称等直杆。用截面法可求得其横截面上的内力。用横截面 $m-m$ 假想将杆件截为两段，取左段为研究对象。横截面上相互作用的一个分布力系，其合力为 F_N，F_N 表示右段对左段的作用，如图 4-5（b）所示。由左段的平衡方程 $\sum F_x=0$ 得

$$F_N-F=0$$

求得

$$F_N=F$$

如果取右段为研究对象，如图 4-5（c）所示，所得结果相同，即

$$F_N'=F$$

由共线力系的平衡条件可知，因外力 F 作用线与杆件的轴线重合，所以内力 F_N 的作用线必然沿杆件的轴线方向，这种内力称为轴力，常用 F_N 表示。

由图 4-5 可知，F_N 和 F_N' 是作用力与反作用力的关系。对同一截面而言，选取不同部分为研究对象，所得内力必等值、反向。为了使同一截面的轴力具有相同的正负号，根据杆的变形规定：当杆件受拉而伸长时，轴力的方向离开截面，其轴力为正；反之，其轴力为负。通常未知轴力均按正向假设。

（二）轴力图

若沿杆件轴线作用的外力多于两个，则在杆件各部分的横截面上轴力不尽相同。这时通常用轴力图表示轴力沿杆件轴线变化的情况。作图时，沿杆件轴线方向取坐标表示横截面的位置，以垂直于杆轴的另一坐标代表轴力，这样绘出的轴力沿杆轴线变化的图线称为轴力图。

下面用例题说明轴力图的绘制。

【例 4-1】直杆受力如图 4-7（a）所示，作直杆的轴力图。

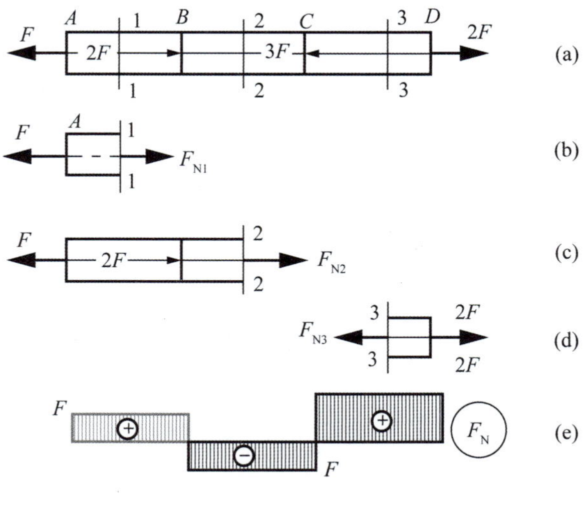

图 4-7　多力杆的轴力和轴力图

解　直杆受到多个外力的作用，内力将随着横截面位置的不同而发生变化。需将直杆分为三段，分别为 AB 、BC 和 CD 段来计算内力。具体解法如下。

应用截面法，沿 1-1 截面假想地把直杆截开为两部分，去掉右边部分，保留左边部分。并设截面上的轴力 F_{N1} 方向为正，即为拉力。保留部分的受力如图 4-7（b）所示。

根据平衡方程式 $\sum F_x = 0$ 得出

$$F_{N1} - F = 0$$

故 AB 段的轴力为

$$F_{N1} = F$$

用同样的方法，将杆件从 2-2 截面截开，保留左段，其受力如图 4-7（d）所示。

从 3-3 截面处截开杆件，由于右段外力少，计算方便，故保留右段，受力如图 4-7（c）所示。根据平衡方程式 $\sum F_x = 0$ 得出

$$F_{N3} - 2F = 0$$

故 CD 段轴力为

$$F_{N3} = 2F$$

根据平衡方程 $\sum F_x = 0$ 得出

$$F_{N2} + 2F - F = 0$$

故 BC 段的轴力为

$$F_{N2} = -F$$

负号表示该截面上的轴力的实际方向与所设方向相反，即为压力。

综合以上计算结果，按比例绘制轴力图，如图 4-7（e）所示。

三、拉压杆横截面上的应力

利用截面法可以计算出杆件截面的内力大小，但是还不足以解决拉压杆的强度问题。因为相同大小的内力作用于相同材料不同面积的截面上，效果是不一样的。杆件越细即截面积越小，内力分布集度越大，越易拉断。因此，衡量杆件拉压强度的，不是内力的大小，而是应力的大小。为了求出杆件截面上任一点的应力，必须了解内力在截面上的分布规律。由于内力与变形之间存在一定的关系，因此，首先通过试验来观察杆的变形情况。

取一等截面直杆，如图 4-8 所示。试验前在其表面画出许多与轴线平行的纵线和与它垂直的横线，然后在杆件两端施加一对拉力 F_P ，使杆件发生变形。

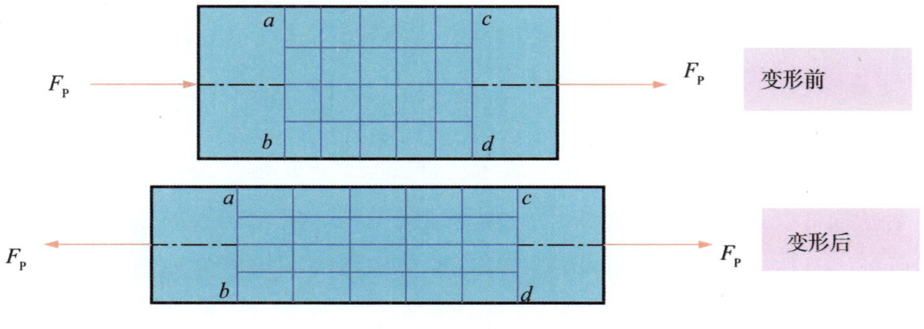

图 4-8　拉伸试验

通过观察，杆件拉伸变形后，表面的各横向线分别向外平移了一定距离，但仍然保持为直线，且仍

垂直于轴线。通过试验现象可以得出变形前是平面的横截面，变形后仍为平面，变形时横截面沿轴线产生相对平移。根据杆件变形的平面假设和连续性假设可推断：横截面上到处存在着分布均匀的内力，且方向垂直于横截面。所以，横截面上的正应力的计算公式为

$$\sigma=\frac{F_N}{A} \tag{4-1}$$

式中，F_N 为横截面的轴力，N；A 为横截面的面积，mm^2。σ 的正负号与轴力对应，拉应力为正，压应力为负。

使用方程式（4-1）时，要求外力的合力作用线必须与杆件轴线重合。此外，在集中力作用点附近应力分布比较复杂，所以不适用于集中力作用点附近的区域。

在某些情况下，杆件横截面沿轴线而变化。当这类杆件受到拉力或压力作用时，如外力作用线与杆件的轴线重合，且截面尺寸沿轴线的变化缓慢，则横截面上的应力仍可用方程式（4-1）计算。这时横截面面积不再是常量，而是轴线坐标 x 的函数。若以 $A(x)$ 表示坐标 x 的横截面的面积，$F_N(x)$ 和 $\sigma(x)$ 表示横截面上的轴力和应力，由方程式（4-1）可得出

$$\sigma(x)=\frac{F_N(x)}{A(x)} \tag{4-2}$$

四、轴向拉伸和压缩时的强度计算

（一）许用应力

材料是由各种不同材料制成的。材料所能承受的应力是有限度的，且材料不同，承受应力的限度也不同。若应力超过某一极限值，杆件便发生破坏或产生过大的塑性变形，致使强度不够而丧失正常的工作能力。材料丧失正常工作能力时的应力称为极限应力，用 σ^0 表示。

根据上述分析，可由 $\sigma=\frac{F}{A}$ 求出构件横截面上的应力，称为工作应力。但这仍不足以判断构件是否安全可靠，因为构件的强度与其材料的性能有关。在理想的情况下，为了保证构件能安全可靠地工作而又能充分利用材料的强度潜能，最好使所设计构件的工作应力 σ 小于且接近极限应力 σ^0，但实际上很难做到这点。因为在设计构件时，作用在构件上的载荷难以估计，应力计算不完全准确，有一定的近似性，同时材料不像假设得那样完全均匀，另外还要考虑构件磨损和各个构件重要程度的差异等因素，当构件中的应力接近极限应力时，构件就处于危险状态。因此，必须使构件留有一定的安全储备，即使极限应力除以一个大于 1 的系数作为工作时允许产生的最大应力，这个应力称为材料的许用应力。常用符号 $[\sigma]$ 表示，即

$$[\sigma]=\frac{\sigma^0}{n} \tag{4-3}$$

式中，n 为大于 1 的系数，称为安全系数，用以表示构件安全储备的程度或强度的富余程度。

正确选用安全系数可以设计出安全经济、尺寸合理的构件。安全系数的选择不仅与材料有关，同时还必须考虑构件所处的具体工作条件。有关部门对各种工作条件下构件的安全系数常在规范中给出具体规定。安全系数的选择是个重要的问题，安全系数过大会造成浪费，并使构件笨重；过小又保证不了安全，可能导致事故的发生。在许多工程技术和经济上合理地选择安全系数的考虑，随着科学技术的发展，安全系数的选择必将日益趋向于合理化。

（二）强度条件

为了保证轴向拉压杆具有足够的强度，要求杆件中的工作应力 σ 不得超过材料在拉、压时的许用应力 $[\sigma]$，即

$$\sigma=\frac{F_N}{A}\leqslant[\sigma] \tag{4-4}$$

式中，F_N 为杆件危险截面（产生最大工作应力的截面）上的轴力，N；A 为危险截面面积，mm^2。

方程式（4-4）为拉、压杆的强度条件。

在进行强度计算时，需通过内力计算和画出轴力图，正确找出危险截面。如果危险截面强度足够，则其他截面也能安全工作。应用拉压杆的强度条件可以解决工程中的三类问题，具体内容如下。

1. 强度校核

当已知构件截面尺寸、材料的许用应力，即构件所受的载荷，计算出危险截面上的工作应力 σ，满足 $\sigma\leqslant[\sigma]$，整个构件就具备了足够的强度。

2. 截面设计

根据构件所用材料的许用应力和所受的载荷，由 $A\geqslant\frac{F_N}{[\sigma]}$ 确定构件所需的横截面面积，然后根据所需的截面形状设计截面尺寸。

3. 确定承载能力

若已知材料的许用应力 $[\sigma]$ 和横截面积 A，由 $F_N=A[\sigma]$ 确定构件所能承担的最大轴力，再根据静力分析关系，计算结构所能承担的载荷。

五、拉压杆的变形

（一）变形与应变

直杆在轴向拉力作用下，将引起轴向尺寸的伸长和横向尺寸的缩小。反之，在轴向压力作用下，将引起轴向尺寸的缩短和横向尺寸的增大。前者称为纵向变形，后者称为横向变形。

设等截面直杆的长度为 l，横截面面积为 A，横向尺寸为 b。在轴向拉力 F 作用下，变形如图 4-9 中虚线所示。

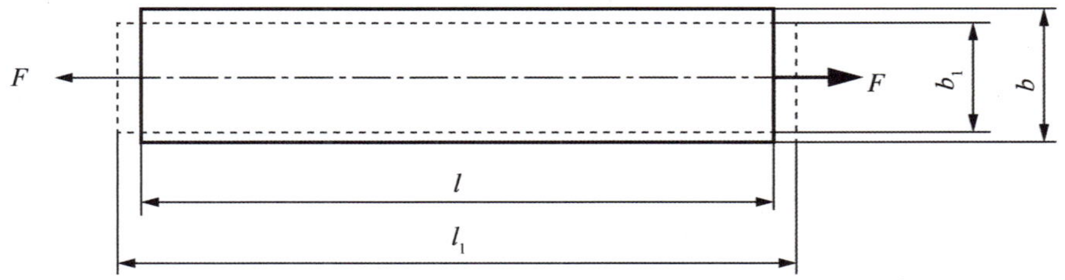

图 4-9 轴向拉伸或压缩时的变形

长度由 l 变为 l_1，横向尺寸由 b 变为 b_1，则

杆件在轴线方向的伸长：$\Delta l=l_1-l$（轴向绝对变形）。

杆件在横向方向缩短：$\Delta b=b_1-b$（横向绝对变形）。

杆件受拉时 Δl 为正，Δb 为负；受压时 Δl 为负，Δb 为正。

原始长度不同的杆件，即使绝对变形相同，变形程度并不相同。因此，绝对变形只表示了杆件变形的大小，不能反映杆件的变形程度。为了度量杆的变形程度，消除杆件原长度的影响，用单位长度内杆件的变形量来度量其变形程度。将单位长度内杆件的变形量称为相对变形，又称线应变。与上述两种绝对变形相对应的线变形为

纵向线应变 $$\varepsilon=\frac{\Delta l}{l}=\frac{l_1-l}{l}$$

横向线应变 $$\varepsilon'=\frac{\Delta b}{b}=\frac{b_1-b}{b}$$

线应变表示杆件的相对变形，是一个无量纲的量。当杆件受拉时 ε 为正，受压时 ε 为负。ε' 与 ε 符号相反。

（二）泊松比

横向线应变 ε' 与纵向线应变 ε 为同一外力在同一构件发生的，必存在内在联系。实验证明，应力在比例极限范围内时，横向线应变 ε' 与纵向线应变 ε 成正比关系，即

$$\varepsilon'=-\mu\varepsilon$$

μ 称为泊松比，是一个无量纲的量。其值与材料有关，一般不超过 0.5，说明沿外力方向的应变总比垂直于该力方向的应变大。

（三）胡克定律

实验表明，受轴向拉伸或压缩的杆件，当其横截面上的正应力 σ 不超过某一限度时，其绝对变形量 Δl 与轴力 F_N、杆件的原长 l 成正比，与杆件横截面面积 A 成反比，即

$$\Delta l \propto \frac{F_N l}{A}$$

引进比例系数 E 后，得计算式

$$\Delta l=\frac{F_N l}{EA} \tag{4-5}$$

式中比例系数 E 称为材料的弹性模量，常用单位为 GPa（1 GPa$=10^3$ MPa），其数值随材料的不同而不同，可通过实验方法测出。方程式 4-5 称为胡克定律。常用材料的 μ、E 值如表 4-1 表示。

表 4-1 常用材料的 μ、E 值

弹性常数	碳钢	合金刚	灰铸铁	铜及合金	铝合金
E/Gpa	196～216	186～206	78. 5～157	72. 6～128	70
μ	0. 24～0. 28	0. 25～0. 30	0. 23～0. 27	0. 31～0. 42	0. 33

由方程式（4-5）可看出，当其他条件不变时，弹性模量 E 越大，杆件的绝对变形量 Δl 越小。所以 E 值表示材料抗拉、抗压变形的能力，是材料的刚度指标。EA 反映了杆件抵抗拉（压）变形的能力，所以称 EA 为杆的抗拉（压）刚度。

方程式（4-5）可改写为

$$\frac{\Delta l}{l}=\frac{1}{E}\frac{F_N}{A}$$

即

$$\varepsilon=\frac{\sigma}{E} \text{ 或 } \sigma=E\varepsilon \tag{4-6}$$

方程式（4-6）是胡克定律的另一表达方式。因此，胡克定律又可简述为：若应力在比例极限范围内，则应力与应变成正比。

利用拉压杆的胡克定律时，杆的应力未超过比例极限；ε 是沿应力 σ 方向的线应变；在长度 l 内，其 F_N 、E 、A 均为常数。

六、应力集中

等截面直杆受轴向拉伸或压缩时，横截面上的应力是均匀分布的。但由于实际需要，有些零件必须有切口、切槽、油孔、螺纹、轴肩等，以致在这些部位上截面尺寸发生突然变化。实验结果和理论分析表明，在零件尺寸突然改变处的横截面上，应力并不是均匀分布的。例如，开有圆孔和带有切口的板条，如图 4-10（a）所示。当其受轴向拉伸时，在圆孔和切口附近的局部区域内，应力将急剧增加。但在离开这一区域稍远处，应力就迅速降低而趋于均匀。这种因杆件外形突然变化而引起局部应力急剧增大的现象，称为应力集中。

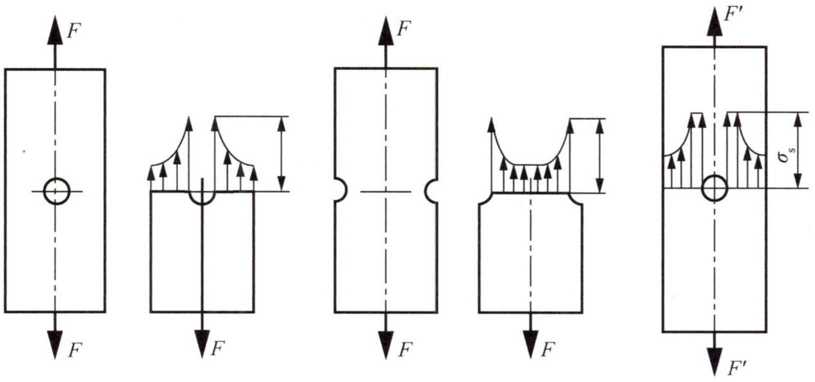

图 4-10　应力集中现象

设发生应力集中截面上的最大应力为 σ_{max} ，同一截面上的平均应力为 σ_0，则比值为

$$K_t=\frac{\sigma_{max}}{\sigma_0}$$

K_t 称为理论应力集中系数。反映了应力集中程度，是一个大于 1 的系数。实验结果表明：截面尺寸改变得越急剧，角越尖，孔越小，应力集中的程度就越严重。因此，零件上应尽可能地避免带尖角的孔和槽，阶梯轴的轴肩处要用圆弧过渡，而且在结构允许的范围内，应尽量使圆弧半径大一些。

各种材料对应力集中的敏感程度并不相同。塑性材料有屈服阶段，当局部最大应力（σ_{max}）到达屈服极限（σ_s）时，该处材料的变形可以继续增长，而应力却不再加大。若外力继续增加，增加的力就由截面上尚未屈服的材料来承担，使截面上其他未达到屈服点的应力相继增大到屈服极限。这就使截面上的应力逐渐趋于平均，降低了应力不均匀程度，也限制了最大应力（σ_{max}）的数值。因此，用塑性材料制成的零件在静载作用下，可以不考虑应力集中的影响。脆性材料没有屈服阶段，当载荷增加时，应力集中处的最大应力（σ_{max}）一直领先，不断增长，首先到达强度极限（σ_b），该处将首先产生裂纹。所以脆性材料制成的零件，应力集中的危害性更加严重。脆性材料即使在静载下，也应考虑应力集中对零件承载能力的削弱。类似灰铸铁这类材料，其内部的不均匀性和缺陷往往是产生应力集中的主要因素。而零件外形改变所引起的应力集中就可能成为次要因素，外部应力集中对零件的承载能力不一定造成明显的影响。

当零件受周期性变化的应力或冲击载荷作用时，无论是塑性材料还是脆性材料，应力集中对零件的强度都有严重影响，往往是零件破坏的根源。

七、压杆稳定的概念

如图 4-11（a）所示，小球位于光滑的凹面最低位置 A 而处于平衡。当受到外力干扰时，将在点 A 附近来回滚动，但只要去除干扰外力，小球则自动恢复到原来的平衡位置 A 处。表明小球在该处的平衡能经受外力干扰，具有稳定性，小球的这种平衡状态称为稳定平衡。如图 4-11（b）所示位于凸面顶部 B 的小球，虽然也处于平衡状态。但只要有微小外力干扰，则离开其平衡位置而不会自动回复到原来的平衡位置 B 处。表明小球在该处的平衡不能经受外力干扰，不具有稳定性，小球的这种平衡状态称为不稳定平衡。

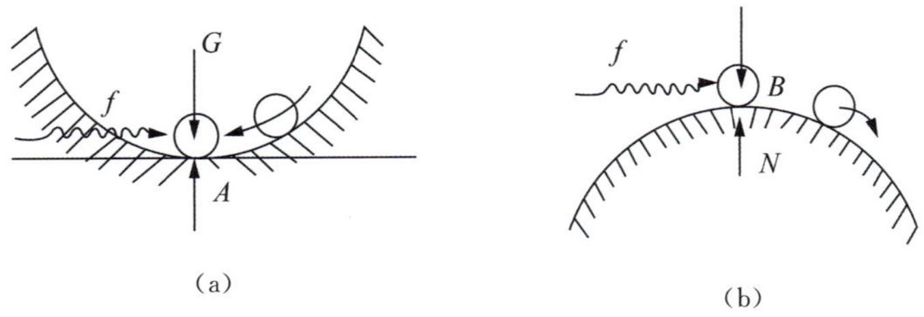

图 4-11　小球稳定平衡和不稳定平衡简图

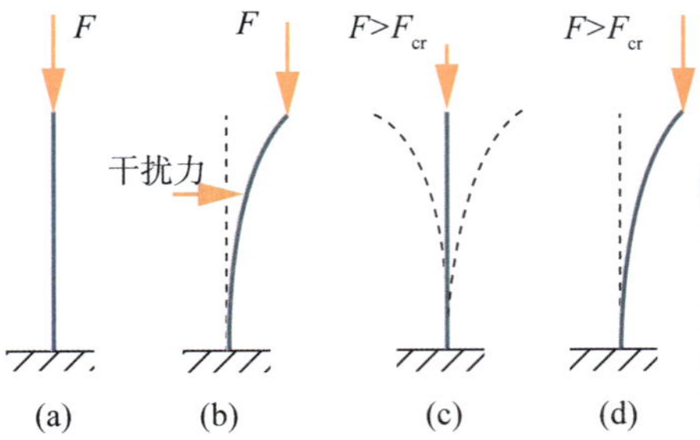

图 4-12　压杆失稳过程简图

如图 4-12（a）所示为在细长直杆两端有一对大小相等、方向相反的轴向压力，杆件处于平衡状态。若施加一个横向干扰力，则杆件变弯，如图 4-12（b）所示。当轴向压力 F 小于某一数值 F_{cr} 时，若撤去横向干扰力，压杆能回复到原来的直线平衡状态，如图 4-12（c）所示，此时压杆处于稳定平衡状态。当轴向压力 F 大于某一数值 F_{cr} 时，若撤去横向干扰力，压杆不能回复到原来的直线平衡状态，如图 4-12（d）所示。此时压杆处于不稳定平衡状态。压杆不能保持其原有直线平衡状态而突然变弯的现象称为压杆失稳。失稳破坏与强度破坏不同，是由平衡形式的突变所致，压杆失稳时其横截面上的计算应力远远小于材料的强度破坏数值，如内燃机配气机构中的气门挺杆即为细长压杆。

综上所述，压杆所受的轴向压力由小到大逐渐增加到某个极限数值 F_{cr} 时，压杆由稳定平衡状态转化为不稳定平衡状态，这个压力的极限值 F_{cr} 称为临界力。临界力 F_{cr} 的大小表示了压杆稳定性的强弱，临界力 F_{cr} 越大，则压杆不易失稳，稳定性越好。

对于粗而短的压杆，因不易失稳，其承受能力取决于强度。但对于细长压杆往往因不能维持其直线平衡状态而突然变弯，从而丧失正常工作能力。因此，细长杆的承载能力取决于其稳定性。

任务实施

【例 4-1】图 4-13 所示杆的 A、B、C、D 点分别作用着大小为 $5F$、$8F$、$4F$、F 的力，方向如图，试画出杆的轴力图。

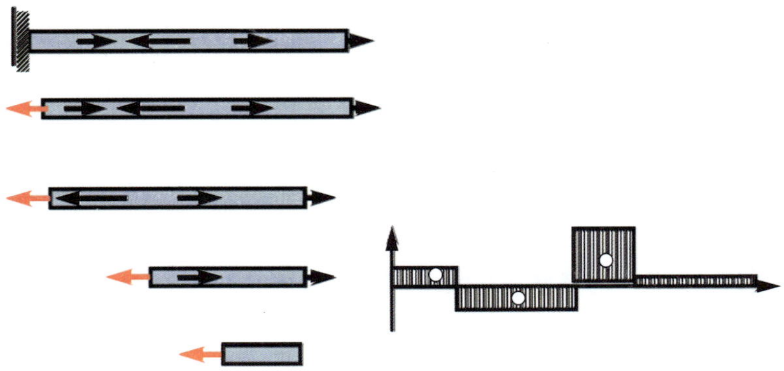

图 4-13　例 4-1

解　(1) 求 OA 段内力 F_{N1}：设置截面如图 4-13 所示。

$$\sum F_x = 0 \quad F_{N1} - F_A + F_B - F_C - F_D = 0$$

$$F_{N1} - 5F + 8F - 4F - F = 0$$

求得　$F_{N1} = 2F$ 。

(2) 同理，求得 AB、BC、CD 段内力分别为：

$$F_{N2} = -3F$$

$$F_{N3} = 5F$$

$$F_{N4} = F$$

【例 4-2】图 4-14 (a) 所示为悬臂吊车的简图，斜杆直径 $d = 20$ mm，AB 为钢杆。载荷 $F = 15$ kN，当 F 移到 A 点时，求斜杆 AB 横截面上的应力。

解　当载荷 F 移到 A 点时，斜杆 AB 受到的拉力最大，设其值为 F_{Nmax} 。根据横梁如图 4-14 (c) 所示的 $\sum F_c = 0$ 平衡条件，得出

$$F_{Nmax} \sin \alpha AC - FAC = 0$$

$$F_{Nmax} = \frac{F}{\sin \alpha}$$

由三角形 ABC 求出

$$\sin \alpha = \frac{\overline{BC}}{AB} = \frac{0.8}{\sqrt{0.8^2 + 1.9^2}} = 0.388$$

代入 F_{Nmax} 的表达式，得出

$$F_{Nmax} = \frac{F}{\sin \alpha} = \frac{15}{0.388}\ \text{kN} = 38.7\ \text{kN}$$

斜杆 AB 的轴力为

$$F_N = F_{Nmax} = 38.7\ \text{kN}$$

由此求得 AB 杆横截面上的应力为

$$\sigma = \frac{F_N}{A} = \frac{38.7 \times 10^3}{\frac{\pi}{4} \times (20 \times 10^{-3})^2}\text{Pa} = 123\ \text{MPa}$$

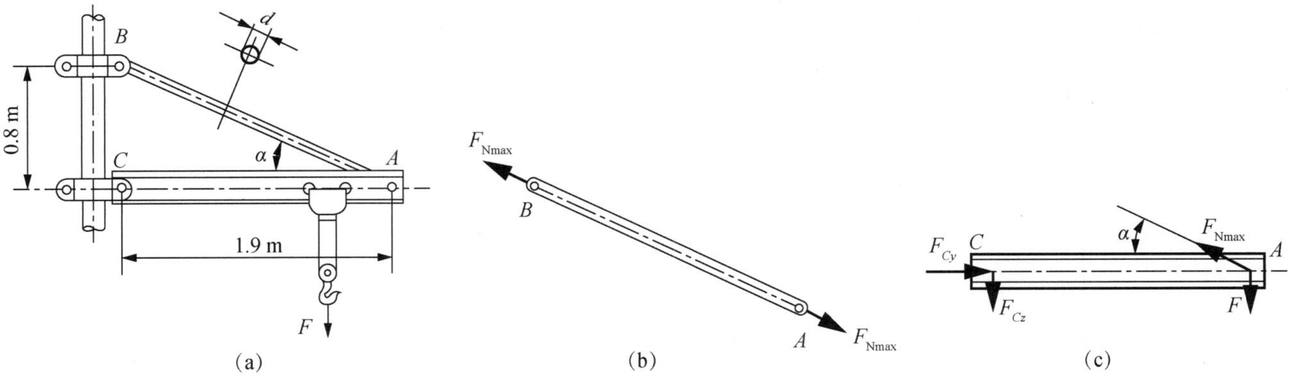

图 4-14　例 4-2

【例 4-3】气动夹具如图 4-15 (a) 所示。已知汽缸内径 $D = 140$ mm，气压 $p = 0.6$ MPa，活塞杆材料的许用应力为 $[\sigma] = 80$ MPa。试求出活塞杆的直径 d 。

解　活塞杆左端承受活塞上的气体压力，右端承受工件的反作用力，故为轴向拉伸，如图 4-15 (b) 所示。拉力 F 可由气体压强乘以活塞的受压面积来求得。计算活塞的受压面积时，可将活塞杆横截面面积略去不计，这样是偏于安全的。得出

$$F = p \times \frac{\pi}{4}D^2 = 0.6 \times 10^6\ \text{Pa} \times \frac{\pi}{4} \times (140 \times 10^{-3}\ \text{m})^2 = 9.24\ \text{kN}$$

活塞杆的轴力为

$$F_N = F = 9.24\ \text{kN}$$

根据强度条件，活塞杆最小横截面面积为

$$A \geqslant \frac{F_N}{[\sigma]} = \frac{9.24 \times 10^3}{80 \times 10^6}\text{m}^2 = 1.16 \times 10^{-4}\ \text{m}^2$$

由此求得活塞杆直径

$$d \geqslant \sqrt{\frac{4 \times 1.16 \times 10^{-4}}{\pi}}\ \text{m} = 0.012\ \text{m}$$

则活塞杆的直径至少为 12 mm。

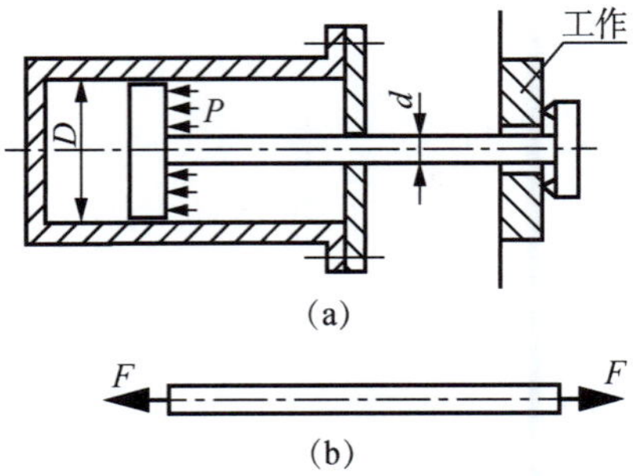

图 4-15 例 4-3

【例 4-4】如图 4-16（a）所示为吊架，AB 为木杆，其横截面面积 $A_{木} = 10^4\ \text{mm}^2$。许用应力 $[\sigma]_{木} = 7\ \text{MPa}$；$BC$ 杆为钢杆，$A_{钢} = 600\ \text{mm}^2$，$[\sigma]_{钢} = 160\ \text{MPa}$。试求许可载荷 $[F]$。

解 假想将吊架截开，保留部分的平衡方程式为

$$\sum F_y = 0 \qquad F_{NBC}\sin 30^\circ - F = 0$$

$$F_{NBC} = \frac{F}{\sin 30^\circ} = 2F$$

$$\sum F_x = 0 \qquad F_{NAB} - F_{NBC}\cos 30^\circ = 0$$

$$F_{NAB} = \sqrt{3}F$$

由强度条件式可得出

$$F_{NAB} \leqslant A_{木}[\sigma]_{木}，即\sqrt{3}F \leqslant 10^4 \times 10^{-6} \times 7 \times 10^6\ \text{N} = 70\ \text{kN}$$

从木杆来看 $[F] = \frac{70}{\sqrt{3}} = 40.4\ \text{kN}$

$$F_{NBC} \leqslant A_{钢}[\sigma]_{钢}，即\ 2F \leqslant 600 \times 10^{-6} \times 160 \times 10^6\ \text{N} = 96\ \text{kN}$$

从钢杆来看 $[F] = \frac{96}{2}\ \text{kN} = 48\ \text{kN}$

只有木杆 AB 与钢杆 BC 均满足强度条件时，吊架才安全，故吊架的许可载荷 $[F]$ 应取为 40.4 kN。

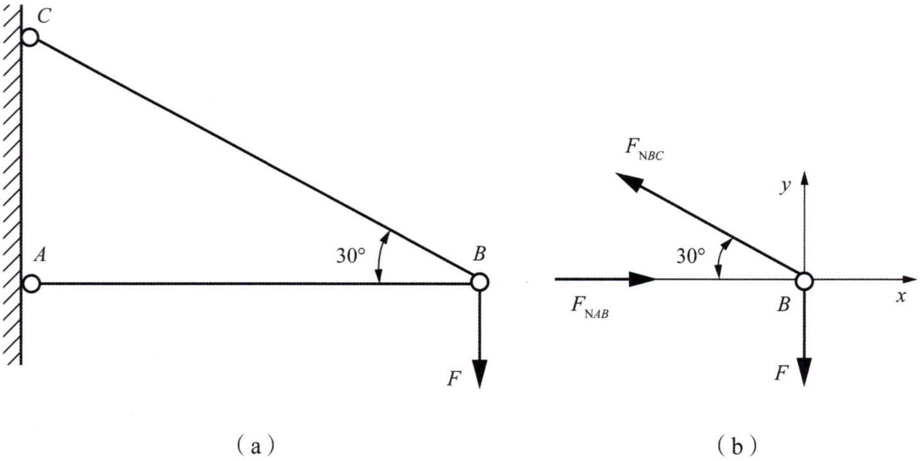

图 4-16 例 4-4

任务三 剪切与挤压

知识储备

一、剪切和挤压的概念

剪切与挤压是工程中常见的一种基本变形形式。剪切变形的主要受力特点是构件受到与其轴线相垂直的大小相等、方向相反、作用线相距很近的一对外力的作用，如图 4-17（a）所示。构件的变形主要表现为沿着与外力作用线平行的剪切面（m-n 面）发生相对错动，如图 4-17（b）所示。

工程中的一些连接件，如键、销钉、螺栓及铆钉等，都是主要承受剪切作用的构件。构件剪切面上的内力可用截面法求得。将构件沿剪切面 m-n 假想地截开，保留一部分考虑其平衡。如由左部分的平衡，可知剪切面上必有与外力平行且与横截面相切的内力 F_Q 的作用如图 4-17（c）所示。F_Q 称为剪力，根据平衡方程式可求得。

剪切破坏时，构件将沿剪切面如图 4-17（a）所示的 m-n 面被剪断。只有一个剪切面的情况称为单剪切如图 4-17（a）所示情况即为单剪切。

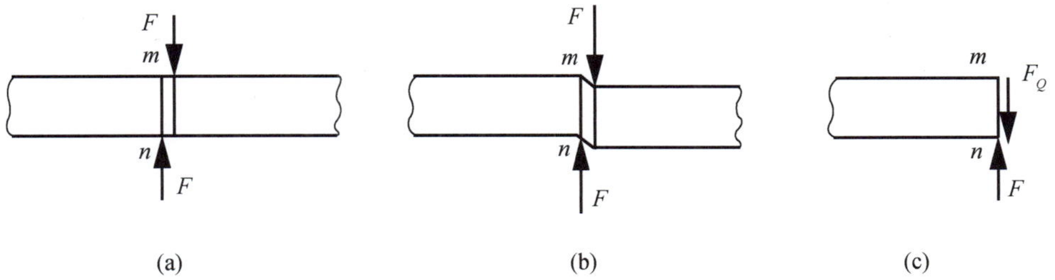

图 4-17　剪切

构件受剪切作用的同时，由于构件之间相互接触而且压紧，所以常常还伴随着挤压，从而使构件出现局部变形，如图 4-18（a）所示。例如，如图 4-18（b）给出了销钉承受挤压力作用的情况，挤压力以 F_{bs} 表示。当挤压力超过一定限度时，连接件或被连接件在挤压面附近产生明显的塑性变形，称为挤压破坏。在有些情况下，构件在剪切破坏之前可能首先发生挤压破坏，所以需要建立挤压强度条件。如图 4-18（a）所示中销钉与被连接件的实际挤压面为半个圆柱面，其挤压应力也不是均匀分布的。销钉与被连接件挤压应力的分布情况在弹性范围内，如图 4-19 所示。

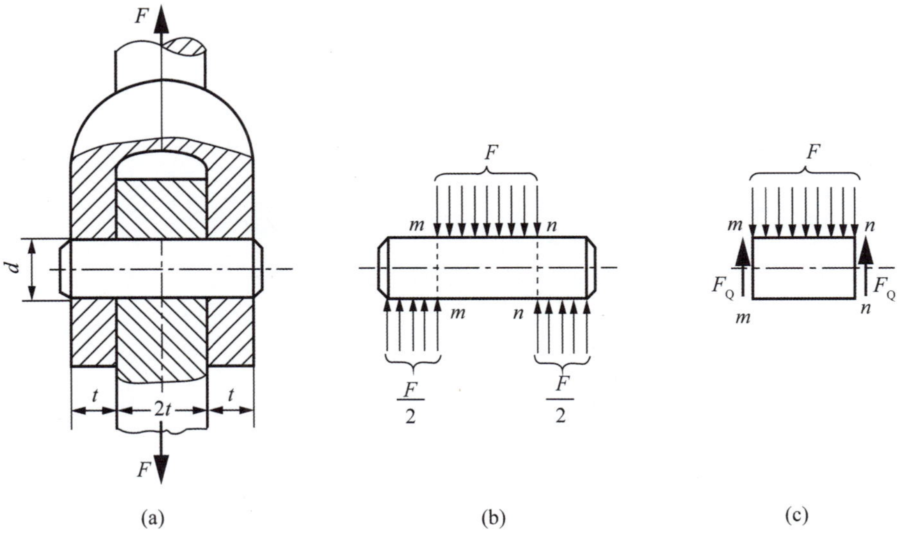

图 4-18　挤压

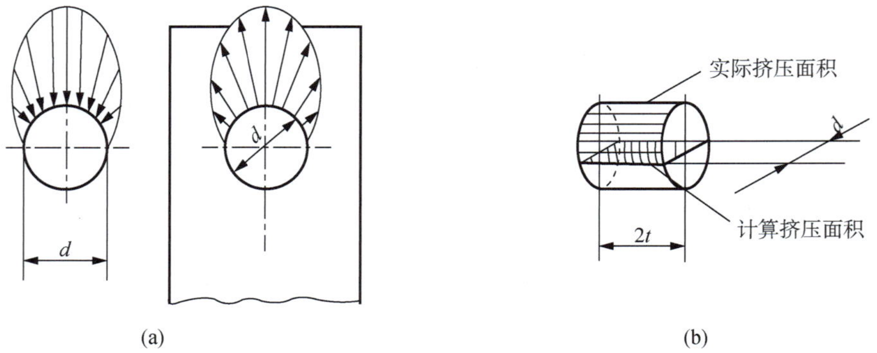

图 4-19　挤压应力的分布

因此，剪切是一种较为复杂的局部受载形式，有时还伴随着弯曲发生。但由于力的作用距离很近，弯曲已不是主要的。对于受剪切的构件，主要的破坏形式有：一是剪切变形或被剪掉；二是受压面被压溃。

工程上受剪切作用的构件，其内部应力性质和分布规律很复杂。要进行精确计算很困难，对这类构件的强度计算一般采用实用计算法，也称为假定计算法。

二、剪切和挤压的强度计算

（一）剪切的强度计算

假设应力在剪切面内是均匀分布的。若以 A 表示横截面面积，则应力为

$$\tau = \frac{F_Q}{A}$$

τ 与剪切面相切，故为切应力。以上计算时以假设"切应力在剪切面上均匀分布"为基础，实际上只是剪切面内的一个"平均切应力"，所以也称为名义切应力。

为保证受剪构件能安全工作，应将切应力 τ 限制在许可范围内。抗剪强度条件为

$$\tau = \frac{F_Q}{A} \leqslant [\tau]$$

式中，$[\tau]$ 为许用切应力，通过实验以及类似于许用正应力 $[\sigma]$ 的计算方法，由抗剪强度极限 τ_b 除以安全系数 n 得出，即 $[\tau] = \frac{\tau_b}{n}$ 。安全系数可根据实际经验并针对具体情况来定。

实验表明，金属材料的许用应力 $[\tau]$ 和许用拉应力之间有如下关系：

塑性材料　　$[\tau] = (0.6 \sim 0.8)[\sigma]$

脆性材料　　$[\tau] = (0.8 \sim 1.0)[\sigma_l]$

利用抗剪强度条件，同样可以解决工程上受剪构件的强度校核、截面设计和许可载荷计算三类问题。

（二）挤压的强度计算

与解决抗剪强度的计算方法相同，按构件的名义挤压应力建立挤压强度条件

$$\sigma_{bs} = \frac{F bs}{A bs} \leqslant [\sigma_{bs}]$$

式中，A 挤压面积，等于实际挤压面投影面（直径平面）的面积；σ_{bs} 为挤压应力；$[\sigma_{bs}]$ 为许用挤压应力。

由图 4-18（b）可见，在销钉中部 m-n 段，挤压力 F_{bs} 等于 F ；挤压面积 A 等于 $2td$ ；在销钉端部两段，挤压力均为 $F/2$；挤压面积为 td 。

许用应力值通常可根据材料、连接方式和载荷情况等实际工作条件在有关设计规范中查得。一般情况下，许用切应力 $[\tau]$ 要比同样材料的许用拉应力 $[\sigma]$ 小，而许用挤压应力则比 $[\sigma]$ 大。

对于塑性材料 $[\tau]=(0.6\sim0.8)[\sigma]$

$[\sigma_{bs}]=(1.5\sim2.5)[\sigma]$

对于脆性材料 $[\tau]=(0.8\sim1.0)[\sigma_l]$

$[\sigma_{bs}]=(0.9\sim1.5)[\sigma]$

任务实施

【例 4-5】图 4-20 所示为齿轮用平键与轴连接（图中只画出了轴与键，没有画齿轮）。已知轴的直径 $d=70$ mm，键的尺寸 $b\times h\times L=20$ mm$\times12$ mm$\times100$ mm，传递的扭转力偶矩 $T_e=2$ kN·m，键的许用应力 $[\tau]=60$ MPa，$[\sigma_{bs}]=100$ MPa。试求出校核键的强度。

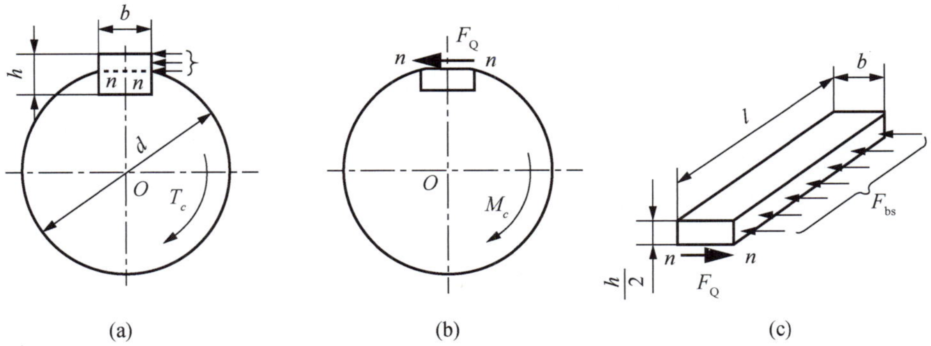

图 4-20 例 4-5

解 （1）校核键的剪切强度。将键沿 n-n 截面假想地分成两部分，并把 n-n 截面以下部分和轴作为一个整体来考虑，如图 4-20（b）。因为假设 n-n 截面上的切应力均匀分布，故 n-n 截面上剪力 F_Q，得出

$$F_Q=A\tau=bL\tau$$

对轴心取矩，由平衡条件 $\sum M_O=0$，得

$$F_Q\frac{d}{2}-T_e=0$$

$$bL\tau\frac{d}{2}=T_e$$

由此求得

$$\tau=\frac{2T_e}{bLd}=\frac{2\times2\times10^3}{20\times100\times70\times10^{-9}\text{Pa}}=28.6\text{ MPa}<[\tau]$$

可见该键满足剪切强度条件。

（2）校核键的挤压强度。考虑键在 n-n 截面以上部分的平衡，如图 4-20（c）。在 n-n 截面上的剪力为 $F_Q=bL\tau$，右侧面上的挤压力为

$$F_{bs}=A_{bs}\sigma_{bs}=\frac{h}{2}l\sigma_{bs}$$

由水平方向的平衡条件 $\sum F_x=0$ 得出

$$F_Q=F_{bs}，bL\tau=\frac{h}{2}L\sigma_{bs}$$

由此求得

$$\sigma_{bs}=\frac{2b\tau}{h}=\frac{2\times20\times28.6}{12}\text{MPa}=95.3\text{ MPa}<[\sigma_{bs}]$$

可见平键也符合挤压强度要求。

【例 4-6】电瓶车挂钩用插销连接，如图 4-21（a）所示。已知 $t=8$ mm，插销材料的许用切应力 $[\tau]=30$ MPa，许用挤压应力 $[\sigma_{bs}]=100$ MPa，牵引力 $F=15$ kN，试求出选定插销的直径 d。

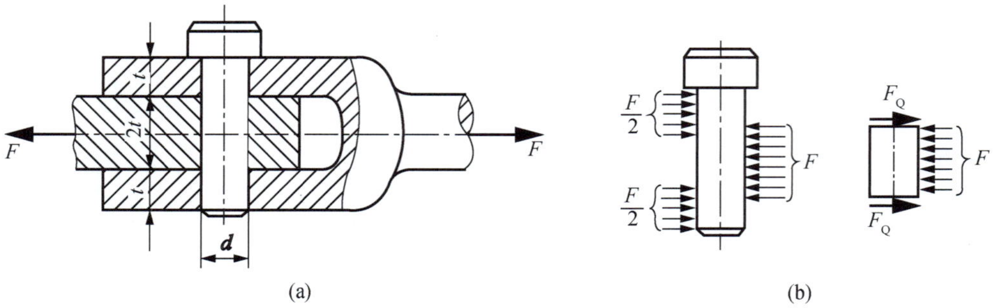

图 4-21 例 4-6

解： 插销的受力情况如图 4-21（b）所示，可以求得

$$F_Q=\frac{F}{2}=\frac{15}{2}\text{kN}=7.5\ \text{kN}$$

（1）按抗剪强度条件进行设计。得出

$$A\geqslant\frac{F_Q}{[\tau]}=\frac{7500}{30\times10^6}\text{m}^2=2.5\times10^{-4}\text{m}^2$$

即

$$\frac{\pi d^2}{4}\geqslant2.5\times10^{-4}\text{m}^2$$

（2）用挤压强度条件进行校核。得出

$$\sigma_{bs}=\frac{F_{bs}}{A_{bs}}=\frac{F}{2td}=\frac{15\times10^3}{2\times8\times17.8\times10^{-6}}\text{Pa}=52.7\ \text{MPa}<[\sigma_{bs}]$$

所以挤压强度条件也是足够的。最后采用 $d=20$ mm 的标准圆柱销钉。

任务四　圆轴扭转

知识储备

一、圆轴扭转的概念

实际工程及日常生活中常遇到承受扭转的构件，如图 4-22（a）所示，汽车方向盘下的转向盘轴 AB，在操纵汽车方向时，双手在方向盘上施加力偶，转向盘轴的另一端受转向器的阻力偶作用，使转向盘轴受扭。又如汽车传动轴、电动机轴、攻螺纹用丝锥的锥杆如图 4-22（b）所示，都受扭转作用。扭转的特点：在杆件两端作用有大小相等、方向相反且作用面垂直于杆件轴线的力偶。在一对力偶的作用下，杆件的变形特点：杆件的任意两个横截面围绕其轴线做相对转动。杆件的这种变形形式称为扭转。扭转时杆件两个横截面相对转动的角度，称为扭转角，一般用 φ 表示。以截面形状为圆形的轴称为圆轴。圆轴在工程上是常见的一种受扭转的杆件。本节任务主要（图 4-23）介绍圆轴扭转时的内力、应力及强度计算等问题。

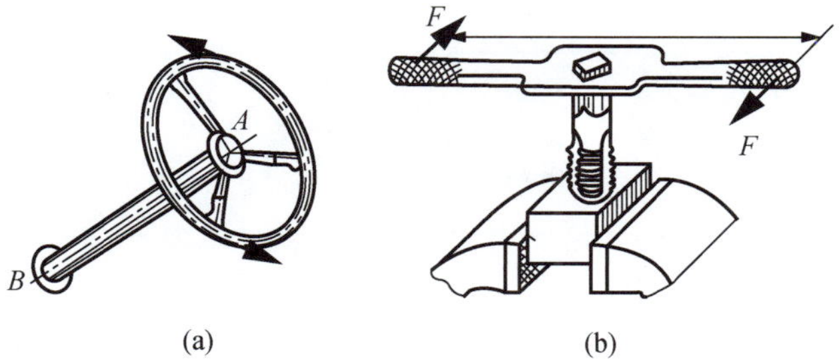

图 4-22 工程受扭杆件

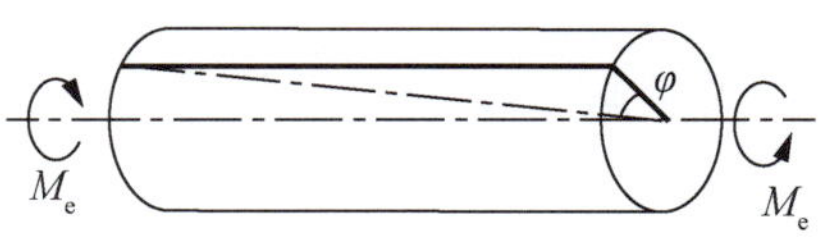

图 4-23 杆件受扭转

二、圆轴扭转的外力偶矩、扭矩和扭矩图

(一) 外力偶矩的计算

轴扭转时的外力通常用外力偶矩 M_e 表示，在工程计算中，很少直接给出作用在传动轴上的外力偶矩，通常已知传递的功率和轴转速。因此，可以运用方程式计算外力偶矩，设某轴传递的功率为 P_k，单位为 kW，转速为 n，单位为 r/min，即

$$M_e = 9550\frac{P_k}{n} \tag{4-7}$$

注意：在确定外力偶矩方向时，应注意作用在功率输入端的外力偶矩是带动轴转动的主动力偶矩，方向和轴转向一致。而作用于功率输出端的外力偶矩是被带动零件传来的反力偶矩，方向和轴的转向相反。

(二) 扭矩的计算

在分析轴扭转时的刚度、强度条件之前，首先要分析轴的受力情况。当轴上的外力偶矩确定之后，便可应用截面法来分析圆轴扭转时的内力。如图 4-24（a）所示的圆轴为例，假想将圆轴沿 n-n 截面分成左、右两部分，保留左部分作为研究对象，如图 4-24（b）所示。由于整个轴是平衡的，所以左部分也处于平衡状态，这就要求截面 n-n 上的内力系必须归结为一个内力偶矩 T，左部分的平衡方程式为

$$T - M_e = 0 \tag{4-8}$$

得

$$T = M_e$$

力偶矩 T 称为截面 n-n 上的扭矩，是左、右两部分在 n-n 截面上相互作用的分布内力系的合力偶矩。扭矩的符号规定如下：若按右手螺旋法则，把右手四指绕向表示扭矩绕轴线方向，当大拇指指向方向与截面的外法线方向一致时，T 为正；反之为负，如图 4-25 所示。按照这一符号规定，图 4-24（b）中所示扭矩 T 的符号为正。当保留右部分时，如图 4-24（c）所示，所得扭矩的大小、符号将与保留的左部分计算结果相同。在求扭矩时，按正向假设，若所得为负，说明扭矩转向与所设相反。

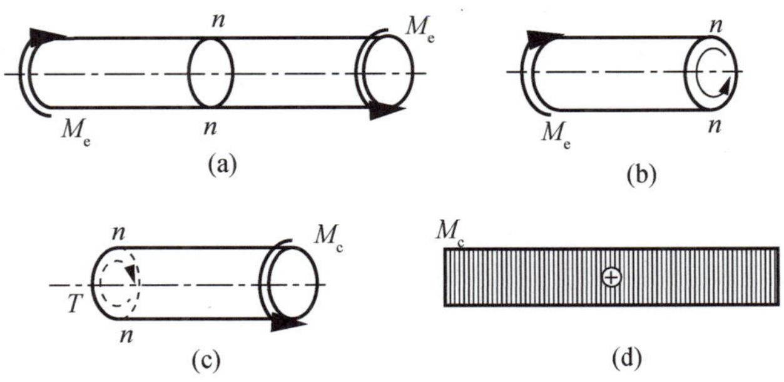

图 4-24 扭矩的大小

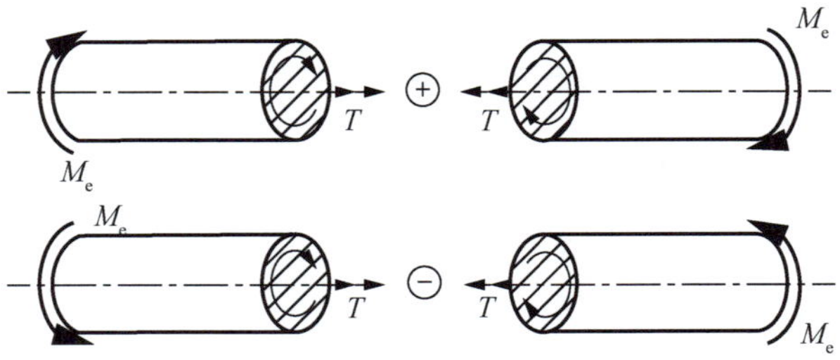

图 4-25　扭矩的符号

（三）扭矩图

转动轴的两端受一对大小相等、方向相反的外力偶作用，轴在各个横截面上的扭矩都相同。则与拉伸（压缩）问题中画轴力图一样，常常用图线表示各横截面上的扭矩沿轴线变化的情况。以横轴表示横截面的位置，纵轴表示相应横截面上的扭矩，这种图线称为扭矩图。如图 4-24（a）和图 4-24（d）所示为扭圆轴的扭矩图。

三、圆轴扭转时的应力和强度计算

（一）圆轴扭转时的应力

为了观察圆轴的扭转变形，在圆轴表面上作圆周线和纵向线如图 4-26 中，变形前的纵向线由虚线表示。在扭转力偶矩的作用下，各圆周线绕轴线相对地旋转了一个角度，但大小、形状和相邻圆周线间的距离不变。在变形的情况下，纵向线仍近似一条直线，只是倾斜了一个微小的角度。但表面上的方格变形后错动成了菱形。

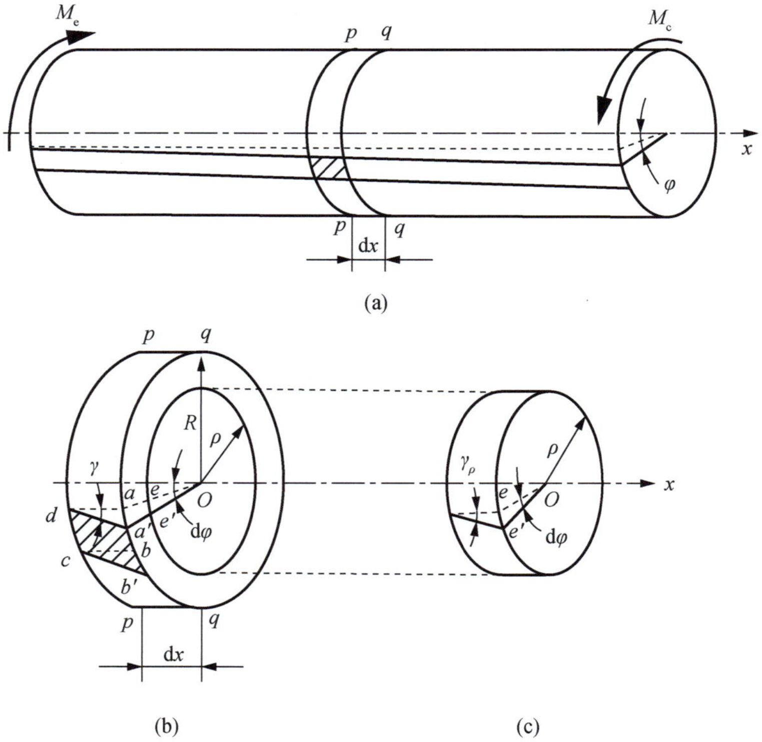

图 4-26　圆轴的扭转变形

根据观察到的现象，做下述基本假设：圆轴扭转变形前原为平面的截面，变形后仍保持为平面，形状和大小不变。半径仍保持为直线，且相邻两截面间的距离不变。这就是圆轴扭转的平面假设。按照这一假设，在扭转变形中，圆轴的横截面就像刚性平面一样，绕轴线旋转了一个角度。实验证明：以平面假设为基础导出的应力和变形计算公式均符合试验结果，且与弹性力学一致。

在图 4-26（a）中，ϕ 表示圆轴两端截面的相对转角，称为扭转角。扭转角用弧度来度量。用相邻的横截面 p-p 和 q-q 从轴中取出长为 $\mathrm{d}x$ 的微段，并放大为图 4-26（b）。若截面 p-p 和 q-q 的相对转角为 $\mathrm{d}\phi$，则根据平面假设，横截面 q-q 像刚性平面一样，相对于 p-p 绕轴线旋转了一个角度 $\mathrm{d}\phi$，半径 Oa 转到了 Oa'。于是，表面方格 $abcd$ 的 ad 边相对于 cd 边发生了微小的错动，错动的距离为

$$aa' = R\mathrm{d}\phi \tag{4-9}$$

因而引起原为直角的 $\angle adc$ 角度发生改变，改变量为

$$\gamma = \frac{aa'}{ad} = R\frac{\mathrm{d}\phi}{\mathrm{d}x} \tag{4-10}$$

γ 称为圆截面边缘上 a 点的切应变。显然，切应变发生在垂直于半径的平面内。

根据变形后横截面仍为平面、半径仍为直线的假设，用相同的方法，并参考图 4-26（c），可以求得距圆心为 ρ 处的切应变为

$$\gamma_\rho = \rho\frac{\mathrm{d}\phi}{\mathrm{d}x} \tag{4-11}$$

与 γ - γ_ρ 样，也发生在垂直半径 Oa 的平面内。由上述两式中得出

$$\frac{\mathrm{d}\phi}{\mathrm{d}x}$$

扭转角 ϕ 沿 x 轴的变化率。当截面 $\frac{\mathrm{d}\phi}{\mathrm{d}x}$ 时，是常量。表明横截面上任意点的切应变与该点到圆心的距离 ρ 成正比。

以 τ_ρ 表示横截面上距圆心为 ρ 处的切应力，G 为切变模量，由物理关系可得出

$$\tau_\rho = G\gamma_\rho = G\rho\frac{\mathrm{d}\phi}{\mathrm{d}x} \tag{4-12}$$

方程式（4-12）表明，横截面上任意点的切应力与该点 τ_ρ 到圆心的距离 ρ 成正比。因为 γ_ρ 发生在垂直于半径的平面内，所以也与半径垂直。如图 4-27 所示。

若在横截面内，按极坐标取微面积 $\mathrm{d}A = \rho\mathrm{d}\theta\mathrm{d}\rho$ 如图 4-28 所示。$\mathrm{d}A$ 上的微内力 $\tau_\rho\mathrm{d}A$，对圆心的力矩为 $\rho \cdot \tau_P\mathrm{d}A$。积分得横截面上内力系对圆心的力矩为 $\int_A \rho\tau_\rho\mathrm{d}A$

可见，求出的内力系对圆心的力矩就是截面上的扭矩，即

$$T = \int_A \rho\tau_\rho\mathrm{d}A \tag{4-13}$$

以（4-12）式代入式（4-13），并在给定的截面 $\frac{\mathrm{d}\phi}{\mathrm{d}x}$ 上，为常量，于是得出

$$T = \int_A \rho\tau_\rho\mathrm{d}A = G\frac{\mathrm{d}\phi}{\mathrm{d}x}\int_A \rho^2\mathrm{d}A \tag{4-14}$$

以 I_p 表示上式中的积分，即

$$I_\mathrm{p} = \int_A \rho^2\mathrm{d}A \tag{4-15}$$

I_p 称为横截面对圆心 O 点的极惯性矩。

$$T = GI_\mathrm{p}\frac{\mathrm{d}\phi}{\mathrm{d}x} \tag{4-16}$$

将式（4-12）代入式（4-16），$\frac{\mathrm{d}\phi}{\mathrm{d}x}$ 消去得

$$\tau_\rho = \frac{T_\rho}{I_p} \tag{4-17}$$

由式（4-17），可以算出横截面上距圆心为 ρ 的任意点的切应力。在圆截面边缘上，ρ 为最大值 R 有最大切应力为

$$\tau_{max} = \frac{TR}{I_p} \tag{4-18}$$

引用记号 $W_p = \frac{I_p}{R}$，W_p 称为抗扭截面系数。公式写成为

$$\tau_{max} = \frac{T}{W_p} \tag{4-19}$$

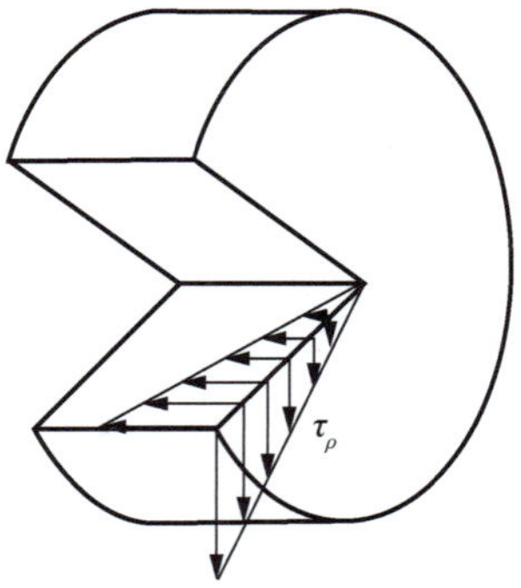

图 4-27　切应力的方向分布形

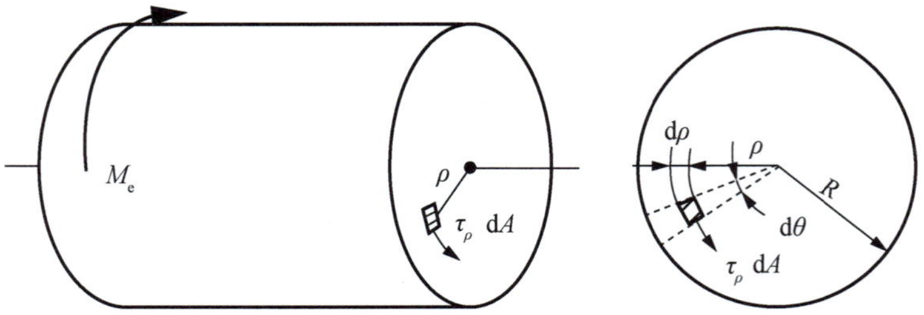

图 4-28　切应力的大小分布形

从式（4-19）可知，W_p 越大，τ_{max} 就愈小。因此，W_p 是表示横截面抵抗扭转能力的截面几何量。

以上各式是以平面假设为基础导出的。实验结果表明，只有横截面不变的圆轴平面假设才是正确的，所以这些公式只适用于等直圆杆。对圆截面沿轴线变化缓慢的小锥度锥形杆，也可公式计算。注意：以上诸式只适用于圆截面轴，且 τ_{max} 低于剪切比例极限的情况。

工程上，轴的形状通常采用实心和空心圆两种。I_p、W_p 计算公式如下。

（1）实心圆截面

极惯性矩　$$I_p = \frac{\pi d^4}{32}$$

抗扭截面系数　$$W_p = \frac{\pi d^3}{16}$$

（2）空心圆截面

极惯性矩　$$I_p = \frac{\pi}{32}(D^4 - d^4) = \frac{\pi D^4}{32}(1-\alpha^4)$$

抗扭截面系数　$$W_p = \frac{\pi}{16D}(D^3 - d^3) = \frac{\pi D^3}{16}(1-\alpha^4)$$

式中，$\alpha = \frac{d}{D}$。

（二）圆轴扭转时的强度条件

圆轴扭转时横截面上的最大工作切应力 τ_{max} 不得超过材料的许用切应力 $[\tau]$，即

$$\tau_{max} \leqslant [\tau] \tag{4-20}$$

方程式（4-20）为圆轴扭转时的强度条件。

对于等截面圆轴，从轴的受力情况或由扭矩图可以确定最大扭矩 T_{max} 以及最大切应力 τ_{max}。最大切

应力发生于 T_{max} 所在截面的边缘上。因而强度条件可改写为

$$\tau_{max}=\frac{T_{max}}{W_p}\leqslant[\tau] \tag{4-21}$$

对变截面杆，如阶梯轴、圆锥形杆等，W_p 不是常量。τ_{max} 并不一定发生在扭矩为极值 T_{max} 的截面上，这时要综合考虑扭矩 T 和抗扭截面系数 W_p 两者的变化情况来确定 τ_{max}。

在静载荷情况下，扭转许用切应力 $[\tau]$ 与许用拉应力 $[\sigma]$ 之间有如下关系。

钢 $$[\tau]=(0.5\sim0.6)[\sigma]$$

铸铁 $$[\tau]=(0.8\sim1.0)[\sigma]$$

轴类零件由于考虑到动载荷等原因，所取许用切应力一般比静载荷的许用切应力还要低。

任务实施

【例 4-7】图 4-29 所示为传动轴，转速 $n=200$ r/min，轮 A 为主动轴，输入功率 $P_A=60$ kW，轮 B、C、D 均为从动轮，输出功率为 $P_B=20$ kW，$P_C=15$ kW，$P_D=25$ kW。

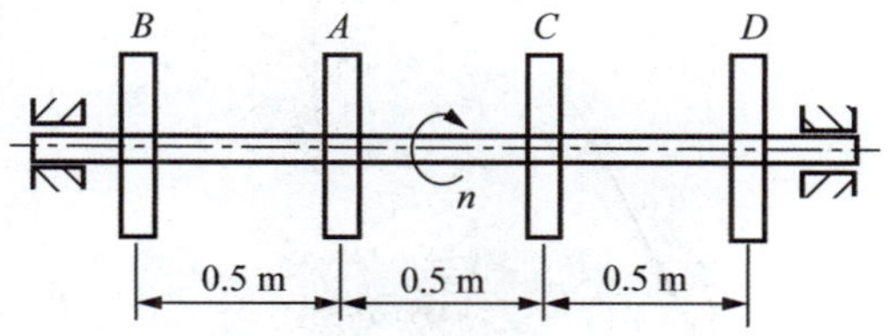

图 4-29 例 4-7

（1）试画出该轴的扭矩图。

（2）若将轮 A 和轮 C 位置对调，试分析对轴的受力是否有利？

解

①计算外力偶矩。

$$M_A=9\ 550\times60/200=2\ 865\ \text{N}\cdot\text{m}$$

同理可得

$$M_B=955\ \text{N}\cdot\text{m}$$
$$M_C=716.25\ \text{N}\cdot\text{m}$$
$$M_D=1\ 193.75\ \text{N}\cdot\text{m}$$

②计算扭矩。

将轴分为 3 段，逐段计算扭矩。

对 AB 段

$$\sum M_x=0$$

可得

$$T_1+M_B=0$$
$$T_1=-955\ \text{N}\cdot\text{m}$$

对 BC 段

$$\sum M_x=0，T_2+M_B-M_A=0$$

可得

$$T_2=1\ 910\ \text{N}\cdot\text{m}$$

对 CD 段

$$\sum M_x=0，T_3-M=0$$

可得 $T_3 = 1\ 193.75\ \text{N} \cdot \text{m}$。

③画扭矩图。

根据计算结果，按比例画出扭矩图如图 4-30（a）所示。

④将轮 A 和轮 C 位置对调后，由图 4-30（b）可知最大绝对值扭矩较之原来有所降低，对轴的受力有利。

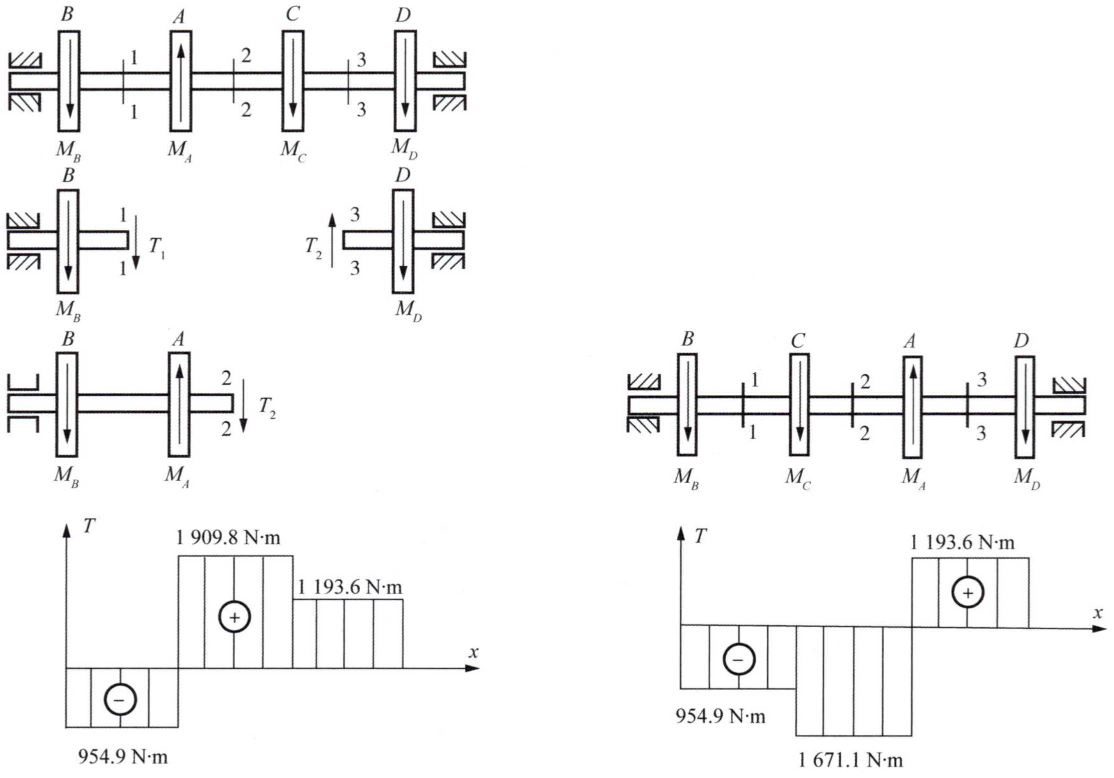

图 4-30　扭矩图

【例 4-8】钢制阶梯状圆轴如图 4-31（a）所示，已知 $M_{e2} = 7\ \text{kN} \cdot \text{m}$，$M_{e1} = 10\ \text{kN} \cdot \text{m}$ $M_{e3} = 3\ \text{kN} \cdot \text{m}$，试计算其最大切应力。

解　（1）作扭矩图。用截面法求出 AB 及 BC 段横截面的扭矩分别为

$$T_{AB} = -M_{e1} = -10\ \text{kN} \cdot \text{m}$$

$$T_{BC} = -M_{e3} = -3\ \text{kN} \cdot \text{m}$$

扭矩图如图 4-31（b）所示。

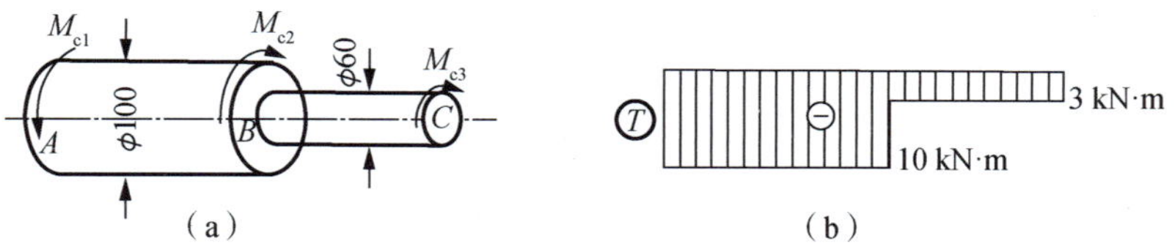

图 4-31　例 4-8

（2）求最大切应力。由图 4-31（b）可见最大扭矩发生在 AB 段，但 AB 段横截向直径大。因此，为求最大切应力需分别计算 AB 段及 BC 段横截面上最大切应力，并进行比较。

$$\tau_{\max AB} = \frac{T_{AB}}{W_{\rho AB}} = \frac{10 \times 10^3 \times 16}{\pi \times 100^3 \times 10^{-9}\ \text{Pa}} = 50.9\ \text{MPa}$$

$$\tau_{\max BC} = \frac{T_{BC}}{W_{\rho BC}} = \frac{3 \times 10^3 \times 16}{\pi \times 60^3 \times 10^{-9}\ \text{Pa}} = 70.7\ \text{MPa}$$

由此得出，最大切应力发生在 BC 段轴的外表面上，其值为 $\tau_{max}=70.7$ MPa 。

【例 4-9】由无缝钢管制成的汽车传动轴 AB 如图 4-32 所示，外径 $D=90$ mm ，壁厚 $t=2.5$ mm ，材料为 Q235。使用时的最大扭矩为 $T=1.5$ kN·m 。若材料的许用切应力 $[\tau]=60$ MPa ，试求出校核 AB 轴的强度。

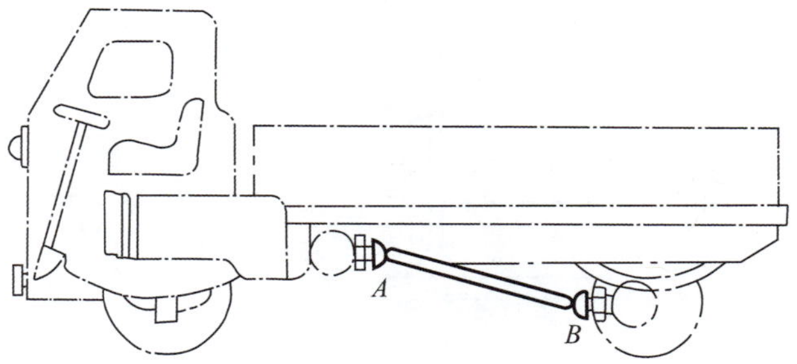

图 4-32 例 4-9

解 由 AB 轴的几何尺寸计算其抗扭截面系数为

$$W_\rho=\frac{\pi D^3}{16}(1-\alpha^4)=\frac{\pi\times 90^3}{16}(1-0.944^4)\text{mm}^3=29\ 469\ \text{mm}^3$$

$$\alpha=\frac{d}{D}=\frac{90-2\times 2.5}{90}=0.944$$

轴的最大切应力为

$$\tau_{max}=\frac{T}{W_\rho}=\frac{1.5\times 10^3}{29\ 469\times 10^{-9}}\ \text{Pa}=51\ \text{MPa}<[\tau]$$

所以 AB 轴满足强度条件。

任务五 梁的弯曲

知识储备

一、平面弯曲的概念及弯曲内力

(一) 平面弯曲的概念

弯曲变形是工程中最常见的一种基本变形形式。在日常生活中，常常会遇到许多发生弯曲变形的杆件。例如，桥式起重机的大梁、火车轮轴，以及车床上的割刀等，如图 4-33 所示，均为典型的弯曲杆件。弯曲变形杆件的受力特点有：在轴线平面内受到外力偶或垂直于轴线方向的力。变形特点有：杆的轴线弯曲成曲线。以弯曲变形为主的杆件通常称为梁。

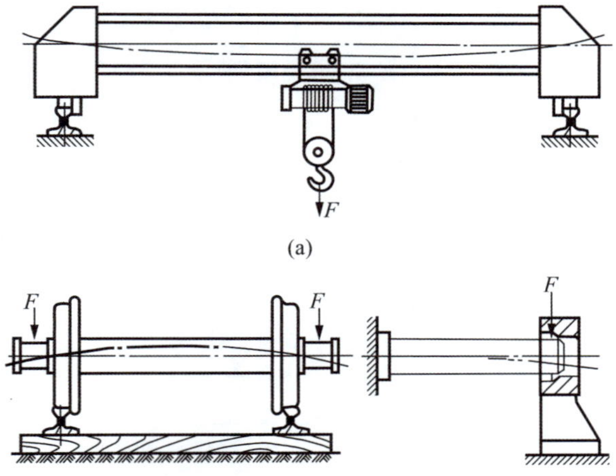

图 4-33　杆件的弯曲变形

在工程中，常见梁的横截面一般至少有一个对称轴，由各横截面的对称轴组成了梁的一个纵向对称面，如图 4-34 所示。当作用在梁上的所有外力都在纵向对称平面内时，梁的轴线变形后也将是位于这个对称平面内的曲线，这种弯曲称为平面弯曲。平面弯曲是弯曲问题中最基本、最常见的情况。

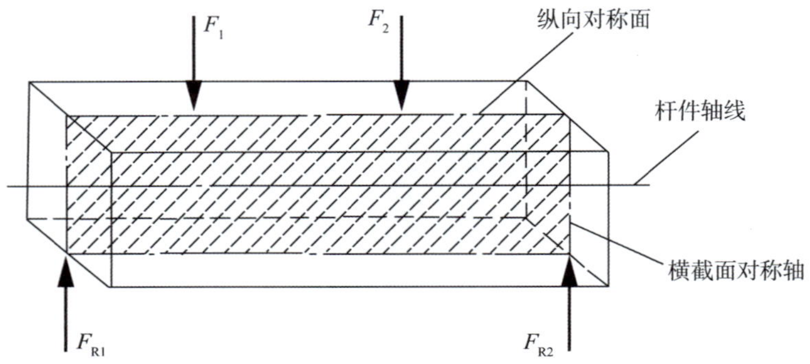

图 4-34　杆件的弯曲变形

（二）梁弯曲时的内力

1. 工程上梁的类型

在工程中，梁的支承条件和作用在梁上的载荷情况一般都比较复杂。为了便于分析、计算，同时又要保证计算结果足够精确，工程上按照梁的支座形式不同分为简支梁、外伸梁和悬臂梁三类。具体内容如下。

（1）简支梁。简支梁的一端可简化为固定铰链约束；另一端可简化为活动铰链约束。两支座间的距离为跨度。

（2）外伸梁。外伸梁的约束简化情况同简支梁，但梁的一端或两端外伸，汽车的横梁、火车轮轴即可简化为外伸梁。

（3）悬臂梁。悬臂梁的一端自由；另一端由约束，且该约束为固定端约束。

上述三种梁都可以用静力平衡方程式求解全部约束反力，所以称为静定梁。在进行分析计算时，往往忽略梁的外形因素，只用梁的轴线和相应的约束符号表示。

2. 载荷的简化

实际杆件上作用的载荷是多种多样的，但归纳起来，可以简化成以下三种载荷形式。

（1）集中力。当外力的作用范围与梁相比很小时，可视为集中作用于一点，即集中力。

（2）集中力偶。两集中力大小相等、方向相反，作用线相邻很近时，可视为集中力偶。

（3）分布载荷。连续作用在梁的全长或部分长度内的载荷为分布载荷。分布于单位长度上的载荷值称为分布载荷集度，用 q 表示。当 q 为常量时称为均布载荷；当 q 沿梁轴线 x 变化时，即 $q=q(x)$ 时为非均布载荷。

3. 剪力和弯矩

当作用在梁上所有外力（包括约束反力）均为已知时，就可进一步分析梁横截面上的内力，求内力的基本方法是截面法。如图 4-35（a）所示的简支梁为例，对梁的内力计算具体说明如下。

图 4-35（a）所示中简支梁两端的支座反力分别为 F_A 和 F_B，现求任一横截面 m-m 上的内力。按截面法沿 m-m 截面假想地把梁截开，分为左、右两部分。保留左部分考虑其平衡，作用于左部分上的力，除外力 F_A 及 F_1 外，在截面 m-m 上还有右部分作用于其上的内力。为了使左部分梁处于平衡状态，横截面 m-m 上应存在一个与横截面相平行的力 F_Q 及一个作用面与横截面相垂直的力偶，如图 4-35（b）所示。

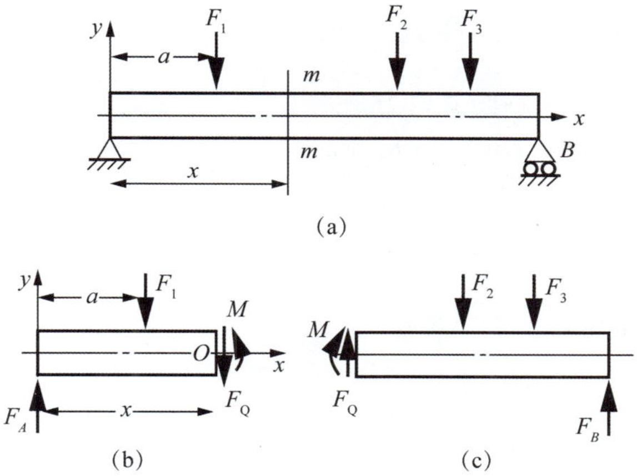

图 4-35 梁的内力

由此得出平衡方程式为

$$\sum F_y=0,\ F_A-F_1-F_Q=0$$

$$\sum M_O=0,\ M+F_1(x-a)-F_Ax=0$$

得出

$$F_Q=F_A-F_1$$

$$M=F_Ax-F_1(x-a)$$

上式中，矩心 O 为截面 m-m 的形心；作用于 m-m 截面上的力 F_Q 及力偶 M 分别称为剪力与弯矩。剪力 F_Q 和弯矩 M 是平面弯曲时梁横截面上的两种内力。

当保留右部分时，如图 4-35（c）所示，同样可以求得剪力与弯矩。剪力与弯矩是截面左、右两部分之间的相互作用力。因此，作用于不同保留部分上的剪力与弯矩大小相等，但方向（转向）相反。

为了使保留不同部分进行内力计算时所得剪力和弯矩不仅数值相等，而且正负号也相同，通常对剪力、弯矩的符号规定如下。

剪力符号：当剪力对所截取梁段绕梁段内任一点沿顺时针方向转动时规定为正号，反之为负。

弯矩符号：当弯矩使梁段凹向上方时规定为正号，反之为负。

由于截面一侧任一外力在该截面上产生的剪力总是与外力的方向相反，任一外力（包括外力偶）在该截面上产生的弯矩的转向总是与外力对截面形心力矩的转向相反。对剪力和弯矩的正负号规定的另一种表述为：若外力对所取梁段的截面是顺时针方向，则该力所产生的剪力为正；反之为负。若外力使所取的梁段产生上部受压、下部受拉的变形时，则该力所产生的弯矩为正；反之为负。

根据上述分析，计算任一截面的剪力和弯矩时，可由外力的大小和方向直接确定。梁任一横截面上的剪力等于该截面一侧梁上所有外力的代数和；梁任一横截面上的弯矩等于该截面一侧梁上所有外力对该截面的代数和。

（三）剪力图和弯矩图

一般情况下，在梁的不同截面上，剪力和弯矩一般随截面位置而变化。用 x 坐标表示横截面的位置，则梁各横截面上的剪力和弯矩可以表示为坐标 x 的函数，即

$$F_Q = F_Q(x)$$
$$M = M(x)$$

上述方程式分别称为剪力方程和弯矩方程。

梁的剪力与弯矩随截面位置的变化关系常用图形来表示，这种图称为剪力图与弯矩图。绘图时以平行于梁轴的横坐标 x 表示截面的位置，以纵坐标表示相应截面上的剪力或弯矩。

二、梁弯曲正应力强度条件及其应用

要解决梁的弯曲强度问题，只了解梁的内力是不够的，还必须研究梁的弯曲应力。一般情况下，横截面上有两种内力：剪力和弯矩。由于剪力是横截面上切向内力系的合力，所以必然与切应力有关。而弯矩是横截面上法向内力系的合力偶矩，所以必然与正应力有关。由此可见，梁横截面上有剪力 F_Q 时就必然有切应力 τ；有弯矩 M 时，就必然有正应力 σ。

（一）梁弯曲时正应力的计算

正应力只与横截面上的弯矩有关，与剪力无关。

在梁的各横截面上只有弯矩，而剪力为零的弯曲称为纯弯曲。如果在梁的各横截面上，同时存在着剪力和弯矩两种内力，这种弯曲称为横力弯曲或剪切弯曲。例如，在图 4-36（a）所示的简支梁中，BC 段为纯弯曲，AB 段和 CD 段为横力弯曲。

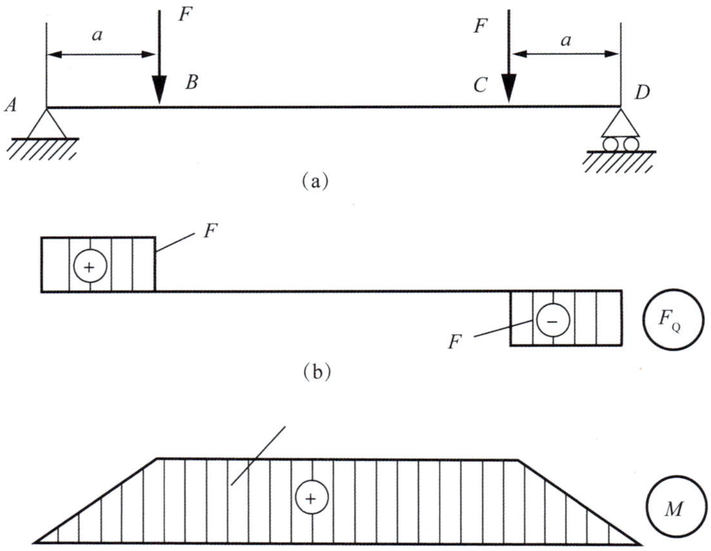

图 4-36　纯弯曲

分析纯弯曲梁横截面上正应力的方法，步骤与分析圆轴扭转时横截面上切应力一样，需要综合考虑变形方面、物理方面和静力学方面。

1. 变形方面

为了研究与横截面上正应力相应的纵向线应变，首先观察梁在纯弯曲时的变形现象。取一根具有纵向对称面的等直梁，如图 4-37（a）所示的矩形截面梁。并在梁的侧面上画出垂直于轴线的横向线 m-m 、

n-n 和平行于轴线的纵向线 a-a 、b-b 。然后在梁的两端加一对大小相等、方向相反的力偶 M_e ，使梁产生纯弯曲。此时可以观察到如图 4-37（b）所示的变形现象。

纵向线弯曲后变成了弧线 $a'a'$ 、$b'b'$ ，靠顶面的 a-a 线缩短了，靠底面的 b-b 线伸长了。横向线 m-m 、n-n 在梁变形后仍为直线，但相对转过了一定的角度，且仍与弯曲了的纵向线保持正交。

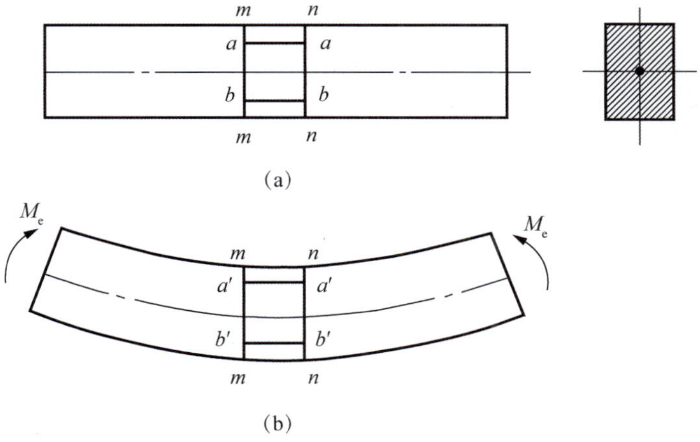

图 4-37 纯弯曲变形

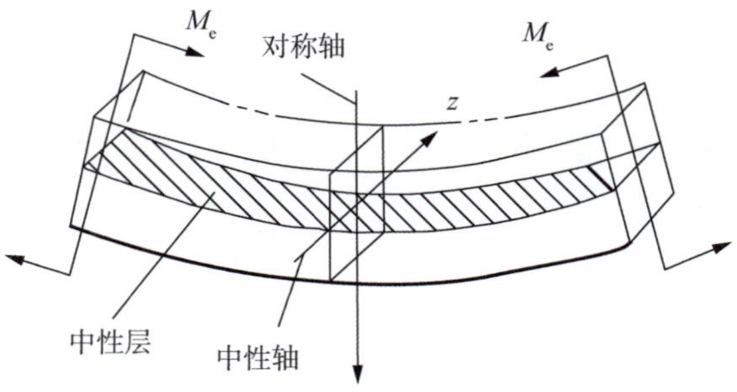

图 4-38 中性层

梁内部的变形情况无法直接观察，但根据梁表面的变形现象对梁内部的变形进行如下假设。

（1）平面假设。梁所有的横截面变形后仍为平面，且仍垂直于变形后的梁的轴线。

（2）单向受力假设。梁由许多根纵向纤维组成，各纤维之间没有相互挤压，每根纤维均处于拉伸或压缩的单向受力状态。

2. 物理和静力学

根据平面假设，前面由实验观察到的变形现象可以推广到梁的内部。即梁在纯弯曲变形时，横截面保持平面并相对转动，靠近上面部分的纵向纤维缩短，靠近下面部分的纵向纤维伸长。由于变形的连续性，中间必有一层纵向纤维既不伸长也不缩短，这层纤维称为中性层如图 4-38 所示。中性层与横截面的交线称为中性轴。由于外力偶作用在梁的纵向对称面内，因此梁的变形也应该对称于此平面，在横截面上就是对称于对称轴。中性轴必然垂直于对称轴。所以中性轴通过截面的形心。下面将分析构件横截面上应力的一般方法，先分析纯弯曲梁横截面上的正应力，然后将所得到的结果推广应用于横力弯曲的梁。

弯曲正应力关系

由物理及静力学关系可导出横截面上的弯曲正应力方程式为

$$\sigma=\frac{M_y}{I_z} \tag{4-22}$$

式（4-22）中，M 为横截面上的弯矩，N·m；I_z 为横截面对中性轴的惯性矩，m^4；y 为横截面上待求应力 y 的坐标，m。

应用式（4-22）时，也可将 M 、y 均代入绝对值，σ 是拉应力还是压应力可根据梁的变形情况直接判断。以中性轴为界，梁的凸出一侧为拉应力，凹入一侧为压应力。

由式（4-22）可见，横截面上的最大弯曲正应力发生在距中性轴最远的点上。用 $y_{\max}$ 表示最远点至中性轴的距离，则最大弯曲正应力为

$$\sigma_{\max}=\frac{M_{y\max}}{I_z} \tag{4-23}$$

上式（4-23）可改写为

$$\sigma_{\max}=\frac{M}{W_z}$$

式中

$$W_z = \frac{I_z}{y_{max}}$$

W_z 为抗弯截面系数，是衡量截面抗弯能力的一个几何量，其数值只与横截面的形状和尺寸有关，常用单位 mm^3 或 m^3。工业产品与结构中常用的各种型材，如角钢、槽钢、工字钢等。

（二）梁弯曲时的强度计算

对等截面直梁，梁的最大应力发生在最大弯矩所在截面的上、下边缘处，这个最大弯矩所在的截面通常称为危险截面，其上、下边缘处的点称为危险点。为了保证梁能够正常工作，并具有一定的安全储备，梁危险截面上的危险点处的工作应力不能超过材料的弯曲许用应力 $[\sigma]$，即梁弯曲时的正应力强度条件为

$$\sigma_{max} = \frac{M}{W_z} \leqslant [\sigma] \tag{4-24}$$

式（4-24）中只适用于抗拉强度和抗压强度相同的材料，且梁的截面形状与中性轴相对称，如圆形、矩形、工字形、箱形等。对于铸铁等抗拉强度和抗压强度不等的脆性材料，梁的截面形状采用与中性轴不对称的形状，如 T 字形等。由于材料的许用拉应力 $[\sigma_t]$，和许用压应力 $[\sigma_c]$ 不等，则应分别进行强度计算。

（三）提高梁抗弯强度的措施

在其他条件相同的情况下，设计不同的轴为中性轴或设计不同的截面形状，均能使梁的弯曲正应力降低，弯曲强度提高，以满足经济要求。减小弯曲正应力是提高抗弯强度的主要因素。因此，讨论提高梁抗弯强度的措施，应以弯曲正应力强度条件为主要依据。

由弯曲正应力强度条件 $\sigma_{max} = \frac{M}{W_z} \leqslant [\sigma]$ 中可以看出，提高梁的强度可以从以下三方面考虑。

1. 合理安排梁的支座和载荷

在载荷相同的情况下，梁的支座安排不同、载荷布置不同均可使最大弯矩发生变化。通过合理布置梁的支座和载荷可降低最大弯矩值。如图 4-39（a）所示简支梁，受均布载荷 q 作用，梁的最大弯矩为：

$$M_{max} = \frac{1}{8} q l^2$$

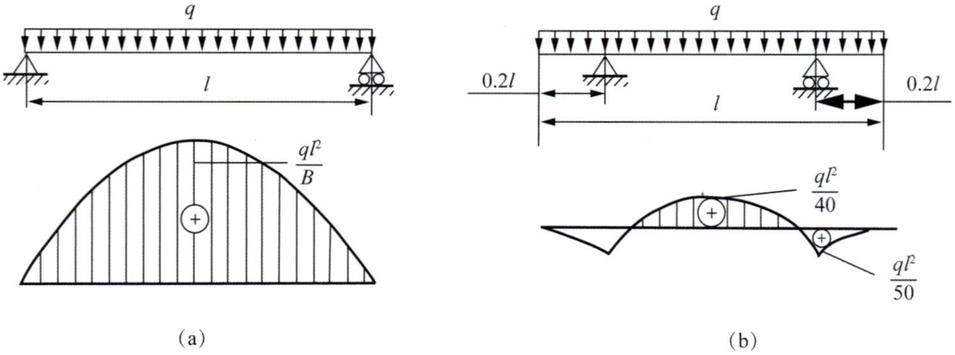

图 4-39　简支架

如果将梁两端的铰支座各向内移动 $0.2l$，如图 4-39（b）所示，则最大弯矩变为

$$M_{max} = \frac{1}{40} q l^2$$

在图 4-39（b）中，最大弯矩仅为前者的五分之一。由此可见，在可能的条件下，适当地调整梁的支

座位置，可以降低最大弯矩值，提高梁的承载能力，可达到提高强度、节省材料的目的。

2. 采用合理的截面形状

由正应力强度条件可知，梁的抗弯能力还取决于抗弯截面系数 W_z 。W_z 越大，梁的抗弯曲强度越高。因此，为提高梁的抗弯强度，应找到一个合理的截面，以达到既提高强度，又节省材料。比值 W_z/A 越大，截面越趋于合理。

3. 采用等强度梁

一般情况下，梁截面上弯矩随截面位置不同而变化。若能在弯矩较大处采用较大截面，弯矩较小处采用较小截面，就能实现全梁强度基本相等，即等强度梁，如悬臂梁、阶梯梁、汽车车架上的纵梁等均为等强度梁。采用等强度梁既能满足强度要求，又减少了材料的消耗。

任务实施

【例 4-10】如图 4-40（a）所示为受集中力及均布载荷作用的梁。试求出Ⅰ-Ⅰ、Ⅱ-Ⅱ截面上的剪力和弯矩。

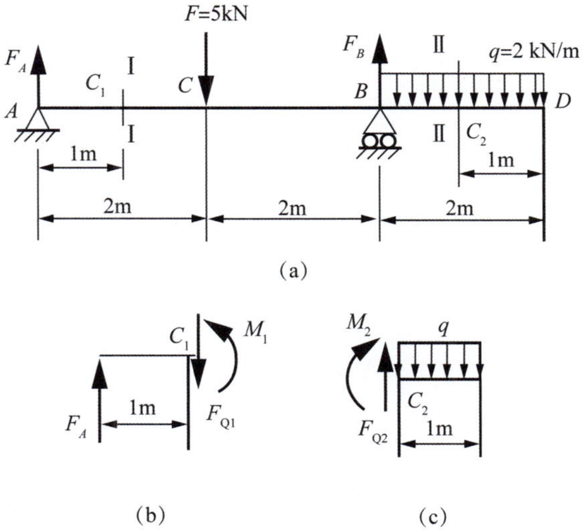

图 4-40　例 4-10

解　（1）求支座反力。

设支座 A 、B 处的支座反力分别为 F_A 、F_B ，列平衡方程式

$$\sum M_B = 0\ ,F_A \times 4 - F \times 2 + q \times 2 \times 1 = 0$$

$$\sum M_A = 0\ ,F \times 2 - F_B \times 4 + q \times 2 \times 1 = 0$$

得出　$F_A = 1.5\ \text{kN},\ F_B = 7.5\ \text{kN}$

（2）计算Ⅰ-Ⅰ截面的剪力与弯矩。

沿截面Ⅰ-Ⅰ将梁假想地截开，并选左段为研究对象，如图 4-40（b）所示。得出平衡方程式为

$$\sum F_y = 0,\ F_A - F_{Q1} = 0$$

$$\sum M_{C1} = 0,\ F_A \times 1\text{m} - M_1 = 0$$

分别求得截面Ⅰ-Ⅰ的剪力和弯矩为

$$F_{Q1} = 1.5\ \text{kN},\ M_1 = 1.5\ \text{kN} \cdot \text{m}$$

F_{Q1}、M_1 都为正号，表示真实方向与图 4-40（b）中所示方向相同。

（3）计算Ⅱ-Ⅱ截面的剪力和弯矩。

沿截面Ⅱ-Ⅱ将梁假想地截开，并选受力较少的右段为研究对象，如图 4-40（c）所示。得出平衡方程式为

$$\sum F_y = 0，F_{Q2} - q \times 1 = 0$$

$$\sum M_{C2} = 0，M_2 + q \times 1 \times 0.5 = 0$$

分别求得截面Ⅱ-Ⅱ的剪力和弯矩为

$$F_{Q2} = 2\ \text{kN}, M_2 = -1\ \text{kN} \cdot \text{m}$$

M_2 为负号，表示 M_2 的真实方向与图 4-40（c）中所示方向相反。

【例 4-11】图 4-41（a）所示为集中力 F 作用的简支梁。设 F 、l 及 a 均为已知。试列出剪力方程式与弯矩方程式，并绘制剪力图与弯矩图。

解　（1）求支座反力。

由平衡方程式 $\sum M_B = 0$ 及 $\sum M_A = 0$，得出

$$F_A = \frac{l-a}{l}F$$

$$F_B = \frac{a}{l}F$$

利用平衡方程式 $\sum F_y = 0$ 对所得结果进行检验，得出

$$F_A + F_B - F = \frac{l-a}{l}F + \frac{a}{l}F - F = 0$$

由此可见，F_A 及 F_B 的解答是正确的。

（2）列出剪力与弯矩方程式。

集中力 F 左右两段梁上的剪力与弯矩不能用同一方程式表示。将梁分成 AC 及 CB 两段，分别列出剪力与弯矩方程式。

① AC 段：利用截面法，沿距 A 点为 x_1 的任意截面将梁切开，并以左段为研究对象，如图 4-41（b）所示。由左段的平衡条件得出剪力方程式和弯矩方程式分别为

$$\sum F_y = 0，F_A - F_Q(x_1) = 0，F_Q(x1) = \frac{l-a}{l}F \qquad 0 < x_1 < a \tag{4-25}$$

$$\sum M_{C1x} = 0，M(x_1) - F_A x_1 = 0，M(x_1) = \frac{l-a}{l}F x_1 \qquad 0 \leqslant x_1 \leqslant a \tag{4-26}$$

② CB 段：沿距 A 点为 x_2 的任意截面将梁切开，并以右段为研究对象，如图 4-41（c）所示。由右段的平衡条件得出 CB 段的剪力方程式和弯矩方程式分别为

$$\sum F_y = 0，F_Q(x_2) + F_B = 0，F_Q(x_2) = -\frac{a}{l}F \qquad a < x_2 < l \tag{4-27}$$

$$\sum M_{C2x} = 0，M(x_2) - F_B(l - x_2) = 0，M(x_2) = \frac{a}{l}F(l - x_2) \qquad a \leqslant x_2 \leqslant l \tag{4-28}$$

（3）绘制 FQ 、M 图。

由式（4-25）可知，在 AC 段内，梁任意横截面上的剪力都为常数 $\frac{l-a}{l}F$ ，且符号为正。所以在 AC 段（$0 < x < a$）内，剪力图是在 x 轴上方且平行于 x 轴的直线图，如图 4-41（b）所示。同理，可以根据式（4-27）作 CB 段的剪力图。从剪力图看出，当 $a > \frac{l}{2}$ 时，最大剪力发生在 CB 段的各横截面上，方程式为

$$|F_Q|_{max}=\frac{Fa}{l}$$

由式（4-26）可知，在 AC 段内弯矩是 x 的一次函数，所以弯矩图是一条斜直线。只要确定线上的两点，就可以确定这条直线。AC 段内的弯矩图如图 4-41（e）所示。同理，可以根据式（4-28）作 CB 段内的弯矩图。从弯矩图看出，最大弯矩发生在集中力 F 作用的 C 截面上，方程式为

$$|M|_{max}=\frac{Fa}{l}(l-a)$$

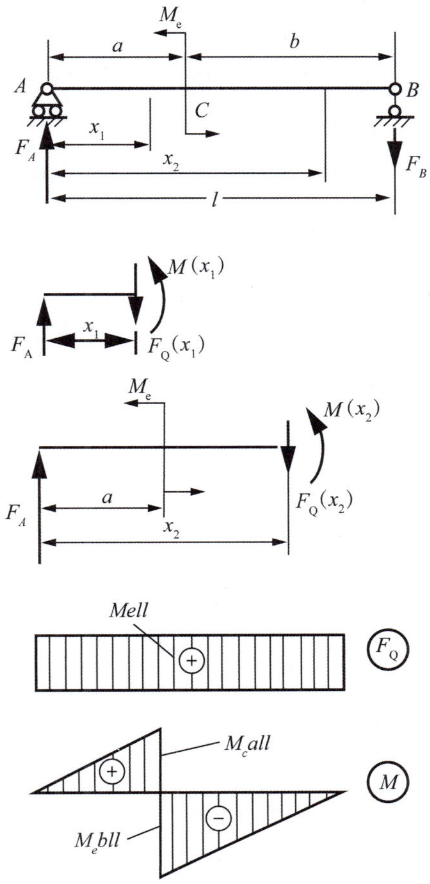

图 4-41　例 4-11

从例 4-11 可以看出，有集中力作用的梁，其 F_Q 图和 M 图有以下特点。

①集中力作用点，F_Q 图有突变。突变的大小和方向与集中力 F 相一致。

②集中力作用点，M 图有转折。转折是指 M 图在此点两侧的斜率发生突变。

思考与练习

一、填空题

1. 在拉伸试验中，试件的拉伸过程可以分为 4 个阶段：________、________、________、________。

2. 以扭转变形为主的构件称为________。

4. 以弯曲变形为主的构件称为________。

5. 一根杆件同时发生两种或两种以上的基本变形，这种杆件的变形称为________。

6. 压杆丧失保持原有直线平衡状态的能力而破坏的现象称为丧失稳定，简称________。

二、选择题

1. 应具有足够抵抗变形的能力称为（　　）。

A. 刚度　　B. 强度　　C. 硬度　　D. 稳定性

2. 表示材料抵抗破坏的最大能力是（　　）。

A. 弹性极限　　B. 比例极限　　C. 屈服极限　　D. 强度极限

三、判断题

1. 抵抗破坏的能力称为强度。（　　）

2. 为了研究与横截面上正应力相应的纵向线应变，首先观察梁在纯弯曲时的变形现象。（　　）

3. 转动轴的两端受一对大小相等、方向相反的外力偶作用时，轴在各个横截面上的扭矩都不相同。（　　）

4. 当杆横截面上的正应力不超过某一限度时，正应力与相应的纵向线应变成正比。（　　）

项目五

轴系零部件

项目导入

本项目主要介绍轴的常用材料及其结构设计，了解轴的强度计算；滑动轴承、滚动轴承的结构、基本代号及类型选择。机械原理与机械零件陈列室，观察轴和滑动轴承、滚动轴承的结构。

1. 了解：轴的分类和应用特点以及轴的相关材料选用；轴的强度计算；滑动轴承、滚动轴承的类型、特点、组成和结构。

2. 掌握：轴的结构设计；滑动轴承的选用材料、润滑方式和润滑装置的应用；滚动轴承的标记方法和类型选择。

◆能力目标

能够进行常用轴的结构设计，滑动轴承、滚动轴承的选用和强度计算。

◆考核标准

1. 应知：轴的分类及强度计算；轴承的结构、类型、特点和应用场合；润滑剂和润滑方式的选择。

2. 应会：轴的主要分类及常用材料选择，轴的结构设计；滑动轴承轴瓦材料及其选用原则，滚动轴承的基本代号及类型选择。

任务一　轴的分类及材料

知识储备

汽车上所有的回转零件如带轮、链轮、齿轮和凸轮等都必须用轴来支承才能进行工作，因此轴是机械中不可缺少的重要零件。它的结构尺寸由被支承的零件和支承它的轴承结构和尺寸决定。因此，轴又是一个非常重要的非标准件。

一、轴的分类

（一）根据轴的功用和承载情况分类

（1）心轴。心轴是只承受弯矩，不传递转矩的轴。如图 5-1 所示为自行车的前轮轴。心轴有固定心轴和转动心轴。

（2）传动轴。传动轴是以传递转矩为主，不承受弯矩或承受很少弯矩的轴。如图 5-2 所示为汽车变速箱与后桥之间的万向传动轴。

（3）转轴。转轴既能承受弯矩又能传递转矩的轴称为转轴。转轴是机器中最常见的轴，如图 5-3 所示为齿轮减速器的输出轴。

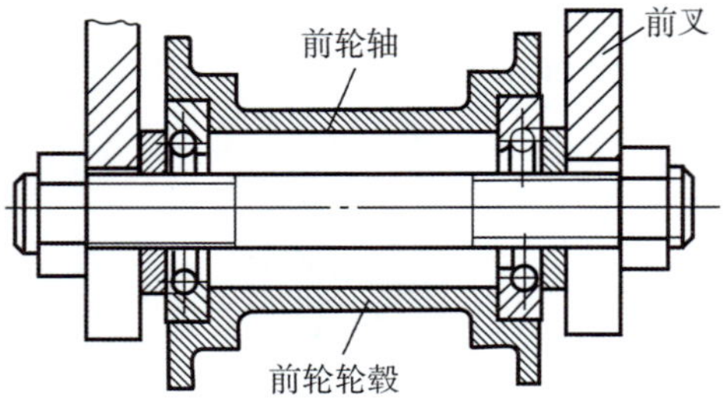

图 5-1　自行车前轮轴

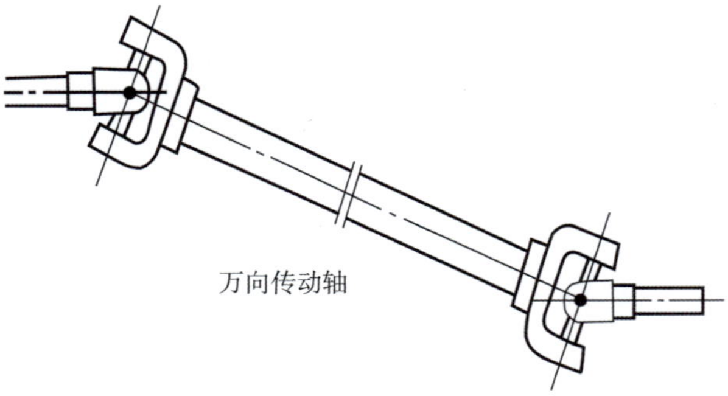

图 5-2　汽车变速箱与后桥之间的万向传动轴

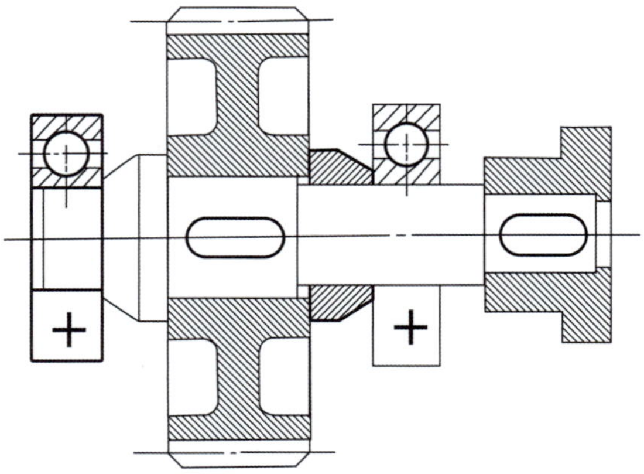

图 5-3　齿轮减速器的输出轴

（二）根据轴的外形形状分类

（1）直轴。直轴用于一般机械中。直轴按外形分为光轴和阶梯轴，如图 5-4 所示。

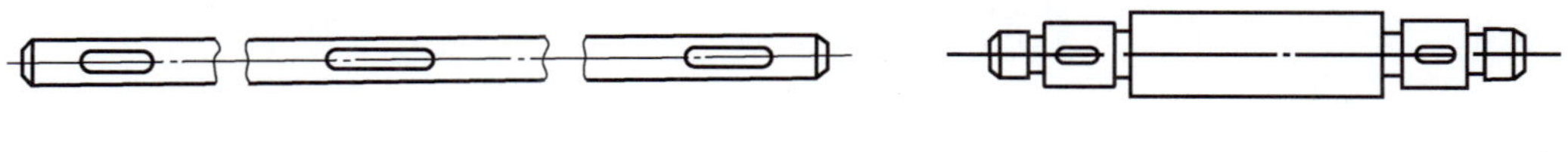

（a）　　（b）

（a）光轴　　（b）阶梯轴

图 5-4　直轴

（2）挠性轴。挠性轴可将回转运动和动力灵活地传送到不同的位置，如图 5-5 所示。

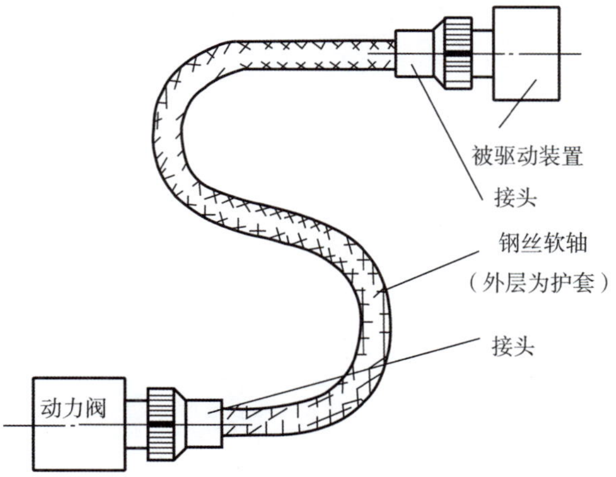

图 5-5　挠性轴

（3）曲轴。曲轴是往复式机械中的专用零件。可将旋转运动转换为往复直线运动或用于相反的运动转换，如图 5-6 所示。

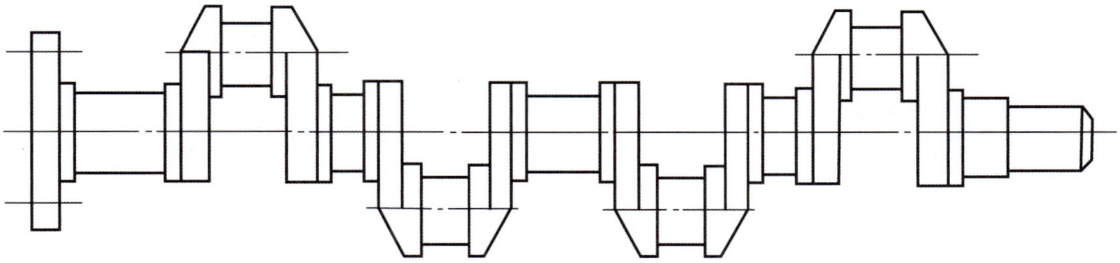

图 5-6　汽车发动机曲轴

二、轴的材料

（一）轴的材料要求

轴的材料应具有足够的强度，对应力集中敏感性低；还要满足刚度、耐磨性、耐腐蚀性及必要的韧性和良好的工艺性。一般用碳素钢和合金钢，其次采用球墨铸铁和高强度铸铁。合金钢笔碳素钢强度高，但应力集中较敏感，价格较高。故多采用碳素钢。

（二）轴的常用材料

常用碳素钢为 30、35、40、45、50 钢，其中最常用的是 45 钢。为了提高轴的力学性能，应进行调质或正火处理。对应力小或不重要的轴，可用 Q235、Q275 等普通碳素钢。

（三）轴的常用材料牌号、力学性能及应用

合金钢比碳素钢具有更高的机械强度和更好的淬火性能，但对应力集中比较敏感，价格也较贵。因此多用于强度和耐磨性要求较高、重量和尺寸较小或者非常湿、有腐蚀性介质的场合。常用的中碳合金钢有 40Cr、35SiMn、40MnB 等。低碳合金钢 20Cr、20CrMnTi 经渗碳淬火后，表面耐磨性和心部韧性都比较好，适于制造耐磨和承受冲击载荷的轴。轴的常用材料牌号、力学性能及应用，如表 5-1 所示。

表 5-1　轴的常用材料牌号、力学性能及应用举例

材料牌号及热处理	毛坯直径/mm	强度极限/MPa	屈服极限/MPa	弯曲疲劳极限/MPa	应用说明
Q235		440	240	200	用于不重要或载荷不大的轴
35 正火	≤ 100	520	270	250	有好的塑性和适当强度，可做一般的曲轴和转轴
45 正火	≤ 100	600	300	275	用于较重要的轴，应用最为广泛
45 调质	≤ 200	650	360	300	
40Cr 调质	25	1 000	800	500	用于载荷较大且无很大冲击的重要轴
	≤ 100	750	550	350	
	100～300	700	550	340	
40MnB 调质	25	1 000	800	485	性能接近于 40Cr，用于重要的轴
	≤ 200	750	500	335	
35CrMo 调质	≤ 100	750	550	390	用于重载荷的轴
20Cr 渗碳淬火回火	15	850	550	375	用于要求强度、韧性及耐磨性较高的轴
	≤ 60	650	400	280	

任务二　轴的结构设计

知识储备

轴的结构是确定轴的几何形状和各部分的尺寸。轴的形状和尺寸受到很多因素的影响，其主要影响因素是轴上载荷的性质、大小、方向及分布情况，轴上零件的数目、类型、布置及固定方式，轴的加工工艺和装配方法，轴承的类型等。因此进行轴的结构设计时，应根据具体情况进行综合考虑各种影响因素，确定较为合理的结构。

一、轴头、轴身和轴颈

在进行轴的结构设计之前，首先要了解轴的结构组成。轴一般由轴头、轴身、轴颈三部分组成。轴上与传动零件或联轴器、离合器相配的部分，为轴头；与轴承相配的部分，为轴颈；连接轴头和轴颈的其余步伐则为轴身。轴的典型结构如图 5-7 所示。

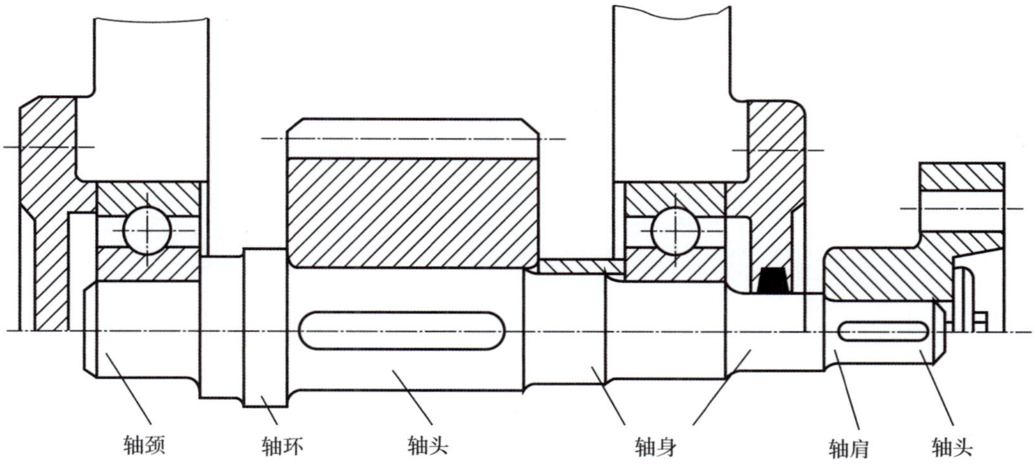

图 5-7　轴的典型结构

二、轴的基本直径估算及各段直径和长度的确定

进行轴的结构设计时，通常先用估算的方法计算出轴端直径。由于开始设计轴时，轴的长度及结构形状往往是未知的，故无法对轴进行弯曲疲劳强度计算。因此，常按扭矩强度公式来进行轴径的初步计算，并采用降低许用切应力的措施来考虑弯矩的影响，以求出等直径光轴的直径；再以该光轴为参考。按轴上零件及工艺要求进行轴的结构设计，得出轴的结构草图；从而确定各轴段的直径和长度、载荷作用点和支承位置等，进而进行轴的强度校核计算。经校核技术，判断轴是否符合强度准则，结构、尺寸是否需要做必要的修改。

（一）轴的基本直径估算

由抗扭强度条件公式可知

$$\tau_{\max}=\frac{T}{W_{\rho}}=\frac{9.55\times10^{6}\dfrac{P}{n}}{W_{\rho}}\leqslant[\tau]$$

（1）实心轴。得出

$$W_{\rho}=\frac{\pi d^{3}}{16}\approx0.2d^{3}$$

故实心轴的直径估算公式为

$$d\geqslant\sqrt[3]{\frac{9.55\times10^{6}P}{0.2[\tau]n}}=A\cdot\sqrt[3]{\frac{P}{n}} \qquad (5\text{-}1)$$

（2）空心轴。得出

$$W_{\rho}=\frac{\pi d^{3}(1-\alpha^{4})}{16}\approx0.2d^{3}(1-\alpha^{4})$$

故空心轴的直径估算公式为

$$d \geqslant \sqrt[3]{\frac{9.55 \times 10^{6} P}{0.2(1-\alpha^{4})[\tau] n}}=A \cdot \sqrt[3]{\frac{P}{(1-\alpha^{4}) n}} \tag{5-2}$$

式中，τ 为扭矩切应力，MPa；T 为轴传递的扭矩，N·m；W_ρ 为轴的抗扭截面系数，mm^3；P 为轴传递的功率，kW；n 为轴的转速，r/min；d 为轴的直径，mm；$[\tau]$ 为轴材料的许用切应力，MPa；α 为空心轴的外径 d_0 和 d 之比；$\alpha=d_0/d$；A 为系数，如表 5-2 所示。

表 5-2　几种常用轴材料的许用切应力 [τ] 及 A 值

轴的材料	Q235A，20 钢	35 钢	45 钢	40Cr，35SiMn，40MnB，38SiMnMo，20CrMnTi
[τ] /MPa	15～25	20～35	25～45	35～45
A	149～126	135～112	126～103	112～97

（二）确定轴的各段直径和长度

轴的各段直径和长度应满足以下要求。

（1）与轴承配合的轴颈直径必须符合轴承的内径标准系列；轴颈长度一般等于轴承的宽度。

（2）轴上螺纹、花键部分的直径必须符合相应的标准。

（3）与一般零件配合的轴头直径，应与相配合零件的毂孔直径一致。

三、轴上零件的定位和固定

轴上零件的定位和固定是两个不同的概念。定位是针对装配而言的，是为了保证轴上零件准确的安装位置。固定是针对工作而言的，是为了使轴上零件在运转中保持原位不动。但两者又相互联系，通常作为轴的结构措施，既起固定作用，又起定位作用。

（一）轴上零件的轴向定位和固定

轴上零件的轴向定位和固定目的是保证零件在轴上有确定的轴向位置，防止零件在轴上移动，并能承受轴向力。

轴上零件的轴向定位和固定方式常用的有轴肩、轴环、锁紧挡圈、套筒、圆螺母和止动垫圈、弹性挡圈、轴端挡圈及圆锥面等。套筒固定方式如图 5-8 所示。各种轴向定位和固定方式的特点和应用，如表 5-3 所示。

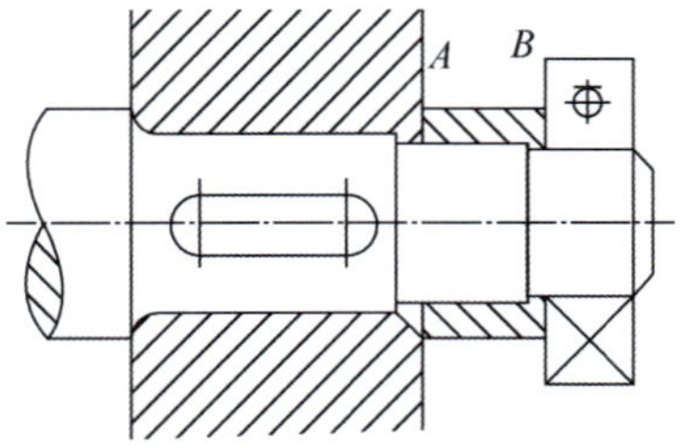

(a) 合理结构

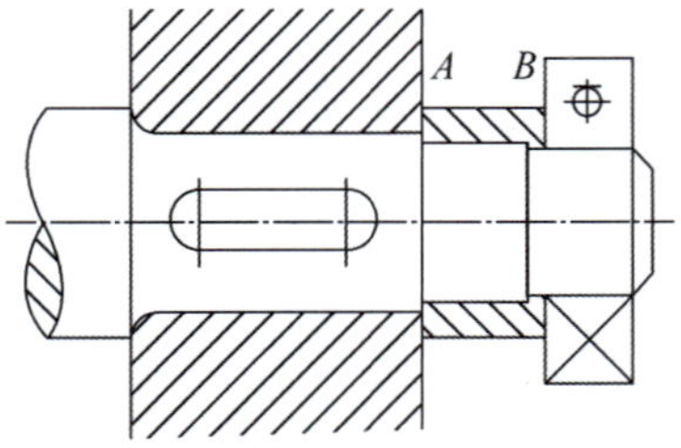

(b) 不合理结构

图 5-8　套筒固定方式

表 5-3　轴上零件的轴向固定方法及应用

轴向固定方法及结构简图		特点和应用	设计主要要点
轴肩与轴环	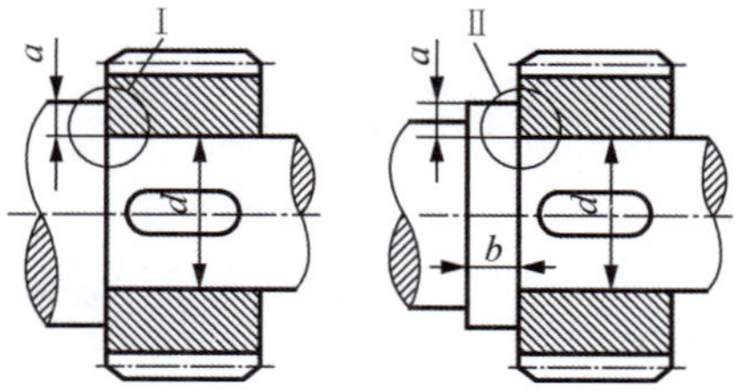	简单可靠，不需附加零件，能承受较大的轴向力；广泛应用于各种轴上零件固定；该方法会使轴径增大，阶梯处形成应力集中，且阶梯过多将不利于加工	为保证零件与定位面靠紧，轴上过渡圆角半径 r 应小于零件圆角半径或倒角，一般取定位高度 $a=(0.07\sim0.1)d$，轴环宽度 $b=1.4a$
套筒	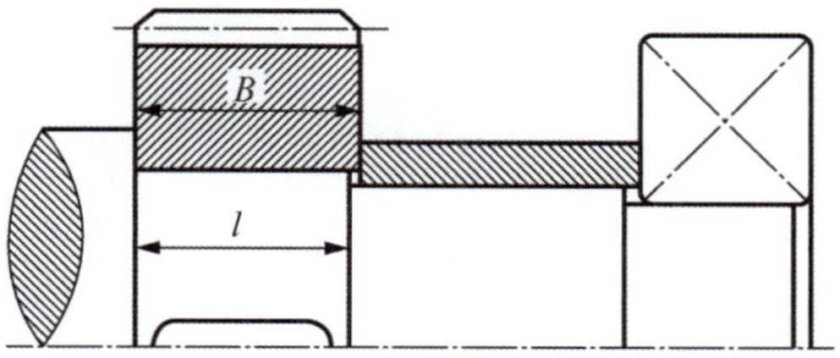	简单可靠，简化轴的结构且不削弱轴的强度；常用于轴上两个近距离零件间的相对固定；不宜用于高强度转轴	套筒内径与轴的配合轻松，套筒结构、尺寸可视需要灵活设计
轴端挡圈	轴端挡圈 GB 891—1986、GB 892—1986 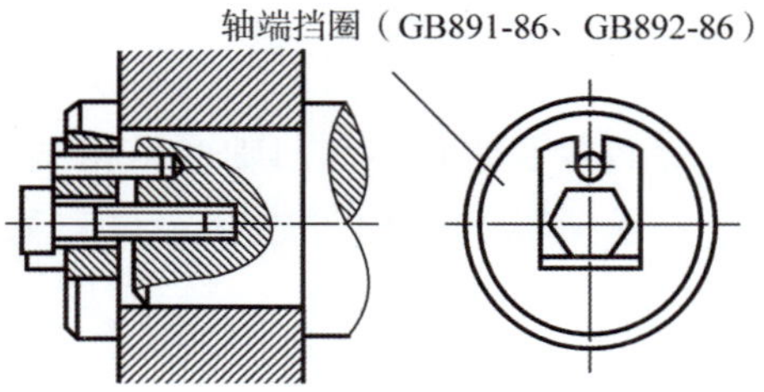	工作可靠，能承受较大轴向力，应用广泛	只用于轴端；常与轴端挡圈联合使用，实现零件的双向固定
锥面	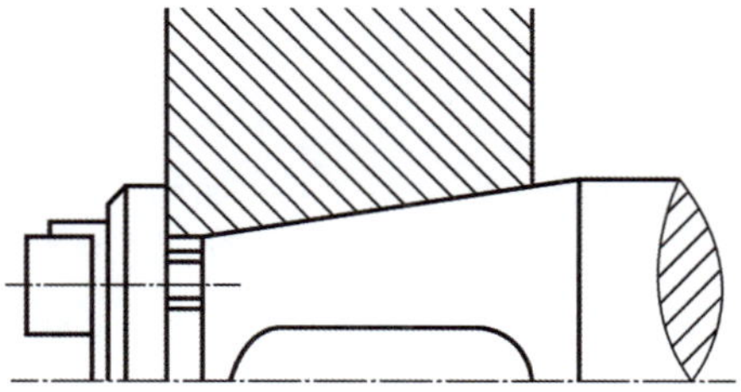	拆装方便，且可兼作周向固定；宜用于高速、冲击及对中性要求高的场合	只用于轴端；常与轴端挡圈联合使用，实现零件的双向固定
圆螺母	圆螺母 GB 812—1988，止动垫圈 GB 858—1988 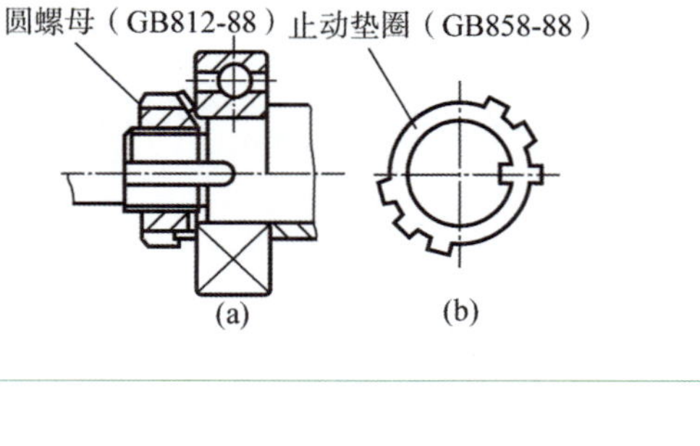	固定可靠，可承受较大轴向力，能实现轴上零件的间隙调整；常用于轴零件间距较大处如图(a)所示，也可用于轴端	为减少对轴强度的削弱，常用细牙螺纹；为防止松动，须加止动垫圈如图(b)所示或使用双螺母

（续表）

轴向固定方法及结构简图		特点和应用	设计主要要点
弹性挡圈	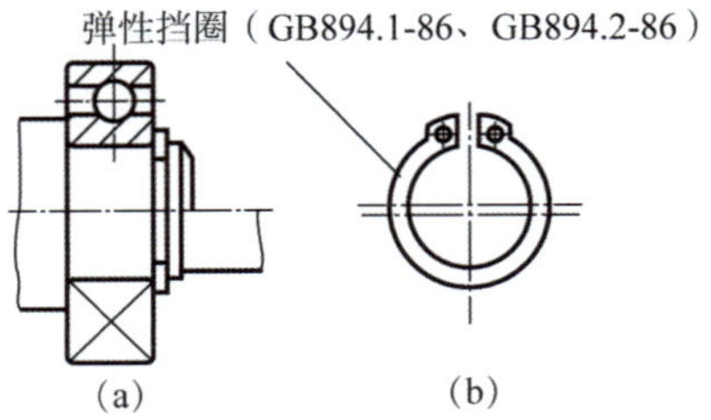 弹性挡圈 GB 894.1—1986、GB 894.2—1986	结构紧凑、简单，拆装方便。但应力较小，且轴上切槽将引起应力集中；常用于轴承的固定	轴上沟槽尺寸见 GB894.1986
紧定螺钉与锁紧挡圈	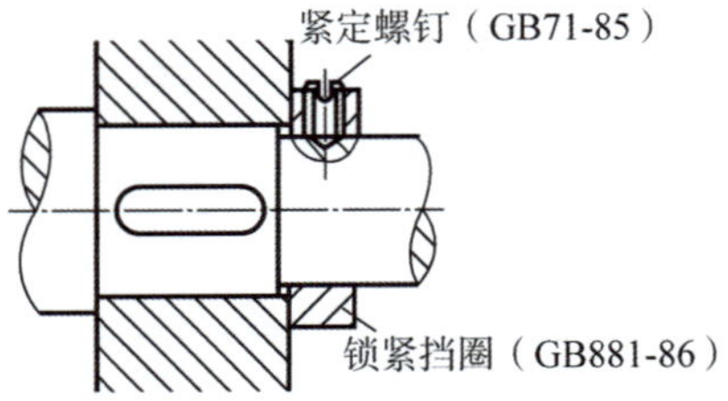 紧定螺钉 GB/T 71—1985，锁紧挡圈 GB 891—1986	结构简单，但应力较小，且不适于高速场合	

（二）轴上零件的周向定位和固定

周向定位和固定的作用和目的是为了保证零件传递转矩和防止零件与轴产生相对转动。实际使用时，常采用键、花键、销、紧定螺钉、过盈配合、非圆轴承等结构，均可起到定位和固定作用，如表 5-4 所示。

表 5-4　轴上零件的周向定位和固定方法及应用

定位、固定方法	简图	特点与应用
键	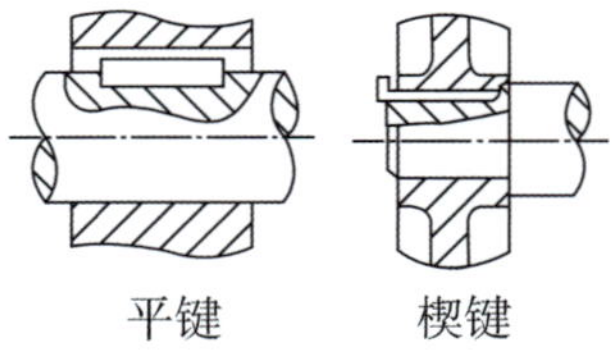	平键：对中性好，可用于较高精度、高转速及受冲击或变载荷作用的场合 楔键：有冲击载荷及高速回转的场合，能承受单向的轴向力
花键	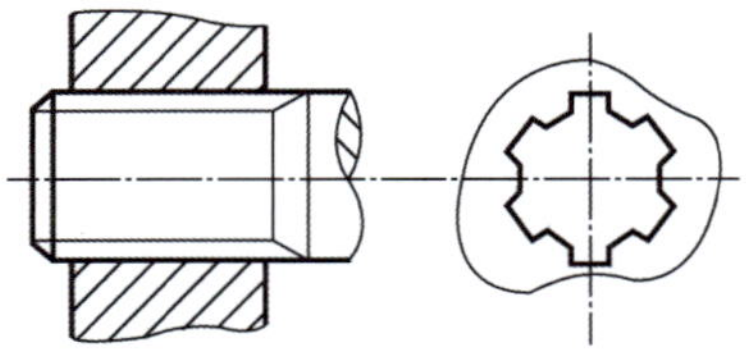	承载能力高，定心性和导向性好，但制造困难，成本高

（续表）

定位、固定方法	简图	特点与应用
销	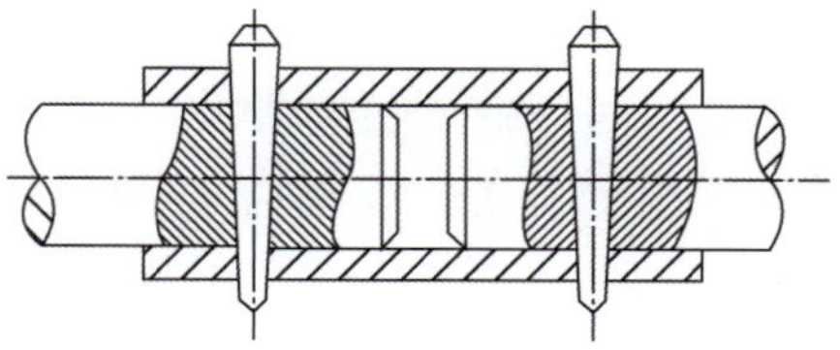	结构简单，用于受力不大，同时需要周向定位和固定的场合
过盈配合	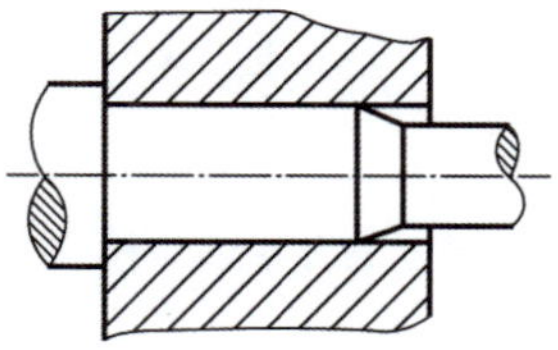	结构简单，对中性好，承载能力高，可同时起到轴向固定作用，不宜用于经常拆卸的场合。常与平键联合使用，以承受大的振动和冲击载荷
非圆截面	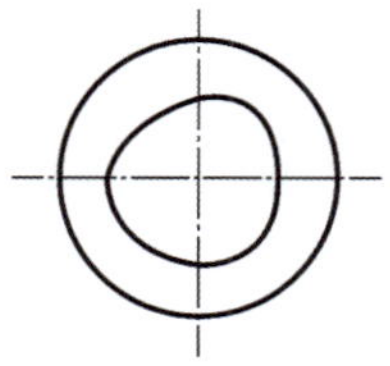	成形连接，可承受载荷，制造困难

四、轴的结构工艺性

轴的结构应具有良好的加工和装配工艺性能。设计时可从以下几方面考虑。

（1）形状应简单，以便于加工。轴的台阶尽量少，台阶越多，加工工艺越复杂，成本也越高。

（2）磨削轴径和定位轴肩时，应留有砂轮越程槽，如图 5-9 所示。轴上切制螺纹时，应留有退刀槽，如图 5-10 所示。轴上沿长度方向开有几个键槽时，应安排在同一母线上，且槽宽尽可能统一。

（3）轴的结构设计应满足轴上零件装拆方便的要求，一般设计成两头细，中间粗。同一轴上所有圆角半径和倒角的大小尽可能一致，以减少加工时刀具的数目。

（4）滚动轴承轴向固定的轴肩高度应低于轴承内圈高度，以便于滚动轴承的拆卸。

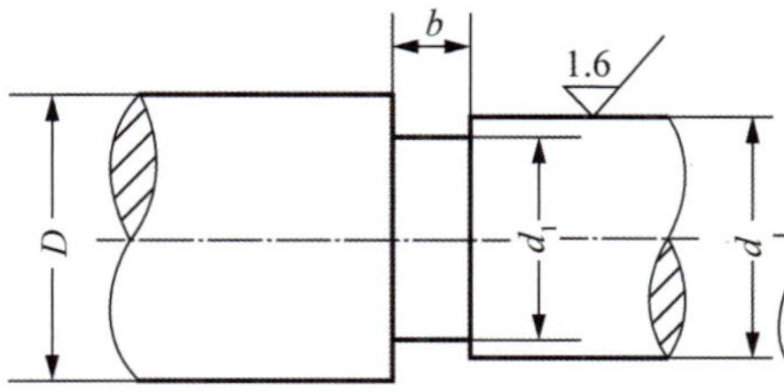

图 5-9　砂轮越程槽

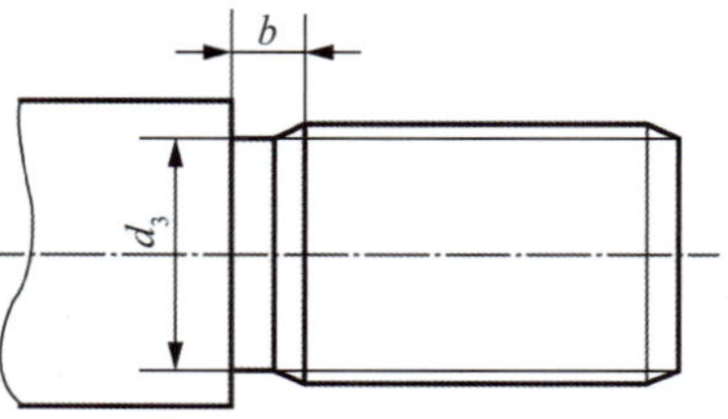

图 5-10　螺纹退刀槽

五、提高轴疲劳强度的结构措施

轴的破坏大多为疲劳破坏。在结构设计时可采用一些措施提高轴的强度和刚度。

（一）改进轴的结构，减少应力集中

为了减少应力集中，阶梯形轴相邻轴段的直径不宜相差太大，过渡部分的圆角应尽可能取大些，必要时可在过渡部分结构增设阶梯轴段。卸荷槽 B 如图 5-11（a）所示，借以缓和轴的截面变化；若轴肩处的过渡圆角半径受结构限制难以增大，则改用过渡肩环或凹切圆槽结构如图 5-11（b）和图 5-11（c）所示，以减轻圆角应力集中；轴与轴上零件的过盈配合处，在零件轮毂上开卸荷槽 B，如图 5-11（d）所示。

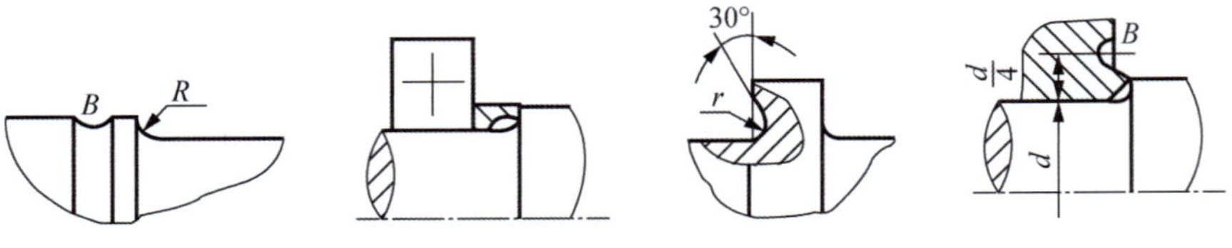

图 5-11　减轻圆角应力集中的结构

（二）改善轴的应力情况，提高轴的疲劳强度

轴的破坏大多为疲劳破坏。提高轴的抗疲劳的关键是减小应力集中，提高轴的疲劳强度。

如图 5-12 所示为起重机卷筒的两种不同方案，方案 1 如图 5-12（a）所示为齿轮和卷筒固联在一起，转矩经大齿轮直接传给卷筒，使得卷筒轴只受弯矩而不传递转矩；在起重相同载荷时，轴的直径小于方案 2 如图 5-12（b）所示轴的结构尺寸。

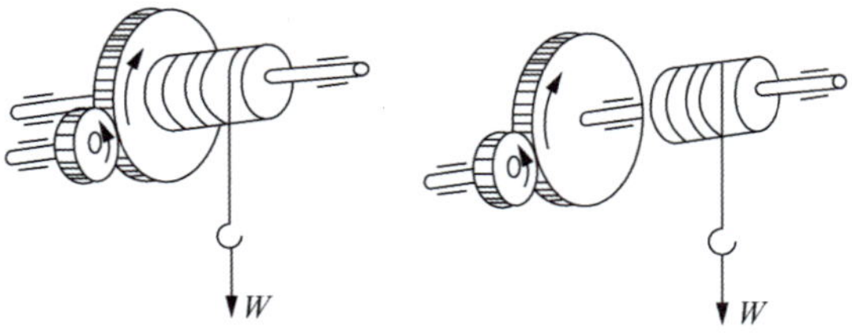

图 5-12　起重机卷筒轴方案比较

（三）合理布置轴上的传动零件

轴上传动零件的合理布置也有助于提高轴的强度和刚度。例如，当动力需要两个或两个以上的轮输出时，将输入轮布置在输出轮的中间就可减少轴的转矩。由图 5-13 可知，当输入转矩为（T_1+T_2）时，若按图 5-13（a）布置，将输入轮布置在输出轮外侧，则轴所受最大转矩为（T_1+T_2）。按图 5-13（b）布置，将输入轮布置在输出轮中间，轴所受的最大转矩为 T_1。

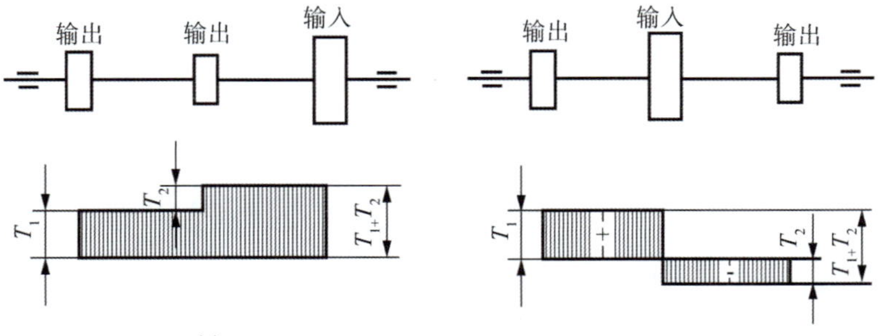

图 5-13　零件的合理布置

六、轴的强度校核

(一) 按扭转强度计算

对于传动轴，扭转强度条件为

$$\tau=\frac{T}{0.2d^{3}}\leqslant[\tau] \tag{5-3}$$

式中，τ 为轴的切应力，MPa；T 为轴承受的扭矩，也是轴传递的转矩，N·mm；d 为轴的直径，mm；$[\tau]$ 为许用切应力，MPa；

(二) 按弯扭组合强度校核

轴的结构拟定以后，外载荷和轴支点位置便可确定。此时，可用弯扭组合强度校核。对于钢制轴，由第三强度理论可得出

$$\sigma_{e}=\frac{M_{e}}{W}=\frac{\sqrt{M^{2}+(\alpha T)^{2}}}{0.1d^{3}}\leqslant[\sigma_{-1}]_{b} \tag{5-4}$$

式中，σ_e 为相当应力，MPa；M_e 为当量弯矩，N·mm；α 是根据转矩性质而定的折合系数，转矩不变时，$\alpha=0.3$；转矩为脉动循环变化时，$\alpha=0.6$；转矩为对称循环变化时，$\alpha=1$。

$[\sigma_{-1}]_b$ 是一对称循环状态下的许用应力；碳素钢 $[\sigma_{-1}]_b=45\sim65$ MPa；合金钢 $[\sigma_{-1}]_b=75\sim90$ MPa；铸铁 $[\sigma_{-1}]_b=30\sim40$ MPa。

设计轴的直径时，可将公式改写为

$$d\geqslant\sqrt[3]{\frac{M_{e}}{0.1[\sigma_{-1}]_{b}}} \tag{5-5}$$

校核时，若轴的计算剖面处有键槽，考虑到键槽对轴强度的削弱，应将公式（5-5）计算出的轴径放大4%。若计算出的轴径小于结构设计中初定的轴径，表明原设计正确，则以设计中的直径为准，否则应按校核计算所得轴径做一定修改。

任务三　轴　　承

知识储备

轴承是机器、仪器和仪表中用来支承轴及轴上零件的重要部件，是各类机械中普遍使用的重要支承标准件。

一、轴承的功用和类型

(一) 轴承的功用

在众多机械设备中，轴承是用来支承轴和轴上回转零件的主要部件。轴承主要起两个作用：一是减少摩擦或磨损，提高传动效率；二是用来保证工作轴所需的回转精度。

(二) 轴承的类型

根据工作时轴承中的摩擦性质，可将轴承分为滑动摩擦轴承，简称滑动轴承，如图5-14所示；滚动

摩擦轴承简称滚动轴承，如图 5-15 所示两大类。

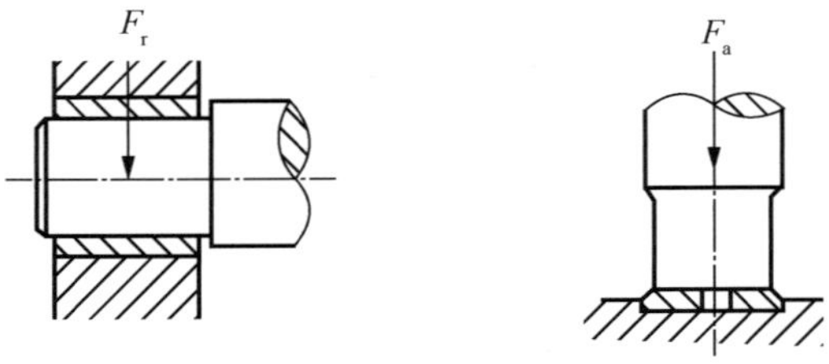

（a）向心滑动轴承　（b）推力滑动轴承

图 5-14　滑动轴承

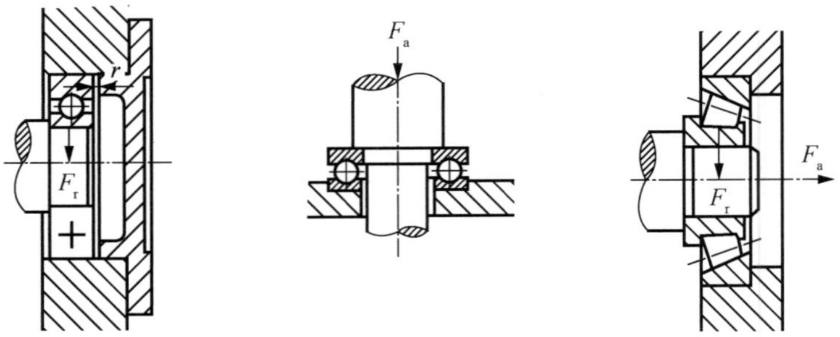

（a）向心滚动轴承　（b）推力滚动轴承　（c）角接触滚动轴承

图 5-15　滚动轴承

滑动轴承按摩擦状态可分为液体摩擦滑动轴承和非液体摩擦滑动轴承。在工作时，若轴颈和轴承工作表面之间完全被一层油膜分开而不直接接触，这种轴承称为液体摩擦滑动轴承；若轴颈和轴承工作表面间虽有润滑油而未能被接触表面完全分开，这种轴承称为非液体摩擦滑动轴承。非液体摩擦滑动轴承具有结构简单、易于制造、安装方便等优点，所以一般的机械中使用的滑动轴承大多为此类轴承。

滚动轴承具有摩擦阻力小、易启动、适用范围广、轴向尺寸小、润滑和维修方便等优点，应用广泛。另外，滚动轴承已标准化和系列化，对设计、使用、润滑、维护都很方便，因此在一般机器中应用较广。但滚动轴承径向尺寸大，有震动和噪声，一般由专业工厂大批量生产。

按轴承所承受载荷的方向或公称接触角不同，轴承可分为 3 种形式：承受径向力的向心轴承如图 5-14（a）、图 5-15（a）所示；承受轴向力的推力轴承如图 5-14（b）、图 5-15（b）所示；同时承受径向力和轴向力的向心推力滑动轴承和角接触滚动轴承，如图 5-15（c）所示。

轴承公称接触角是指滚动轴承的滚动体与外圈滚道接触点的法线和轴承径向平面的夹角 α，α 越大，滚动轴承承受轴向载荷的能力也越大，如图 5-16 所示。

向心轴承主要用于承受径向载荷，$0° \leqslant \alpha \leqslant 45°$。向心轴承分为：径向接触轴承，$\alpha = 0°$，如图 5-16（a）所示。向心角接触轴承，$0° < \alpha \leqslant 45°$，如图 5-16（c）所示。推力轴承主要用于承受轴向载荷，$45° < \alpha \leqslant 90°$，如图 5-16（b）所示。推力轴承又可分为：轴向接触轴承，$\alpha = 90°$；推力角接触轴承，$45° < \alpha < 90°$。

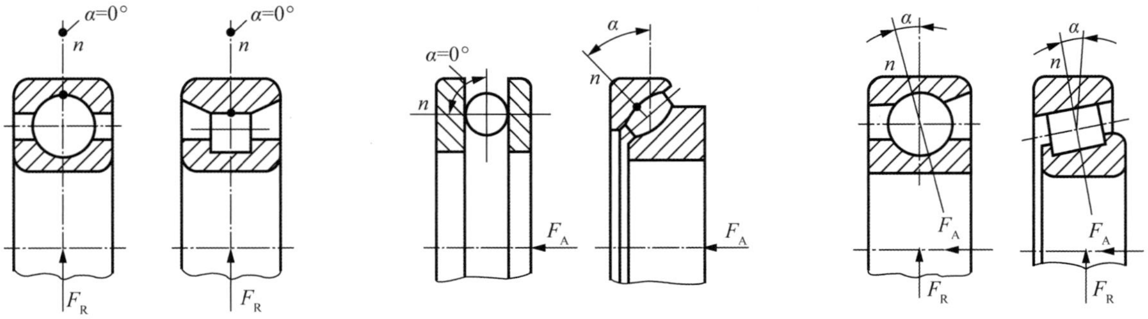

（a）径向接触轴承　（b）推力轴承　（c）向心角接触轴承

图 5-16　滚动轴承接触角

二、滑动轴承

(一)向心滑动轴承

1. 结构形式

向心滑动轴承的结构形式有整体式、剖分式、调心式和间隙可调式四种。

(1)整体式滑动轴承。如图 5-17(a)所示为无轴承座的整体式滑动轴承，是在机架或箱体上直接加工出轴承孔，有时在孔内再安装轴套。如图 5-17(b)所示为有轴承座的整体式滑动轴承，由轴承座和轴瓦组成。使用时，将轴承座用螺栓固定在机架上。

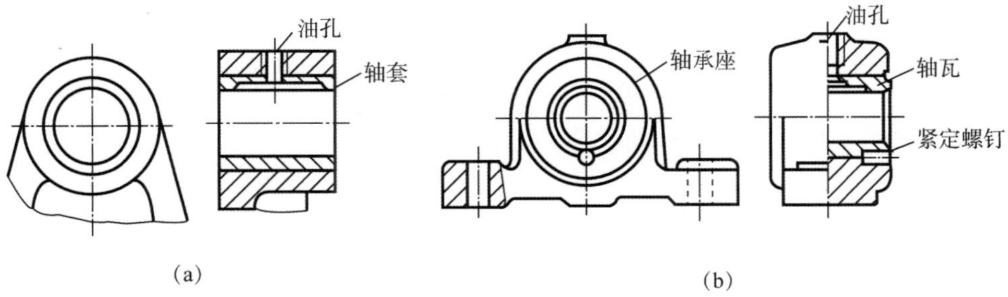

图 5-17 整体式滑动轴承

整体式滑动轴承结构简单，造价低廉，刚度大。但是整体式滑动轴承摩擦表面磨损后，轴颈和轴瓦之间的间隙无法调整，只能更换轴瓦。且装拆时轴或轴承需做轴向移动，使装拆不便，适用于低速、轻载、间歇工作且不重要的场合。

(2)剖分式滑动轴承。如图 5-18 所示为剖分式滑动轴承的常见形式，由轴承座、剖分轴瓦、轴承盖、连接螺栓、润滑油杯等组成。为防止轴承盖和轴承座横向错动，便于装配时对中，轴承座和轴承盖的剖分面均设制有阶梯形止口，并可放置少量垫片。通过增减轴瓦剖分面间的调整垫片，可调节轴颈和轴承之间的间隙。

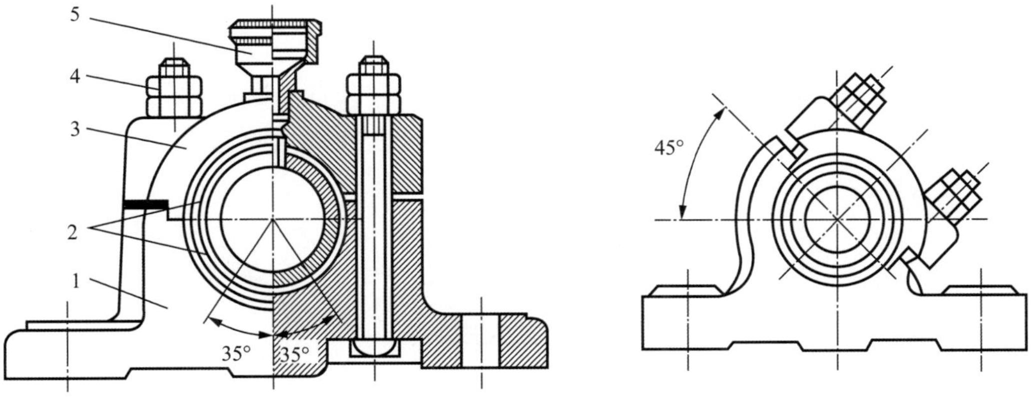

1—轴承座；2—剖分轴瓦；3—轴承盖；4—连接螺栓；5—润滑油杯。

图 5-18 剖分式滑动轴承的常见形式

考虑到径向载荷的不同，剖分式滑动轴承可分为水平式和斜开式两种。剖分面可制成水平或倾斜 45°，选用轴承时应保证径向载荷作用线不超过剖分面垂直中心线左、右各 35° 范围。这类轴承间隙可调整，装拆方便，应用较广。

(3)调心式滑动轴承。如图 5-19(a)所示为调心式滑动轴承。特点是将轴瓦的支承面做成球面，利用轴瓦与轴承间的球面配合使轴瓦可在一定角度范围内摆动。以适应轴受力后产生的弯曲变形，可避免如图 5-19（b）所出现的轴与轴承两端局部接触而产生的磨损。

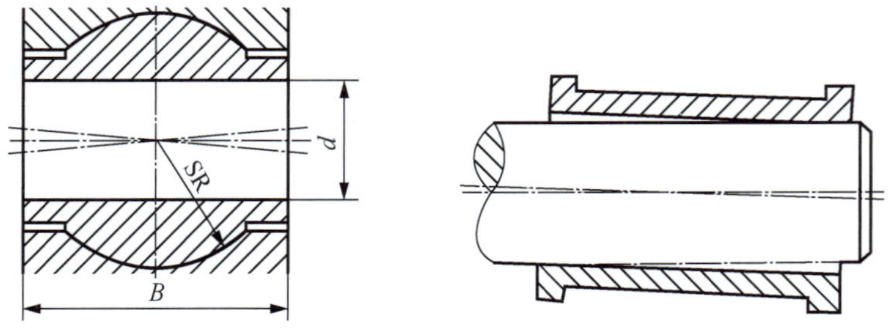

图 5-19　调心式滑动轴承

（4）间隙可调式滑动轴承。调节轴承间隙是保持轴承回转精度的重要手段。利用该轴承时，常采用锥形轴套进行间隙调整。如图 5-20 所示为带锥形轴套的滑动轴承由螺母、轴套、销和轴组成。转动轴套上两端的圆螺母使轴套做轴向移动，即可调节轴承间隙。

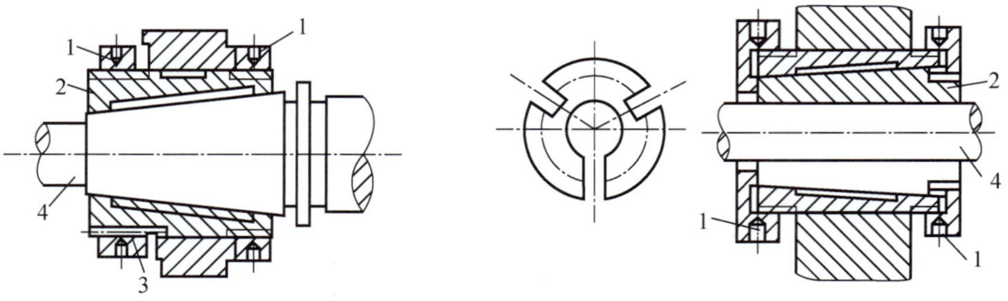

1—螺母；2—轴套；3—销；4—轴。

图 5-20　带锥形轴套的滑动轴承

2. 轴瓦

轴瓦是轴承与轴颈直接接触的零件，有整体式、剖分式和分块式三种，如图 5-21 所示。整体式轴瓦主要用于整体式轴承；剖分式轴瓦用于剖分式轴承；分块式轴瓦主要用于大型滑动轴承，有便于运输、装配的特点。轴瓦上制出的油孔和油沟，是为了使润滑油能均匀分布在整个轴颈上，因此油沟的长度应适宜。若油沟过长，会使润滑油从轴瓦端部大量流失；而油沟过短，会使润滑油流不到整个接触表面。通常取油沟的长度为轴瓦长度的 80%。

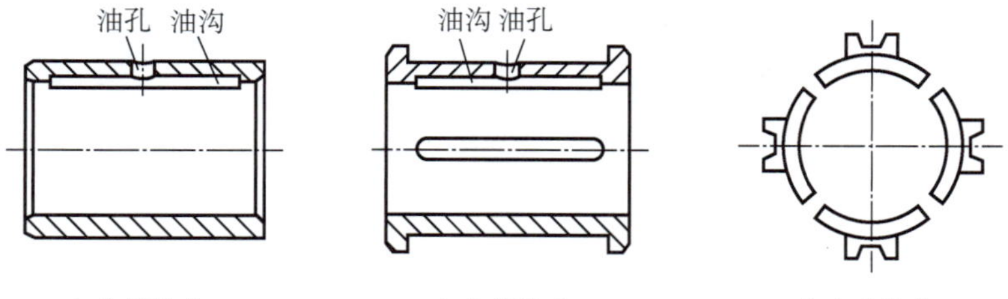

（a）整体式　（b）部分式　（c）分块式

图 5-21　轴瓦结构

根据轴承的工作情况，要求轴瓦材料具备如下性能：一是摩擦系数小；二是导热性好；三是耐磨、耐蚀、抗胶合能力强；四是要有足够的机械强度和可塑性。

常用的轴承合金有锡锑轴承合金和铅锑轴承合金两大类。常用轴瓦及轴承衬材料的性能如表 5-5 所示。

表 5-5 常用轴瓦及轴承衬材料的性能

材料及其代号	[p] (N/mm²)		$[p_v]$ [N·m/(mm²·s⁻¹)]	最高工作温度/°C
铸锡锑轴承合金 ZChSnSb11-6	平稳	25	20	110
	冲击	20	15	
铸铅锑轴承合金 ZChPbSb16-16-2	15		10	120
铸锡磷青铜 ZQSn10-1	15		15	250
铸锡锌铅青铜 ZQSn6-6-3	8		10	250
铸铝铁青铜 ZQAl9-4	30		12	300

（二）推力滑动轴承

推力滑动轴承又称止推轴承，承受轴向载荷。推力滑动轴承的结构如图 5-22 所示，有轴承座、轴套、径向轴瓦、推力轴瓦和销钉组成。轴的端面和推力轴瓦是轴承的主要工作部分，轴瓦的底部为球面，可以自动进行位置调整以保证轴承摩擦表面的良好接触。销钉是用来防止推力轴瓦随轴转动的，工作时润滑油由下部注入，从上部油管导出。

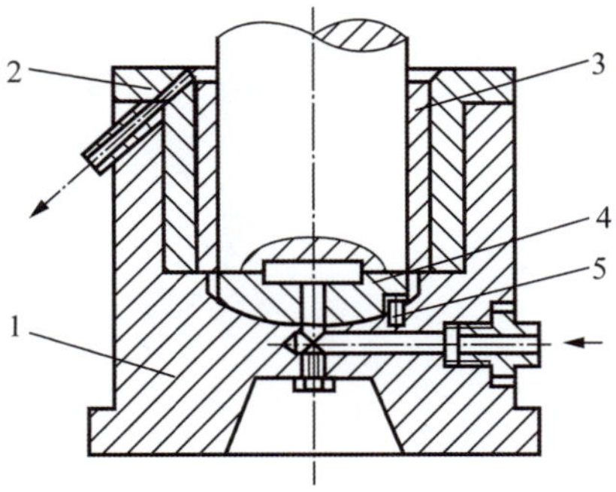

1—轴承座；2—轴套；3—径向轴瓦；4—推力轴瓦；5—销钉。

图 5-22 推力滑动轴承的结构

如图 5-23 所示为推力滑动轴承轴颈的几种常用形式。载荷较小时可采用空心端面轴颈如图 5-23（a）所示和环形轴颈如图 5-23（b）所示；载荷较大时采用多环轴颈如图 5-23（c）所示。

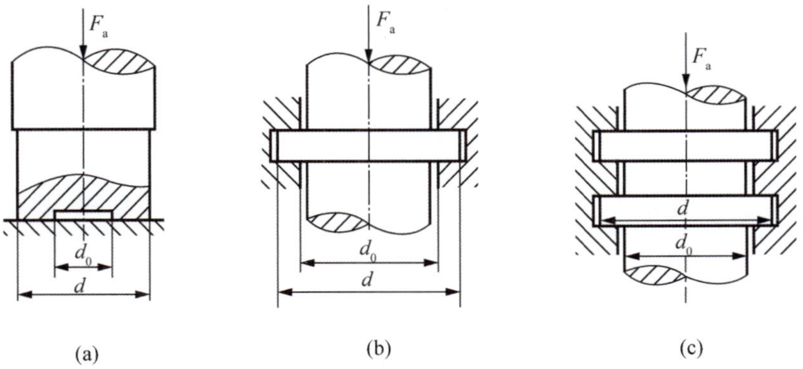

图 5-23 推力滑动轴承轴颈

（三）滑动轴承的润滑

滑动轴承润滑的目的是减少摩擦，降低磨损；同时还有散热冷却、缓冲吸振、密封和防锈等作用。

1. 润滑剂及其选用

润滑剂主要有固体润滑剂、润滑脂、液体润滑剂和气体润滑剂四种，其中最常用的是液体润滑剂（润滑油）和润滑脂。

（1）润滑油及选用

润滑油是滑动轴承中应用最为广泛的一种润滑剂。最常用的润滑油是矿物油，对于特殊工况还可采用合成油。润滑油最主要的物理性能指标是黏度，反映了润滑油流动时内摩擦阻力的大小。黏度越大，内摩擦阻力越大，流动性越差。黏度的表示方法有很多，主要有动力黏度、运动黏度和相对黏度。

工业上常用运动黏度标定润滑油的黏度。根据国家标准，润滑油产品油牌号一般按 40°C 时的运动黏度平均值划分。滑动轴承常用润滑油牌号的选择，如表 5-6 所示。

表 5-6　滑动轴承常用润滑油牌号的选择

轴颈圆周速度 v/（m·s^{-1}）	轻载（p_m<3 MPa）工作温度（10～60 °C）		中载（p_m=3～7.5 MPa）工作温度（10～60 °C）		中载（p_m>7.5～30 MPa）工作温度（20～80 °C）	
	运动粘度 γ_{40}/（mm^2·s^{-1}）	适用油牌号	运动粘度 γ_{40}/（mm^2·s^{-1}）	适用油牌号	运动粘度 γ_{40}/（mm^2·s^{-1}）	适用油牌号
0.3～1.0	60～80	L-AN46 L-AN68	85～115	L-AN100	10～20	L-AN100 L-AN150
1.0～2.5	40～80	L-AN46 L-AN68	65～90	L-AN100 L-AN150		
5.0～9.0	15～50	L-AN15 L-AN22 L-AN32				
>9.0	5～22	L-AN7 L-AN10 L-AN15				

注：L-AN：全损耗系统用油。

（2）润滑脂及选用

润滑脂是由润滑油（主要是矿物油）和各种增稠剂（如钙、钠、锂等金属皂）混合制成，属于半固体润滑剂。最常用的润滑脂有钙基润滑脂（钙脂）、钠基润滑脂（钠脂）和锂基润滑脂（锂脂）。润滑脂的主要性能指标是锥入度、滴点和耐水性。

锥入度是表征润滑脂黏稠程度的指标，锥入度越小，润滑脂越稠；反之，流动性越好。润滑脂的选择主要根据轴承的工作温度、压强和速度进行。滑动轴承润滑脂（GB/T 491—2008）的选择，如表 5-7 所示。

表 5-7 滑动轴承润滑脂（GB/T 491—2008）的选择

轴承压强 p/MPa	轴颈圆周速度 v/（m·s^{-1}）	最高工作温度/°C	润滑脂牌号
<1.0	≤1.0	75	钙、锂基润滑脂 L-XAAMHA3，ZL-3
1.0～6.5	0.5～5.0	55	钙、锂基润滑脂 L-XAAMHA2，ZL-2
>6.5	≤0.5	75	钙、锂基润滑脂 L-XAAMHA3，ZL-3
≤6.5	0.5～5.0	120	钙、锂基脂 L-XAAMGA2，ZL-2
1.0～6.5	≤0.5	110	钙、钠基润滑脂 ZGN-2
1.0～6.5	≤1.0	50～100	锂基润滑脂 ZL-3

2. 润滑方法和润滑装置

为保证轴承良好的润滑状态，除合理选择润滑剂外，合理选择润滑方法和润滑装置也十分重要。

（1）油润滑

油润滑的润滑方法有间隙供油润滑和连续供油润滑两种。间隙供油润滑有手工油壶注油和油杯注油供油。这种润滑方法只适用于低速、不重要的轴承或间歇工作的轴承。对于重要轴承，必须采用连续供油润滑。连续供油方法及装置主要有以下几种。

①油杯滴油润滑如图 5-24、图 5-25 分别为针阀油杯和芯捻油杯。针阀油杯可调节滴油速度，以改变供油量。在轴承停止工作时，可通过油杯上部的手柄关闭油杯停止供油。芯捻油杯利用毛细管作业将油引到轴承工作表面上，这种方法不易调节供油量。

②浸油润滑。浸油润滑是将部分轴承直接浸入油池中润滑，如图 5-26 所示。

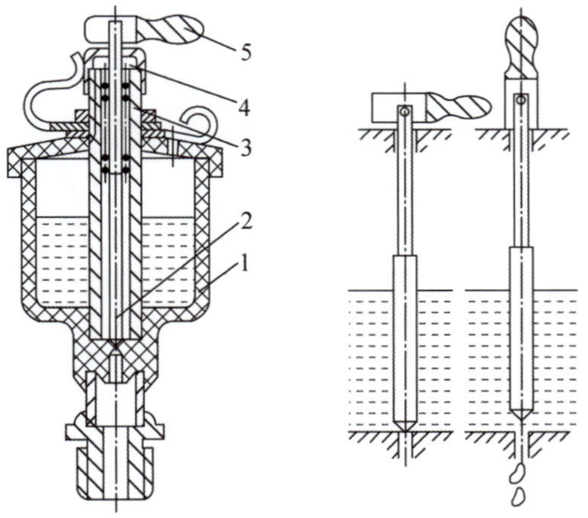

1—杯体；2—针阀；3—弹簧；4—调节螺母；5—手柄。

图 5-24 针阀油杯

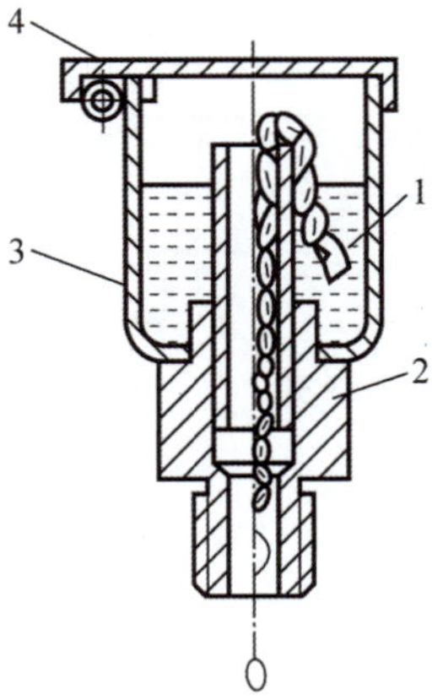

1—油芯；2—接头；3—杯体；4—杯盖。

图 5-25 芯捻油杯

③飞溅润滑。飞溅润滑是利用旋转体（如齿轮、蜗杆或涡轮等）将油池中的油飞溅到箱壁，再沿油沟导入轴承工作面进行润滑。根据安装特点，甩油环可分为松环和固定环两种。松环指油环松套在轴上，如图 5-27（a）所示，松环适用于 $v \leqslant 20$ m/s 且运转比较平稳的轴承。固定环指通过紧固螺钉或其他方式固定在轴上，如图 5-27（b）所示，这种结构主要适用于低速，且 $v \leqslant 13$ m/s。

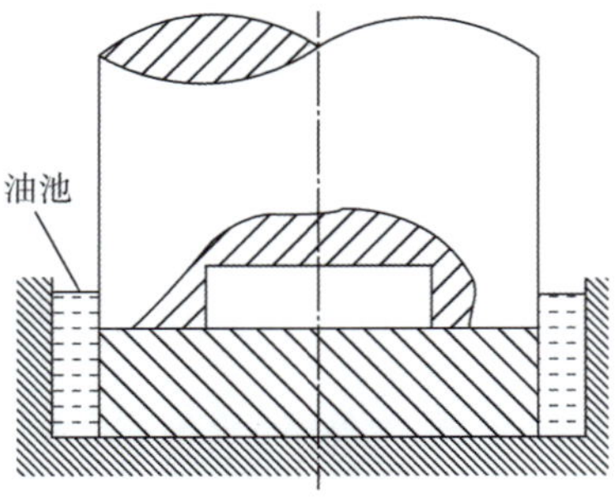

图 5-26　浸油润滑

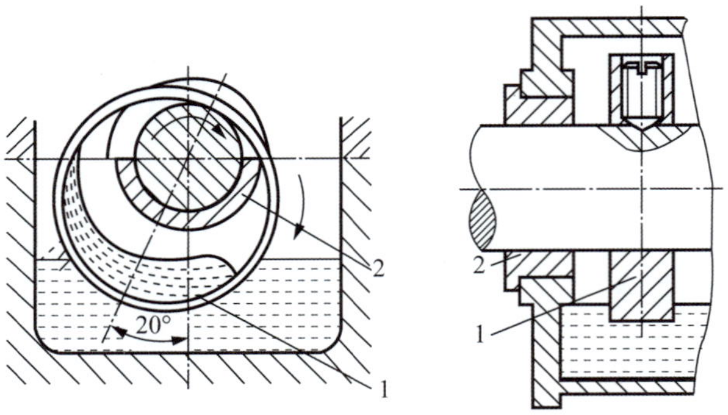

(a) 松环润滑　　(b) 固定环润滑

1—甩油环；2—轴承。

图 5-27　飞溅润滑装置

④压力循环润滑。压力循环润滑是一种强制润滑方法，如图 5-28 所示。润滑油泵将具有一定压力的油经油路导入轴承，润滑油经轴承两端流回油池，构成循环润滑。这种润滑可靠、效果好、但润滑装置复杂，费用较高；常用于重载、高速和载荷变化较大的轴承中。

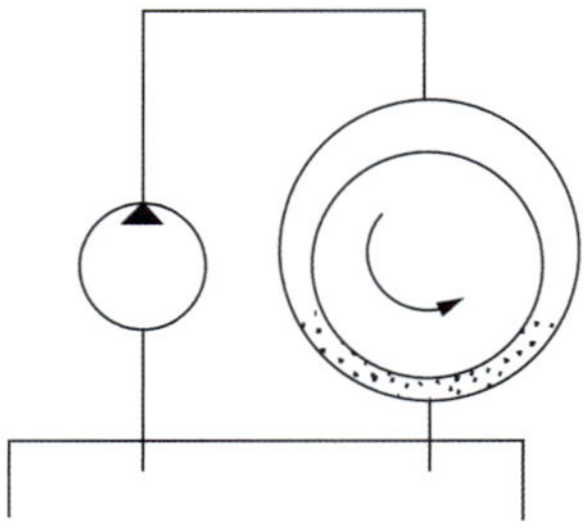

图 5-28　压力循环润滑

(2) 脂润滑

润滑脂只能间歇供给。常用脂润滑装置有旋盖注油油杯和压注油杯，如图 5-29 所示。旋盖注油油杯靠旋紧杯盖，将杯内润滑脂压入轴承工作面；压注油杯则靠油枪压注润滑脂到轴承工作面。

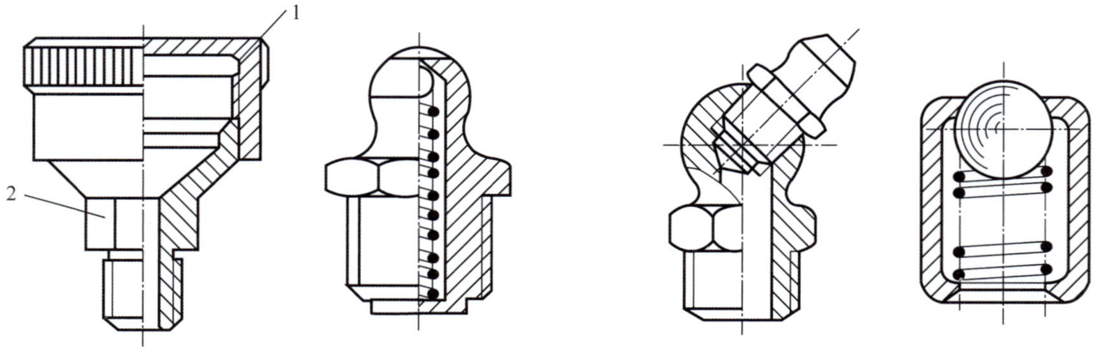

(a) 旋盖注油油杯　　(b) 压注油杯

1—杯盖；2—杯塔。

图 5-29　脂润滑装置

三、滚动轴承

滚动轴承是依靠滚动体与轴承座圈之间的滚动接触工作的轴承，用于支承旋转零件或摆动零件。

按滚动体和套圈的结构可分为：深沟球轴承、调心球轴承、角接触轴承、推力球轴承、圆柱滚子轴承、滚针轴承、调心滚子轴承、圆锥滚子轴承、推力调心滚子轴承等。

（一）滚动轴承的结构

滚动轴承一般由外圈、内圈、滚动体和保持架组成，如图 5-30 所示。一般内、外圈均设有滚道，可限制滚动体沿轴向移动，同时又能降低滚动体与内、外圈之间的接触应力。保持架把滚动体彼此隔开，避免滚动体相互接触，以减轻摩擦和磨损。工作时，滚动体在内、外圈滚道上滚动，形成滚动摩擦。轴承内圈与轴颈配合，外圈与轴承座或机座配合。通常内圈与轴一起转动，外圈保持不动；但有时是外圈转动，内圈保持不动，或内、外圈同时转动。

滚动体作为滚动轴承的核心元件，有多种形式，以适合不同类型滚动轴承的结构要求。常见的滚动体形状有球形、圆柱形、圆锥形、鼓形、滚针形、空心螺旋形等，如图 5-31 所示。

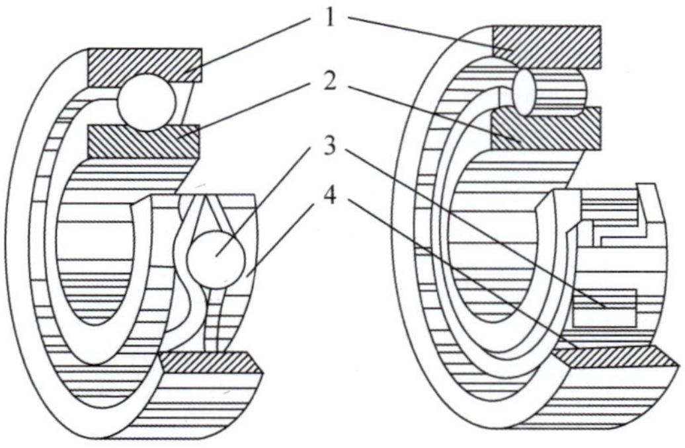

1—内圈；2—外圈；3—滚动体；4—保持架。

图 5-30　滚动轴承的基本结构

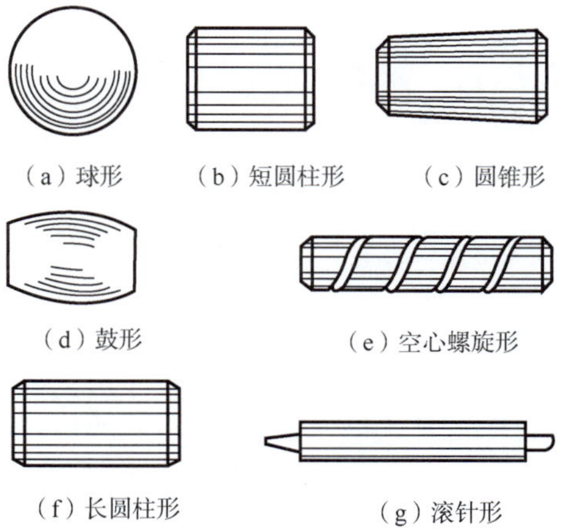

图 5-31　滚动体的形状

滚动体和内、外圈间是点或线接触，表面接触应力大，故滚动体和内、外圈的材料选用强度高、耐磨性和冲击韧性好的铬锰高碳钢制造。如 GCr15、GCr15SiMn 等。保持架多采用低碳钢或铜合金制造，也可采用塑料或其他材料。

（二）滚动轴承的主要类型及其特点

滚动轴承的类型较多，可以适应各种机械装置的多种要求。按滚动体的形状可分为球轴承和滚子轴承。球形滚动体与内、外圈是点接触，滚子滚动体与内、外圈是线接触。在相同条件下，球轴承制造方便、价格低、运转时摩擦损耗少，但承载能力和抗冲击能力不如滚子轴承。

根据国家标准 GB/T 272—1993《滚动轴承代号方法》规定，滚动轴承按轴承所承受的载荷方向及结构的不同进行分类，常用滚动轴承的类型及特性如表 5-8 所示。

表 5-8　常用滚动轴承的类型、性能特点及应用

类型及代号	结构简图及标准号	负荷方向	特点及应用
调心球轴承 1	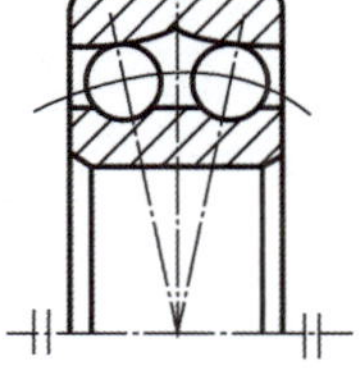 GB/T281—1994 GB/T 281—2013	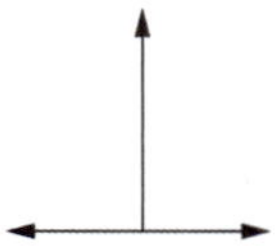	主要承受径向载荷，能自动调心，适用于多支承传动轴，刚性较差的轴以及不能精确对中的支承处

（续表）

类型及代号	结构简图及标准号	负荷方向	特点及应用
调心滚子轴承 2 圆锥滚子轴承 3	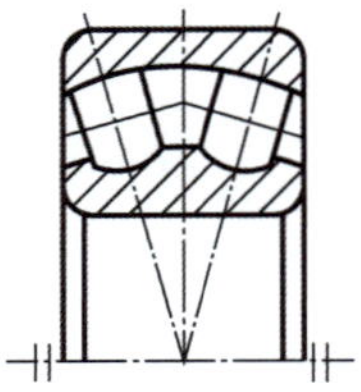 GB/T288—1994 GB/T 288—2013 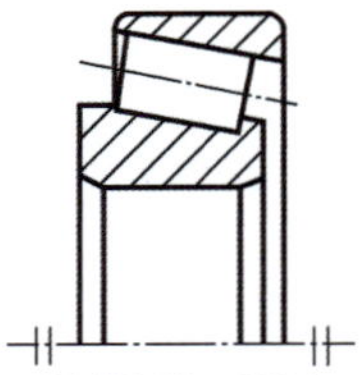 GB/T297—1994	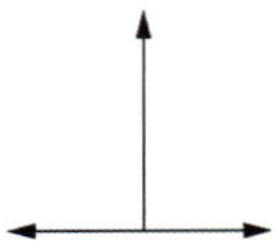 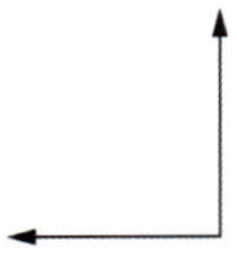	轴承外圈的内表面是球面，主要承受径向载荷及一定的双向轴向载荷，但不能承受纯轴向载荷，允许角偏位为 0.5°～2°. 特点与角接触球轴承相似，但承载能力比它大。内外圈可分离，间隙容易调整。摩擦阻力较大，极限转速较低
调心推力球轴承 5	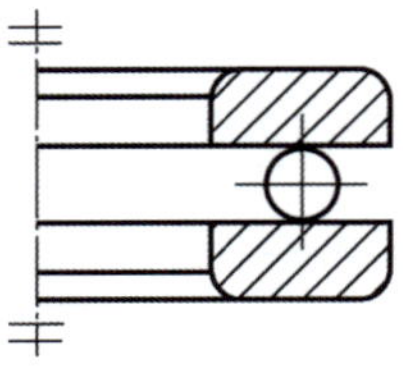 GB/T301—1995 GB/T 28697—2012		只能承受单向的轴向载荷，极限转速很低，适用于转速较低，仅有轴向载荷的轴
深沟球轴承 6	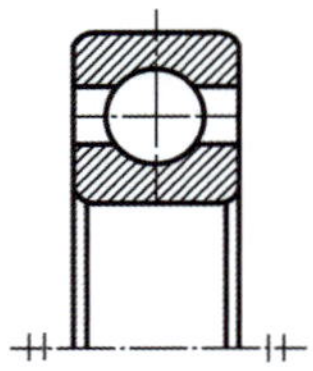 GB/T276—1994 GB/T 276—2013	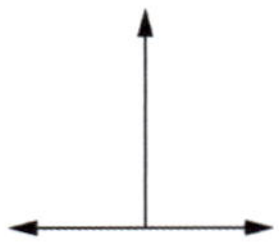	主要承受径向载荷，也能承受一些轴向载荷。结构简单，摩擦因数小，极限转速高，但要求轴的刚度大，承受冲击能力差
角接触球轴承 7	 70000C型（α=5°） 70000AC型（α=25°） 70000B型（α=40°） GB/T 292—2007	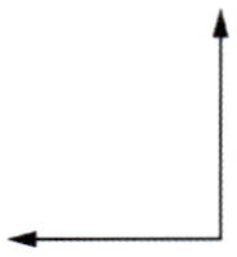	能承受径向及单向的轴向载荷，用于转速较高，刚性较好，并同时承受径向和轴向载荷的轴
圆柱滚子轴承 N	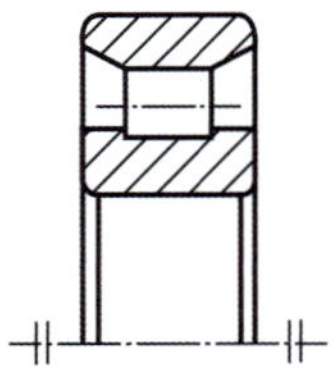 GB/T 283—2007		只能承受径向载荷，承载能力比同尺寸的轴承大，耐冲击能力也较大，内外两圈允许做微量的相对轴向移动，但不允许偏斜

（三）滚动轴承代号

滚动轴承的类型多，加之同一系列中有不同的结构、尺寸精度及技术要求。为便于组织生产及选用，国家标准规定同一滚动轴承用同一形式的一组数据表示，称为滚动轴承代号，并打印在滚动轴承端面上。滚动轴承由前置代号、基本代号和后置代号组成，用数字和字母表示。滚动轴承代号构成如表 5-9 所示。

表 5-9 滚动轴承的代号构成

<table>
<tr><th>前置代号</th><th colspan="5">基本代号</th><th colspan="8">后置代号</th></tr>
<tr><td rowspan="3">成套轴承分部件代号</td><td>第 5 位</td><td>第 4 位</td><td>第 3 位</td><td>第 2 位</td><td>第 1 位</td><td rowspan="3">内部结构代号</td><td rowspan="3">密封与防尘套圈结构代号</td><td rowspan="3">保持架及其材料代号</td><td rowspan="3">轴承材料代号</td><td rowspan="3">公差等级代号</td><td rowspan="3">游隙代号</td><td rowspan="3">配置代号</td><td rowspan="3">其他</td></tr>
<tr><td rowspan="2">类型代号</td><td colspan="2">尺寸系列代号</td><td colspan="2" rowspan="2">内径代号</td></tr>
<tr><td>宽（高）度系列代号</td><td>直径系列代号</td></tr>
</table>

1. 基本代号

基本用于表明滚动轴承的内径、直径系列和类型，一般最多为五位。右起第一、第二位数字表示轴承内径，表示方法如表 5-10 所示。

表 5-10 滚动轴承内径尺寸代号

<table>
<tr><th rowspan="2">内径尺寸</th><th rowspan="2">代号表示</th><th colspan="2">举例</th></tr>
<tr><th>代号</th><th>内径/mm</th></tr>
<tr><td>10</td><td>00</td><td rowspan="4">6200</td><td rowspan="4">10</td></tr>
<tr><td>12</td><td>01</td></tr>
<tr><td>15</td><td>02</td></tr>
<tr><td>17</td><td>03</td></tr>
<tr><td>20～480（5 的倍数）</td><td>内径/5 的商数，商数为个位数需在商数左边加“0”</td><td>23208</td><td>40</td></tr>
<tr><td rowspan="2">22、28、32 及 500 以上</td><td rowspan="2">/内径</td><td>/500</td><td>500</td></tr>
<tr><td>/22</td><td>22</td></tr>
</table>

右起第三位数字表示内径相同的轴承在外径和宽度方面的变化，按 7、8、9、0、1、2、3、4、5 的顺序，外径依次增大，轴承的承载能力也相应增大。

右起第四位数字表示轴承的宽（高）系列。反映了具有相同内径和外径尺寸的轴承宽度尺寸的不同变化。按 8、0、1、2、3、4、5、6 的顺序，宽度依次增大。正常宽度的轴承代号为“0”。多数轴承在代号中不标出宽度系列代号“0”，但对调心滚子轴承和圆锥滚子轴承，宽度系列代号“0”要标出。

直径系列代号和宽（高）度系列代号统称为尺寸系列代号，如表 5-11 所示。组合排列时，宽（高）系列在前，直径系列在后；不同尺寸系列的轴承比较如图 5-32 所示。

表 5-11　滚动轴承尺寸系列代号

直径系列	尺寸系列代号	向心轴承 宽度系列代号 宽度尺寸依次递增→								推力轴承 高度系列代号			
		8	0	1	2	3	4	5	6	7	9	1	2
外径尺寸依次递增	7	—	—	17	—	37	—	—	—	—	—	—	—
	8	—	08	18	28	38	48	58	68	—	—	—	—
	9	—	09	19	29	39	49	59	69	—	—	—	—
	0	—	00	10	20	30	40	50	60	70	90	10	—
	1	—	01	11	21	31	41	51	61	71	91	11	—
	2	82	02	12	22	32	42	52	62	72	92	12	22
	3	83	03	13	23	33	—	—	—	73	93	13	23
	4	—	04	—	24	—	—	—	—	74	94	14	24
	5	—	—	—	—	—	—	—	—	—	95	—	—

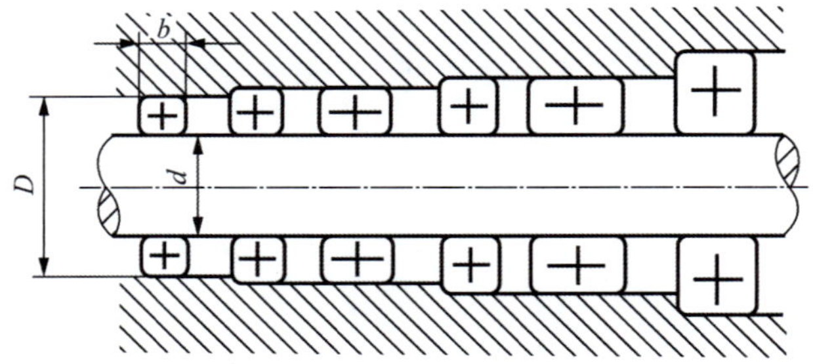

图 5-32　不同尺寸系列的轴承比较

2. 前置代号

轴承的前置代号用于表示成套轴承的分部件，用字母表示。当轴承的某些分部件具有某些特点时，就在基本代号前加上相应的字母。如用 L 表示可分离轴承的内圈或外圈，K 表示轴承的滚子和保持架组件等。

3. 后置代号

后置代号用字母（或加数字）表示。常见的轴承内部结构代号和公差等级如表 5-12 和表 5-13 所示。

表 5-12　滚动轴承内部结构代号

代号	含义	示例	
A、B C、D E	(1) 表示内部结构改变 (2) 表示标准设计，其含义随不同类型，结构而异	B ①角接触球轴承	公称接触角 a=40°7210 B
		②圆锥滚子轴承	接触角加大 32310 B
		C ①角接触球轴承	公称接触角 a=15°7005 C
		②调心滚子轴承	C 型 23122 C
		E 加强型[1)]	NU 207 E

（续表）

代号	含义	示例
AC	角接触球轴承 公称接触角 a 25°	7210 AC
D	剖分式轴乐	K 50×55×20 D
ZW	滚针保持架组件 双列	K 20×25×40ZW

表 5-13 滚动轴承公差等级代号

代号	含义	示例
/P0	公差等级符合标准规定的 0 级（可省略不标注）	6203
/P6	公差等级符合标准规定的 6 级	6203/P6
/P6x	公差等级符合标准规定的 6x 级	30210/P6x
/P5	公差等级符合标准规定的 5 级	6203/P5
/P4	公差等级符合标准规定的 4 级	6203/P4
/P2	公差等级符合标准规定的 2 级	6203/P2

（四）滚动轴承的选择

在选择滚动轴承类型时，应根据轴承实际工作情况进行合理选择，一般应考虑如下因素。

1. 载荷大小、方向和性质

当载荷小而稳定时，宜选用球轴承；载荷大且有冲击时，宜选用滚子轴承。受纯径向载荷时，宜选用径向接触轴承；受纯轴向载荷时，宜选用推力轴承；同时承受径向载荷和轴向载荷时，应根据两者比值来考虑。

2. 轴承转速

轴承转速高时，一般选用球轴承；轴承转速低时，可选用滚子轴承。推力轴承不宜用于高速。

3. 自动调心性能要求

对支点跨距较大、刚性差的轴以及多支点轴或弯曲变形较大的轴。为适应该类轴的变形，应选用能适应内、外圈轴线有较大相对偏斜的调心轴承。

4. 轴承安装尺寸要求

轴承尺寸系列除根据载荷选择外，还要根据轴承安装部位的空间来进行选择。若径向空间受限制，宜用径向尺寸小的轴承，如滚针轴承；若轴向空间受限制，宜用轴向尺寸小的轴承。如宽度系列为 0、1 的球轴承等。

5. 经济性

轴承的选择应考虑到经济性。公差等级越高的轴承价格越高。当公差等级相同时，球轴承的价格比滚子轴承便宜。

6. 特殊要求

轴承的选择还要考虑如允许空间、装拆位置、润滑、密封、噪声及其他特殊性能的要求。

（五）滚动轴承的失效形式

滚动轴承的失效形式主要有三种：疲劳点蚀、塑性变形和磨损。

1. 疲劳点蚀

滚动轴承工作时，在滚动体、内圈、外圈的接触表面将产生接触应力，如图 5-33 所示。由于它们之间的相对运动及受力周期性变化，使得其表面受脉动循环接触应力作用。当接触应力超过材料的极限应力时，滚动体、内圈或外圈的表面将发生疲劳点蚀。这使轴承运转时产生振动、噪声、温度升高，最后导致不能正常工作。

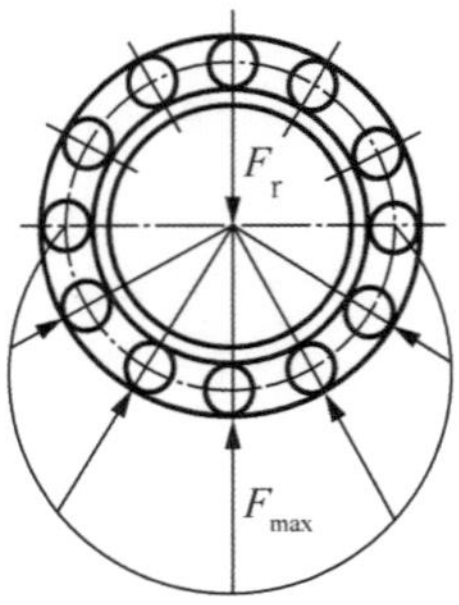

图 5-33　滚动轴承的受力情况

2. 塑性变形

在重载或冲击载荷作用下，可能使滚动体和套圈滚道表面接触处的局部应力超过材料的屈服强度；产生永久性凹坑，出现振动、噪声，破坏轴承的正常工作。

3. 磨损

在润滑不良、密封不当的情况下，粉尘、杂质进入轴承中，造成磨粒磨损而使轴承失效。

（六）滚动轴承的寿命计算

1. 滚动轴承的设计准则

滚动轴承的设计准则如下。

（1）对于运转的轴承，为防止疲劳点蚀发生，一般以疲劳强度计算为依据，称为轴承的寿命计算。

（2）对于不回转、转速很低或间歇摆动的轴承，为防止塑性变形，一般以静强度计算为依据，称为轴承的静强度计算。

2. 寿命计算中的基本概念

（1）寿命。滚动轴承的寿命是指轴承中任何一个滚动体或内、外圈滚道上出现疲劳点蚀前轴承转过的总转数，或在一定转速下总的工作小时数。

（2）基本额定寿命。即使类型、尺寸相同的轴承，因为材料、加工精度、热处理等的不同，所以在相同条件下，各个轴承的寿命也是不相同的。国标规定以基本额定寿命作为计算依据。基本额定寿命是指一批相同的轴承，在同样条件下工作，其中 10％的轴承产生疲劳点蚀时转过的总转数，或在一定转速下总的工作小时数。

（3）额定动载荷。基本额定寿命为 10^6 r 时轴承所能承受的载荷，称为额定动载荷，以“C_r”表示。轴承在额定动载荷作用下，不发生疲劳点蚀的可靠度是 90％。

（4）额定静载荷。轴承工作时，受载最大的滚动体和内、外圈滚道接触处的接触应力达到一定值（向心和推力球轴承为 4 200 MPa，滚子轴承为 4 000 MPa）时的静载荷，称为额定静载荷，用“C_{0r}”表示。

（5）当量动载荷。额定动、静载荷是在向心轴承只承受径向载荷、推力轴承只承受轴向载荷的条件下，根据实验确定的。实际上，轴承承受的载荷往往与上述条件不同。因此，必须将实际载荷等效为一个假想载荷。这个假想载荷称为当量动载荷，以“ P ”表示。

3. 寿命计算

在实际应用中，额定寿命常用给定转速下运转的小时数表示。考虑到机器振动和冲击的影响，引入了载荷因数 f_p 如表 5-14 所示；考虑到工作温度的影响，引入了温度因数 f_t 如表 5-15 所示。实用的寿命计算公式为

$$L_h=\frac{10^6}{60n}\left(\frac{f_t C_r}{f_p P}\right)^{\varepsilon} \tag{5-6}$$

若当量动载荷 P 与转速 n 均已知，预期寿命 L_h' 已选定，则根据下式选择轴承型号

$$C_r' = \frac{f_p P}{f_t}\sqrt[\varepsilon]{\frac{60nL_h'}{10^6}} \leqslant C_r \tag{5-7}$$

式中，C_r' 为计算额定动载荷，kN；ε 为寿命指数。滚子轴承 $\varepsilon=10/3$，球轴承 $\varepsilon=3$。C_r 为额定动载荷，单位为 kN。

表 5-14　载荷因数 f_p

载荷性质	无冲击或轻微冲击	中等冲击	强烈冲击
f_p	1.0～1.2	1.2～1.8	1.8～3.0

表 5-15　温度因数 f_t

轴承工作温度/°C	100	125	150	200	250	300
f_t	1	0.95	0.90	0.80	0.70	0.60

4. 当量动载荷的计算

当量动载荷 P 的计算公式为

$$P = XF_r + YF_a \tag{5-8}$$

式中，P 为当量动载荷，N；X 为径向载荷因数；Y 为轴向载荷因数；F_r 为轴承承受的径向载荷，N；F_a —轴承承受的轴向载荷，N。如表 5-16 所示

当轴承只承受径向载荷时，当量动载荷为轴承的径向载荷，即 $P=F_r$；当轴承只承受轴向载荷时，则 $P=F_a$。

表 5-16　向心轴承当量动载荷的 X、Y 值

轴承类型	“相对轴向载荷”[a, b]		单列轴承				双列轴承				e
			$\frac{F_a}{F_r}\leqslant e$		$\frac{F_a}{F_r}>e$		$\frac{F_a}{F_r}\leqslant e$		$\frac{F_a}{F_r}>e$		
			X	Y	X	Y	X	Y	X	Y	
径向接触球轴承	$\frac{f_0F_a}{C_{0r}}$[c]	$\frac{F_a}{iZD_w^2}$									
	0.172	0.172				2.3				2.3	0.19
	0.345	0.345				1.99				1.99	0.22
	0.689	0.689				1.71				1.71	0.26
	1.03	1.03				1.55				1.55	0.28
	1.38	1.38	1	0	0.56	1.45	1	0	0.56	1.45	0.3
	2.07	2.07				1.31				1.31	0.34
	3.45	3.45				1.15				1.15	0.38
	5.17	5.17				1.04				1.04	0.42
	6.89	6.89				1				1	0.44

（续表）

轴承类型		"相对轴向载荷"[a, b]		单列轴承				双列轴承				e
				$\frac{F_a}{F_r} \leqslant e$		$\frac{F_a}{F_r} > e$		$\frac{F_a}{F_r} \leqslant e$		$\frac{F_a}{F_r} > e$		
				X	Y	X	Y	X	Y	X	Y	
角接触球轴承	$\alpha = 5°$	$\frac{f_0 F_a}{C_{0z}} c$	$\frac{F_a}{iZD_w^2}$	1	0	此类轴承的X、Y和e值采用单列径向接触轴承的值		1		0.78		
		0.173	0.172						2.78		3.74	0.23
		0.346	0.345						2.4		3.23	0.26
		0.692	0.689						2.07		2.78	0.3
		1.04	1.03						1.87		2.52	0.34
		1.38	1.38						1.75		2.36	0.36
		2.08	2.07						1.58		2.13	0.4
		3.46	3.45						1.39		1.87	0.45
		5.19	5.17						1.26		1.69	0.5
		6.92	6.89						1.21		1.63	0.52
	$\alpha = 10°$	0.175	0.172	1	0	0.46	1.88	1	2.18	0.75	3.06	0.29
		0.35	0.345				1.71		1.98		2.78	0.32
		0.7	0.689				1.52		1.76		2.47	0.36
		1.05	1.03				1.41		1.63		2.29	0.38
		1.4	1.38				1.34		1.55		2.18	0.4
		2.1	2.07				1.23		1.42		2	0.44
		3.5	3.45				1.1		1.27		1.79	0.49
		5.25	5.17				1.01		1.17		1.64	0.54
		7	6.89				1		1.16		1.63	0.54
角接触球轴承	$\alpha = 15°$	0.178	0.172	1	0	0.44	1.47	1	1.65	0.72	2.39	0.38
		0.357	0.345				1.4		1.57		2.38	0.4
		0.714	0.689				1.3		1.46		2.11	0.43
		1.07	1.03				1.23		1.38		2	0.46
		1.43	1.38				1.19		1.34		1.93	0.47
		2.14	2.07				1.12		1.26		1.82	0.5
		3.57	3.45				1.02		1.14		1.66	0.55
		5.35	5.17				1		1.12		1.63	0.56
		7.14	6.89				1		1.12		1.63	0.56

（续表）

轴承类型		"相对轴向载荷"[a,b]		单列轴承				双列轴承				e
				$\frac{F_a}{F_r}\leqslant e$		$\frac{F_a}{F_r}>e$		$\frac{F_a}{F_r}\leqslant e$		$\frac{F_a}{F_r}>e$		
				X	Y	X	Y	X	Y	X	Y	
角接触球轴承	α=20°	—	—	1	0	0.43	1	1	1.09	0.7	1.63	0.57
	α=25°	—	—			0.41	0.87		0.92	0.67	1.41	0.68
	α=30°	—	—			0.39	0.76		0.78	0.63	1.24	0.8
	α=35°	—	—			0.37	0.66		0.66	0.6	1.07	0.95
	α=40°	—	—			0.35	0.57		0.55	0.57	0.93	1.14
	α=45°	—	—			0.33	0.5		0.47	0.54	0.81	1.34
调心球轴承				1	0	0.4	0.4cotα	0.65	0.65cotα	1.5tanα		
分离型单列径向接触球轴承（磁电机轴承）				1	0	0.5	2.5	—	—	—	—	0.2

1. 允许最大值取决于轴承设计（游隙和沟道深度）。可根据已知条件，采用第1栏或第2栏的值。
2. 对于"相对轴向载荷"和（或）接触角的中间值，其 X、Y 和 e 值可由线性内插法求得。
3. f_0 的值见 GB/T 4662-2003。

5. 向心角接触轴承实际轴向载荷的计算

（1）向心角接触载荷的内部轴向力

由于向心角接触轴承有接触角，故轴承在受到径向载荷作用时，承载区内滚动体的法向力分解后，会产生一个轴向分力 F_s 如图 5-34 所示。F_s 是在径向载荷作用下产生的轴向力，称为内部轴向力。大小按表 5-17 所示计算，该力方向沿轴向由轴承外圈的宽边指向窄边。

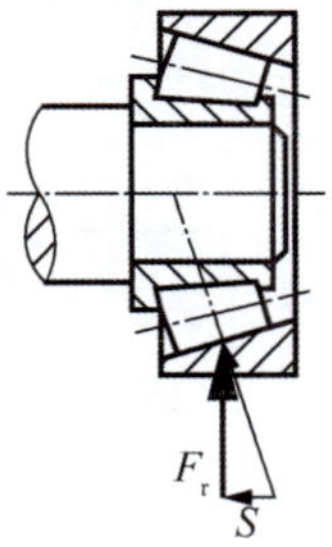

图 5-34　内部轴向力

表 5-17　向心角接触轴承的内部轴向力 F_s

角接触球轴承			圆锥滚子轴承
α=15°（70000C 型）	α=25°（70000AC 型）	α=40°（70000B 型）	
$F_s=eF_r$	$F_s=0.68F_r$	$F_s=1.14F_r$	$F_s=F_r/2Y$（Y 是 $F_a/F_r>e$ 时的轴向因数）

（2）向心角接触轴承的实际轴向载荷

向心角接触轴承在实际使用中，所受的轴向载荷 F_a，除与外加轴向载荷 F_x 如图 5-35 所示有关外，还与内部轴向力 F_s 有关，有关计算实际轴向载荷的步骤如下。

①先计算内部轴向力 F_{s1}、F_{s2} 的大小及方向。

②将外加轴向载荷 F_x 与同向的内部轴向力之和，再与另一内部轴向力进行比较，进行轴的移动趋势方向判断，进而判定轴承的“压紧”端与“放松”端。

③“放松”端轴承的轴向载荷等于本身的内部轴向力。

④“压紧”端轴承的轴向载荷等于除了本身的内部轴向力以外的所有轴上轴向力的代数和。

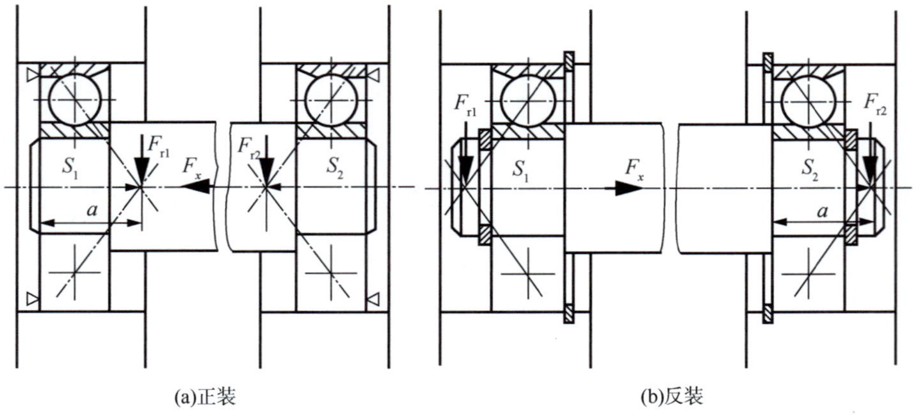

图 5-35　向心角接触轴承的实际轴向载荷 F_a 的计算

由图 5-35 可见，轴承若采用正装，如图 5-35（a）所示，则两个附加轴向力方向为“面对面”，轴移动趋势方向的轴承被“压紧”；若采用反装，如图 5-35（b）所示，则两个附加轴向力方向为“背靠背”，轴移动趋势方向的轴承被“放松”。

任务实施

【例 5-1】深沟球轴承 6207，承受径向载荷 $F_r=1\ 600$ N，轴向载荷 $F_a=800$ N。试计算当量动载荷 P。

解　查机械设计手册可知 $C_{0r}=15.2$ kN

$$\frac{F_a}{C_{0r}}=\frac{800}{15.2\times 1\ 000}=0.052$$

由表 5-17 可知，用插入法求 e

$$e=0.22+\frac{(0.26-0.22)\times(0.052-0.028)}{0.056-0.028}=0.254$$

$$\frac{F_a}{F_r}=\frac{800}{1\ 600}=0.5>e$$

由表 5-17 得出

$$X=0.56$$

用插入法求得

$$Y=1.71+\frac{(1.99-1.71)\times(0.26-0.254)}{0.26-0.22}=1.75$$

则 $P=XF_r+YF_a=(0.56\times 1600+1.75\times 800)\ \text{N}=2\ 296\ \text{N}$

【例 5-2】如图 5-36 所示为工程机械中的传动装置。根据工作条件决定采用对角接触球轴承，并暂选定型号为 70000AC，已知作用径向载荷为 $F_{r1}=1\ 000$ N，$F_{r2}=2\ 060$ N，外加作用在轴心线上的轴心载荷 $F_A=880$ N，转速 $n=5\ 000$ r/min，运转中受中等冲击，预期使用寿命 $L_h=2\ 500$ h。试校核该轴承寿命。

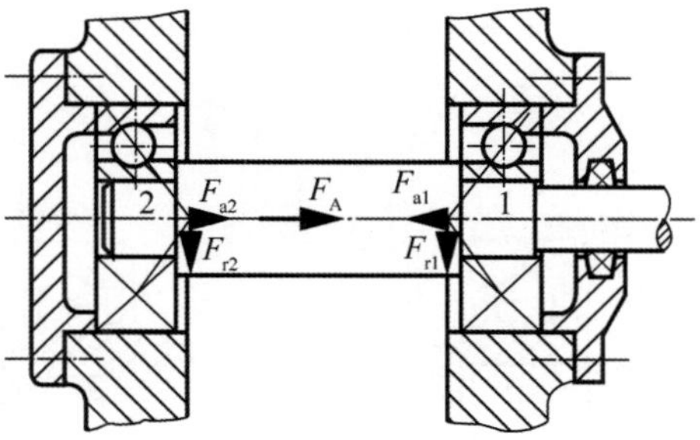

图 5-36　例 5-2

解　本例为角接触球轴承的校核计算。此类轴承由于有内部轴向力，因此应首先计算内部轴向力。

(1) 计算内部轴向力。

查表 5-17 可知 70000AC 型轴承内部轴向力

$$F_{s1}=0.68F_{r1}=0.68\times 1\,000\ \text{N}=680\ \text{N}$$

$$F_{s2}=0.68F_{r2}=0.68\times 2\,060\ \text{N}=1\,401\ \text{N}$$

(2) 计算轴承的轴向载荷。

$$F_A+F_{s2}=(880+1\,401)\ \text{N}=2\,281\ \text{N}>F_{s1}$$

因此，轴有向右移动的趋势，右端轴承“1”压紧，左端轴承“2”放松，即

$$F_{a1}=F_A+F_{s2}=(880+1\,401)\ \text{N}=2\,281\ \text{N}$$

$$F_{a2}=F_{s2}=1\,401\ \text{N}$$

(3) 计算当量动载荷。

①轴承 1 的当量动载荷 P_1。由表 5-17 可知 70000AC 型轴承的 $e=0.68$。

$$\frac{F_{a1}}{F_{r1}}=\frac{2\,281}{1\,000}=2.28>\text{e}$$

查表 5-17 可知，$X=0.41$，$Y=0.87$，则

$$P_1=XF_{r1}+YF_{a1}=(0.41\times 1\,000+0.87\times 2\,281)\ \text{N}=2\,394\ \text{N}$$

②轴承 2 的当量动载荷 P_2。

$$\frac{F_{a2}}{F_{r2}}=\frac{1\,401}{2\,060}=0.68=\text{e}$$

查表 5-17 可知，$X=1$，$Y=0$，则

$$P_2=XF_{r2}+YF_{a2}=(1\times 2\,062+0\times 1\,401)\ \text{N}=2\,060\ \text{N}$$

两个轴承型号相同，而 $P_1>P_2$，故应按 P_1 计算。

(4) 校核轴承基本额定动载荷

由表 5-14 查得 $f_p=1.5$，由表 5-16 可知 $f_t=1$，$\varepsilon=3$，则

$$C_r=\frac{f_pP_1}{f_t}\sqrt[\varepsilon]{\frac{60nL_h}{10^6}}=\frac{1.5\times 2\,394}{1}\times\sqrt[3]{\frac{60\times 5\,000\times 2\,500}{10^6}}\times 10^{-3}\ \text{kN}=32.626\ \text{kN}$$

由机械设计手册可知，轴承 70000AC 的 C_r (35.2 kN) 大于 C_r (32.626 kN)，且数值接近，故所选轴承合适。

(七) 滚动轴承的组合设计

1. 单个滚动轴承内、外圈的轴向固定

与轴上其他零件一样，滚动轴承也必须进行轴向固定，尤其是受轴向力的滚动轴承，轴向固定更应可靠。固定方式如表 5-18 和表 5-19 所示。

表 5-18　常用滚动轴承内圈的轴向固定方法

序号	1	2	3	4
简图	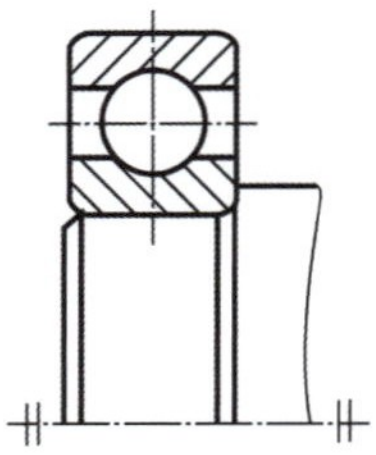	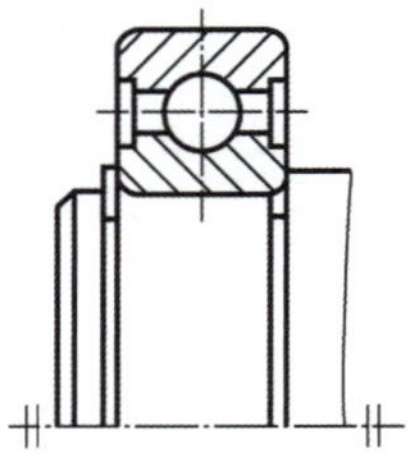	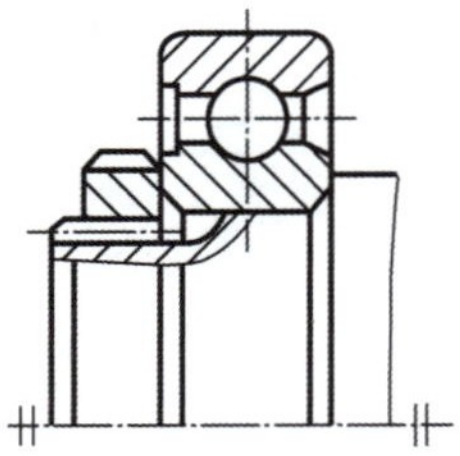	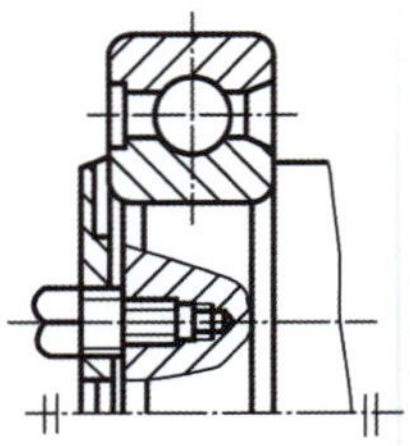
固定方式	内圈靠轴肩定位，结合过盈配合固定	用弹性挡圈紧固	内圈用螺母与止动垫圈紧固	在轴端用压板和螺钉紧固，用弹簧垫片和铁丝防松
特点	结构简单，装拆方便，占用空间小，可用于两端固定的支承中	结构简单，装卸方便，占用空间小，多用于深沟球轴承的固定	结构简单，装拆方便，紧固可靠	不能调整轴承游隙，多用于轴颈 $d>70$ mm 的场合，允许转速较高

表 5-19　常用滚动轴承外圈的轴向固定方法

序号	1	2	3
简图	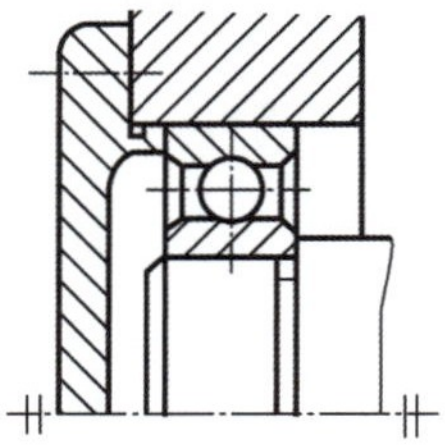	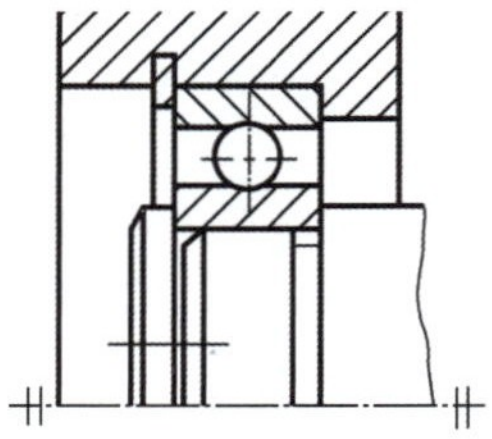	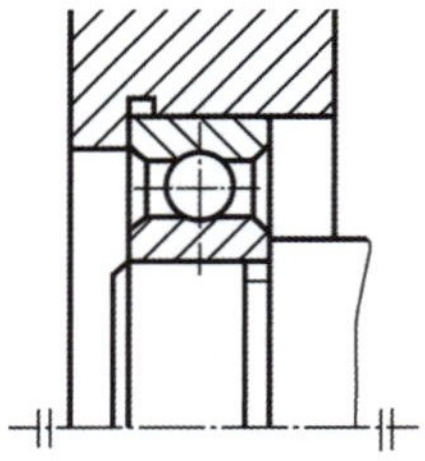
固定方式	外圈用端盖紧固	外圈用弹性挡圈紧固	外圈由挡肩定位，轴系另一端支承靠螺母或端盖紧固
特点	结构简单，紧固可靠，调整方便	结构简单，装拆方便，占用空间小，多用于向心类轴承	结构简单，工作可靠
序号	4		5
简图	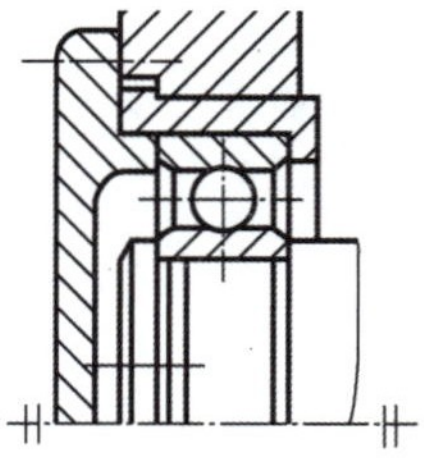		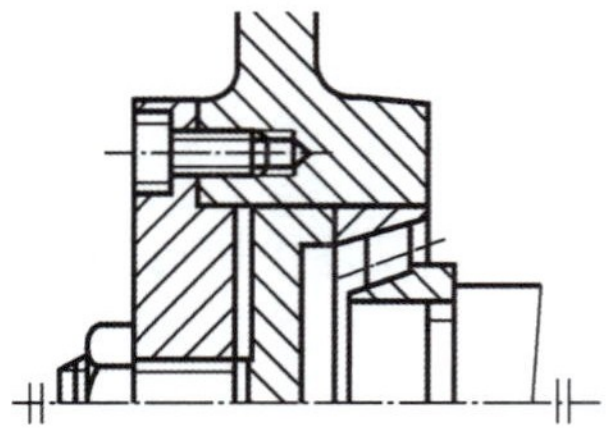
固定方式	外圈由套筒上的挡肩定位再用端盖紧固		外圈用螺钉和调节杯紧固
特点	结构简单，外壳孔为通孔。利用垫片可调整轴系的轴向位置，装配工艺性好		便于调整轴承游隙

2. 轴系的固定

轴系固定的目的是防止轴工作时发生轴向窜动。常用的固定方式有以下两种。

(1) 两端单向固定

如图 5-37 所示为两端的轴承都靠轴肩和轴承盖作单向固定，两个轴承的联合作用就能限制轴的双向移动。深沟球轴承可在轴承外圈和轴承盖之间留有一定的补偿间隙 C，$C=0.25\sim0.4$ mm；向心角接触轴承应在安装时将空隙留在轴承内部，间隙的大小可通过调整垫片组的厚度来实现。此固定方式结构简单、便于安装、调整容易。

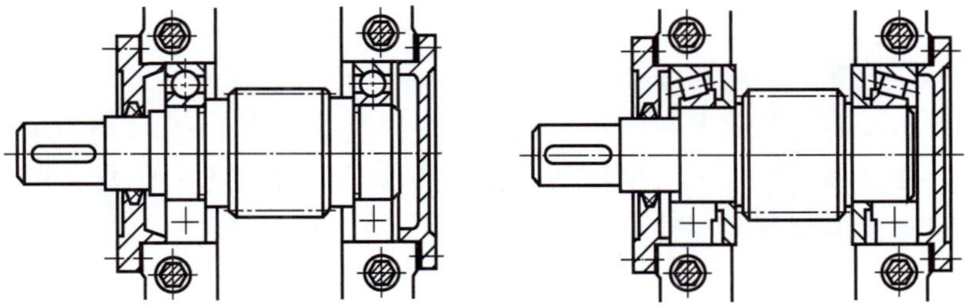

(a)　　(b)

图 5-37　两端单向固定

(2) 一端固定、一端游动

如图 5-38 (a) 所示为一端轴承的内、外圈均作双向固定，限制了轴的双向移动；另一端轴承外圈两侧都不固定。当轴伸长或缩短时，外圈可在座孔内作轴向游动。游动支撑与轴承盖之间应留用足够大的间隙 C，$C=3\sim8$ mm；对于角接触球轴承和圆锥滚子轴承，不可能留有很大的内部间隙，一端作双向固定；另一端采用深沟球轴承或圆柱滚子轴承座游动支撑如图 5-38 (b) 所示。此结构较为复杂，但工作稳定性好，适用于工作温度变化较大的长轴。

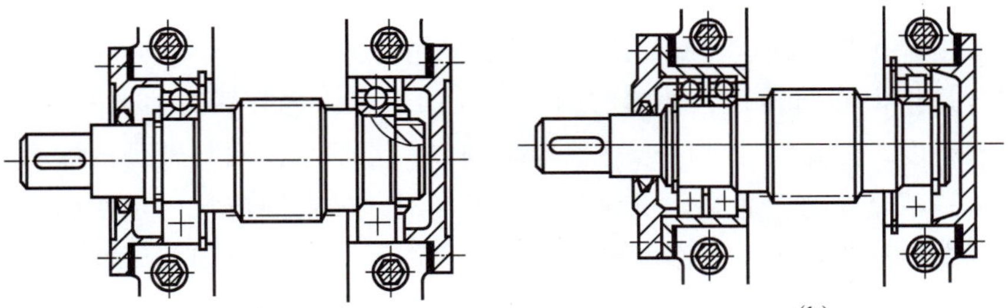

(a)　　(b)

图 5-38　一端固定、一端游动

3. 滚动轴承组合结构的调整

滚动轴承组合结构的调整包括轴承间隙的调整和轴系轴向位置的调整。

(1) 轴承间隙的调整

轴承间隙的大小将影响轴承的旋转精度、轴承寿命和传动零件工作的平稳性，调整方法主要有以下几种。

①如图 5-39 (a) 所示为靠加、减轴承端盖与箱体间垫片的厚度来调整。

②如图 5-39 (b) 所示为利用调整环进行调整。调整环的厚度在装配时确定。

③如图 5-39 (c) 所示为利用调整螺钉推动压盖移动轴承外圈进行调整，调整后用螺母锁紧。

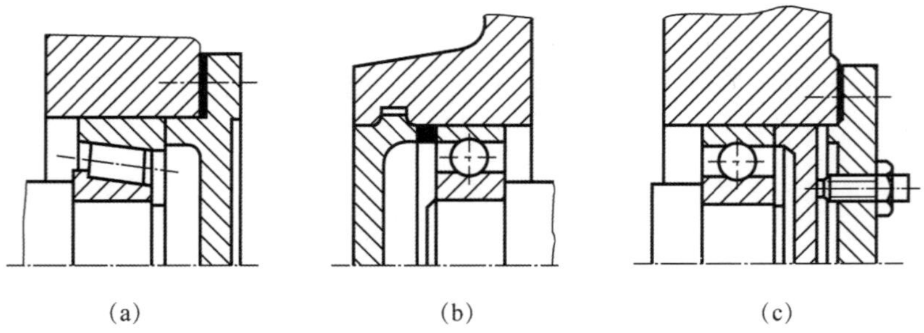

图 5-39　轴承间隙的调整

（2）轴系轴向位置的调整

轴系轴向位置调整的目的是使轴上零件有准确的工作位置。如图 5-40 所示为锥齿轮轴的轴承组合结构，轴承装在套杯内，通过加、减第 1 组垫片的厚度调整轴承套杯的轴向位置，可调整锥齿轮的轴向位置；通过加、减第 2 组垫片的厚度实现轴承间隙的调整。

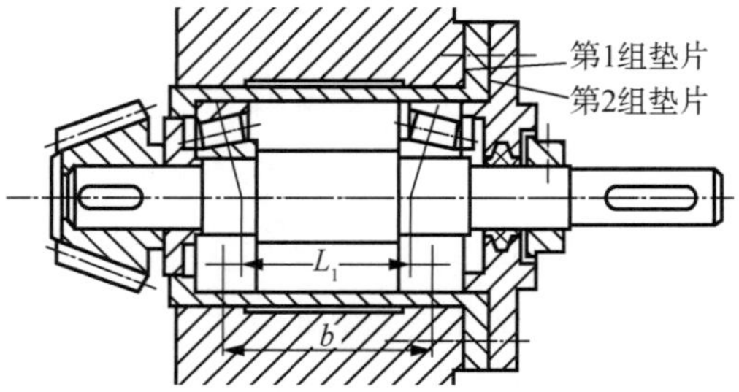

图 5-40　锥齿轮轴的轴承组合结构调整

4. 滚动轴承的配合

由于滚动轴承是标准件。为了便于互换和适应大量生产，选择配合时就应以轴承为基准件；即轴承内圈与轴颈的配合采用基孔制，轴承外圈与座孔的配合采用基轴制。

滚动轴承的配合是指内圈与轴颈、外圈与轴承座孔的配合。这关系到轴承的传力及其游隙的调整，也影响到轴承的定位精度，需要在设计时合理确定。例如，若轴承内圈与轴颈的配合太松，工作时就可能出现相对运动，这是不允许的。通常，当载荷方向不变时，转动圈应比固定圈的配合紧些，内圈与轴一起转动。当转速越高、载荷越大、工作温度越高时，内圈与轴颈应采用越紧的配合；而外圈与座孔间常采用较松的配合。轴颈公差带常取 n6、m6、k6、js6 等，座孔的公差带代号常用 K7、I7、H7 和 G7 等。

5. 滚动轴承的装拆

安装和拆卸轴承的力应直接加在配合的套圈端面上，不能通过滚动体传递。由于内圈与轴的配合较紧，在安装轴承时主要注意以下两点。

（1）对中、小型轴承，常用专用压套压装轴承的内、外圈，如图 5-41 所示。

（2）对尺寸较大的轴承，可在压力机上压入或把轴承放在油里加热到 80～100°C，然后取出套装在轴颈上。

轴承的拆卸可根据实际情况按图 5-42 所示实施。为使拆卸工具的钩头钩住内圈，应限制轴肩高度。为便于拆卸，座孔的结构一般采用图 5-43 所示的形式。

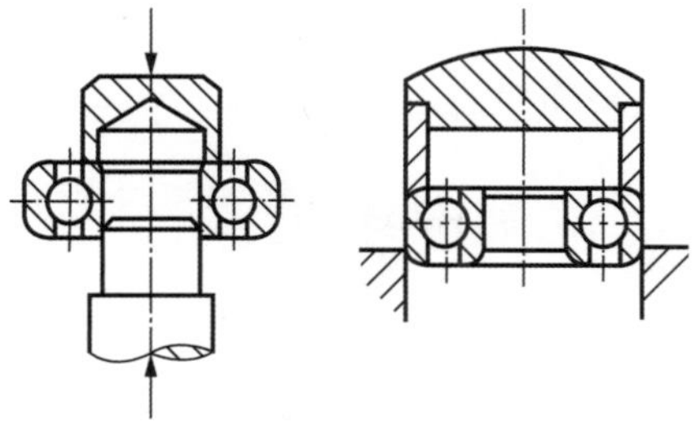

图 5-41 轴承的安装

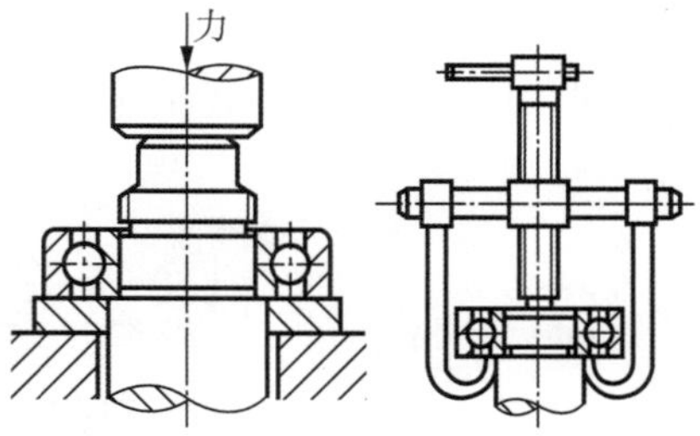

图 5-42 轴承的拆卸

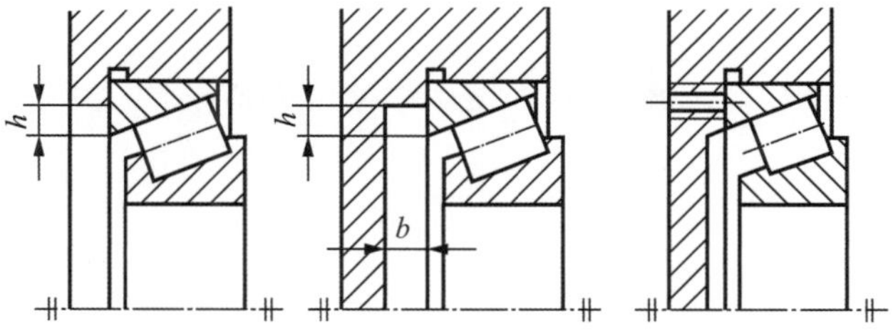

图 5-43 便于外圈拆卸的座孔结构

（八）滚动轴承的润滑与密封

1. 滚动轴承的润滑

滚动轴承润滑的主要目的是减少摩擦与磨损、缓蚀、吸震和散热，一般采用油润滑或者脂润滑。油润滑的摩擦阻力小，润滑可靠，但需要供油设备和较复杂的密封装置。润滑脂黏性大、不易流失，便于密封和维护，且不需经常添加；但转速较高时，功率损失较大。当采用油润滑时，油面高度不能超过轴承中最低滚动体的中心。高速轴承宜采用喷油或油雾润滑。轴承内径 d（单位 mm）与轴承转速 n（单位 r/min）的乘积 dn 作为选择润滑方式的依据。

2. 滚动轴承的密封

滚动轴承密封的目的是防止外部的灰尘、水分及其他杂物进入轴承，并阻止轴承内润滑剂的流失。密封装置可直接设置在轴承上（成为密封轴承），大多数设置在轴承支承部位。轴承密封分为接触式密封和非接触式密封。

如图 5-44 所示为接触式密封的结构。如图 5-44（a）所示为毡圈密封，该密封结构主要用于密封处轴颈的圆周速度 $v<4\sim5$ m/s 的油脂润滑场合。如图 5-44（b）所示为密封圈密封，密封圈由皮革或橡胶制成，利用环形螺旋弹簧将密封圈的唇部压在轴上。如唇部向内，可防止油外泄；如唇部向外，可防止灰尘等侵入，一般适用于密封处轴颈的圆周速度 $v<10$ m/s 的油润滑或脂润滑。

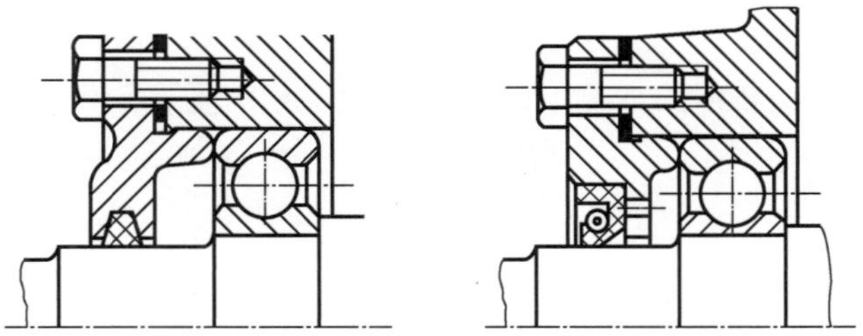

(a) (b)

图 5-44 接触式密封的结构

如图 5-45 所示为非接触式密封的结构。如图 5-45（a）所示为间隙式密封，在轴与轴承之间留有细小的间隙。半径间隙为 0.1～0.3 mm，中间填有润滑脂，用于工作环境清洁、干燥的场合。如图 5-45（b）所示为迷宫式密封，轴与轴承间有曲折的间隙，用于油润滑和脂润滑，密封可靠，对工作环境要求不高。如图 5-45（c）所示为毡圈和迷宫的组合密封，密封效果最好。

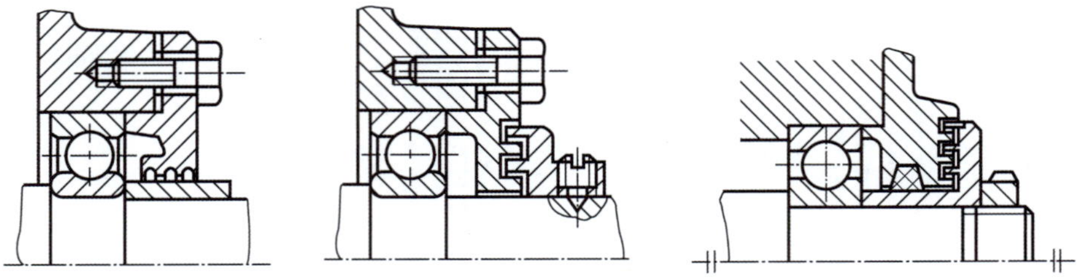
(a)　　(b)　　(c)

图 5-45　非接触式密封的结构

思考与练习

一、填空题

1. 轴按功用和承载情况，一般分为________、________和________三类。
2. 在轴的结构设计中，轴一般是由________、________和________组成。
3. 提高轴的疲劳强度的主要措施为________和________。
4. 轴承根据摩擦性质主要分为________和________。
5. 向心滑动轴承的结构形式有________、________、________和________四种。

二、选择题

1. 在轴制造选用材料中，常用的碳素钢是（　　）。

A. 30　　B. 40　　C. 45　　D. 50

2. 滚动轴承在一般转速下的主要失效形式是（　　）。

A. 塑性变形　　B. 胶合　　C. 过度磨损　　D. 疲劳点蚀

3. 自行车前、后轮的车轴属于（　　）。

A. 光轴　　B. 心轴　　C. 传动轴　　D. 支承轴

4. 滑动轴承通常应用于（　　）情形下。

A. 低速重载精度不高　　B. 高速重载精度高

C. 高速重载精度不高　　D. 轻载中速

5. 滑动轴承的寿命取决于（　　）。

A. 轴承座　　B. 轴承盖　　C. 轴瓦　　D. 以上都不对

6. 在既有径向载荷又有轴向载荷的情况下，应选用（　　）轴承。

A. 深沟球　　B. 圆柱滚子　　C. 圆锥滚子　　D. 推力球

三、简答题

1. 轴在进行结构设计时，需要从哪些方面进行考虑？

____

____

____

____

2. 滑动轴承常用的润滑剂有哪些？常用的润滑装置有哪些？

3. 滚动轴承的结构主要包括哪些方面？

4. 滚动轴承的失效形式主要包括哪些？

5 常用轴系的固定方式有哪些？各自的特点是什么？

项目六

常用机构

项目导入

本项目主要介绍平面机构运动简图的绘制；平面四杆机构的基本特性；机械原理存列室，观察常用机构的类型及工作原理。

◆知识目标

1. 了解：机构的组成、运动副的分类；平面连杆机构的基本类型及其应用；凸轮机构的分类、应用和特点。

2. 掌握：平面机构运动简图的绘制；平面四杆机构的基本特性。

◆能力目标

掌握机构传动中机构、运动副、自由度、平面连杆机构、凸轮机构等基础知识；掌握平面四杆机构的基本特性，并能够对工程实际中的常用机构进行分析与设计；了解凸轮机构的分类、应用和特点。

◆考核标准

1. 应知：机器、机构、构件、零件和运动副的概念；平面四杆机构的各组成构件名称、基本形式与应用以及平面四杆机构中克服死点和利用死点的方法；凸轮机构的类型、应用和特点。

2. 应会：平面机构运动简图的绘制；根据平面四杆机构中有曲柄的条件，判断平面四杆机构的基本形式；能确定压力角、传动角、极位夹角的大小。

任务一 平面机构的组成

知识储备

在现代生产活动和日常生活中机器被广泛应用，如汽车、洗衣机、复印机、起重机、各类机床等。尽管机器种类繁多、结构、功能各异，但它们有着以下共同之处。

（1）都是人为的实体组合。

（2）各实体间具有确定的相对运动。

（3）能实现能量的转换或完成有用的机械功。

一、机构的组成及相关概念

（一）机器

按照用途的不同，机器可分为动力机器、工作机器和信息机器。动力机器用来实现其他形式的能量与机械能之间的转换，如内燃机、电动机、液压马达等；工作机器用来做机械功或搬运物品，如金属切削机床、起重机、织布机等；信息机器用来获取或变换信息，如照相机、复印机、打印机等。

现代机器一般是由动力装置、传动装置、执行装置和操纵、控制及辅助装置四大部分组成。

1. 动力装置

动力装置是机器的动力来源，有电动机、内燃机、燃气轮机、液压马达等。现代机器大多采用电动机，而内燃机主要用于运输机械、工程机械和农业机械。

2. 传动装置

传动装置将动力装置的运动和动力转换成执行装置所需的运动形式、运动和动力参数，并传递到执行装置。机器中的传动有机械传动、液压传动、气压传动和电力传动。其中机械传动应用最为广泛。

3. 执行装置

执行装置是直接完成机器预定功能的工作部分。如汽车的车轮、船舶的螺旋桨、车床的卡盘和刀架、带式输送机的输送带等。

4. 操纵、控制及辅助装置

操纵和控制装置用以控制机器的启动、停车、正反转、运动和动力参数改变及各执行装置间的动作协调等。自动化机器的控制系统能使机器进行自动检测、自动数据处理和显示、自动控制和调节、故障诊断，及自动保护等。辅助装置则有照明、润滑和冷却装置等。

（二）机构

机器中若干实体的组合，可实现某些特定的动作。如图 6-1 所示的内燃机，是由活塞、连杆、曲轴、齿轮、凸轮、顶杆及气缸体等组成。其中活塞、连杆、曲轴和气缸体组合起来，可以将活塞的往复直线运动转变成曲轴的转动。凸轮、进气门、排气门推杆和机架的组合，可将凸轮轴的连续转动转换为进气门、排气门推杆的往复直线运动。曲轴齿轮和凸轮轴齿轮及机架的组合可将曲轴的主动转动转换为凸轮轴的从动转动，并改变转向和转速。这些由若干具有确定相对运动的实体组成，用来传递力、运动或转换运动形式的系统称为机构。上述内燃机中有三个能够完成预期动作的组合体分别为连杆机构、齿轮机构和凸轮机构，如图 6-2 所示。

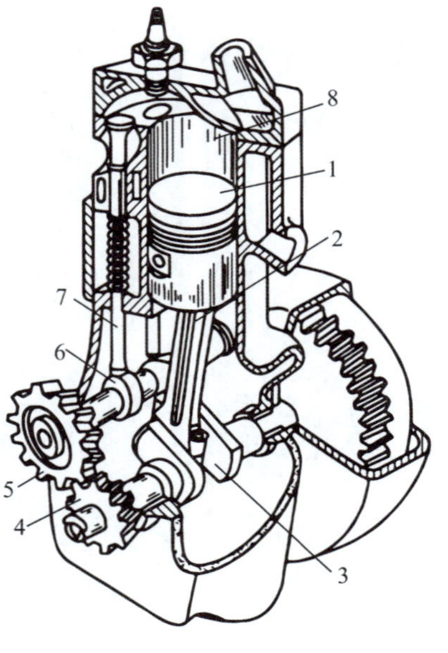

1—活塞；2—连杆；3—曲轴；4、5—齿轮；
6—凸轮；7—顶杆；8—气缸体。

图 6-1　内燃机

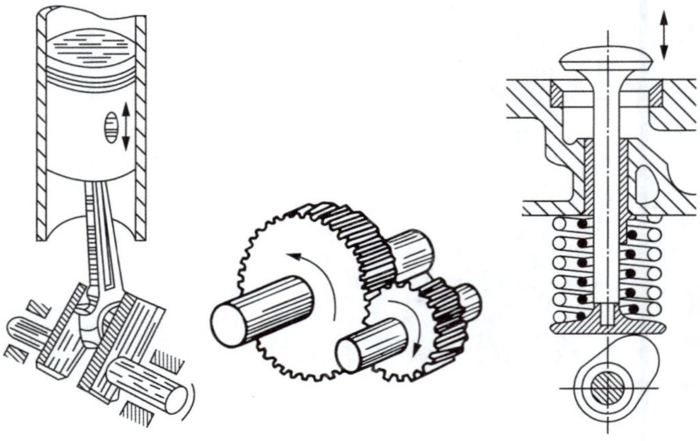

（a）连杆机构　（b）齿轮机构　（c）凸轮机构

图 6-2　组成内燃机的机构

组成机构具有确定相对运动的实体称为构件。如图 6-1 中的活塞、连杆、气缸体等。机构由若干构件组成，但是若干构件并不一定能组成机构。如图 6-3（a）和图 6-3（b）中的机构不能运动，图 6-3（c）中的机构可以运动。当只给定构件 1 驱动力矩时，其余构件的运动都不确定。因此，构件的组合必须具有一定条件才能成为机构。

构件在同一平面内或在相互平行的平面内运动的机构成为平面机构，否则就称为空间机构。平面机构应用最为广泛，下面介绍平面机构的具体内容。

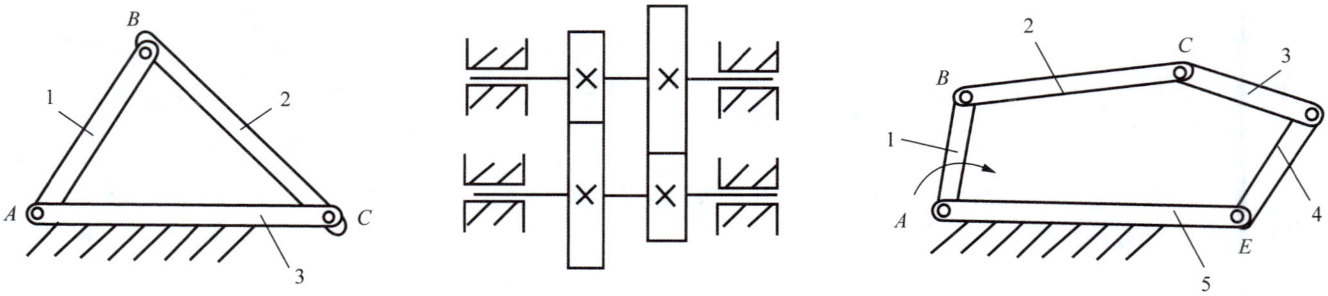

（a）　（b）　（c）

图 6-3　非机构举例

机械是机器和机构的总称。从制造角度分析，机器是若干零件组成的。零件是指机器的制造单元，如齿轮、曲轴、螺栓、箱体等。从运动角度分析，可以把机器看成是由若干构件组成的。构件是机器的运动单元。构件可以是一个零件，如图 6-4 所示的内燃机的曲轴；也可以是多个零件的刚性组合体，如图 6-5 所示为内燃机的连杆。

零件又分为两类：一类是在各种机器中都可能用到的零件，称为通用零件，如螺母、螺栓、齿轮、凸轮等；另一类则是在特定类型机器中才能用到的零件，称为专用零件，如曲轴、活塞等。

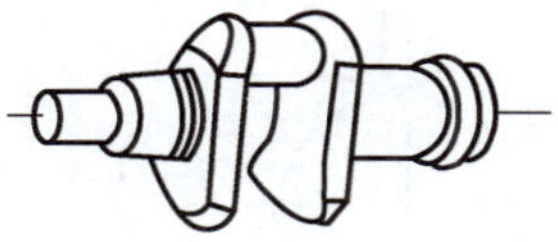

图 6-4 内燃机的曲轴

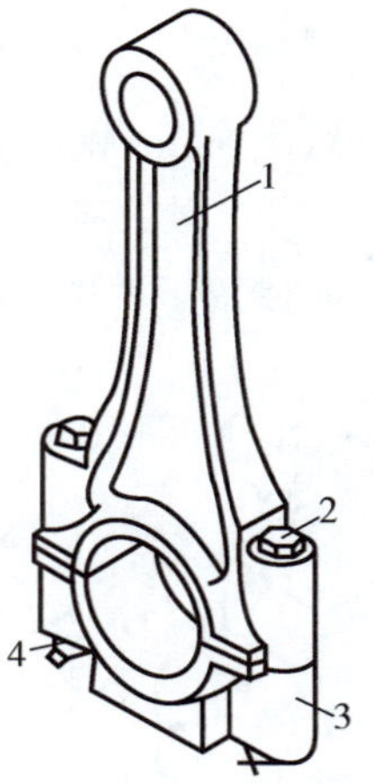

1-连杆；2-螺栓；3-连杆盖；4-螺母

图 6-5 内燃机的连杆

二、运动副

（一）构件的自由度、约束与运动副

自由度是构件可能出现的独立运动。任何一个构件在空间自由运动均有六个自由度，可描述为在直角坐标系内沿着三个坐标轴的移动和绕三个坐标轴的转动。所以一个做平面运动的构件，只有三个自由度。如图 6-6 所示为构件 AB 有三个自由度，即可沿 x 轴或 y 轴移动，以及绕任一垂直于 xOy 平面的轴线 A 转动。

对物体运动的限制称为约束。机构中的构件由于相互连接，其独立运动受到约束。为此，必然失去一些自由度，但又保留一些自由度。构件失去的自由度等于所受到的约束条件数。因此在平面内当若干构件相互连接组成机构时，至少要引入一个约束，但最多只能引入两个约束，因为这些构件的自由度均是 3。

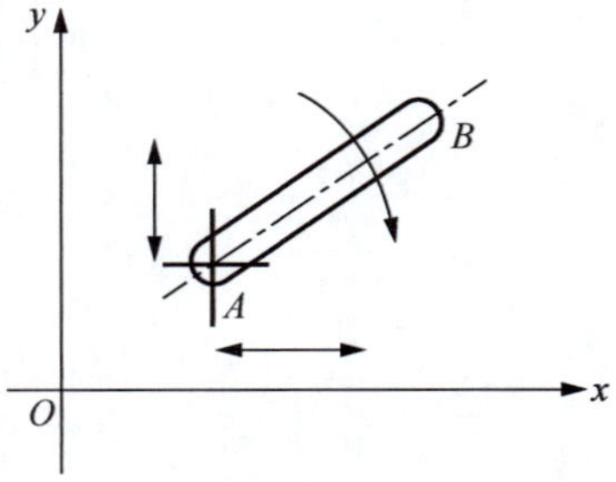

图 6-6 构件

机构是具有确定相对运动的构件组合体，为传递运动，各构件之间必须以一定的方式连接起来，并且能有一定的相对运动。两构件之间直接接触并能产生一定相对运动的连接称为运动副。机构是各构件间用运动副连接起来的构件系统。

（二）运动副的分类

运动副可以分为平面运动副和空间运动副。两构件之间通过点、线、面来接触。按两构件间的接触特性，通常将平面运动副分为低副和高副两大类。

1. 低副

两构件之间通过面接触形成的运动副称为低副。根据之间的相对运动是转动还是移动，又分为转动副和移动副。

（1）转动副是两构件只能做相对转动的运动副。由圆柱销和销孔及其两端面所构成的转动副称为铰链，如图 6-7（a）所示。

（2）移动副是两构件只能沿某一轴线相对移动的运动副，如图 6-7（b）所示。

由上述可知，平面机构中的低副引入两个约束，仅保留一个自由度。

2. 高副

两构件之间通过点或线接触组成的运动副称为高副。如图 6-8（a）所示的凸轮与从动件，如图 6-8（b）所示的齿轮 1 与齿轮 2 均在其接触处分别组成高副。在平面机构中两构件组成高副后，平面机构中的高副引入一个约束，而保留了两个自由度。

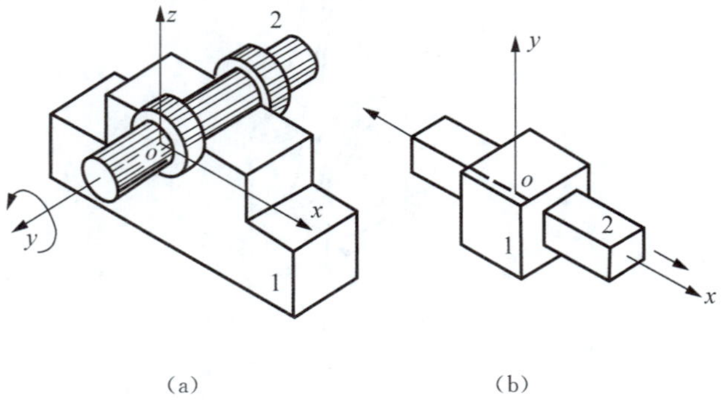

图 6-7　转动副与移动副

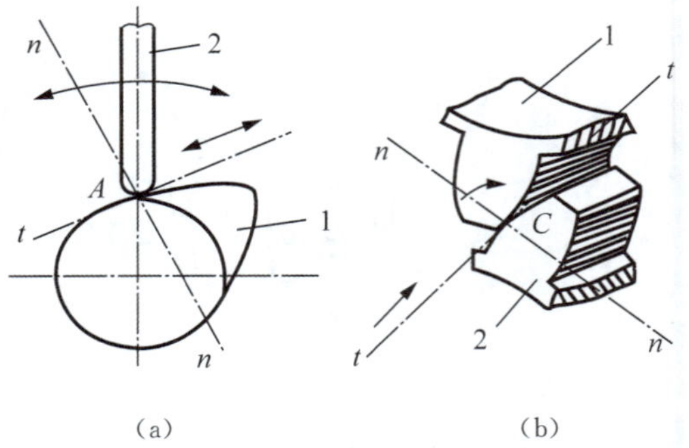

图 6-8　高副

此外，常见的运动副还有螺旋副，如图 6-9（a）所示，球面副如图 6-9（b）所示，都属于空间运动副。

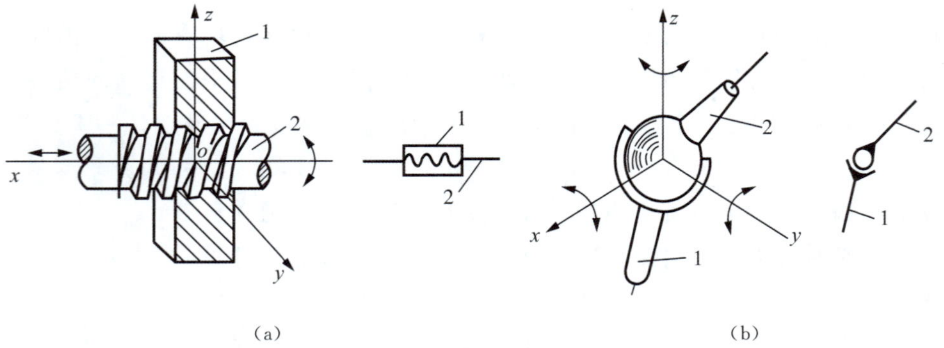

图 6-9　空间运动副

三、平面机构的运动简图

由于机构的运动特性只与构件数目、运动副类型和数目以及之间的相对位置有关，而与构件的形状、截面尺寸和运动副的具体结构无关。可按一定比例确定运动副的位置，并用特定的构件和运动副符号及线条绘制图形，这种表示机构运动特征的简单图形称为机构运动简图。机构运动简图简明地表达了实际机构的运动情况，并可进行运动和动力分析。

（一）组成机构的构件分类

根据机构运动时构件的运动情况不同，可将构件分为以下三类。

1. 机架

机构中固定不动的构件称为机架，用来支承其他活动构件。如图 6-1 中的气缸体。

2. 主动件

机构中接受外部给定运动规律的活动构件称为主动件或运动件，一般与机架相连。如图 6-1 中的活塞。

3. 从动件

机构中随主动件运动而运动的所有活动构件称为从动件。图 6-1 中的连杆、曲轴等。

由此可知，机构可由机架、主动件和所有的从动件所组成。特殊的机构可以没有从动件，但必须有主动件和机架，如电动机等。同一机构在不同的情况下，主、从动件可不相同。

（二）机构运动简图的符号

轴、杆和连杆通常用一根直线表示，两端画出运动副的符号；若构件固连在一起，则涂以焊接记号；画有斜线的构件代表机架。转动副即为固定铰链和中间铰链；移动副为滑块在直线或槽中移动；表示高副时要绘出两构件接触处的轮廓线形状。如表 6-1 所示为机构运动简图的常用符号。

表 6-1 机构运动简图的常用符号

名称	代表符号	名称	代表符号
杆的固定连接		链传动	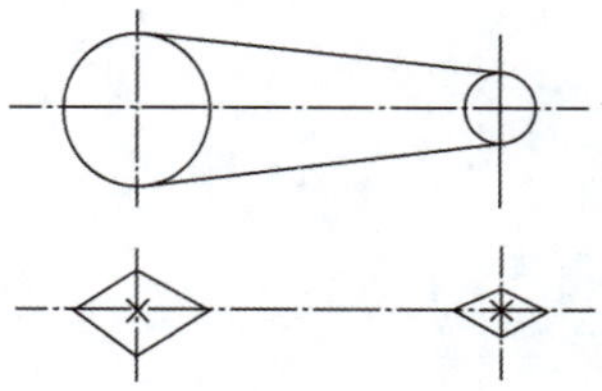
零件与轴的固定		外啮合圆柱齿轮机构	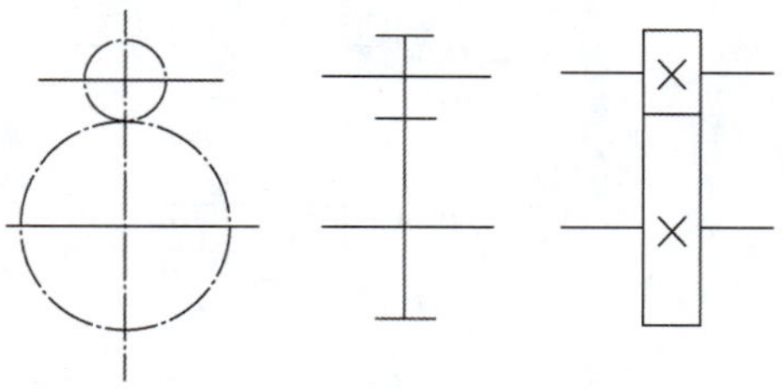
轴承 向心轴承	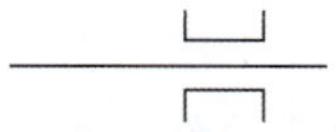 普通轴承  滚动轴承	内啮合圆柱齿轮机构	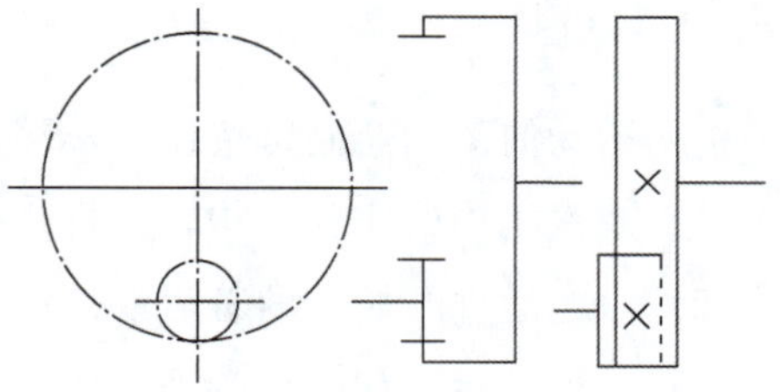
推力轴承	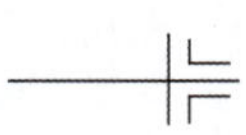 单向推力 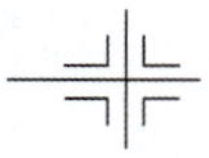 双向推力 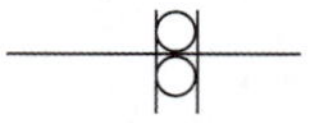 推力滚动轴承	齿轮齿条传动	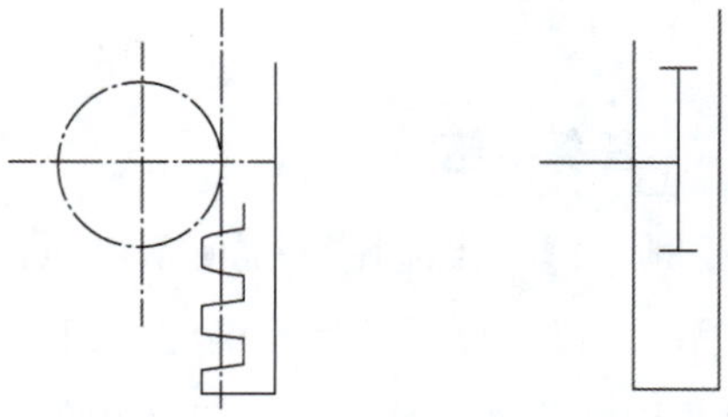
联轴器	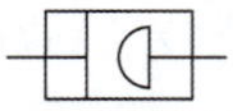 可移式联轴器 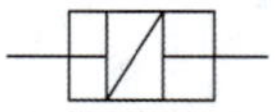 弹性联轴器	圆锥齿轮机构	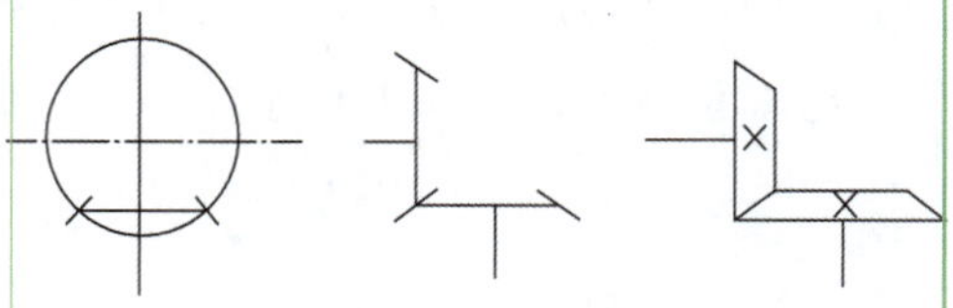

（续表）

名称	代表符号	名称	代表符号
离合器	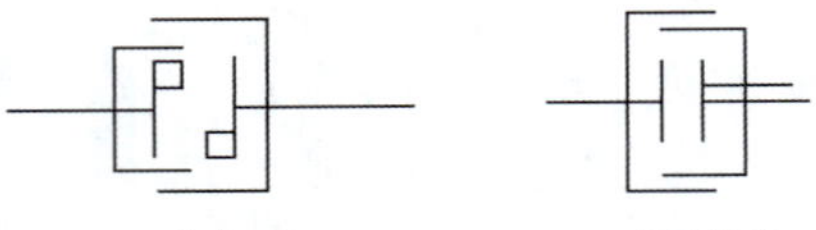 啮合式 摩擦式	蜗杆涡轮传动	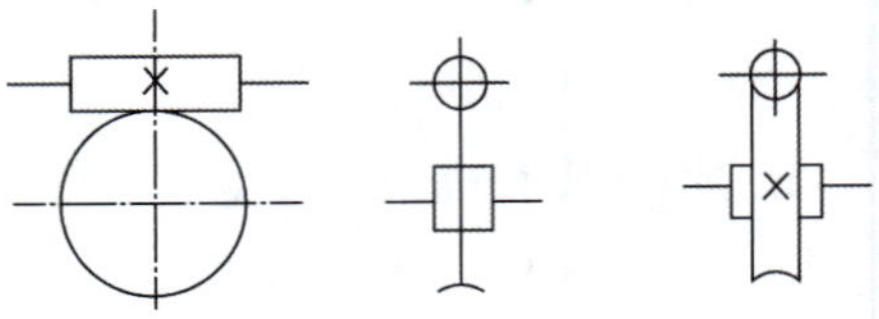
制动器	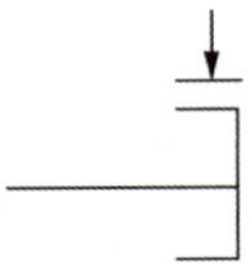	凸轮从动件	 尖顶 曲面 滚子
带传动	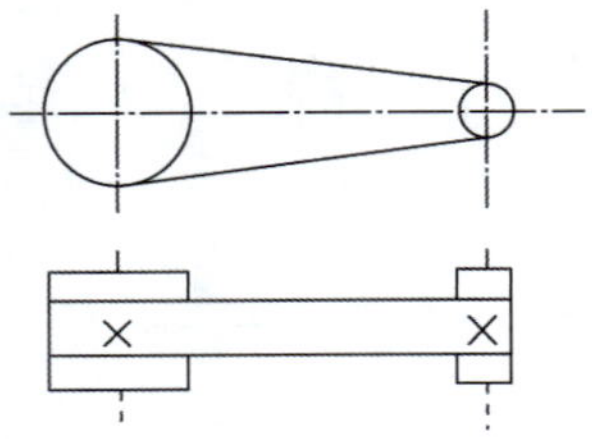	蜗杆传动整体螺母	

（三）机构运动简图的绘制

机构运动简图的绘制可按以下步骤进行。

（1）观察机构的实际结构，分析机构运动情况，确定机架、主动件和从动件。

（2）由主动件开始，顺着运动传递路线，依次分析构件间的相对运动形式，确定运动副的类型。

（3）与构件运动相平行的平面作为绘制运动简图的平面，用规定的线条和符号按比例尺绘制图形，即机构运动简图。

任务实施

【例 6-1】 绘制图 6-1 所示内燃机机构运动简图。

解 （1）分析结构，确定机架、主动件和从动件，由图 6-1 可知，壳体和气缸体 8 是一个整体，在内燃机中起机架的作用。气缸体内的活塞 1 是主动件，连杆 2、曲轴 3 和与之相固连的齿轮 4、齿轮 5、凸轮 6 和顶杆 7 是从动件。

（2）按运动传递路线和相对运动的性质确定运动副的类型，该机构的运动由活塞 1 输入，活塞 1 和气缸体 8 组成移动副；活塞 1 与连杆 2、连杆 2 与曲轴 3、曲轴 3 与壳体之间组成转动副。

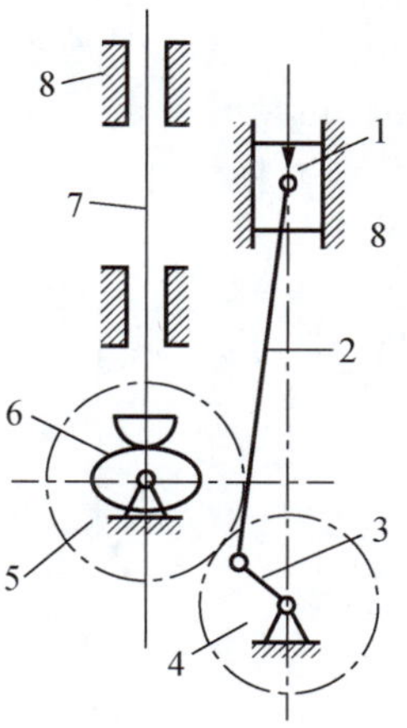

图 6-10 内燃机机构运动简图

运动经齿轮 4 传到齿轮 5，之间是线接触，组成高副；齿轮 5 与机架组成转动副；齿轮 5 与凸轮 6 为同一构件，凸轮 6 与顶杆 7 间是点或线接触，组成高副；顶杆 7 和气缸体 8 组成移动副。

(3) 选择视图平面和比例尺，用规定符号和线条绘制机构运动简图，因内燃机的主运动机构是平面运动，故取其运动平面为视图平面。选择适当的绘图比例尺，用规定符号和线条画出所有构件和运动副，即可得到内燃机机构运动简图如图 6-10 所示，图中标有箭头的构件活塞 1 表示该构件是主动件。

任务二 平面连杆机构

知识储备

平面连杆机构是由若干个刚性构件用低副相互连接而成，并在同一平面或相互平行的平面内运动。其中低副为面接触，便于制造，容易获得较高的制造精度；且压强低、磨损小、承载能力大。但低副中存在难以消除的间隙，从而使机构产生运动误差，不易准确地实现复杂的运动规律，高速场合不宜采用。平面连杆机构广泛应用于各种机械和仪器中，用以传递动力、改变运动形式。

一、平面四杆机构类型与应用

平面连杆机构常以其所含的构件（杆）数来命名，如四杆机构、五杆机构等。平面四杆机构是最基本、最简单的平面连杆机构，可分为铰链四杆机构和含有移动副的四杆机构。

（一）铰链四杆机构

各个构件之间全部用转动副连接的四杆机构称为铰链四杆机构，如图 6-11 所示。固定不动的构件 AD 称为机架；与机架用转动副相连的构件 AB 和 CD 称为连架杆；杆 BC 连接两连架杆，称为连杆。能绕机架上的转动副做整周转动的连架杆 AB 称为曲柄，只能绕机架在小于 360°的范围内做往复摆动的构件 CD 称为摇杆。根据运动形式的不同，铰链四杆机构可分为曲柄摇杆机构、双曲柄机构和双摇杆机构三种类型。

1. 铰链四杆机构的基本形式及应用

(1) 曲柄摇杆机构

在铰链四杆机构的两个连架杆中，若一个为曲柄；另一个为摇杆，则该机构称为曲柄摇杆机构。图

6-11 中取曲柄 AB 为主动件，当其做连续等速整周运动时，从动摇杆 CD 将在一定角度内做往复摆动。由此可见，曲柄摇杆机构能将主动件的整周旋转运动转换成从动件的往复摆动。

图 6-12 所示为汽车前窗的刮水器。当主动曲柄 AB 转动时，从动摇杆做往复摆动，利用摇杆的延长部分实现刮水动作。

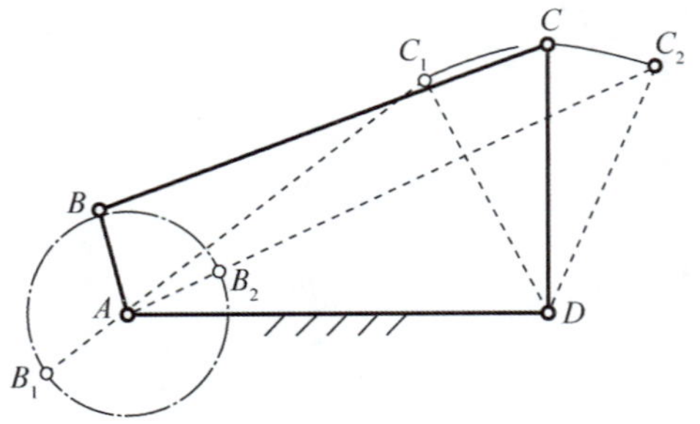

图 6-11　铰链四杆机构简图

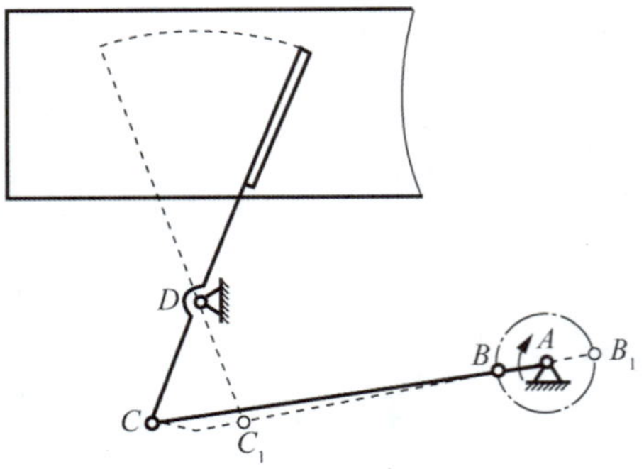

图 6-12　汽车前窗的刮水器

（2）双曲柄机构

两个连架杆都是曲柄的铰链四杆机构称为双曲柄机构，如图 6-13 所示。通常主动曲柄等速转动时，从动曲柄做变速转动。如图 6-14 所示为惯性筛机构，$ABCD$ 是双曲柄机构，工作时以曲柄 AB 为主动件，并做等速转动。通过连杆 BC 带动从动曲柄 CD，做周期性的变速转动。通过 E 点的连接，使筛子做变速往复运动，达到筛分物料的目的。

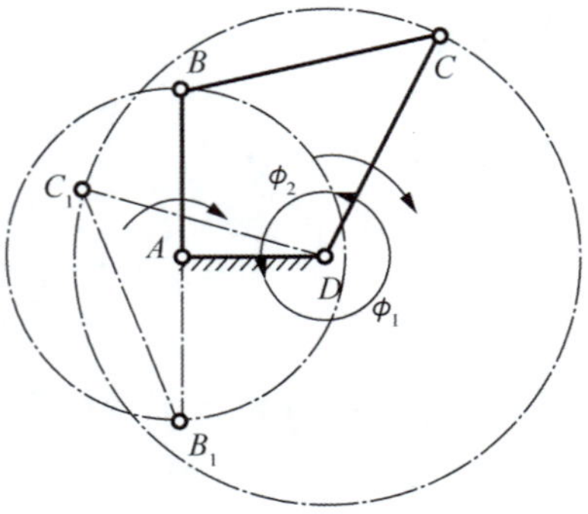

图 6-13　双曲柄机构

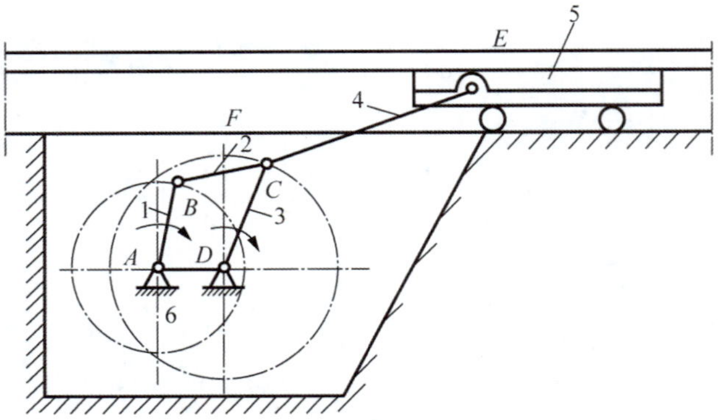

图 6-14　惯性筛机构

在双曲柄机构中，若对边两构件长度分别相等，则称为平行双曲柄机构。当两曲柄转向相同时，角速度始终相等，连杆也始终与机架平行，称为正平行双曲柄机构，如图 6-15（a）所示。当两曲柄转向相反时，角速度不等，称为反平行双曲柄机构，如图 6-15（b）所示。如图 6-16 所示为铲斗机构，即利用了平行四边形机构，使铲斗与连杆固结做平动。如图 6-17 所示为车门启闭机构，利用反平行双曲柄机构使两扇车门朝相反方向转动，从而保证两扇门能同时开启或关闭。

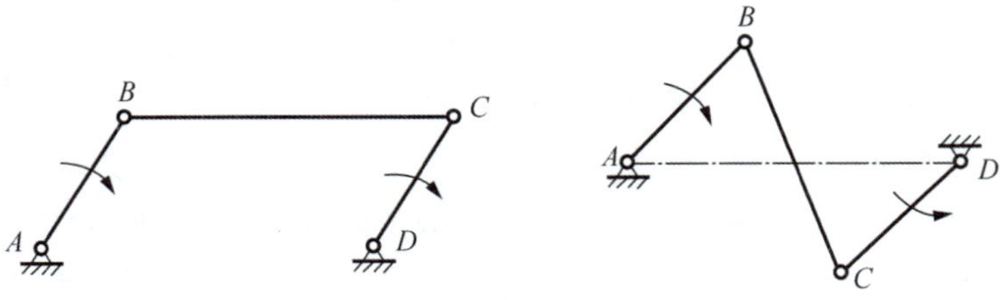

（a）正平行双曲柄机构　　（b）反平行双曲柄机构

图 6-15　平行双曲柄机构

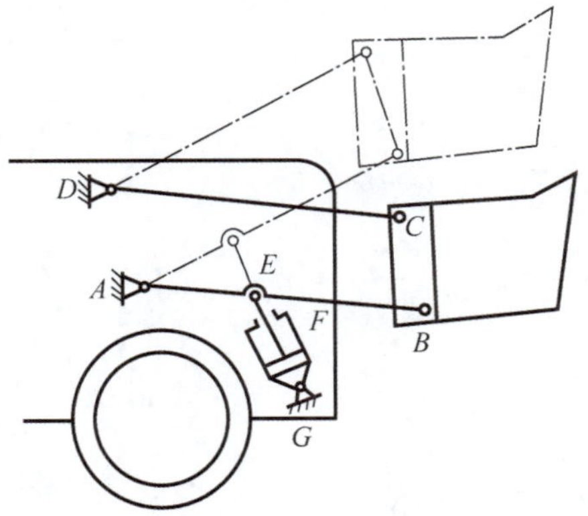

图 6-16　铲斗机构

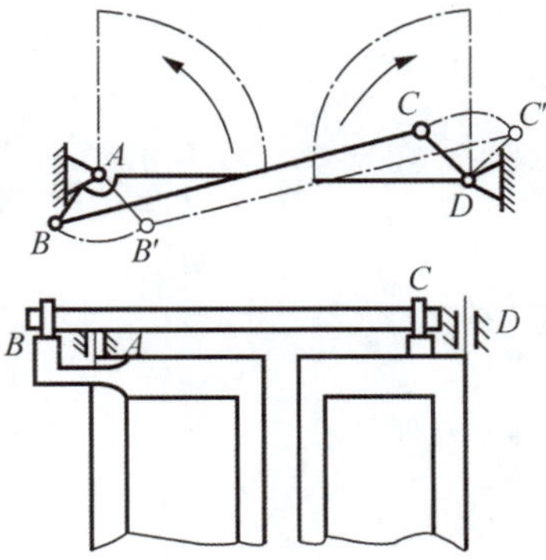

图 6-17　车门启闭机构

（3）双摇杆机构

两个连架杆都为摇杆的铰链四杆机构称为双摇杆机构。双摇杆机构可将一种摆动转化为另一种摆动。如图 6-18 所示为飞机起落架机构，当飞机起飞后要收回起落架时，连杆 AB 由下向上摆动带动从动件 CD 也由下向上摆动收起起落架。当飞机着陆时，连杆 AB 由上向下摆动带动从动件 CD 也由上向下放下起落架。如图 6-19 所示为汽车前轮转向机构，具有等长摇杆的双摇杆机构，又称等腰梯形机构。能使与摇杆固连的两前轮轴转过的角度不同，使车辆转弯时每一瞬时都绕一个转动中心 O 点转动。保证了四个轮子与地面之间做纯滚动，从而避免了轮胎由于滑拖所引起的磨损，增加了车辆转向的稳定性。

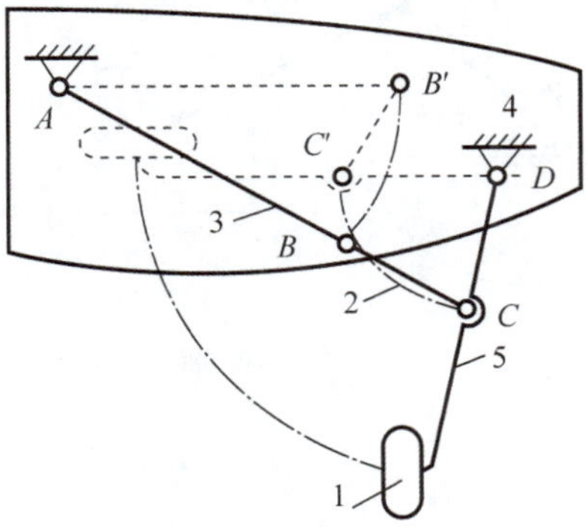

图 6-18　飞机起落架机构

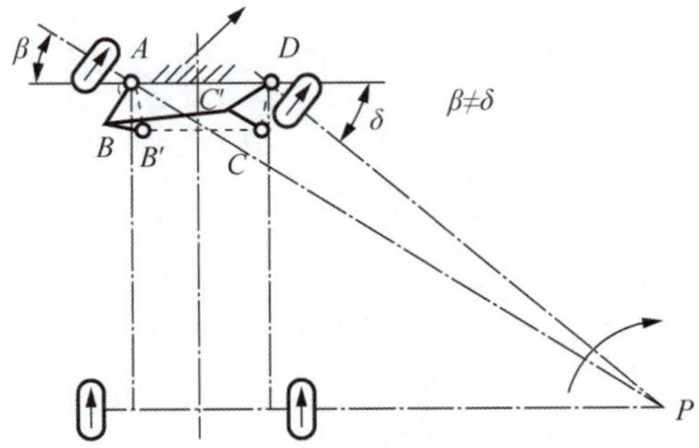

图 6-19　汽车前轮转向机构

2. 铰链四杆机构类型的判别

铰链四杆机构的类型与机构中是否与曲柄有关，必须同时具备以下两个条件，铰链四杆机构中才会存在曲柄。

（1）最短杆与最长杆长度之和小于或等于其余两杆长度之和。

（2）连架杆与机架必有一个是最短杆。

根据曲柄存在的条件，得出如下结论：在铰链四杆机构中，最短杆与最长杆长度之和小于或等于其余两杆长度之和，具体内容如下。

（1）取与最短杆相邻的杆做机架时，该机构为曲柄摇杆机构，如图 6-20（a）所示。

（2）取最短杆为机架时，该机构为双曲柄机构，如图 6-20（b）所示。

（3）取与最短杆相对的杆为机架时，该机构为双摇杆机构，如图 6-20（c）所示。

铰链四杆机构中，如果最短杆与最长杆长度之和大于其余两杆长度之和，则该机构为双摇杆机构，如图 6-20（d）所示。

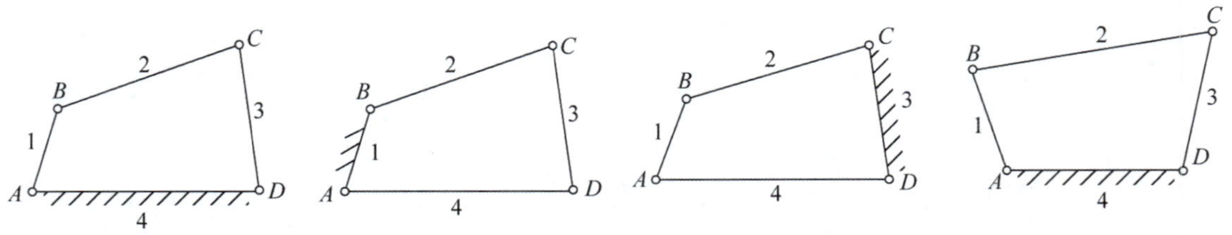

(a) 曲柄摇杆机构　(b) 双曲柄机构　(c) 双摇杆机构 1　(d) 双摇杆机构 2

图 6-20　铰链四杆机构类型的判别

(二) 含有移动副的四杆机构

1. 曲柄滑块机构

图 6-21 中，连架杆 AB 绕相邻机架 4 作整周转动，AB 为曲柄，另一个连架杆 3 在移动副中沿机架导路滑动，称为滑块，因此该机构称为曲柄滑块机构。曲柄滑块机构能实现回转运动与往复直线运动之间的互相转换，广泛应用于内燃机、活塞式压缩机、冲床机械中。当导路中心线通过曲柄转动中心时，为对心曲柄滑块机构，如图 6-21（a）所示；否则，称为偏置曲柄滑块机构，如图 6-21（b）所示。

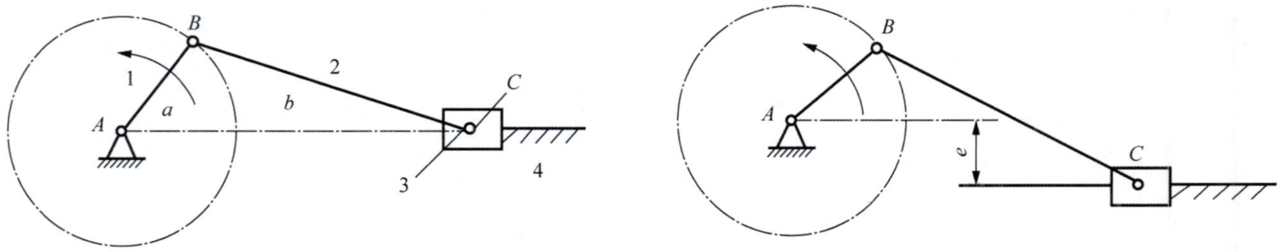

(a) 对心曲柄滑块机构　(b) 偏置曲柄滑块机构

图 6-21　曲柄滑块机构

2. 曲柄导杆机构

曲柄导杆机构可视为改变曲柄滑块机构中的机架演变而成。如图 6-22（a）所示为曲柄滑块机构，若将构件 1 固定为机架，那么构件 4 起引导滑块移动的作用，称为导杆。当 $l_1 < l_2$ 时，构件 2 和构件 4 均能做整周转动，此机构称为曲柄转动导杆机构，如图 6-22（b）所示。当 $l_1 > l_2$ 时，构件 2 能做整周转动，构件 4 只能绕 A 点在某一角度内往复摆动，此机构称为曲柄摆动导杆机构，如图 6-22（c）所示。曲柄导杆机构广泛应用于牛头刨床、插床等工作机构。

3. 曲柄摇块机构

如图 6-22（d）所示，若将构件 2 固定为机架，当 $l_1 < l_2$ 时，则构件 1 能绕 B 点做整周转动。滑块 3 与机架组成转动副而绕 C 点转动，故该机构称为曲柄摇块机构。如图 6-23 所示为卡车自动卸料机构。

4. 移动导杆机构

如图 6-22（e）所示，若将滑块 3 固定为机架，称为定块。导杆 4 相对于定块 3 做往复的直线运动，故称为移动导杆机构或定块机构，通常取构件 1 为主动件。如图 6-24 所示为手动抽水机。

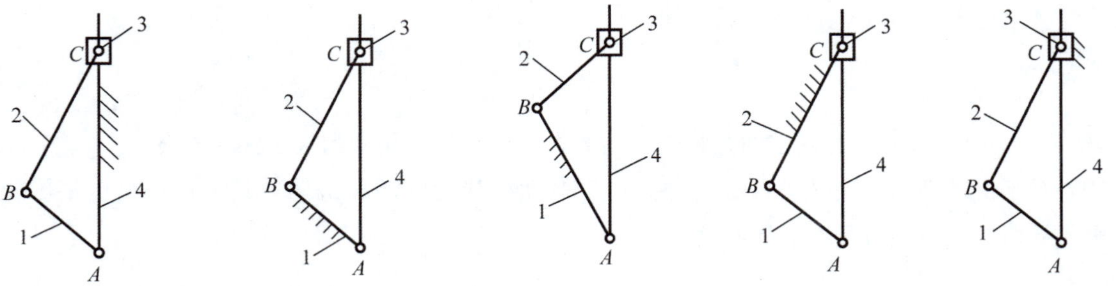

（a）曲柄滑块机构　（b）曲柄转动导杆机构　（c）曲柄摆动导杆机构　（d）曲柄摇块机构　（e）移动导杆机构

图 6-22　曲柄滑块机构的演化

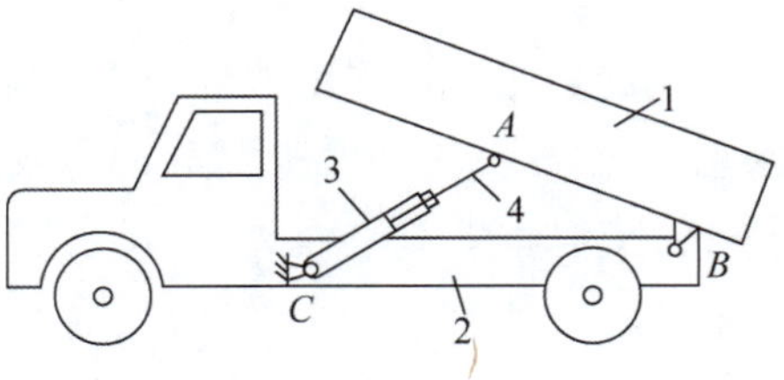

图 6-23　卡车自动卸料机构

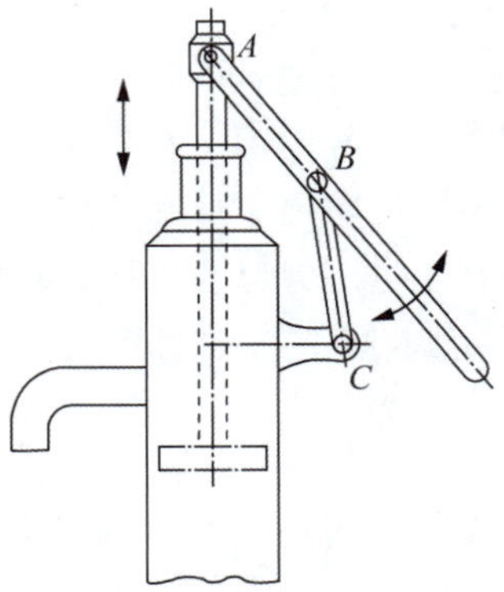

图 6-24 手动抽水机

二、平面四杆机构的基本性质

（一）急回特性

平面连杆机构中，从动件空回行程的速度比工作行程的速度大的特性称为连杆机构的急回特性。通常用行程速度变化系数 K 来表示这种特性。

如图 6-25 所示的曲柄摇杆机构中，选取曲柄 AB 为主动件，从动摇杆 CD 为工作件。在曲柄 AB 转动一周的过程中，曲柄 AB 与连杆 BC 有两次共线的位置 AB_1 和 AB_2。这时从动件摇杆分别位于两极限位置 C_1D 和 C_2D，其夹角 ϕ 称为摇杆摆角或行程。在摇杆位于两极限位置时，主动曲柄相应两位置 AB_1 和 AB_2 所夹的锐角 θ 称为曲柄的极位夹角。

当主动曲柄沿顺时针方向以等角速度 ω 从 AB_1 转到 AB_2 时，其转角 $\phi_1=180°+\theta$，所需时间为 $t_1=(180°+\theta)/\omega$。从动摇杆由左极限位置 C_1D 向右摆过 ψ 到达右极限位置 C_2D，取此过程作为作功的工作行程，C 点的平均速度为 $\boldsymbol{v}_1$。当曲柄继续由 AB_2 转到 AB_1 时，其转角 $\phi_2=180°-\theta$，所需时间为 $t_2=(180°-\theta)/\omega$。摇杆从 C_2D 向左摆过 ψ 回到 C_1D，取此过程为不作功的空回行程，点 C 的平均速度为 $\boldsymbol{v}_2$。由于 $\phi_1>\phi_2$，则 $t_1>t_2$。又因摇杆在两行程中的摆角都是 ψ，而所用的时间却不同。所以空回行程点 C 的平均速度 $\boldsymbol{v}_2$ 大于工作行程点 C 的平均速度 $\boldsymbol{v}_1$，说明曲柄摇杆机构具有急回特性。

工作件具有急回特性的程度，常用 $\boldsymbol{v}_2$ 与 $\boldsymbol{v}_1$ 的比值 K 来衡量，K 称为行程速度变化系数。即

$$K=\frac{v_1}{v_2}=\frac{C_2C_1/t_2}{C_2C_1/t_1}=\frac{t_1}{t_2}=\frac{180°+\theta}{180°-\theta} \tag{6-1}$$

K 的大小表示急回的程度，由式（6-1）可知，K 与 θ 有关。当 $\theta>0$ 时，$K>1$，说明机构具有急回特性；当 $\theta=0$ 时，$K=1$，机构不具有急回特性。θ 越大，K 越大，急回特性越显著，但从另一方面看，机构

运动的平稳性就越差。由式（6-1）可得

$$\theta = 180^\circ \times \frac{K-1}{K+1} \tag{6-2}$$

式（6-2）说明，若要得到既定的行程速比系数，只要设计出相应的极位夹角即可。

同理，对于主动件做等速转动，从动件做往复摆动或移动的四杆机构，都可按机构的极限位置画出极位夹角，从而判断其是否具有急回特性。

（二）压力角和传动角

作用于从动件上的力与该力作用点的速度方向所夹的锐角 α 称为压力角。压力角的余角 γ 称为传动角。

如图 6-26 所示的曲柄摇杆机构中，选取曲柄 AB 为主动件，摇杆 CD 为从动件。因摇杆绕 D 点做摆动（定轴转动），故其 C 点的速度 v_C 方向垂直于摇杆 CD。力 F 与速度 v_C 方向所夹锐角即为压力角 α。力 F 可分解为 $F_1 = F\cos\alpha$ 和 $F_n = F\sin\alpha$ 两分力，其中 F_1 是推动摇杆的有效分力。很显然压力角 α 越小，传动角 γ 越大，有效分力 F_1 越大，机构的传力性能越好。

压力角 α、传动角 γ 是判断机构传力性能的重要参数。机构在运行时，其压力角、传动角都随从动件的位置变化而变化。为保证机构有较好的传力性能，必须限制工作行程的最大压力角 α_{max} 或最小传动角 γ_{min}。对于一般机械 $\alpha_{max} \leqslant 50^\circ$ 或 $\gamma_{min} \geqslant 40^\circ$；对于高速重载机械 $\alpha_{max} \leqslant 40^\circ$，$\gamma_{min} \geqslant 50^\circ$。

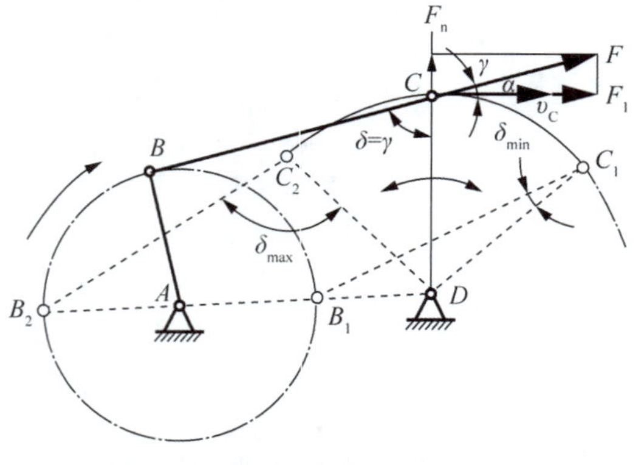

图 6-25　铰链四杆机构的急回运动

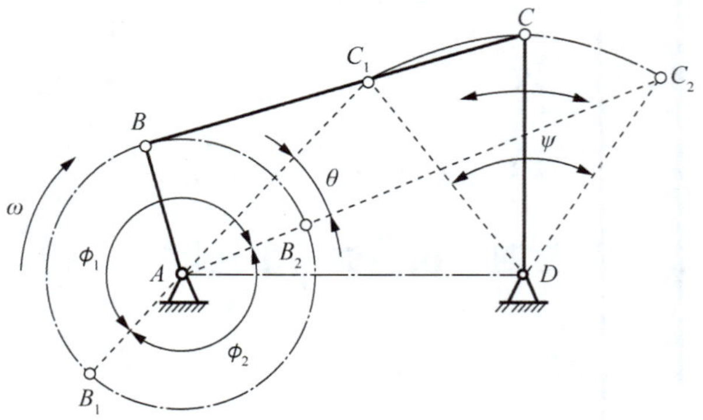

图 6-26　压力角和传动角

（三）死点位置

如图 6-27（a）所示的曲柄摇杆机构中，若摇杆 CD 为主动件，则当连杆 BC 与从动曲柄 AB 在共线的两个位置时，机构的传动角为零。即连杆作用于从动曲柄的力通过了曲柄的回转中心 A，不能推动曲柄转动，将机构的这种位置称为死点位置。当四杆机构的从动件与连杆共线时，机构一般都处于死点位置。如图 6-27（b）所示的曲柄滑块机构，若以滑块为主动件时，则从动曲柄 AB 与连杆 BC 共线的两个位置为死点位置。

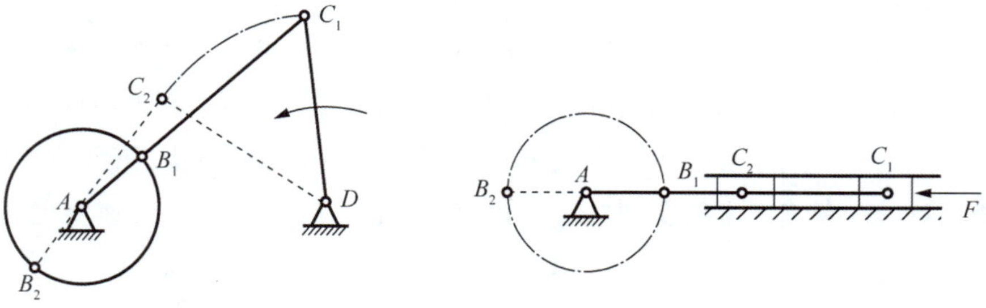

（a）曲柄摇杆机构的死点位置　　（b）曲柄滑块机构的死点位置

图 6-27　死点位置

为了使机构能顺利通过机构的死点位置而连续正常运转，曲柄摇杆机构和曲柄滑块机构可以安装飞轮，增大转动惯量；对于曲柄摆动导杆机构和双摇杆机构，则通常是限制主动件的摆动角度。

另一方面，机构在死点位置的传力特性，常在工程中也得到应用。如图 6-28 所示的夹具，当夹紧工件后，机构处于死点位置，反力 F_N 很大也不会松开，使工件夹紧牢固可靠。在夹紧和松开时在杆上只需加较小的力 F 即可。

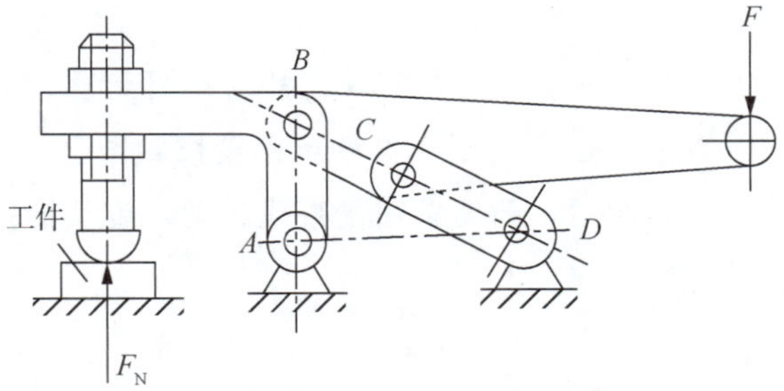

图 6-28 夹具

任务三 凸轮机构

知识储备

凸轮机构主要由凸轮、从动件和机架组成。凸轮是一个具有特殊曲线轮廓或凹槽的构件，能控制从动件的运动规律，因此凸轮通常为主动件，做等速转动。

一、凸轮机构的结构、特点和应用

当凸轮运动时，借助曲线轮廓（或凹槽），可使从动件做预期的运动。凸轮机构结构简单紧凑，设计方便，便于准确地实现给定的运动规律。因此，凸轮机构广泛应用于各种自动化机械、自动控制装置和仪表中。凸轮与从动件之间为点或线接触，属于高副；故不便润滑，易磨损。因此凸轮机构一般用于传递动力不大的场合。

如图 6-29 所示为内燃机的配气机构，当凸轮 1 等速回转时，迫使从动杆（气门阀杆）2 上、下移动，从而按时开启或关闭气阀。凸轮轮廓曲线形状决定了气阀开闭的起讫时间、速度和加速度的变化规律。

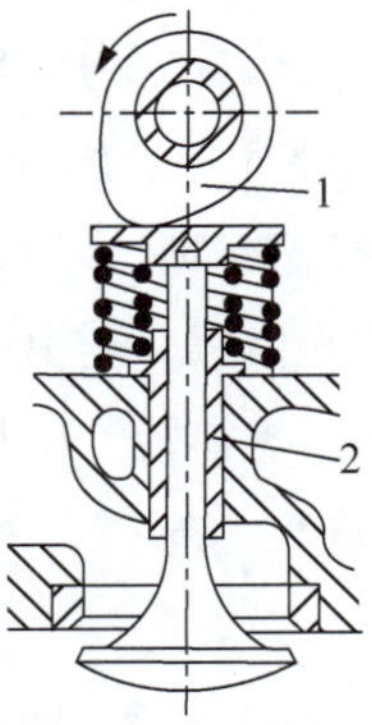

1-凸轮；2-从动杆。

图 6-29 内燃机的配气机构

二、凸轮机构的分类

凸轮机构的类型很多，通常按凸轮形状和从动件的形式进行分类。

(一) 按凸轮的形状分类

按凸轮的形状分类，具体内容如下。

(1) 盘形凸轮机构如图 6-30 (a) 所示，结构简单，适用于推杆行程较短的传动中，应用较广。

(2) 圆柱凸轮机构如图 6-30 (b) 所示，可用在推杆行程较长的场合。

(3) 移动凸轮机构如图 6-30 (c) 所示，凸轮做往复直线运动，推动推杆在同平面做往复运动。

(二) 按从动件的形式分类

按从动件的形式分类，具体内容如下。

(1) 顶杆从动件凸轮机构如图 6-31 (a) 所示。构造简单，但易于磨损，只适用于作用力不大、低速的场合。

(2) 滚子从动件凸轮机构如图 6-31 (b) 所示。由于滚子与凸轮轮廓之间为滚动摩擦，所以磨损小，用于传递较大的动力，应用较广。

(3) 平底凸轮机构如图 6-31 (c) 所示。由于凸轮对推杆的作用力始终垂直于推杆的底面，所以受力平稳，且凸轮与平底接触面间容易形成油膜，润滑较好。

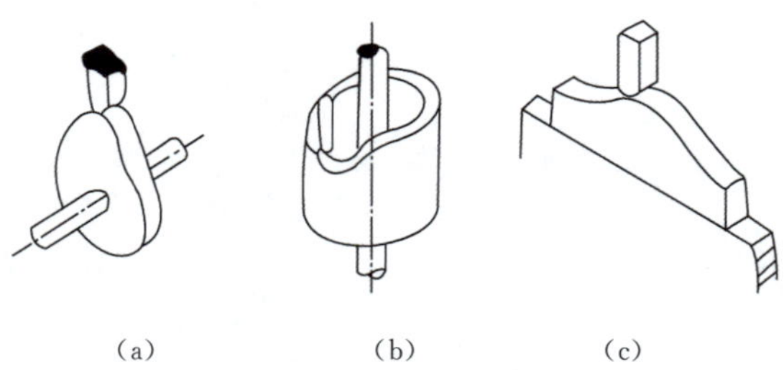

图 6-30　按凸轮形状分类

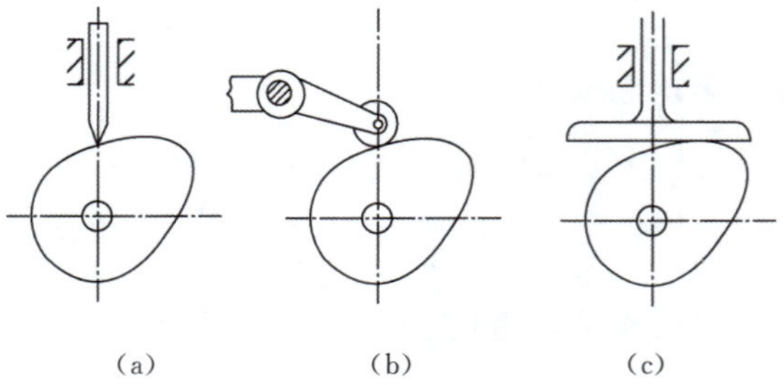

图 6-31　按从动件形式分类

三、凸轮机构的运动过程和运动参数

如图 6-32 (a) 所示为尖顶移动盘形凸轮机构。以凸轮轴心 O 为圆心，以凸轮轮廓最小向径 r_b 所作的圆称为基圆，r_0 称为基圆半径。图示位置是从动件移动上升的起点，同时也是从动件顶尖所处的最低点 A。

当凸轮以等角速度 ω_1 顺时针转过 δ_0 时，从动件在向径增大的凸轮轮廓作用下，以一定的运动规律被推到离回转中心最远位置 B' 处，这一过程称为推程。与推程对应的凸轮转角 δ_0 称为推程运动角，从动件移动的距离称为从动件的升程。当凸轮继续转过 δ_s 时，以 O 为圆心的圆弧 BC 与从动件接触，使从动件在最远处静止不动。此时从动件移动的距离称为停程，与其对应转角 δ_s 称为远休止角。凸轮继续转动 δ_h 时，从动件在其重力或弹簧力作用下按一定运动规律沿 CD 回到初始位置，此过程称为回程，δ_h 被称为回程运动角。当凸轮再继续转过 δ_s' 时，因凸轮轮廓为圆弧，故从动件保持不动，δ_s' 称为近休止角。凸轮继续转动时，从动件将重复上述过程。

从上述凸轮机构的运动过程分析可知，从动件运动的位移、速度、加速度随凸轮转角而变化，这种变化关系称为从动件的运动规律。如图 6-32 (b) 为从动件位移曲线。位移曲线直观地表示了从动件的位移变化规律，是凸轮轮廓设计的依据。

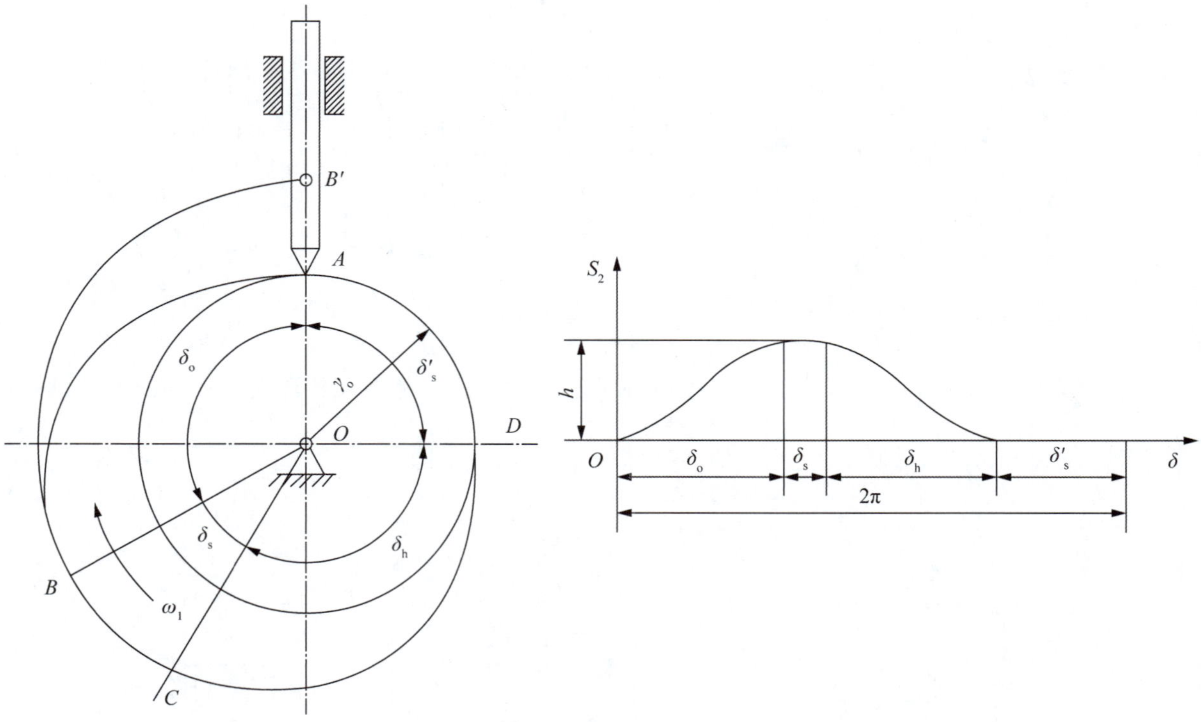

(a) 尖顶移动盘形凸轮机构　　　　(b) 从动件位移曲线

图 6-32　凸轮机构的运动过程

从动件运动规律的确定取决于机器的工作要求，因此是多种多样的。

四、凸轮和滚子的材料及结构

（一）凸轮和滚子的材料

通常，凸轮机构工作时要承受冲击载荷，且凸轮表面有严重的磨损，凸轮轮廓磨损后会导致从动件运动不准确。因此要求凸轮表面硬度要高且耐磨，而芯部要有较好的韧性。

在低速（$n \leqslant 100$ r/min）、轻载的场合，凸轮采用 40、45 钢调质；在中速（100 r/min $< n <$ 200 r/min）、中载的场合，采用 45 或 40Gr 钢表面淬火或 20Gr 渗碳淬火；在高速（$n \geqslant 200$ r/min）、重载的场合，采用 40Gr 高频感应加热淬火。

滚子常采用 45 钢或 T9、T10 等工具钢材料制造；要求较高的滚子可用 20Gr 钢渗碳淬火处理。

（二）凸轮和滚子的结构

当凸轮轮廓尺寸接近轴径尺寸时，凸轮与轴可做成一体，如图 6-33 所示；当尺寸相差较大时，凸轮和轴的固定采用平键连接如图 6-34 所示，销连接如图 6-35 所示。

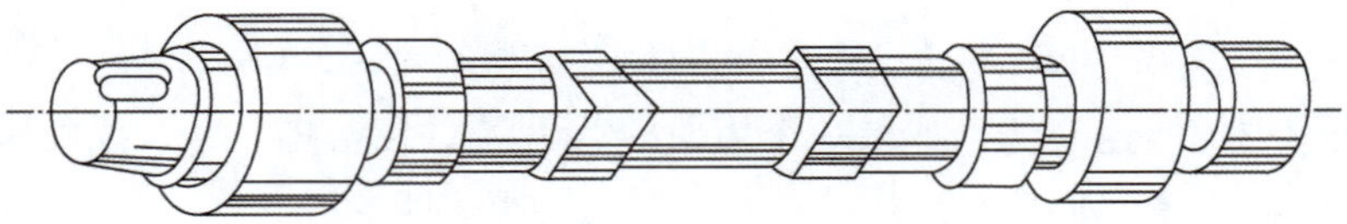

图 6-33　凸轮轴

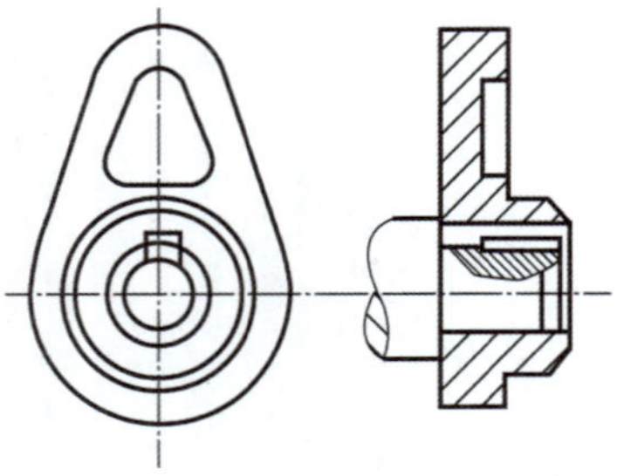
图 6-34　平键连接

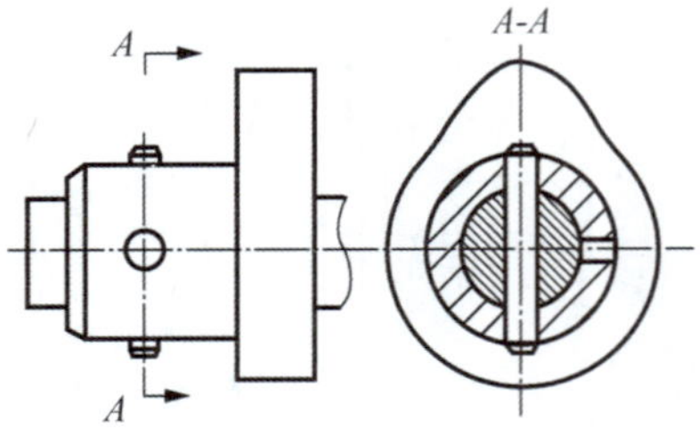

图 6-35　销连接

常见的滚子装配结构如图 6-36 所示，无论哪种装配结构形式，都必须保证滚子能相对于从动件的自由转动。

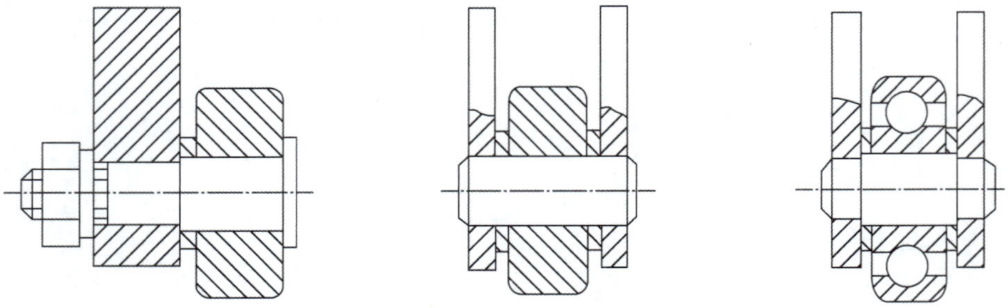
（a）螺栓连接圆柱滚子　（b）轴连接圆柱滚子　（c）轴连接滚动轴承

图 6-36　滚子装配结构

思考与练习

一、填空题

1. 通常将机器和机构统称为__________。
2. __________是指组成机构的所有构件均在同一个平面或相互平行的平面内运动的机构。
3. 平面四杆机构有三种基本形式，即______机构，______机构和______机构。
4. 两构件通过面接触组成的运动副称为__________。
5. 除主动件以外的全部活动构件称为__________。

二、选择题

1. 组成运动副的两构件只能绕某一轴线在一个平面内做相对转动的运动副称为（　　）。

A. 移动副　B. 转动副　C. 高副

2. 机构中的固定构件称为（　　）。

A. 机架　B. 主动件　C. 连架杆

3. 在铰链四杆机构中的两连架杆，如果一个为曲柄，另一个为摇杆，那么该机构就称为（　　）。

A. 曲柄滑块机构　B. 双摇杆机构　C. 曲柄摇杆机构

4. 在曲柄摇杆机构中，只有当（　　）为主动件时，在运动中才会出现“死点”位置。

A. 连杆　B. 曲柄　C. 摇杆

5. 当急回特性系数为（　　）时，曲柄摇杆机构才有急回运动。

A. $K<1$　B. $K=1$　C. $K>1$

三、判断题

1. 铰链四杆机构都有摇杆这个构件。（　）
2. 曲柄和连杆都是连架杆。（　）
3. 在平面连杆机构中，只要以最短杆做固定机架，就能得到双曲柄机构。（　）
4. 压力角是主动件所受驱动力的方向线与该点速度的方向线之间的夹角。（　）
5. 曲柄滑块机构能把主动件的等速旋转运动变成从动件的直线往复运动。（　）

四、简答题

1. 简述机器的基本组成、机器的特征，构件与零件的定义。

2. 什么是运动副？有哪些类型？

3. 什么是物体运动的自由度？平面上自由运动物体有几个自由度？是怎样的运动形式？

4. 要使连架杆成为曲柄，需满足什么条件？

5. 怎样可以使机构顺利通过“死点”而连续正常运转？

项目七

机械传动

项目导入

本项目主要介绍汽车传动装置中所用带的类型及传动带的结构和标记；链传动的特点、应用及运动特性；渐开线的形成及性质，圆柱齿轮的啮合条件；重点介绍齿轮的基本参数和几何尺寸的计算。

◆知识目标

1. 了解：带传动、链传动的类型和特点；汽车用传动带的结构和标记；齿轮传动的类型和特点，及正确啮合条件。

2. 掌握：各种带传动、链传动在汽车中的应用；标准圆柱齿轮几何尺寸的计算。

◆能力目标

能够准确掌握汽车各传动带的结构和标记、齿轮传动的啮合条件以及标准圆柱齿轮几何尺寸的计算。

◆考核标准

1. 应知：汽车用各种传动带的标记；渐开线齿廓的啮合特性，圆柱齿轮的基本参数及其传动的正确啮合条件。

2. 应会：各种带传动在汽车中的具体应用；圆柱齿轮几何尺寸的计算。

任务一 带传动和链传动

知识储备

带传动和链传动在汽车等各类机械中是应用比较广泛的传动方式。

一、带传动的类型、特点和应用

(一) 带传动的类型和特点

带传动是利用挠性带张紧在主、从动轮上，依靠带与带轮间的摩擦力来传递运动和动力的传动装置。带传动传动平稳、结构简单、成本低廉，适用于两轴中心距较大的场合，常用于减速运动中。

带传动主要由主动带轮、从动带轮和传动带等组成，如图 7-1 所示。

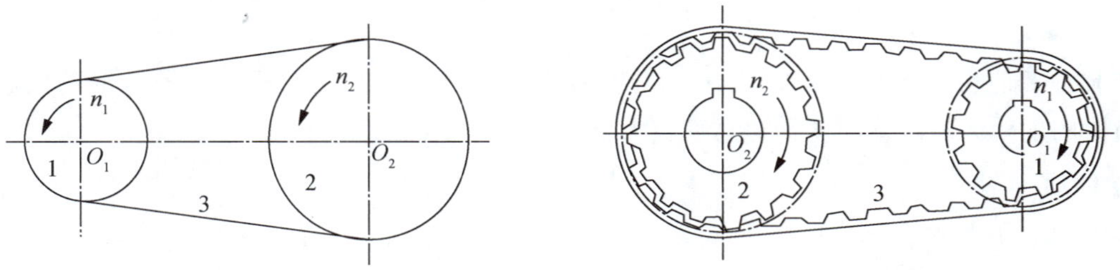

（a）摩擦型　（b）啮合型

1—主动带轮；2—从动带轮；3—传动带。

图 7-1 带传动

按工作原理不同，带传动分为摩擦型和啮合型两大类。如图 7-2 所示为摩擦型带传动，由于带紧套在带轮上，使带与带轮之间的接触面间产生正压力。当驱动力矩使主动轮转动时，带和带轮之间将产生摩擦力而驱动带运动，带又靠摩擦力使从动轮克服阻力矩而转动。如图 7-3 所示为啮合型带传动，依靠带内侧的齿与齿形带轮的啮合来传递运动和动力，也称为同步带传动。

摩擦带传动，按带的截面形状可分为平带、V 带、多楔带和圆带，如图 7-2 所示。啮合型带传动有同步带和齿孔带两种，分别如图 7-3（a）和图 7-3（b）所示。

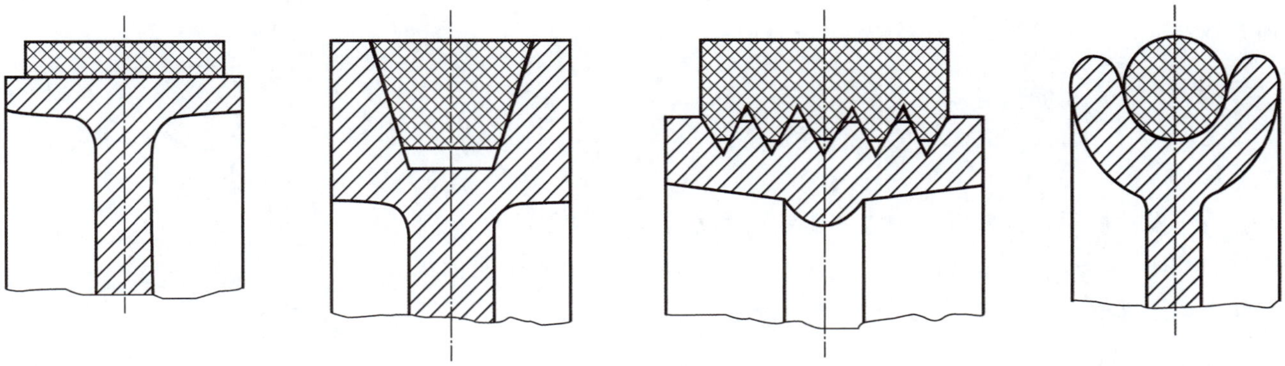

（a）平带　（b）V 带　（c）多楔带　（d）圆带

图 7-2 摩擦型带传动

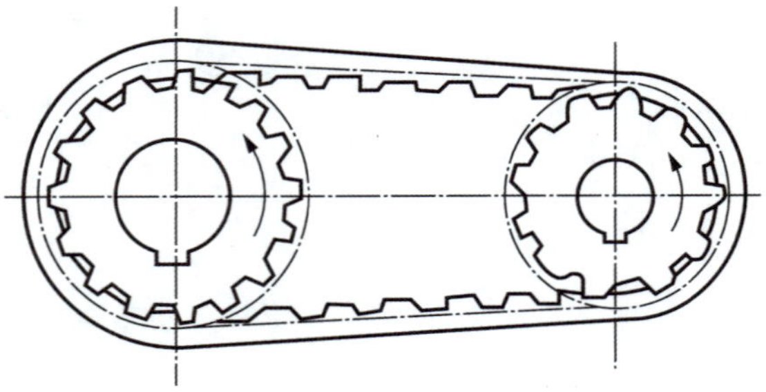
(a) 同步带

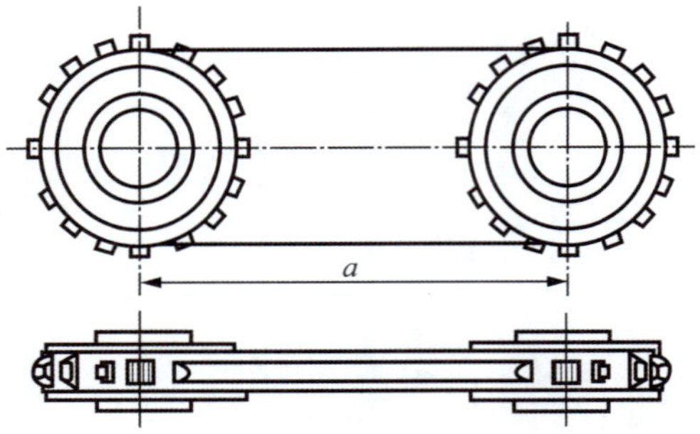

(b) 齿孔带

图 7-3 啮合带传动

1. 平带传动

平带截面为扁平矩形，工作面为内表面，如图 7-2（a）所示。平带传动结构简单，带轮制造容易，常用于中心距较大的场合，也广泛用于高速带传动。

2. V 带传动

V 带的横截面为等腰梯形，工作面为两侧面，如图 7-2（b）所示。工作时两侧面与轮槽侧面接触，产生的摩擦力较大，传递的功率比平带大得多，且结构紧凑，因此广泛应用于动力传动。

3. 多楔带传动

多楔带兼有平带和 V 带的优点，工作面为楔的侧面，如图 7-2（c）所示。带与带轮接触面数较多，摩擦力和横向刚度较大，故常用于传递功率较大且要求结构紧凑的场合。

4. 圆带传动

圆带的横截面为圆形，如图 7-2（d）所示。传递的功率较小，一般用于低速、轻载传动，如仪表、牙科医疗器械等。

同步带为啮合型传动带，其横截面为矩形，所以没有弹性打滑。可用于要求传动比准确、结构紧凑的场合。同步带薄而轻、强度高，带速可达 40 m/s，传动比可达 10，传递功率可达 200 kW；传动效率高，可接近 0.98；但同步带对制造和安装要求较高。

带传动的优点：结构简单，维护方便，制造和安装精度要求不高；带富有弹性，能缓冲吸振，运行平稳，噪声小；适合较大中心距的两轴间的传动。此外，当工作机械发生过载时，传动带会在带轮上打滑，可避免其他零件发生硬性损伤。

带传动的缺点：由于带与带轮之间有弹性滑动，不能确保两轴间的理论传动比；由于带的抗拉强度小，不能传递大的功率，通常小于 50 kW；不能一次变速很大，其传动比一般小于 7。

在多级减速传动装置中，带传动多用于与原动机相连的高速级。带的运行速度也是带轮的圆周速度，通常选在 5～25 m/s 为宜。

（二）带传动的应用

1. V 带

汽车发动机附件（发电机、空调压缩机和水泵）常采用两根 V 带驱动。如图 7-4 所示为 2 气门发动机 V 带传动，曲轴通过 V 带驱动水泵和空调压缩机，再通过空调压缩机驱动发电机。

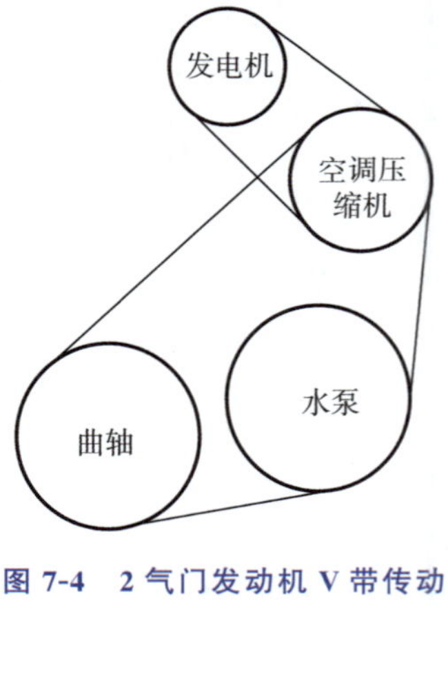

图 7-4 2 气门发动机 V 带传动

2. 多楔带

由于多楔带的性能优于 V 带，所以汽车发动机附件也常采用多楔带。如图 7-5 所示为 5 气门发动机附件（发电机、空调压缩机和动力转向泵），采用双面多楔带驱动。

3. 同步带

奥迪、大众、沃尔沃、标致雪铁龙等发动机曲轴与凸轮轴间的传动（正时传动）均采用同步带传动。不但保证了传动的精确性，而且噪声小、不需润滑。如图 7-6 所示为 5 气门发动机同步带传动图。

切边带又分普通式、底胶夹布式和有齿式三种形式，如图 7-7 所示。

汽车 V 带是标准件，应具有对称的梯形横截面，其型号根据 V 带的顶宽分为 AV10、AV13、AV15、AV17、AV22 等五种型号，AV 后面的数字表示顶宽的大小，mm。

汽车 V 带的标记内容和顺序为：型号、有效长度公称值、标准号。如，AV13 型汽车 V 带，有效长度公称值为 1 000 mm，其标记为 AV13×1000 GB 12732。

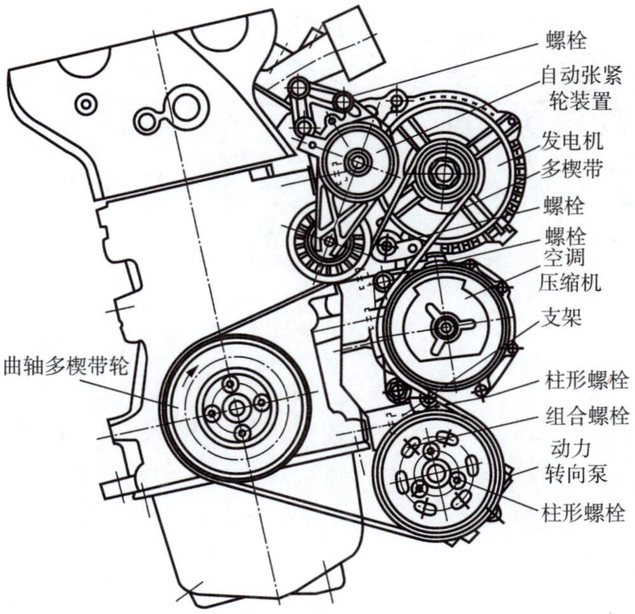

图 7-5　5 气门发动机多楔带驱动

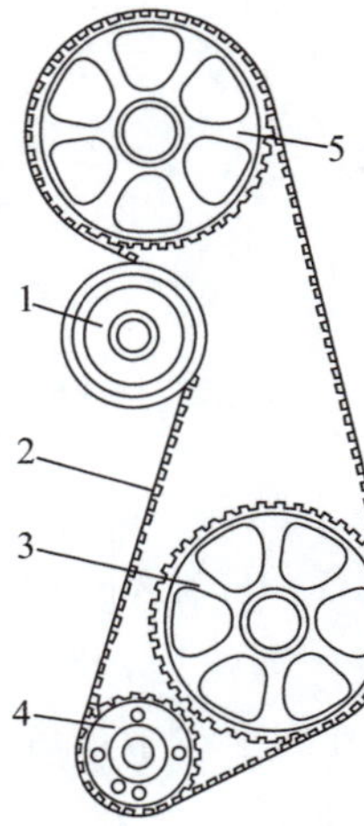

1—张紧轮；2—同步带；3—中间轴同步带轮；
4—曲轴同步带轮；5—凸轮轴同步带轮。

图 7-6　5 气门发动机同步带传动图

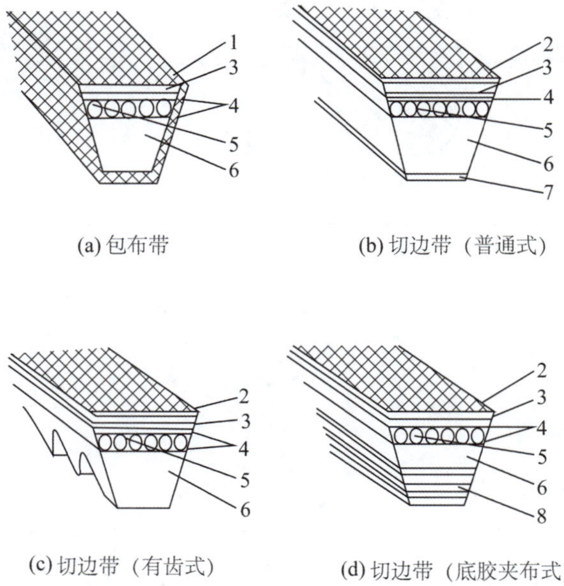

1—包布；2—顶布；3—顶胶；4—缓冲胶；5—抗拉体；6—底胶；7—底布；8—底胶夹布。

图 7-7　汽车 V 带结构

二、汽车带传动的结构与标记

（一）多楔带的结构和标记

汽车多楔带结构如图 7-8 所示。带的型号用来表示截面形状和尺寸，只采用：PK 一种型号，双面多楔带为 DPK。汽车多楔带的规格包括带楔数、型号和有效长度，采用以下数字和字母顺序进行标记。第一组数字表示带楔数、一组字母表示型号、有效长度。如 6PK 1150 表示楔数为 6，有效长度为 1 150 mm 的汽车多楔带。

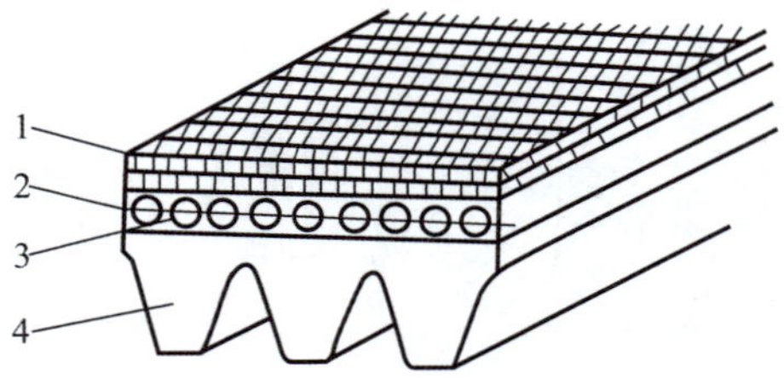

1—带背织物；2—抗拉体；3—黏合胶；4—楔胶。

图 7-8　汽车多楔带结构

（二）同步带的结构和标记

汽车同步带结构如图 7-9 所示，分为两种型号：ZA 型（用于较轻负荷）和 ZB 型（用于较重负荷）、ZH 型（圆弧齿，H 系列）、YH 型（圆弧齿，H 系列）、ZR 型（圆弧齿，R 系列）、YR 型（圆弧齿，R 系列）、ZS 型（圆弧齿，S 系列）、YS 型（圆弧齿，S 系列）。ZA 和 ZB 两种型号的节距 C 相同，均为 9.525 mm。其区别在于带齿尺寸。

汽车同步带用数字和字母按以下顺序表示带的标记：齿数、齿形、宽度。如 80 个齿、19 mm 宽，ZA 型带的标记为：80ZA19。

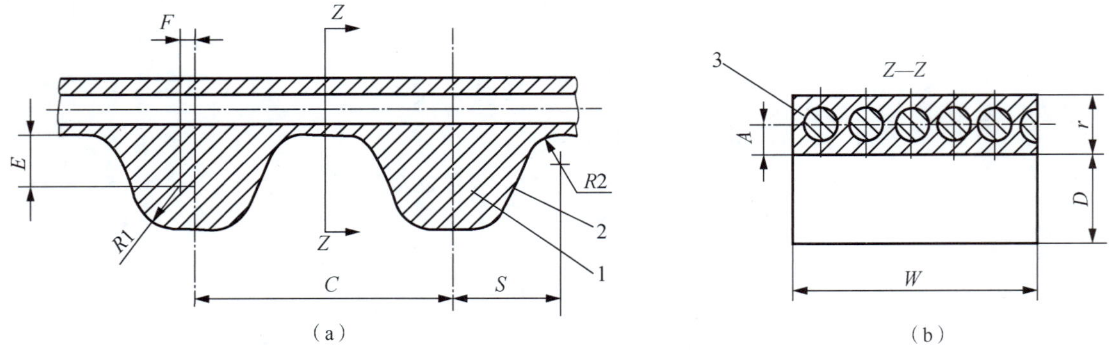

1—混合物；2—尼龙；3—玻璃纤维芯线。

图 7-9　汽车同步带结构

三、带传动的张紧和维护

（一）带传动的张紧装置

传动带使用一段时间后会因带的伸长而松弛，及时将传动带张紧是保证带传动正常工作的基础。传动带的张紧通常采用调整中心距和张紧轮的方法。

1. 调整中心距的方法

一般水平或垂直以及接近水平（垂直）传动，利用调整螺钉调整中心距离，如图 7-10（a）、图 7-10

(b) 所示。图 7-10 (c) 中所示为重力自动张紧方法。

2. 安装张紧轮的方法

中心距不能调的情况采用此法，如图 7-11 (a) 所示为平带传动。利用重锤使张紧轮张紧平带，将它安放在松边外侧，并靠近小带轮处。平带张紧还可增大小带轮包角，提高传动能力；V 带将张紧轮安放在松边内侧，靠近大带轮，如图 7-11 (b) 所示。

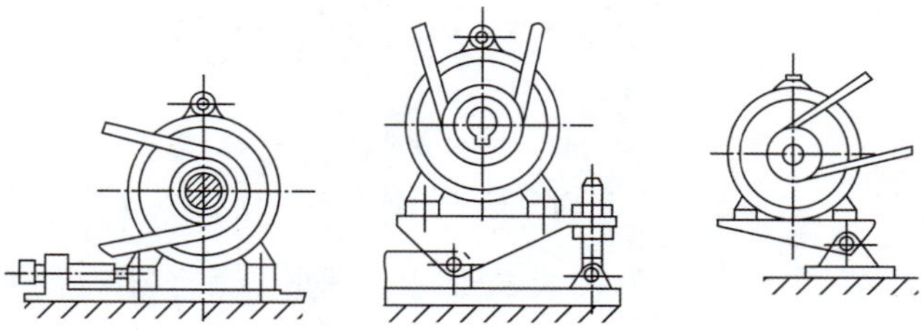

(a) (b) (c)

图 7-10 带传动调整中心距的张紧方法

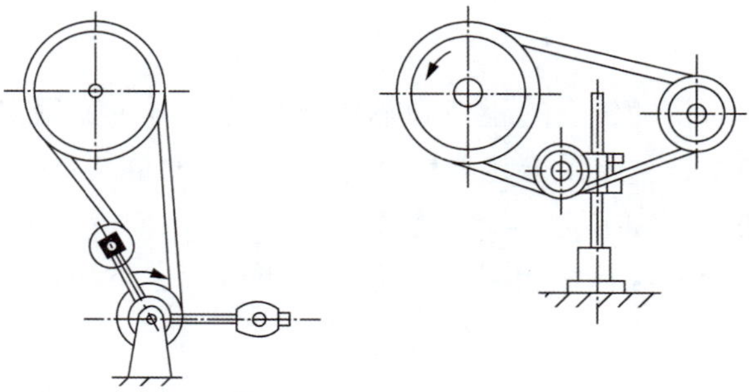

(a) (b)

图 7-11 带传动安装张紧轮的张紧方法

(二) 带传动的维护

(1) 传动带应防止与酸、碱、油等对橡胶有腐蚀的介质接触，以延长其使用寿命。

(2) 对于 V 带传动，更换 V 带时，应全部更换，以免新旧带混用形成载荷分配不均，造成新带的急剧损耗。

(3) 安装传动带时，两轴必须平行，两带轮的轮槽必须对准，否则会加速带的磨损。

注意：安装时应先将中心距减小，松开张紧轮，带装好后再调整到合适的张紧程度。不能将带强行撬入。

四、链传动的结构、特点和应用

(一) 链传动的结构和特点

链传动是由主、从动链轮以及绕在两轮上的挠性链条组成，如图 7-12 所示。工作时，靠链轮轮齿与链节的啮合传递运动和动力。因此，链传动属于具有中间挠性件的啮合传动。

链传动的主要优点：没有弹性滑动和打滑，能得到准确的平均传动比；需要的张紧力小，作用在轴和轴承上的压力也较带传动小；适于两轴间距离较大的传动；传递功率大，传动效率高；能在潮湿、多尘、高温、有油污等恶劣条件下工作。与齿轮传动相比，链传动的制造和安装精度也较低，故成本低廉，易于实现较大中心距的传动。

链传动的主要缺点：瞬时链速和瞬时传动比不恒定。因此，传动平稳性差，工作时冲击、震动和噪声较大，且载荷变化大和急速反向转动时性能差。

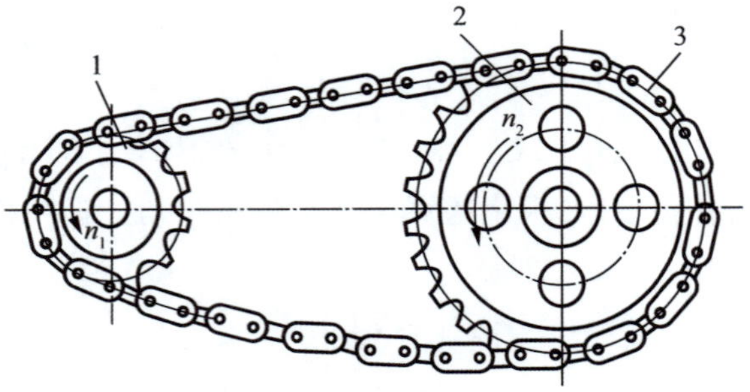

1—主动链轮；2—从动链轮；3—链条

图 7-12　链传动

从上述可知，链传动广泛用于中心距较大、要求平均传动比准确的传动；环境恶劣的开式传动；低速、重载传动和润滑良好的高速传动中，如农业机械、矿山机械、机床及摩托车等。通常链传动的传动比 $i \leqslant 8$，传递功率 $P < 100$ kW，中心距 $a = 5 \sim 6$ m，链速 $v \leqslant 15$ m/s，传动效率 η 约为 0.94～0.98。

2. 链传动的类型

按用途的不同，链条可分为传动链、起重链和输送链。传动链主要用来传递运动和动力，是链传动的主要组成之一；起重链和输送链主要用于起重和运输机械。下面重点介绍传动链。

传动链主要包括滚子链如图 7-13 所示和齿形链如图 7-14 所示。齿形链又称无声链，与滚子链相比，具有运转平稳、噪声小、承受冲击载荷能力强等优点。但重量大、结构较复杂、成本较高，一般只用于高速传动。

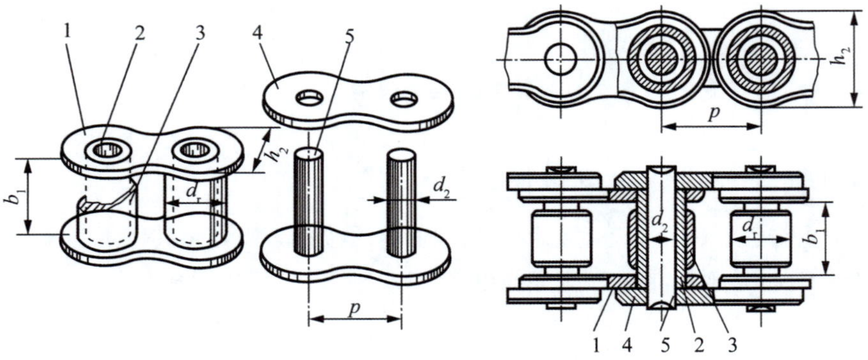

1—外链板；2—内链板；3—销轴；4—套筒；5—滚子。

图 7-13　滚子链结构

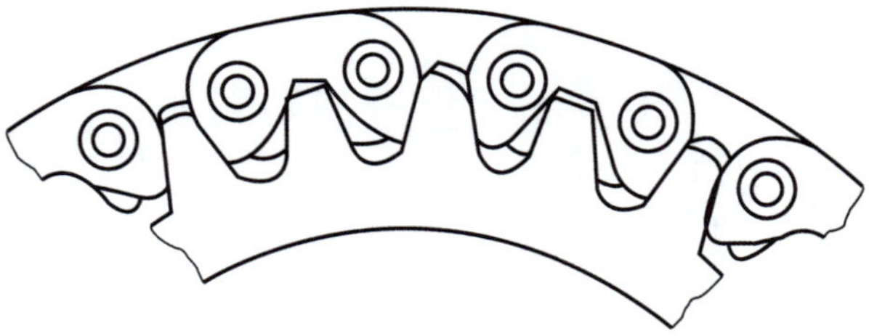

图 7-14　齿形链结构

（三）链传动的运动特性

1. 平均链速和平均传动比

链条进入链轮后，呈正多边形绕在链轮上，正多边形的边长为链节距 p，边数等于链轮的齿数 z。链轮转动一周，链条移动的距离为多边形的周长 zp，则链的平均速度为

$$v=\frac{z_1pn_1}{60\times 1\ 000}=\frac{z_2pn_2}{60\times 1\ 000} \tag{7-1}$$

由上式可得到链的平均传动比

$$i=\frac{n_1}{n_2}=\frac{z_2}{z_1} \tag{7-2}$$

式中，v 为链速，m/s；p 为链节距，mm；n_1、n_2 分别为主、从动轮的转速，r/min；z_1、z_2 分别为主、从动轮的齿数。

2. 瞬时链速和瞬时传动比

由式（7-2）可知，链传动平均速度和传动比均是定值。但事实上，由于多边形效应，瞬时链速和瞬时传动比都是变化的。如图 7-15 所示为铰链 A 进入啮合时的瞬时位置。

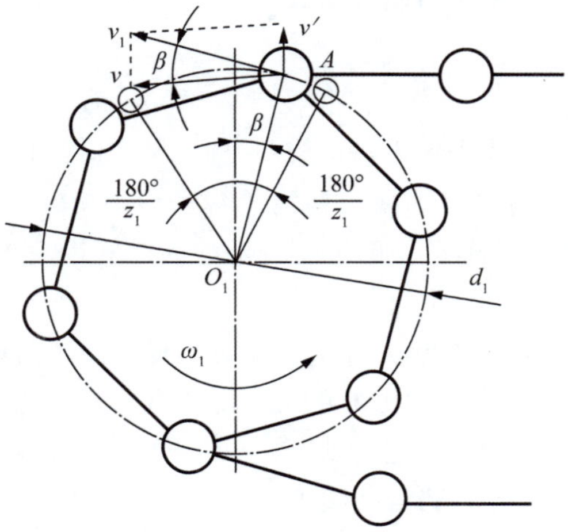

图 7-15　铰链 A 进入啮合时的瞬时位置

设主动链轮以等角速度 $\bar{\omega}_1$ 旋转，并设链条的紧边在传动中始终处于水平位置。链的瞬时速度 v 等于链轮分度圆上 A 点圆周速度 v_1 的水平分量，其值为

$$v=v_1\cos\beta=\frac{d_1\bar{\omega}_1}{2}\cos\beta \tag{7-3}$$

上式中，β 为铰链的圆周速度 v_1 与水平线的夹角。在链节从进入啮合到完成啮合的过程中，β 角的大小随链轮的转动而变化，其变化范围为 $-\frac{180^\circ}{z_1}\sim+\frac{180^\circ}{z_2}$。当 $\beta=0^\circ$ 时，链速最大，$v_{\max}=\frac{d_1\bar{\omega}_1}{2}$；当 $\beta=\pm\frac{180^\circ}{z_1}$ 时，链速最小，$v_{\min}=\left(\frac{d_1\bar{\omega}_1}{2}\right)\cos\frac{180^\circ}{z_1}$。由此可知，链速的变化趋势是由小变大，再由大变小，且每转过一个链节周期性地变化一次。

由于链速 v 周期性变化，导致从动链轮角速度也做周期性变化。故瞬时传动比 $i=\frac{\bar{\omega}_1}{\bar{\omega}_2}$ 也不恒定，呈周期性变化。这种现象称为链传动的运动不均匀性。

链条在垂直方向上的分速度 $v'=v_1\sin\beta=(d_1\bar{\omega}_1/2)\sin\beta$ 也作周期性的变化，从而引起链条工作时的上下抖动。同时由于链速的变化使链产生加速度，从而使从动轮产生角加速度，导致引起动载荷。

根据以上分析可知，在链传动过程中不可避免地会产生震动和动载荷。因此，在设计链传动时，为了减轻震动和动载荷，应尽量增加链轮齿数，并减小节距，且链传动不宜放在高速级。

任务二 齿轮传动

知识储备

齿轮传动是现代机械中应用最广的传动机构之一。

蜗杆传动用于传递两交错轴之间的运动和动力，两轴的交角通常为 90°。蜗杆传动由蜗杆和蜗轮组成，蜗杆常为主动件。蜗杆传动也是一种齿轮传动。

一、齿轮传动的类型与特点

按照两轴的相对位置，可将其分为平面齿轮机构和空间齿轮机构两大类。

两轴平行的齿轮传动称为平面齿轮传动或圆柱齿轮传动如图 7-16（a）、图 7-16（b）、图 7-16（c）、图 7-16（d）、图 7-16（e）所示；两轴不平行的齿轮传动称为空间齿轮传动如图 7-16（f）、图 7-16（g）、图 7-16（h）、图 7-16（i）、图 7-16（j）。

按照工作条件，齿轮传动可分为闭式传动和开式传动。闭式传动的齿轮封闭在刚性箱体内润滑和工作条件良好，重要的齿轮传动都采用闭式传动；开式传动的齿轮是外露的，不能保证良好润滑，且易落入灰尘、杂质，故齿面易磨损，只易用于低速传动。

此外还可按照速度高低、载荷大小、齿廓曲线形状、齿面硬度进行分类。

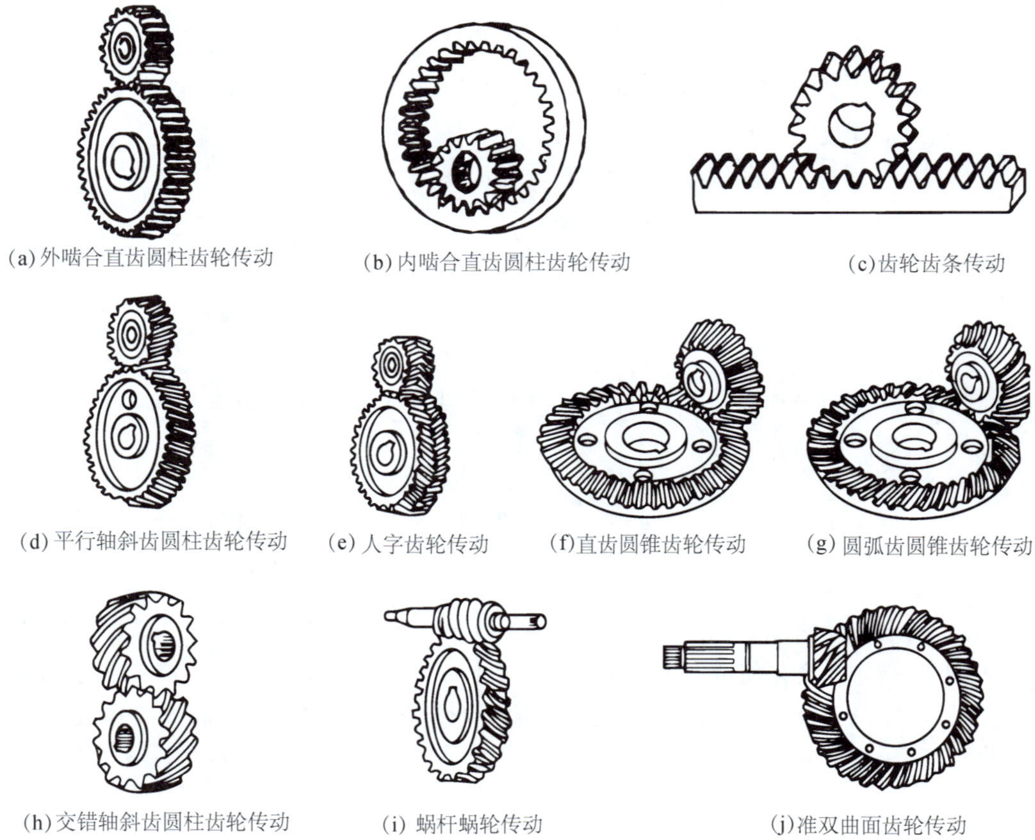

(a) 外啮合直齿圆柱齿轮传动　(b) 内啮合直齿圆柱齿轮传动　(c) 齿轮齿条传动

(d) 平行轴斜齿圆柱齿轮传动　(e) 人字齿轮传动　(f) 直齿圆锥齿轮传动　(g) 圆弧齿圆锥齿轮传动

(h) 交错轴斜齿圆柱齿轮传动　(i) 蜗杆蜗轮传动　(j) 准双曲面齿轮传动

图 7-16　齿轮传动的类型

齿轮传动与其他传动形式相比具有以下优点：运行平稳，能保证恒定的传动比；结构紧凑、工作可靠、寿命长、效率高；功率和速度的适用范围广。但齿轮传动的制造和安装精度要求高，故成本较高；

不适合于中心距较大的传动。

齿轮的轮齿齿廓（即外形）曲线并非随意选取的，为了保证齿轮传动的平稳性，对齿轮齿廓曲线的特性有一定的要求，即任一瞬时的传动比恒定。

二、渐开线的形成及性质

满足齿轮传动基本要求的齿廓曲线有渐开线、摆线和圆弧。其中渐开线齿廓应用较普遍，其形成原理如图 7-17 所示。当直线 NK 沿半径为 r_b 的圆做纯滚动时，直线上任一点 K 的轨迹 AK，就是该圆的渐开线。在图 7-17 中的圆称为渐开线的基圆，r_b 为基圆半径，直线 NK 称为渐开线的发生线。渐开线齿轮可用齿廓就是由同一基圆形成的两条反向渐开线的某段组成的，如图 7-18 所示。

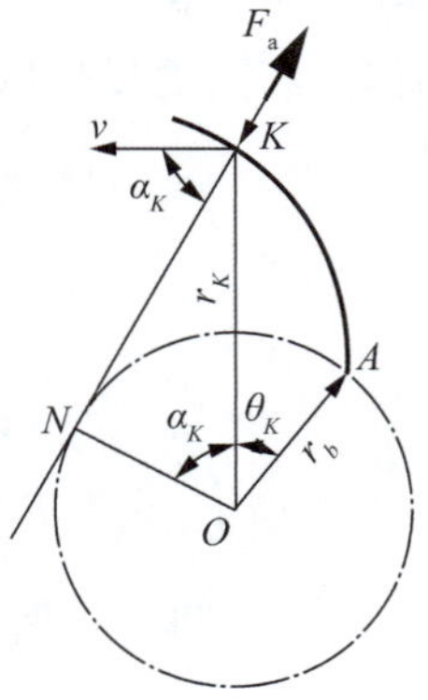

图 7-17 渐开线的形成原理

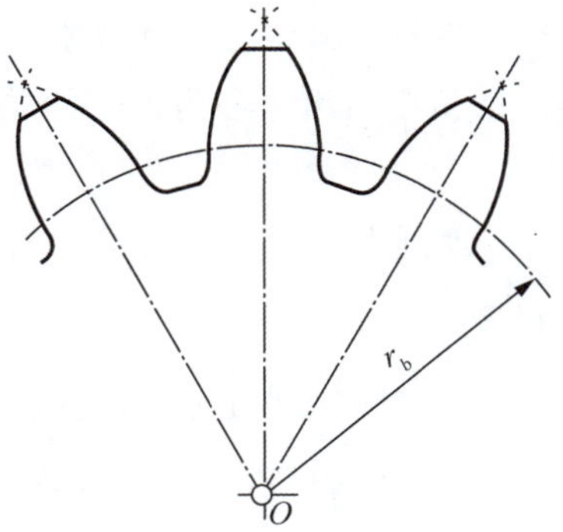

图 7-18 渐开线齿廓的形成

根据渐开线的形成，有如下性质。

（1）发生线沿基圆滚过的长度，等于基圆上被滚过的弧长，即 $\overline{NK}$ 。

（2）渐开线上任一点的法线必与基圆相切。线段 NK 既是基圆的切线，同时也是渐开线在 K 点的法线和曲率半径。

（3）渐开线上 K 点的速度 v 与作用力 F_n 的夹角 α_K 称为 K 点的压力角。渐开线上各点的压力角不同，离基圆越远，压力角越大。

（4）渐开线的形状取决于基圆的大小。基圆半径越大。渐开线越平直。当基圆趋于无穷大时，渐开线就成为直线，这就是渐开线齿条的齿廓。

（5）基圆内无渐开线。

（一）齿轮各部分名称

如图 7-19 所示为渐开线直齿圆柱齿轮名称及代号。

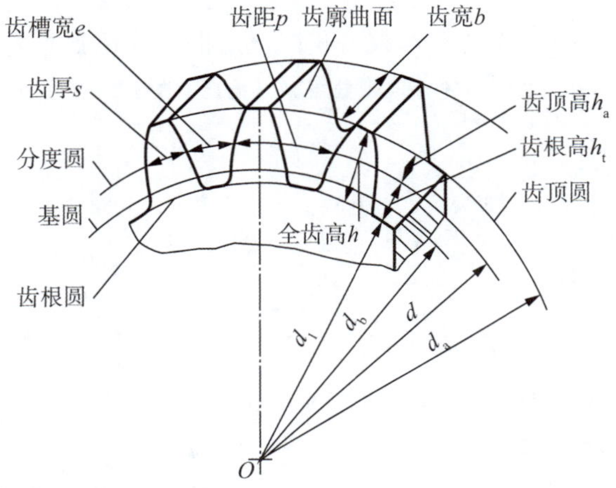

图 7-19 渐开线直齿圆柱齿轮名称及代号

1. 齿顶圆和齿根圆

齿轮顶部所在的圆称为齿顶圆，其半径与直径分别用 r_a 和 d_a 表示。相邻两齿间的空间部分称为齿槽，齿槽底所在的圆称为齿根圆，其半径与直径分别用 r_f 和 d_f 表示。

2. 分度圆

为方便设计计算，在齿轮的齿顶圆和齿根圆之间规定一个圆作为度量齿轮尺寸的基准。这个圆称为分度圆，其半径与直径分别用 r 和 d 表示。

3. 齿厚、齿槽宽和齿距

任意圆周上轮齿两侧齿廓间的弧长称为该圆齿厚，在分度圆周上齿厚用 s 表示；在齿槽两侧齿廓间的弧长称为该圆齿槽宽，在分度圆周上的齿槽宽用 e 表示；相邻两齿同侧齿廓间的弧长称为齿距，在分度圆周上的齿距用 p 表示。齿距与齿厚和齿槽宽的关系为：

$$p=s+e \tag{7-4}$$

对于标准齿轮，分度圆上的齿厚与齿槽宽相等，即 $s=e$。

4. 齿顶圆、齿根圆和齿高

介于分度圆与齿顶圆之间的部分称为齿顶，其径向距离称为齿顶高，用 h_a 表示。介于分度圆与齿根圆之间部分称为齿根，其径向距离称为齿根高，用 h_f 表示。齿顶圆与齿根圆间的径向距离称为齿高，用 h 表示。显然，$h=h_a+h_f$。

5. 齿宽

轮齿的轴向宽度，用 b 表示。

（二）直齿圆柱齿轮的主要参数

1. 齿数

齿数（z）是指齿轮圆周上的轮齿总数。

2. 模数

齿轮的分度圆直径（d）、齿数（z）和轮齿的齿距（p）之间的关系为

$$\pi d=zp \quad 或 \quad d=zp/\pi \tag{7-5}$$

上式中含有无理数 π，为设计、制造和互换方便，令 $m=p/\pi$ 为标准值，m 称为齿轮的模数，mm，即

$$d=mz \tag{7-6}$$

模数是计算和度量齿轮尺寸的一个基本参数。我国规定的标准模数系列如表 7-1 所示。

表 7-1　圆柱齿轮标准模数系列（摘自 GB/T 1357—2008）

第一系列	1	1.25	1.5	2	2.5	3	4	5	6
	10	12	16	20	25	32	40	50	
第二系列	1.125	1.375	1.75	2.25	2.75	3.5	4.5	5.5	(6.5)
	7	9	11	14	18	22	28	36	45

注 1：优先采用第一系列，括号内的模数尽可能不用。

注 2：对斜齿轮，该表所示为法面模数。

模数（m）的大小，反映了齿距（p）的大小（$p=\pi m$）。模数越大，轮齿越大，齿轮的承载能力越强。

3. 压力角

渐开线齿廓上各点的压力角不同。通常所说的压力角是指分度圆的压力角，用 α 表示。我国规定标准压力角 $\alpha=20°$。其他国家的压力角除 20°外，还有 15°、14.5°、22.5°、30°等。分度圆是齿轮上具有标准模数和标准压力角的圆。在分段圆上齿厚和齿槽宽相等。

齿顶高因数 h_a* 和顶隙因数 $c*$ 的标准规定如下。

正常齿制：$h_a*=1$，$c*=0.25$。

短齿制：$h_a*=0.8$，$c*=0.3$。

标准齿轮：$h_a=h_a*m$，$h_f=(h_a*+c*)m$。

因此，模数、压力角、齿顶高因数 h_a* 和顶隙因数 $c*$ 取标准值，且分段圆齿厚与齿槽宽相等的齿轮称为标准齿轮。

（三）标准直齿圆柱齿轮的几何尺寸计算

渐开线标准直齿圆柱齿轮外齿轮主要几何尺寸的计算公式如表 7-2 所示。

表 7-2　渐开线标准直齿圆柱齿轮外齿轮主要几何尺寸的计算公式

名称	符号	公式
齿顶高	h_a	$h_a=h_a*m$
齿根高	h_f	$h_f=(h_a*+c*)m$
全齿高	h	$h=h_a+h_f$
分度圆直径	d	$d=mz$
齿顶圆直径	d_a	$d_a=zm+2h_a$
齿根圆直径	d_f	$d_f=zm-2h_f$
基圆直径	d_b	$d_b=d\cos\alpha$
齿距	p	$p=\pi m$
齿厚	s	$s=\frac{1}{2}\pi m$
齿槽宽	e	$e=\frac{1}{2}\pi m$
基圆齿距	p_b	$p_b=p\cos\alpha$
标准中心距	a	$a=\frac{d_1+d_2}{2}=\frac{m(z_1+z_2)}{2}$

注：上述公式适用于外齿轮，对于内齿轮只需将公式中的加减号变换即可。

三、渐开线齿廓的啮合特性

（一）四线合一性

如图 7-20 所示为一对渐开线齿廓在任意点 K 啮合，过 K 点作两齿廓的公法线 N_1N_2。根据渐开线性质，该公法线就是两基圆的内公切线。当两齿廓转到 K'点啮合时，过 K'点作两齿廓公法线，也是两基圆的内公切线。由于齿轮基圆的大小和位置均固定，其公法线 N_1N_2 是唯一的。因此，两个齿轮的齿廓啮合点，从开始到终止，总在这条公法线的某一段内移动，该公法线也可称为啮合线。由于两个齿轮啮合传动时其正压力是沿着公法线方向的。因此对渐开线齿廓的齿轮传动来说，啮合线、过啮合点的公法线、基圆的内公切线和正压力作用线四线合一。该线与两轮连心线 O_1O_2 的交点 P 是一固定点，P 点称为节点。

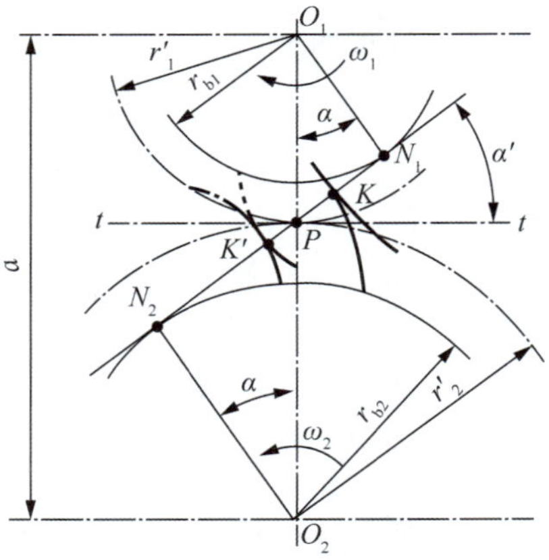

图 7-20 渐开线齿廓在任意点 K 啮合

（二）保证瞬时传动比恒定

图 7-19 中，分别以 O_1 与 O_2 为圆心，以 $r_1'=O_1P$ 与 $r_2'=O_2P$ 为半径所作的圆，称为节圆。一对渐开线齿轮的啮合传动可以看作两个节圆的纯滚动，且 $v_{P1}=v_{P2}$。设两齿轮的角速度 $w_1 = w_2$，则

$$v_{P_1} = w_1 O_1 P = v_{P_2} = w_2 O_2 P$$

从图 7-19 中可以看出，两轮的瞬时传动比为

$$i_{12} = \frac{w_1}{w_2} = \frac{O_2P}{O_1P} = \frac{r_2'}{r_1'} = \frac{r_{b2}}{r_{b1}} \tag{7-7}$$

渐开线出来的传动比等于主、从动轮基圆半径之反比。由于基圆半径 r_{b1}、r_{b2} 是定值，所以渐开线齿轮的传动比能保持恒定不变。

（三）中心距可分性

两轮轴线 O_1O_2 的距离称为齿轮传动的中心距，其计算公式为

$$a = r_1' + r_2'$$

由于渐开线齿轮的传动比只与基圆半径有关，而与中心距无关，因此在安装时若中心距略有变化也不会改变传动比的大小，此特性称为中心距可分性。此特性使渐开线齿轮对加工、安装的误差及轴承的磨损不敏感，这一点对齿轮传动十分重要。

（四）啮合角不变

啮合线与两节圆公切线所夹的锐角称为啮合角，用 α 表示，它是渐开线在节圆上的压力角。显然齿轮传动时啮合角不变，力作用线方向不变，因而传动比较平稳。

四、渐开线直齿圆柱齿轮的啮合条件

（一）渐开线直齿圆柱齿轮的啮合过程

渐开线齿廓啮合能保证瞬时传动比恒定，但齿廓长度是有限的，必然会出现前、后齿的交替啮合。如图 7-21 所示为渐开线直齿圆柱齿轮的啮合过程，1 为主动齿轮，2 为从动齿轮。一对轮齿开始啮合时，

由主动齿轮轮齿的齿根推动从动齿轮轮齿的齿顶，即从动齿轮的齿顶圆与啮合线 N_1N_2 的交点 B_2 为开始啮合点。随着齿轮 1 推动齿轮 2 转动，啮合点沿啮合线 N_1N_2 移动。当啮合点移动到齿轮 1 的齿顶圆与啮合线的交点 B_1 时，这一对轮齿的啮合终止。线段 B_2B_1 为啮合点的实际轨迹，称为实际啮合线段，N_1N_2 称为理论啮合线段。

（二）正确啮合条件

一对齿轮连续顺利地传动，需要各对轮齿依次正确啮合互不干涉。如图 7-22 所示，前一对轮齿在啮合线上的 K' 点相啮合时，后一对齿在必须正确地在啮合线上的 K 点进入啮合。由渐开线性质知 $K K$ 既是齿轮 1 的法向齿距，又是齿轮 2 的法向齿距。两轮要正确啮合，两者的法向齿距必须相等，即 $p_{b1} = p_{b2}$。

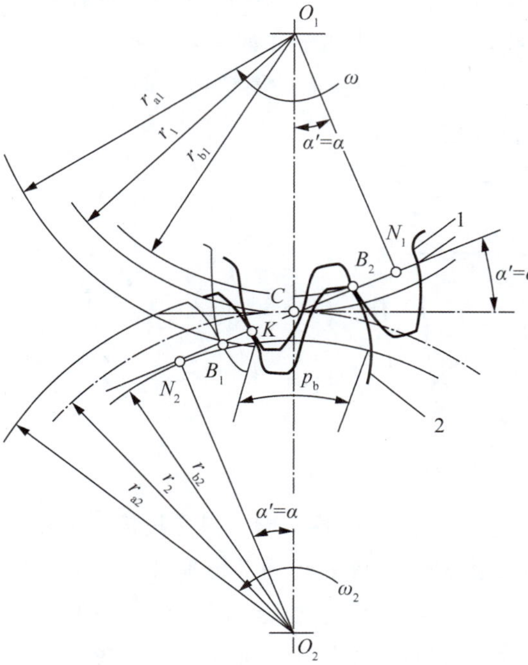

图 7-21　渐开线直齿圆柱齿轮的啮合过程

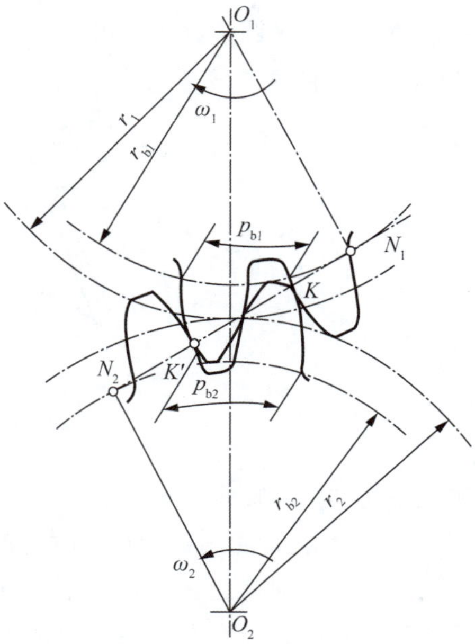

图 7-22　渐开线齿轮的正确啮合条件

由 $p_b = \pi m \cos\alpha$，得出渐开线直齿圆柱齿轮的正确啮合条件是：两齿轮的模数和压力角必须分别相等，即

$$
\begin{aligned}
m_1 &= m_2 = m \\
\alpha_1 &= \alpha_2 = \alpha
\end{aligned}
\tag{7-8}
$$

由此可进一步推出传动比公式

$$
i = \frac{w_1}{w_2} = \frac{n_1}{n_2} = \frac{d_2}{d_1} = \frac{z_2}{z_1}
\tag{7-9}
$$

（三）连续啮合条件

从图 7-21 所示的一对轮齿的啮合过程可以看出，要保证齿轮能连续啮合传动，当前一对轮齿的啮合点到达 B_1 时，后一对轮齿必须提前或至少同时到达开始啮合点 B_2，这样传动才能继续进行。如果前一对轮齿的啮合点到达 B_1 点即将分离时，后一对轮齿尚未进入啮合，齿轮传动的啮合过程就出现不连续，并产生冲击。所以，保证一对齿轮能连续啮合传动的条件是：实际啮合线的长度 B_1B_2，应大于或等于齿轮的法向齿距 B_2，因齿轮的法向齿距等于基圆齿距，即 $B_1B_2 \geqslant p_b$

实际啮合线段与基圆齿距之比称为重合度，用 ε 表示，即

$$\varepsilon = \frac{B_1B_2}{p_b} \geqslant 1 \tag{7-10}$$

ε 越大，意味着多对轮齿同时参与啮合的时间越长，每对轮齿承受的载荷就越小，齿轮传动也越平稳。对于标准齿轮，ε 的大小主要与齿轮的齿数有关，齿数越多，ε 越大。直齿圆柱齿轮传动的最大重合度 $\varepsilon = 1.982$，即直齿圆柱齿轮传动不可能始终保持两对轮齿同时啮合。理论上只要 $\varepsilon = 1$ 就能保证连续传动，但因齿轮有制造和安装等误差，实际应使 $\varepsilon > 1$。一般机械中常取 $\varepsilon \geqslant 1.1 \sim 1.4$。

五、斜齿圆柱齿轮传动

(一) 斜齿圆柱齿轮传动的特点

齿线为螺旋线的圆柱齿轮称为斜齿圆柱齿轮。平面沿着一个固定的圆柱面（即基圆柱面）做纯滚动时，平面上一条恒定角度与基圆柱轴线倾斜交错的直线形成的空间轨迹曲面成为渐开螺旋面，如图 7-23 所示。其恒定角度称为基圆螺旋角，用 β_b 表示。用渐开螺旋面作为齿面的圆柱齿轮即为渐开线圆柱齿轮。当 $\beta_b = 0$ 时，为直齿圆柱齿轮；当 $\beta_b \neq 0$ 时，则为斜齿圆柱齿轮。

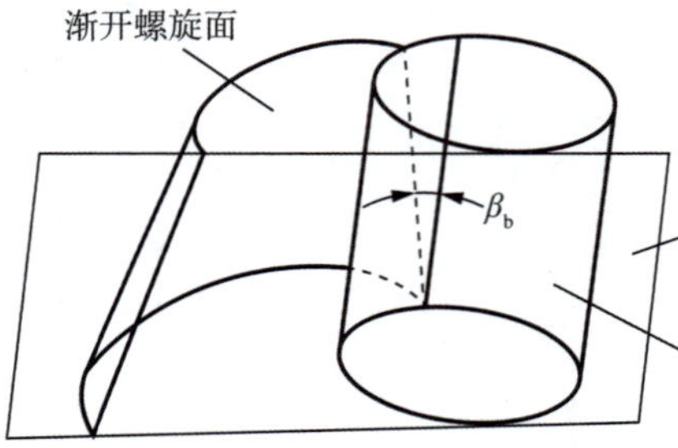

图 7-23　渐开线螺旋面的形成

斜齿圆柱齿轮的加工原理、采用的刀具和机床与加工直齿圆柱齿轮相同，只是机床的调整有所不同。

如图 7-24 所示，直齿轮副啮合传动时，齿面上的接触线是一条平行于齿轮轴线的直线，齿轮的啮合沿着齿宽同时开始和同时终止，故传动平稳性差。在高速、重载下，直齿轮传动容易引起冲击、震动和噪声。斜齿轮副啮合时，齿面上的接触线是倾斜的，沿着齿宽接触线是逐渐接触并由短变长，再由长变短，直至啮合终止，其啮合过程比直齿长。另外，斜齿轮同时啮合的齿数比直齿轮多，即总重合度大，因此斜齿圆柱齿轮传动平稳，承载能力高，适合于高速、重载的传动。但是，斜齿轮传动会产生轴向分力，给轴和支撑设计带来不利影响，也使其应用受到影响。

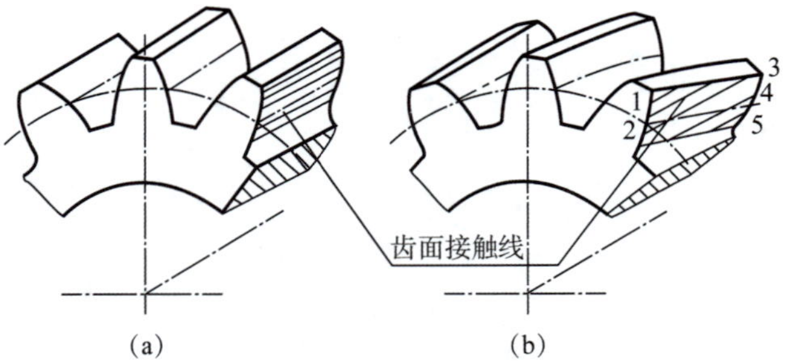

图 7-24　直齿圆柱齿轮与斜齿圆柱齿轮

(二) 斜齿圆柱齿轮啮合传动

1. 斜齿圆柱齿轮的主要参数及几何尺寸

如图 7-25 所示为斜齿轮沿分度圆柱面展开。展开后螺旋线齿线成为一斜直线，齿线与轴线的夹角 β 称为斜齿轮的螺旋角。β 是表示斜齿轮轮齿倾斜程度的重要参数。β 越大，其传动优点越显著，但轴向力也越大，一般 β 取 8°～20°。

如图 7-26 所示为斜齿轮旋向。轮齿螺旋线方向分为左旋和右旋。判断方向时，将齿轮轴线垂直放置，沿齿向左高右低为左旋，反之为右旋。

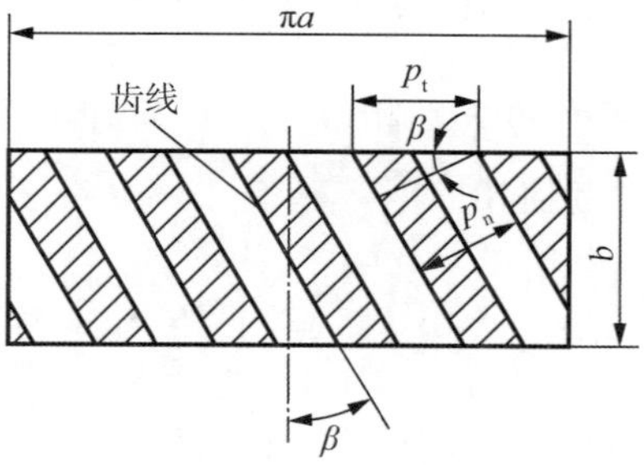

图 7-25　斜齿轮沿分度圆柱面展开

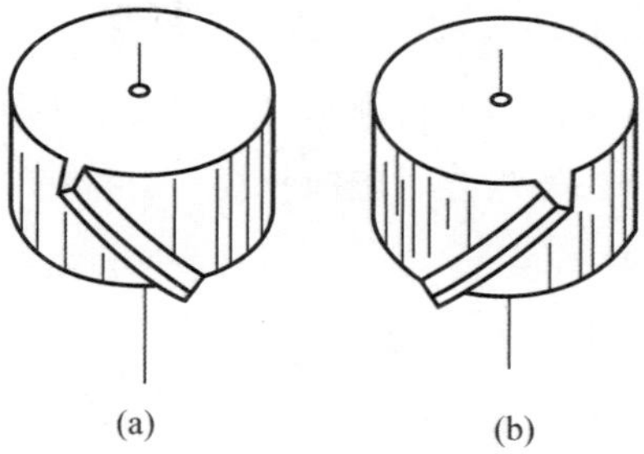

图 7-26　斜齿轮旋向

斜齿圆柱齿轮由于齿向的倾斜，其主要参数有法面参数和端面参数之分。法面参数在垂直于轮齿方向的平面上度量；端面参数在垂直于齿轮轴线的平面上度量。以 m_n 表示法面模数、α_n 表示法面压力角、m_t 表示端面模数、α_t 表示端面压力角。

加工圆柱齿轮时，常用滚刀或成形铣刀切齿。这些刀具在切齿时沿着轮齿螺旋线方向进刀，要求轮齿的法面参数与标准刀具的参数一致。因此，斜齿圆柱齿轮的法面参数为标准值。而斜齿圆柱齿轮的几何尺寸计算应按端面参数进行，需将轮齿的法面参数换算成端面参数。根据理论分析，法面参数和端面参数的换算公式如下

$$m_n = m_t \cdot \cos\beta \tag{7-11}$$

$$\tan\alpha_n = \tan\alpha_t \cdot \cos\beta \tag{7-12}$$

式中，β 为斜齿轮的螺旋角。

标准斜齿圆柱齿轮传动几何尺寸的计算公式如表 7-3 所示。

表 7-3　标准斜齿圆柱齿轮传动几何尺寸的计算公式

名称	符号	计算式
法面模数	m_n	取标准值
端面模数	m_t	$m_t = m_n/\cos\beta$
法面压力角	α_n	$\alpha_n = 20°$
端面压力角	α_t	$\tan\alpha_t = \tan\alpha_n / \cos\beta$
螺旋角	β	$\beta_1 = -\beta_2$（外啮合），$\beta_1 = \beta_2$（内啮合）
法面周节	p_n	$p_n = \pi m_n$
端面周节	p_t	$p_t = \pi m_t = p_n/\cos\beta$
分度圆直径	d	$d = zm_t = zm_n/\cos\beta$
齿顶高	h_a	$h_a = h_{an}^* m_n$
齿根高	h_f	$h_f = (h_{an}^* + C_n{*})\, m_n$
全齿高	h	$h = h_a + h_f$
齿顶圆直径	d_a	$d_a = d + 2h_a$
齿根圆直径	d_f	$d_f = d - 2d_f$
中心距	a	$a = \dfrac{d_1 + d_2}{2} = \dfrac{m_n(z_1 + z_2)}{2\cos\beta}$

斜齿圆柱齿轮传动的中心距，一般要求圆整为 5 的倍数，以便于加工和检验。由表 7-3 斜齿圆柱齿轮

传动中心距 a 的计算式可见，当模数和齿数不变时，可通过调整螺旋角 β 配凑中心距。

$$\beta = \arccos \frac{m_n(z_1 + z_2)}{2a} \tag{7-13}$$

2. 斜齿圆柱齿轮传动的正确啮合条件

斜齿圆柱齿轮传动的正确啮合条件是两齿轮的模数和压力角分别相等；两齿轮在分度圆上的螺旋角必须绝对值相等；外啮合时旋向相反（$\beta_1 = -\beta_2$）；内啮合时旋向相同（$\beta_1 = \beta_2$）。

$$m_1 = m_2 = m,\ \alpha_1 = \alpha_2 = \alpha,\ \beta_1 = \pm\beta_2 \tag{7-14}$$

3. 斜齿圆柱齿轮的当量齿轮

用仿形法切制斜齿轮轮齿时，刀具需根据斜齿轮的法面齿形如图 7-27 所示选择；斜齿轮轮齿的弯曲强度也与法面齿形有关。与斜齿轮法面齿形十分相近的直齿圆柱齿轮，称为斜齿轮的当量齿轮，齿数称为斜齿轮的当量齿数，用 z_v 表示。

由理论推导可得

$$i = \frac{n_1}{n_2} = \frac{z_2}{z_1} \tag{7-15}$$

式（7-15）中，$i = \frac{n_1}{n_2} = \frac{z_2}{z_1}$ 为斜齿轮的实际齿数。

因此，标准斜齿轮不发生切齿干涉的最小实际齿数为

$$z_{min} = z_{vmin}\cos^3\beta$$

当 $z_{vmin} = 17$

$$z_{min} = z_{vmin}\cos^3\beta = 17\cos^3\beta$$

所以 $z_{min} < 17$

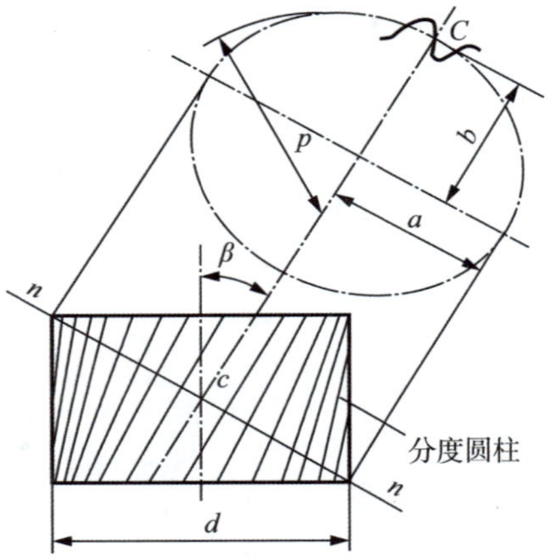

图 7-27 斜齿轮的法面齿形

显然，斜齿轮不产生根切的最少齿数小于 17，斜齿轮可以得到比直齿轮更为紧凑的结构。注意：当量齿数并非真实齿数，应用时 z_v 不必圆整为整数。

六、蜗杆传动

蜗杆传动用于传递两交错轴之间的运动和动力，两轴的交角通常为 90°，蜗杆传动由蜗杆和蜗轮组成，蜗杆常为主动件。蜗杆传动也是一种齿轮传动。

根据蜗杆的形状，蜗杆传动可分为圆柱蜗杆传动如图 7-28（a）所示，环面蜗杆传动如图 7-28（b）所示和锥面蜗杆传动如图 7-28（c）所示等。圆柱蜗杆又有普通圆柱蜗杆传动和圆弧圆柱蜗杆传动。普通圆柱蜗杆根据不同的齿廓曲线可分为阿基米德蜗杆、渐开线蜗杆等。其中阿基米德蜗杆由于加工方便，其应用最为广泛。

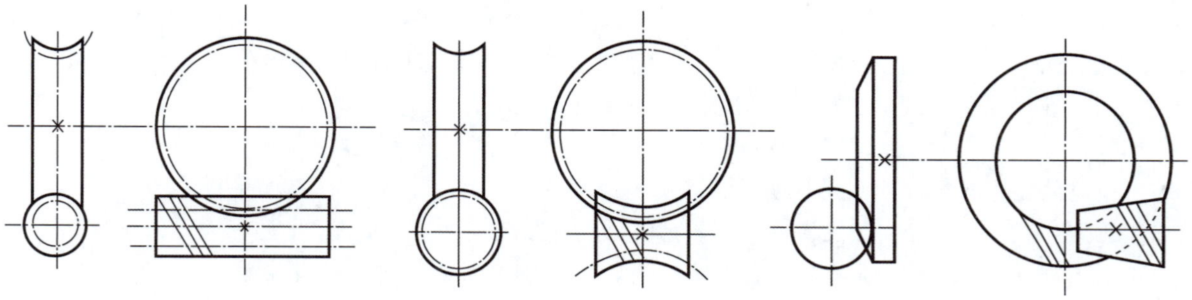

(a) 圆柱蜗杆传动　　(b) 环面蜗杆传动　　(c) 锥面蜗杆传动

图 7-28 蜗杆传动的类型

蜗杆和螺纹一样，也有左、右旋之分，无特殊要求不用左旋。

根据蜗杆轮齿螺旋线的头数，蜗杆有单头和多头之分。

与齿轮传动相比，蜗杆传动有如下特点：

(1) 传动比大，结构紧凑一般传动中，$i=10\sim40$，最大可达 80。在分度机构中，其传动比可达 600～1 000。

(2) 传动平稳、噪声小蜗杆齿是连续的螺旋形齿，蜗轮和蜗杆是逐渐进入和退出啮合的。同时啮合的齿数较多，所以传动平稳、噪声小。

(3) 可以自锁。当蜗杆的螺旋线升角小于啮合面的当量摩擦角时，蜗杆传动具有自锁性。

(4) 效率低。由于蜗杆和蜗轮在啮合处有较大的相对滑动，因此发热量大，效率较低。传动效率一般为 0.7～0.9，自锁时效率小于 0.5。

(5) 蜗轮造价高。为减少磨损，提高效率和寿命，蜗轮齿圈一般多用青铜制造，因此造价较高。

当蜗杆为主动件时，蜗杆传动的传动比为

$$i=\frac{n_1}{n_2}=\frac{z_2}{z_1}$$

上式中，n_1、n_2 为蜗杆和蜗轮的转速，r/min；z_1、z_2 为蜗杆头数和蜗轮齿数。z_1 小，传动比大，效率低；z_2 大，效率高，但加工困难。通常 z_1 取为 1、2、4、6。

思考与练习

一、填空题

1. 带传动一般由__________、__________和__________组成。

2. 摩擦型带传动按截面形状可分为________传动、__________传动、__________传动和__________传动。

3. 链传动一般由__________、__________和__________组成。

4. 轴承根据摩擦性质主要分为__________和__________。

5. 常见的张紧方法有__________、__________和__________。

6. 渐开线标准直齿圆柱齿轮的基本参数有：__________、__________、__________、__________和__________等。

二、选择题

1. 当带弯曲时长度和宽度均不变的中性层称为（　　）。

A. 节宽　　B. 节面　　C. 节距　　D. 节长

2. 由外链板、内链板、滚子、套筒和销轴组成的是（　　）。

A. 起重链　　B. 曳引链　　C. 齿形链　　D. 滚子链

3. 小直径 V 带轮的结构采用（　　）。

A. 实心带轮　　B. 腹板带轮　　C. 孔板带轮　　D. 椭圆带轮

4. 我国标准齿轮分度圆上的压力角等于（　　）。

A. 15°　　B. 18°　　C. 20°　　D. 22°

5. 由齿轮的轮齿顶部所组成的圆称为（　　）。

A. 齿顶圆　　B. 齿根圆　　C. 分度圆　　D. 基圆

6. 正常齿制 $h_a^*=1$ 的标准渐开线直齿圆柱齿轮不产生根切现象的最小齿数为（　　）。

A. 14　　B. 17　　C. 18　　D. 19

三、判断题

1. 带传动都是依靠传动带与带轮的相互摩擦来传递运动和动力的。（　　）

2. 链传动是依靠链条与链轮的相互摩擦来传递运动和动力的。（　　）

3. 链节距越大，承载能力越大，但结构尺寸也越大。（　　）

4. 两齿轮正确啮合条件是两齿轮的模数和压力角必须分别相等。（　　）

5. 一对齿轮连续传动的条件是重合度必须小于等于 1。（　　）

四、简答题

1. V 带楔角和带轮槽角是否相等？为什么？

____

____

2. 安装传动带时，为什么要张紧？常用带的张紧装置有哪几种？

____

____

3. 什么是齿轮模数？为什么要规定模数的标准系列？

____

____

4. 一对齿轮的正确啮合条件和连续传动条件是什么？各说明什么问题？

____

____

5. 在蜗杆转向一定的条件下，如何判别蜗轮转向？

____

____

五、计算题

1. 今测得一标准直齿圆柱齿轮的齿顶圆直径 $d_a=208$ mm，齿根圆直径 $d_f=72$ mm，齿数 $z=24$。试求该齿轮的模数 m。

2. 已知一对外啮合标准直齿圆柱齿轮机构的传动比 $i=2.5$，$z_1=40$，$h_a^*=1$，$C^*=0.25$，$m=10$ mm，试求这对齿轮的主要尺寸 d_1，d_2，d_{a1}，d_{a2}，a。

项目八

液压传动

项目导入

◆知识目标

液压系统试验台、液压挂图、多媒体课件、教具与实物。在液压系统试验台上结合理论进行试验；结合现代汽车液压制动系统、气压制动系统、自动变速器实物观察与分析。

1. 了解： 液压系统的工作原理及组成；液压传动系统的压力和流量。

2. 掌握： 液压系统的应用。

◆能力目标

掌握液压传动中常用液压元件的原理与结构；液压系统的基本构成、基本原理；液压系统常见回路的分析方法。

◆考核标准

1. 应知： 液压传动系统的基本知识，工作原理与各组成部分，常见类型及其相应的原理。

2. 应会： 利用液压传动知识独立分析、解决液压相关问题。

任务一　液压传动基本概念

知识储备

液压传动是用液体作为工作介质来传递能量和进行控制的传动方式。液压传动和气压传动称为流体传动，是根据 17 世纪帕斯卡提出的液体静压力传动原理而发展起来的一门新兴技术，是工农业生产中广为应用的一门技术。如今，流体传动技术水平的高低已成为一个国家工业发展水平的重要标志。

在液压系统中，液压油作为工作介质用来传递动力和信号，并起到润滑、冷却和防锈等作用。液压传动系统能否可靠、有效地工作，在很大程度上取决于系统中所使用的工作介质。

一、液压传动的工作原理

如图 8-1 所示是液压千斤顶的工作原理示意图。活塞能在缸体内滑动并具有良好的密封。当杠杆 1 被提起时，液压缸 3 的密封容积增大，形成局部真空而使压力低于大气压。油箱 9 中的油液在大气压的作用下顶开单向阀 4 内的钢球进入液压缸 3，从而完成一次吸油。压下杠杆时，由于液压缸 3 内的压力增大，油液顶开单向阀 5 中的钢球进入液压缸 6 中，推动活塞 7 上升，即将重物 G 举起一段距离。再次提起杠杆时，单向阀 5 阻止液压缸 6 中的压力油倒流入液压缸 3，从而保证重物不致自行下落。如此反复，可将重物提升到指定的高度。放油阀 8 的作用是放油，当图中位置旋转 90°时，液压缸 6 中的油液流回油箱，活塞可降到指定的高度。

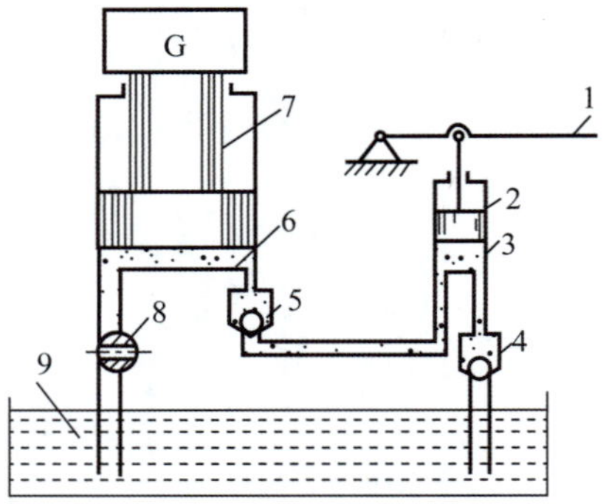

1—杠杆；2、7—活塞；3、6—液压缸；4、5—单向阀；8—放油阀；9—油箱。

图 8-1　液压千斤顶的工作原理

液压传动是依靠液体在密封容积中的压力能实现能量（运动和动力）传递的。液压传动装置实际上是一种能量转换装置，首先将某一种形式的机械能转换成液体介质的液压能。经过液压系统最终转换成机械能对外做功（液压缸的直线运动、液压马达的回转运动等）。

二、液压系统的表示方法与组成

如图 8-2 所示为某机床工作台的液压系统图。当扳动换向阀 6 的手柄 7 使阀芯向右时，液压泵 3 在电动机的带动下从油箱 1 中吸油；将电能转换为泵出口处油液的液压能，压力油经节流阀 4 和换向阀 6 后进入液压缸 8 的左腔；推动活塞 9 克服负载阻力从而带动工作台 10 向右做直线运动，右腔的油液经过换向阀 6 排回油箱。若扳动换向阀 6 的手柄 7 使阀芯向左时，压力油则进入液压缸的右腔，使液压缸克服负载阻力向左运动。当换向阀 6 的手柄 7 扳到图示中间位置时，液压缸的通道被封住，压力油经溢流阀 5 溢回油箱。

溢流阀 5 用来调定液压系统的最高压力；节流阀 4 用来调节进入液压缸的流量，多余的流量经溢流阀溢回油箱。使用图形符号可使液压系统简单明了，便于阅读、分析、设计和绘制，如图 8-2（b）所示。图形符号脱离元件的具体结构，只表示元件的职能。液压元件的图形符号应以元件的静止位或自然位来表示。

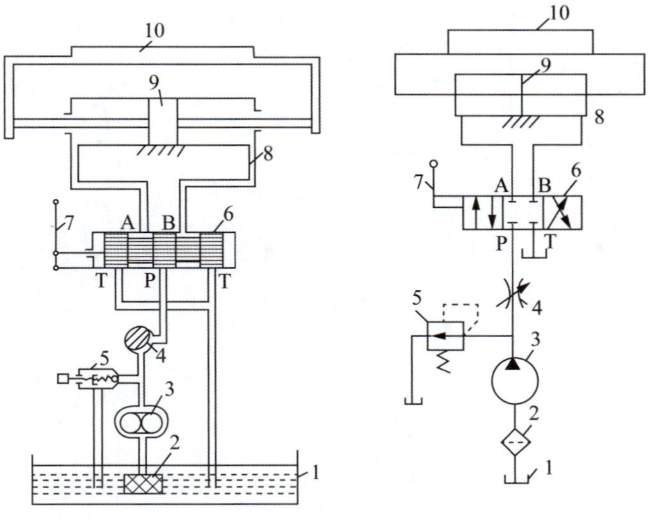

（a）半结构式原理图　　（b）图形符号图

1—油箱；2—过滤器；3—液压泵；4—节流阀；5—溢流阀；

6—换向阀；7—手柄；8—液压缸；9—活塞；10—工作台。

图 8-2　某机床工作台的液压系统图

由以上两例可以看出，任何一个简单而完整的液压系统都由以下几部分组成。

（1）动力元件。动力元件即液压泵，将原动机或电动机的机械能转换成液体介质的压力能。

（2）执行元件。执行元件包括液压缸和液压马达，将液压能转换成机械能以驱动工作部件。

（3）控制元件。控制元件包括各种控制阀，用来控制系统的压力、流量以及液体的流动方向等，以保证执行元件完成预期的工作。

（4）辅助元件。辅助元件主要是指油箱、油管、过滤器、蓄能器以及控制仪表等，为系统的正常工作提供条件。

（5）工作介质。液压系统的工作介质为液体，一般为液压油。液压系统通过介质实现运动和动力的传递。

三、液压系统的基本参数

（一）压力和液压系统中压力的传递

油液单位面积上承受的作用力称为压强，在工程中习惯称为压力，一般用 p 表示。油液的压力是由油液的自重和油液受到的外力作用而产生的，在液压传动中，由于油液的自重而产生的压力一般很小，可忽略不计。

密闭容器内的静止液体，如图 8-3 所示。当外力 F 发生变化时，则液体内任一点的压力将发生同样大小的变化，即在密闭容器内，施加于静止液体上的压力可以等值传递到液体内各点。这就是静压传递原理，也称为帕斯卡原理。

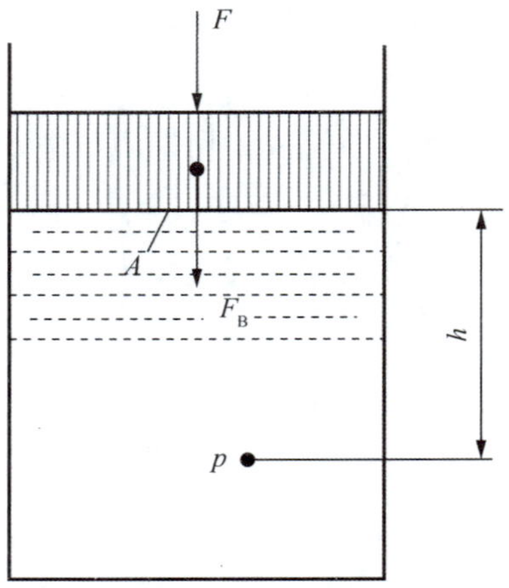

图 8-3　油液压力的形成

根据静压传递原理，缸筒内的压力将随负载的变化而变化，并且各点处的压力变化值相等。由于油液的自重而产生的压力一般很小，可忽略不计，液体中的压力为

$$P=\frac{F}{A} \tag{8-1}$$

式中，p 为油液压力，N/m^2（Pa）；F 为作用在油液表面上的外力，N；A 为油液表面的承压面积，即活塞的有效作用面积，m^2。

由此可见，缸内的压力是由外界负载决定的，即作用在活塞上的外负载越大，缸内的压力就越高。因此，要保证液压系统及元件正常工作，必须满足其工作压力值不能超过额定压力值（液压系统及元件按实验标准连续运转的最高工作压力）。

（二）流量和平均流速

1. 流量

流量是单位时间内流过管道某一截面的液体体积，单位常用 m^3/s，可以表示为

$$q=\frac{V}{t} \tag{8-2}$$

式中，q 为流量，m^3/s 或 L/s；V 为 t 时间内流过的液体体积，m^3。

2. 平均流速

在液压缸中，液体的平均流速与活塞的运动速度相同。虽然平均流速是一种假想的均匀流速，但是以此流速流过的流量和以实际流速流过的流量相等。平均流速可表示为

$$\nu=\frac{q}{A} \tag{8-3}$$

式中，A 为 t 活塞的有效作用面积，m^2。

由式（8-3）可知，当液压缸的活塞有效作用面积一定时，活塞的运动速度由输入液压缸的流量决定。

（三）液流连续性原理

液体的可压缩性很小，一般情况下，可作为理想液体。理想液体在无分支管路中稳定流动时，通过每一截面的流量相等称为液流连续性原理。

液流连续性原理表明，液体在无分支管路中稳定流动时，流经管路不同截面时的平均流速与其截面积大小成反比，即管路细的地方平均流速大，管路粗的地方平均流速小。

四、液压油

液压传动是利用液体作为工作介质来传递能量的。在液压系统中，液压油作为工作介质用来传递动力和信号，并起到润滑、冷却和防锈等作用。液压传动系统能否可靠、有效地工作，在很大程度上取决于系统中所使用的工作介质。

（一）液压油的种类

液压油的种类繁多，分类方法各异，长期以来，习惯以用途进行分类；也有根据油品类型、化学组分或可燃性分类。

GB/T 7631.2—2003《润滑剂、工业用油和相关产品（L类）的分类 第2部分：H组（液压系统）》规定：液压油采用统一的命名方式，形式如下

L-HV-22

其中，L表示类别（润滑剂及有关产品）；HV表示品种（低温抗磨）；22表示牌号（黏度级，GB/T 3141）。

在GB/T 7631.2—2003分类中的HH、HL、HM、HR、HV、HG液压油均属矿油型液压油。这类油的品种多，使用量约占液压油总量的85%以上，汽车与工程机械液压系统常用的液压油也多属这类。

（二）液压油的选择

正确合理地选择液压油，对保证液压传动系统正常工作、延长液压传动系统和液压元件的使用寿命以及提高液压传动系统的工作可靠性等都有重要影响。

一般油液在温度升高时，黏度会降低，这样会增加液压系统的泄漏，执行元件的工作性能也变坏。所以选择液压油时应考虑以下几方面。

（1）工作压力。工作压力较高的液压系统应选用黏度较大的液压油；反之，选用黏度较小的液压油。

（2）环境温度。环境温度较高时，应选用黏度较大的液压油；反之，选用黏度较小的液压油。

（3）运动速度。当运动部件的速度较高时，应选用黏度较小的液压油；反之，选用黏度较大的液压油。

任务二 液压元件

知识储备

一个完整的液压传动系统由动力元件（液压泵）、执行元件（液压缸与液压马达）、控制调节元件（换向阀、溢流阀、节流阀等）、辅助元件（油箱、滤油器、油管、接头等）四部分组成。

一、液压泵

液压泵是液压传动系统的动力装置，是能量转换元件，由原动机（电动机或内燃机等）驱动。把输入的机械能转换成油液的压力能再输出到系统中，为执行元件提供动力，是液压系统的核心元件和重要组成部分之一。

液压泵的种类有很多，为便于掌握有关知识，通常分为若干类型。根据液压泵结构形式，可分为齿轮泵、叶片泵和柱塞泵，每一类型的液压泵又有多种形式。另一种分类方法是根据几何排量是否可调节

（变化）分为变量泵和定量泵。另外根据液压泵是否可以正反方向转动分为单向液压泵和双向液压泵，单向液压泵仅允许按同一方向转动，双向液压泵可正反方向转动。液压泵图形符号如图 8-4 所示。

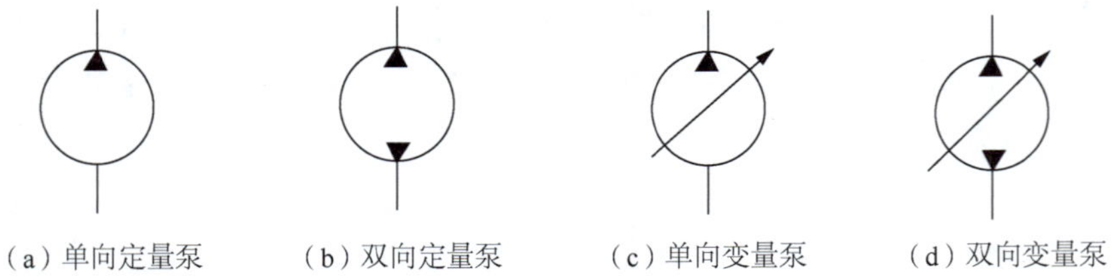

图 8-4　液压泵图形符号

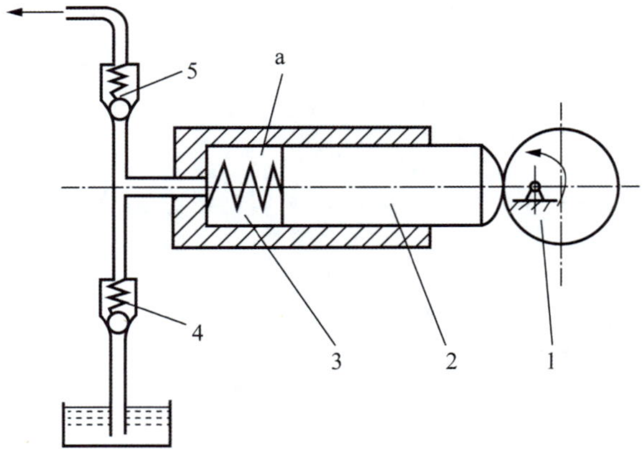

1—偏心轮；2—柱塞；3—弹簧；4、5—单向阀；a—工作腔。

图 8-5　单柱塞式液压泵的工作原理

液压传动系统中使用的液压泵都是容积式的。图 8-5 所示为单柱塞式液压泵的工作原理。偏心轮 1 旋转时，柱塞 2 在凸轮和弹簧 3 的作用下在缸体中左右移动。当柱塞 2 右移时，缸体中的密封工作腔 a 容积变大，产生真空，油液便通过单向阀 4 吸入。当柱塞 2 左移时，缸体中的油腔容积变小，已吸入的油液便通过单向阀 5 输到系统中去。由此可见，液压泵是靠密封工作腔的容积变化来实现吸油和压油的，其输出流量的多少取决于密封工作腔容积变化的大小。

液压泵的密封工作腔处于吸油状态时称为吸油腔，处于输油状态时成为压油腔。吸油腔的压力取决于液压泵吸油口至油箱液面的高度和吸油管路的压力损失；压油腔的压力取决于负载的大小和压油管路的压力损失。

根据以上分析，液压泵必须具有密闭容积及密闭容积的交替变化，才能吸油和压油。而且应有配流装置，以使其吸油腔和压油腔在任何时候都不能互通。吸油过程中，油箱必须和大气相通。

1. 齿轮泵

齿轮泵是液压传动系统中常用的液压泵，主要优点是：结构简单、制造方便、造价低，质量轻、外形尺寸小，自吸性能好，对油的污染不敏感，工作可靠，允许转速高。缺点是：流量脉动较大、有困油现象、噪声较大、排量不可变。齿轮泵多用于中等速度、作用力不大的简单低压系统。

如图 8-6 所示为外啮合齿轮泵工作原理图。一对相互外啮合的齿轮，由于齿轮两端面与泵盖间的间隙以及齿轮的齿顶与泵体内表面的间隙很小，因此将齿轮泵的壳体内部分隔成左右两个密封容积。当齿轮按图示方向旋转时，左侧密封容积逐渐增大，吸油；右侧密封容积则逐渐减小，压油。

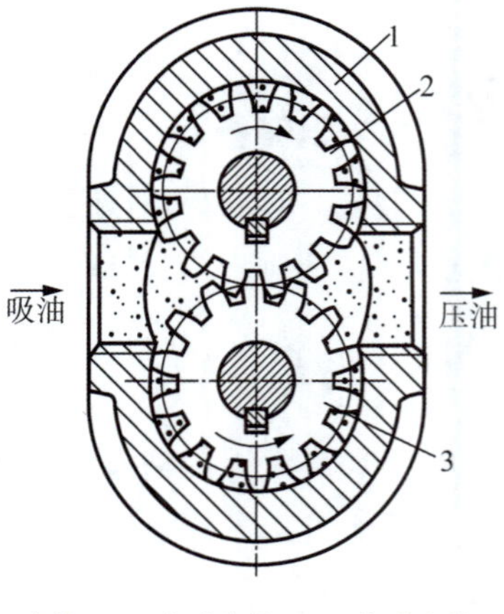

1—壳体；2—主动齿轮；3—从动齿轮。

图 8-6　外啮合齿轮泵工作原理图

常用的内啮合齿轮泵有渐开线齿形和摆线形两种类型，工作原理与外啮合齿轮泵基本类似。

2. 叶片泵

叶片泵结构紧凑，输出流量均匀，脉动小，噪声小，但结构较复杂，吸油特性欠佳，对油液的污染也比较敏感。叶片泵有单作用式（非平衡式）和双作用式（平衡式）两大类，在中高压系统中得到了广泛的应用，单作用叶片泵主要用作变量泵，而双作用叶片泵主要用作定量泵。

如图 8-7 所示为 YBl 双作用式叶片泵的结构简图，其工作原理图如图 8-8 所示。相邻两叶片与转子和定子的内表面形成密封容积，叶片泵的转子每转一周，两相邻叶片之间的密封容积完成两次吸油和压油。

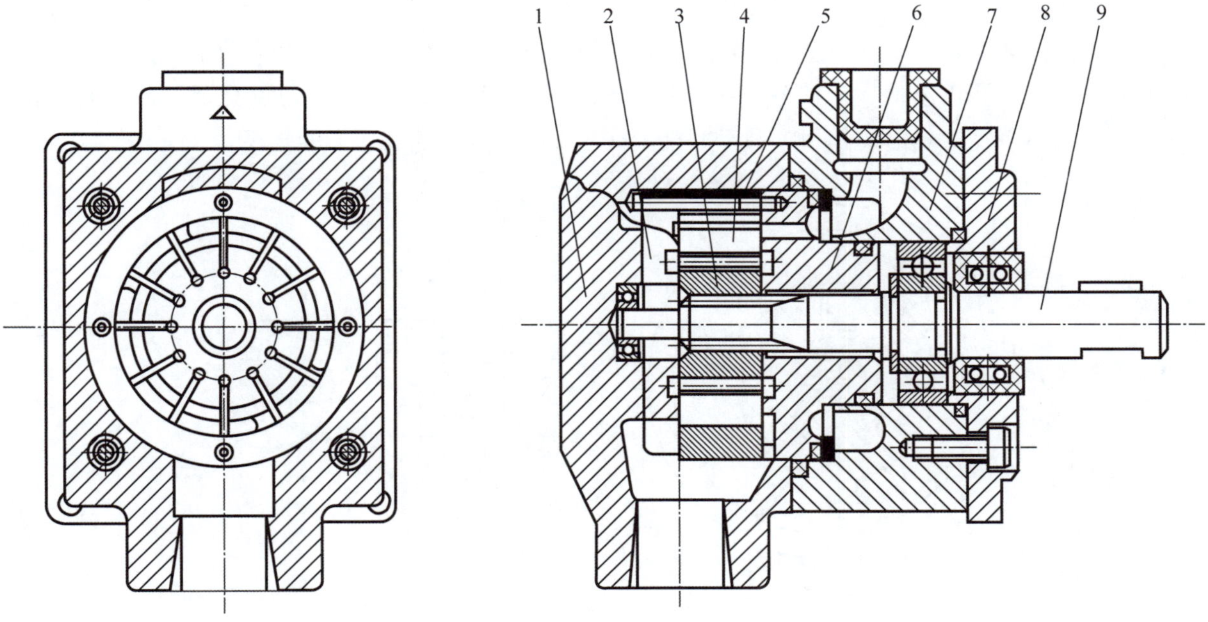

1—左泵体；2—左配流盘；3—转子；4—叶片；5—定子；6—右配流盘；7—右泵体；8—泵盖；9—轴。

图 8-7 YBl 双作用式叶片泵结构简图

单作用式叶片泵也是由定子 1、转子 2、叶片 3 和配流盘（图中未画出）等零件组成。与双作用式叶片泵不同之处是，定子的内表面是圆形的，转子与定子之间有一偏心量 e，配流盘只开一个吸油窗口和压油窗口，叶片装在转子槽内可灵活地往复滑动，其工作原理图如图 8-9 所示。定子、转子、两相邻叶片和两侧配流盘间形成密封容积，转子每转一周，每个密封容积完成一次吸油和压油。但当改变定子与转子偏心量 e 的大小或方向时，则可以改变泵的输出流量或输出方向。因此，单作用式叶片泵可用作双向变量泵。

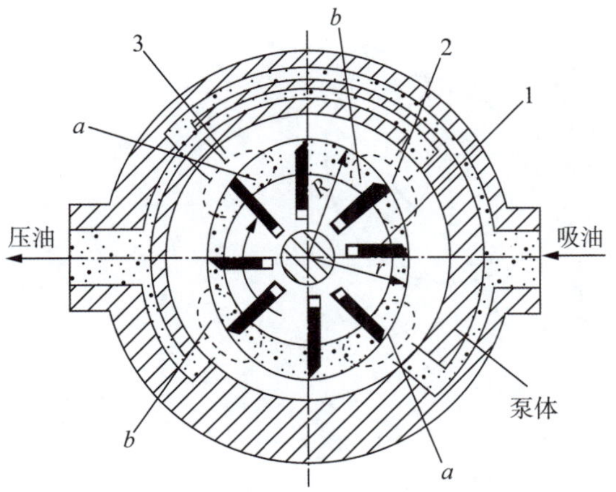

1—叶片；2—转子；3—定子。

图 8-8 双作用式叶片泵工作原理图

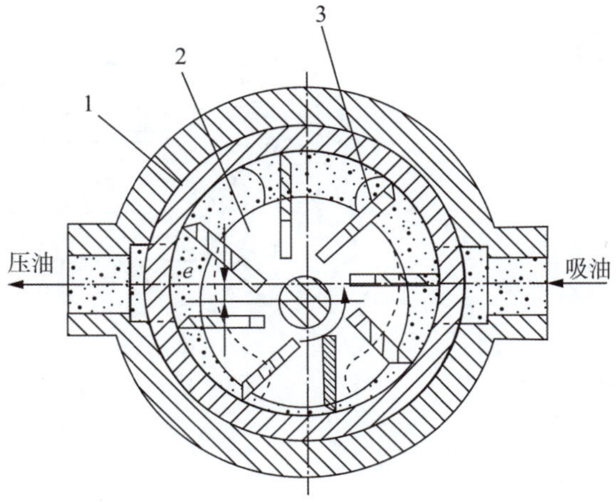

1—定子；2—转子；3—叶片。

图 8-9 单作用式叶片泵工作原理图

3. 柱塞泵

柱塞泵是依靠柱塞在缸体中往复运动，使密封容积发生变化实现吸油和压油的，由于柱塞与缸体内孔均为圆柱表面，容易得到高精度的配合。所以这类泵的特点是泄漏小，容积效率高，可以在高压下工作，按柱塞排列方向不同，可分为径向柱塞泵和轴向柱塞泵两大类。径向柱塞泵和轴向柱塞泵可分别通过改变偏心量 e 的大小，及方向和斜盘的角度，及倾斜方向；从而改变流量的大小、方向。这两种泵均可用作双向变量泵。

径向柱塞泵的工作原理如图 8-10 所示，青铜衬套 3 紧配在回转缸体 2 孔内，随着回转缸体一起旋转，而配流轴 5 则不动。当转子顺时针方向旋转时，柱塞一方面和转子一起旋转，另一方面又靠离心力（或在低压油作用下）压紧在定子 4 的内壁上。转子和定子间有偏心 e。此泵采用了配流轴来配流。转子每转一转，柱塞在每个径向孔内吸油、压油各一次。径向柱塞泵的径向尺寸大，结构较复杂，自吸能力差，且配流轴受到径向不平衡液压力的作用，易于磨损，这些都限制了转速和压力的提高。

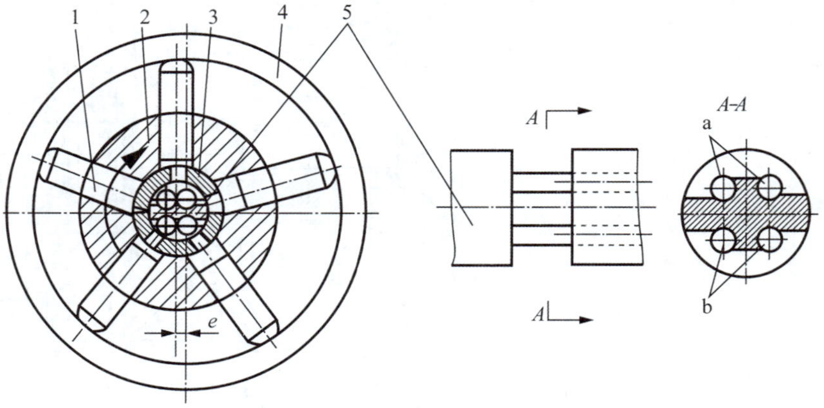

1—柱塞；2—回转缸体；3—青铜衬套；4—定子；5—配流轴。

图 8-10 径向柱塞泵工作原理

轴向柱塞泵的工作原理如图 8-11 所示，斜盘 1 和配流盘 4 固定不动，传动轴带动缸体 3 和柱塞 2 一起转动，柱塞 2 靠机械装置或在低压油作用下压紧在斜盘上。缸体每转一转，每个柱塞往复运动一次，完成一次吸油和压油动作。改变斜盘倾角 γ 的大小就能改变柱塞的行程长度，也就改变了泵的排量；改变斜盘倾角的方向，就能改变泵的吸、压油的方向。因此，轴向柱塞泵一般制作成双向变量泵。

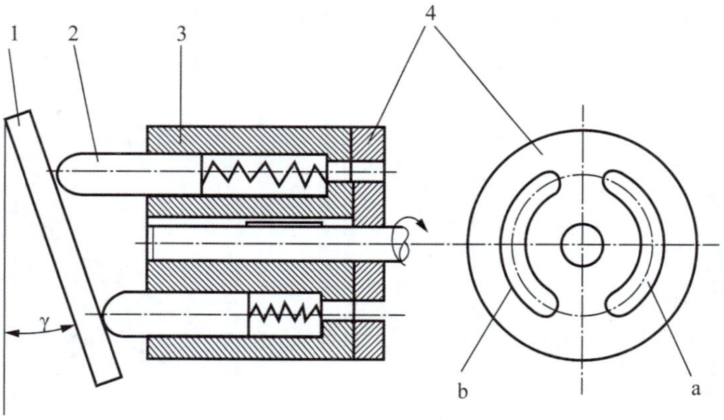

1—斜盘；2—柱塞；3—缸体；4—配流盘。

图 8-11 轴向柱塞泵的工作原理

二、液压马达

液压马达是把输入油液的压力能转换成机械能的一种能量转换装置，使主机的工作部件克服负载及阻力而产生旋转活动。如图 8-12 所示为液压马达的图形符号，与液压泵符号中箭头的方向正好相反。

(a) 单向定量马达　(b) 双向定量马达　(c) 单向变量马达　(d) 双向变量马达

图 8-12　液压马达图形符号

按液压马达的额定转速不同分为高速液压马达（额定转速高于 500 r/min）和低速液压马达（额定转速低于 500 r/min）两大类。高速液压马达的基本形式有齿轮式、螺杆式、叶片式和轴向柱塞式等，而径向柱塞式则为低速液压马达的基本形式。

如图 8-13 所示为轴向柱塞式液压马达的工作原理。斜盘 1 和配流盘 4 固定不动，柱塞 2 可在回转缸体 3 的孔内移动。斜盘 1 的中心线与回转缸体 3 的中心线间的倾角为 γ。高压油经配流盘 4 的窗口进入回转缸体 3 的柱塞孔时，处在高压腔中的柱塞被顶出，压在斜盘上。斜盘 1 对柱塞 2 的反作用力 F，可分解为与柱塞上液压力平衡的轴向分力 F_x 和作用在柱塞上的垂直分力 F_y。垂直分力使回转缸体产生转矩，带动马达轴转动。

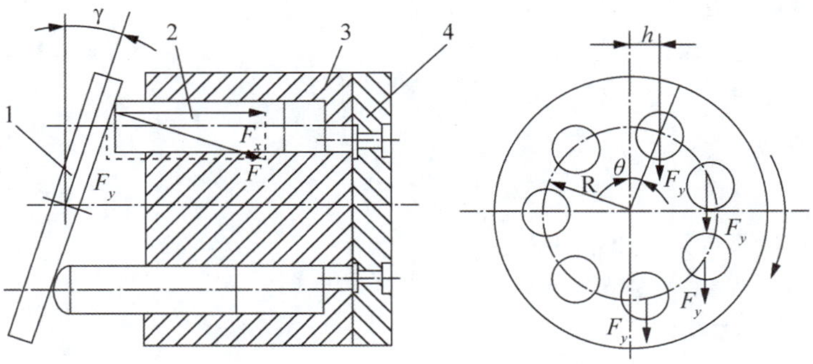

1—斜盘；2—柱塞；3—回转缸体；4—配流盘。

图 8-13　轴向柱塞式液压马达的工作原理

如图 8-14 所示为叶片式液压马达的工作原理。叶片槽是径向设置的，这是因为液压马达有双向旋转的要求。压力油进入压油腔后，因两端叶片的内侧承受高压油作用，外侧承受回油腔的低压油作用，而且叶片的伸出面积不等，因此总的液压力将驱使转子做逆时针旋转。这种马达的体积小，转动惯量小、动作灵敏，但泄漏大，低速工作时不稳定。因此，适用于换向频率较高、转速高、扭矩小、要求动作灵敏的场合。

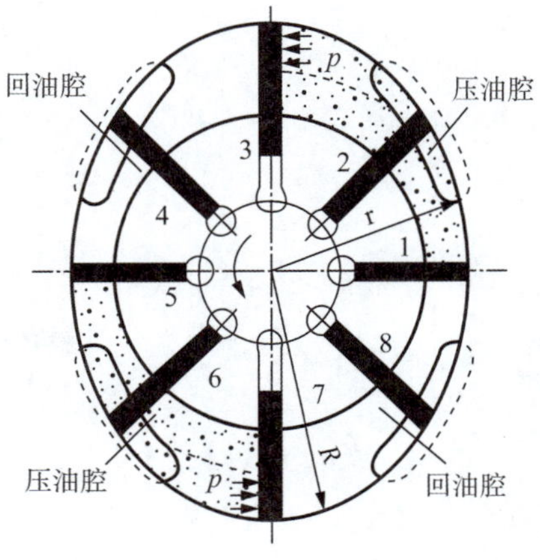

图 8-14　叶片式液压马达的工作原理

三、液压缸

（一）液压缸的作用

液压缸是液压系统的执行元件，是可将油液的压力能转换成机械能并输出的装置。液压缸的结构简单且工作可靠，与连杆、齿轮齿条、棘轮棘爪和凸轮等机构配合使用能实现多种机械运动。

（二）液压缸的分类

液压缸有多种形式，按照结构特点的不同分为活塞式、柱塞式和摆动式三类；按照作用方式可分为单作用和双作用两种。单作用液压缸只能使活塞（或柱塞）做单方向运动，即油液只是通向缸的一腔，而反方向运动则必须依靠外力（弹簧力或自重等）来实现；双作用液压缸在两个方向上的运动都由油液的推动来实现；按照用途分为增压式液压缸和伸缩式液压缸。常见液压缸类型及图形符号如表 8-1 所示。

表 8-1　常见液压缸类型及图形符号

类型	说明	名称	图形符号
单作用液压缸	柱塞仅单向运动，利用自重或负荷将柱塞推回	柱塞式液压缸	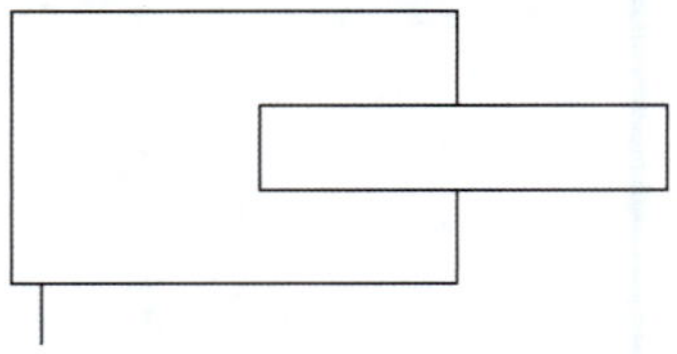
	活塞仅单向运动，利用自重或负荷将活塞推回	单活塞杆液压缸	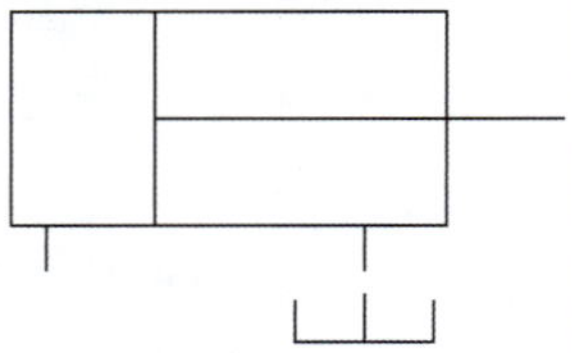
	活塞的两侧都装有活塞杆，只向活塞一侧供给压力油，利用自重、外力或弹簧力返回	双活塞杆液压缸	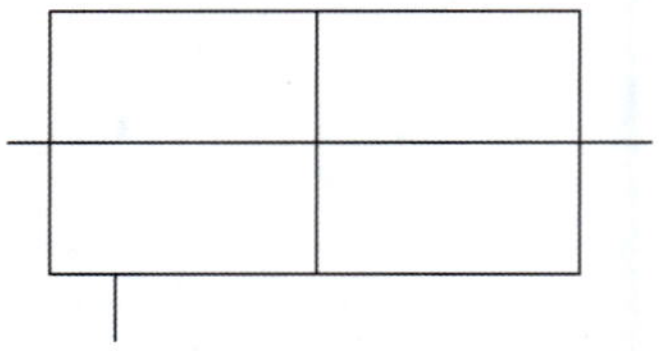
	以短缸获得长行程，用液压油由大到小逐节推出，靠外力逐节缩回	伸缩液压缸	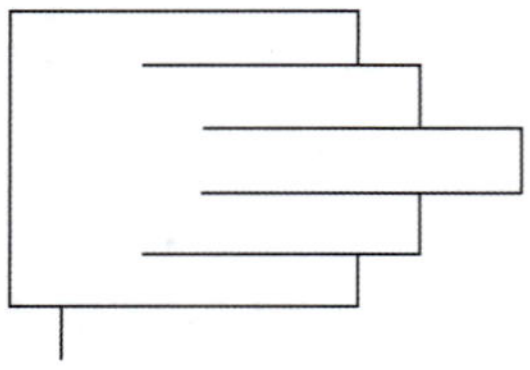
双作用液压缸	一边有活塞杆，双向液压驱动	单活塞杆液压缸	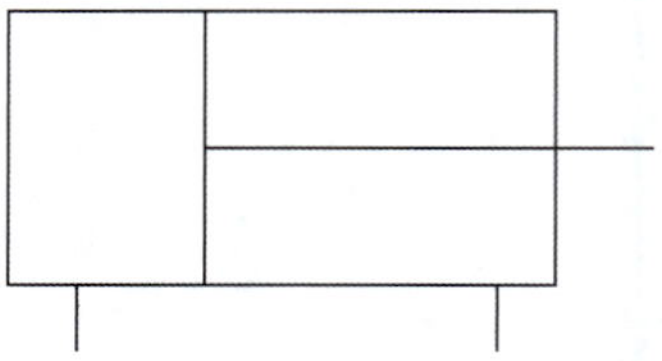
	两边有活塞杆，双向液压驱动	双活塞杆液压缸	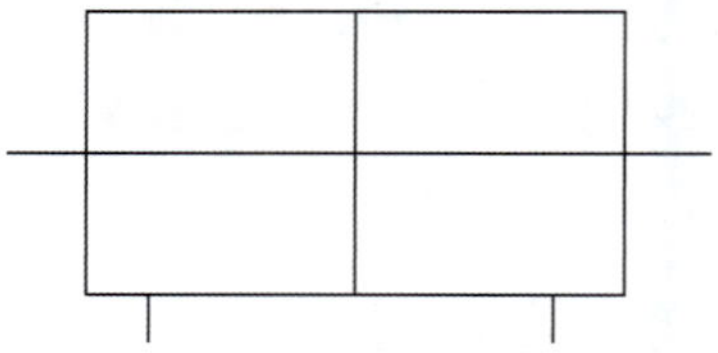
	双向液压驱动	伸缩液压缸	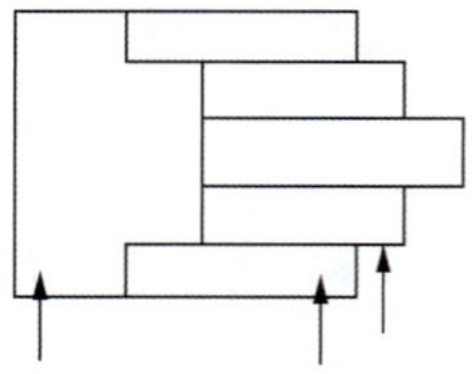

（续表）

类型	说明	名称	图形符号
组合液压缸	经装在一起的齿条驱动齿轮，使活塞做往复回转运动	齿条传动液压缸	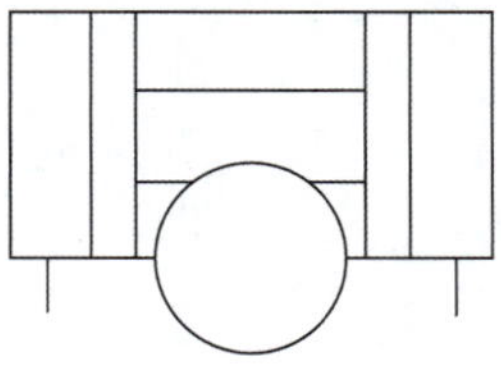

1. 增压式液压缸

在某些短时或局部需要高压的液压系统中，常用增压缸与低压大流量泵配合使用。如图 8-15 所示为增压缸的工作原理图，输入压力为 p_1，输出压力为 p_2，若不计摩擦力，根据力平衡关系，则有下列关系

$$p_1A_1=p_2A_2 \tag{8-4}$$

$$\Rightarrow p_2=p_1\frac{A_1}{A_2} \tag{8-5}$$

其中，$A_1=\dfrac{\pi D^2}{4}$，$A_2=\dfrac{\pi d^2}{4}$。因为有效面积 $A_1>A_2$，所以 $p_2>p_1$。

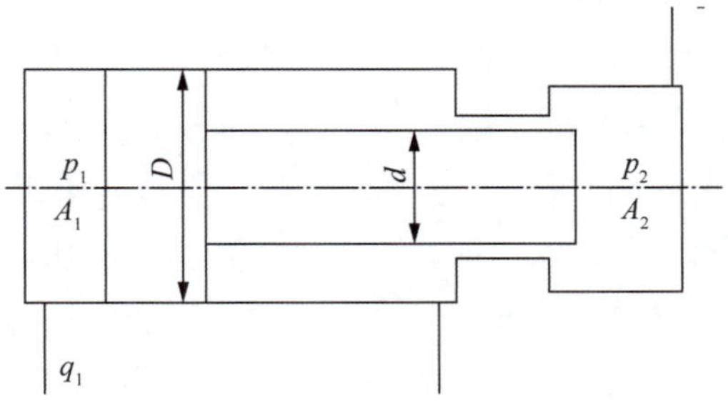

图 8-15　增压缸的工作原理图

2. 伸缩式液压缸

伸缩缸又称为多级缸，由两级或多级活塞缸套装而成。其特点是活塞杆的伸出行程长度比缸体的长度大，占用空间较小，结构紧凑，广泛应用于起重运输车辆上。如起重机伸缩臂液压缸、自卸汽车举升液压缸和消防云梯液压缸等。如图 8-16 所示为某伸缩缸的结构简图。

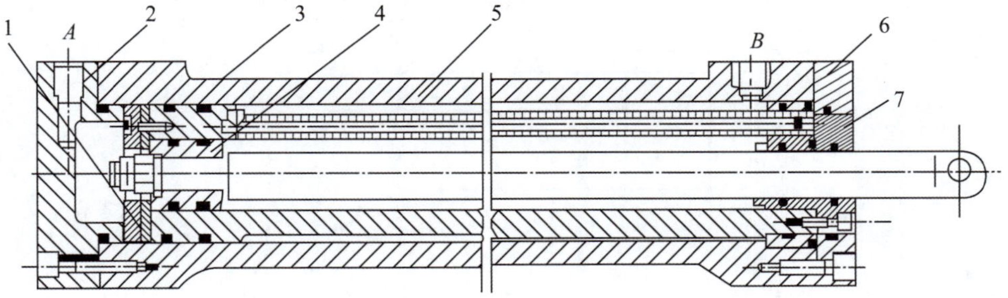

1—压板；2、6—端盖；3—套筒活塞；4—活塞；5—缸体；7—套筒活塞端盖。

图 8-16　某伸缩缸的结构简图

（三）液压缸的结构

单活塞杆液压缸的结构图如图 8-17 所示。选用液压缸时，首先应考虑活塞杆长度（由行程决定），再根据回路的最高压力选出合适的液压缸。

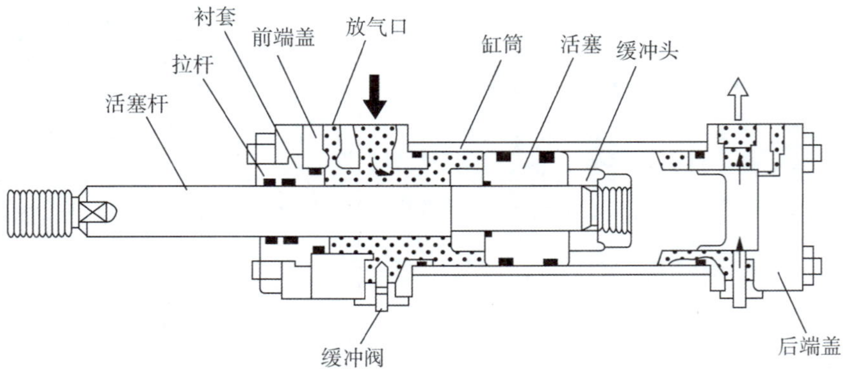

图 8-17　单活塞杆液压缸的结构图

（1）缸筒。缸筒主要由钢材制成，缸筒内要经过精细加工，以减少密封件的摩擦。

（2）盖板。盖板通常由钢材制成，有前端盖和后端盖。安装在缸筒的前后两端，盖板和缸筒的连接方法有焊接、法兰和螺纹连接等。

（3）活塞。活塞通常用钢或铸铁制成，也可采用铝合金。活塞和缸筒内壁间需要密封，可采用 O 形密封圈、V 形密封圈、U 形密封圈、X 形密封圈和活塞环等。

（4）活塞杆。活塞杆是由钢材做成实心杆或空心杆。

（5）缓冲装置。为了防止活塞在行程的终点和前后端盖板发生碰撞，引起噪音，影响工件精度或使液压缸损坏。常在液压缸前后端盖板上设有缓冲装置，以使活塞移到快接近行程终点时速度减慢下来至停止。

（6）放气装置。在安装过程或停止工作一段时间后，空气将渗入液压系统内，缸筒内若存留空气，将使液压缸在低速时产生爬行、颤抖现象。换向时易引起冲击，因此液压缸应能及时排除缸内留存的气体。一般双作用式液压缸不设专门的放气孔，而是将压力油出入口布置在前后盖板的最高处，大型双作用式液压缸则必须在前后端盖板设放气栓塞。对于单作用式液压缸，压力油出入口一般设在缸筒底部，在最高处设放气栓塞。

（四）液压缸的参数

如图 8-18 所示为液压缸工作原理。液压缸的缸体固定在机座上，活塞杆连接负载。当液压油从 A 口进入并作用在活塞上，产生一定的推力 F_1，通过活塞杆以克服负载 W，活塞以速度 ν 向右推进，同时将缸内的压力油通过 B 口流回油箱。反之，若液压油从 B 口进入，则活塞将以速度 ν_2 向左移动。

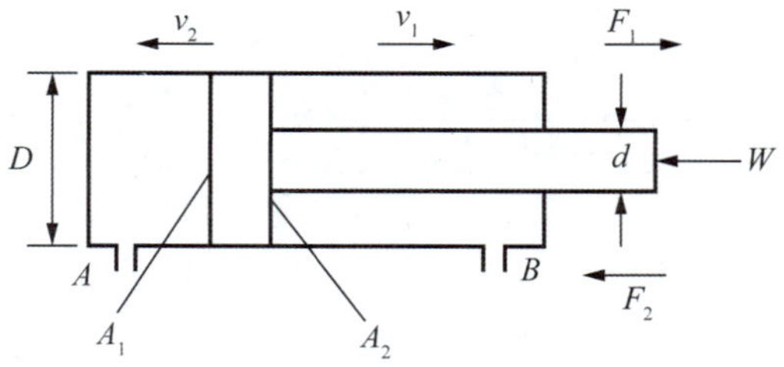

图 8-18　液压缸工作原理

1. 速度和流量

若忽略泄漏，可知速度和流量的关系为

$$\nu=\frac{q}{A} \text{ 或 } q=A\nu \tag{8-6}$$

上式中，q 为液压缸的输入流量，L/s；A 为液压缸活塞的有效工作面积，m^2；ν 为活塞的移动速度，

m/s。

通常活塞的有效工作面积是固定的，由式（8-6）可知，活塞的速度取决于输入液压缸的流量，而与负载无关。

2. 推力和压力

推力 F 是压力为 p 的压力油作用在活塞的有效工作面积上，以平衡负载 W。因此，它们之间的关系可表示为

$$F = W = pA \tag{8-7}$$

式（8-7）中，p 为液压缸的工作压力，Pa；A 为液压缸活塞的有效工作面积，m^2。由于活塞的有效工作面积固定不变，因此，压力 p 取决于总负载。

当进入液压缸的流量一定时，活塞向右的速度 ν_1 和向左的速度 ν_2 为：

$$\nu_1 = \frac{q}{A_1} = \frac{4q}{\pi D^2} \tag{8-8}$$

$$\nu_2 = \frac{q}{A_2} = \frac{4q}{\pi(D^2 - d^2)} \tag{8-9}$$

因为有效面积 $A_1 > A_2$，所以 $\nu_1 < \nu_2$。

当作用在活塞上的工作压力 p 一定时，活塞前进推力 F_1 与后退压力 F_2 为

$$F_1 = pA_1 = p\pi D^2 \tag{8-10}$$

$$F_2 = pA_2 = p\pi(D^2 - d^2) \tag{8-11}$$

因为 $A_1 > A_2$，所以 $F_1 > F_2$。

如图 8-19 所示为单活塞杆液压缸的另一种连接方式，即把右腔的回油管道和左腔的进油管道接通，这种连接方式称为差动连接。活塞的前进速度 ν_3 及推力 F_3 为

$$\nu_3 = \frac{q}{A_1 - A_2} = \frac{4q}{\pi d^2} \tag{8-12}$$

$$F_3 = p(A_1 - A_2) = p\pi d^2 \tag{8-13}$$

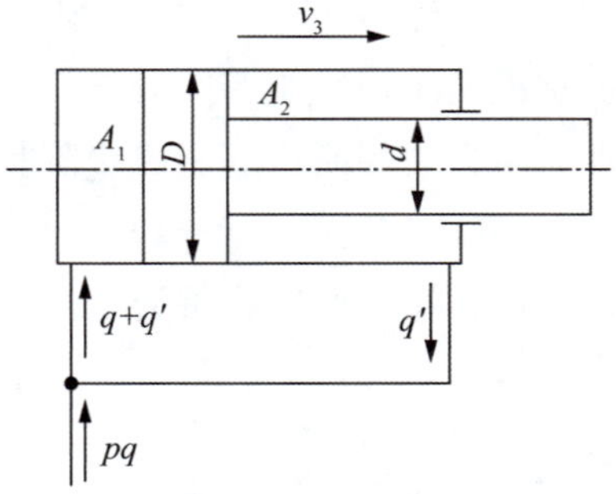

图 8-19 单活塞杆液压缸的另一种连接方式

与非差动连接方式比较，在流量不变的条件下，差动连接时活塞的运动速度较快，并且产生的推力较小。因此，差动连接可在不增加泵流量的条件下，可实现快速运动，常应用于组合机床和各类专用机械中。

四、液压控制阀

液压控制阀是液压系统中控制油液压力、流量及流动方向的元件。例如，压力阀和流量阀利用通流截面的节流作用控制系统的压力和流量，方向阀则利用通流通道的更换控制油液的流动方向。在结构上，所有的阀都由阀体、阀芯（座阀或滑阀）和驱使阀芯动作的元部件（如弹簧、电磁铁）组成。在工作原理上，所有阀的开口大小、阀进出油口间的压差以及流过阀的流量之间的关系都符合孔的流量公式，仅

各种阀的控制参数各不相同而已。

液压系统中所用的液压阀，应满足动作灵敏、使用可靠、工作时冲击和振动小。油液流过时压力损失小，密封性能好，以及结构紧凑，安装、调整、使用和维护方便，通用性大等要求。

（一）方向控制阀

方向控制阀主要是利用阀芯和阀体之间相对位置的改变实现通道的接通和断开，从而控制油液的流动方向，可分为单向阀和换向阀。

1. 单向阀

单向阀的作用是控制油液的单向流动。

（1）普通单向阀（简称单向阀）

单向阀中只允许油液沿某一特定方向流动而反向截止。如图 8-20 所示，当压力油从左端油口 P_1 流入时，油液推力克服弹簧 3 作用在阀芯 2 上的力，使阀芯向右移动。打开阀口，并通过阀芯上的径向孔 a、轴向孔 b，从阀体右端油口 P_2 流出。当压力油从右端油口流入时，液压力和弹簧力方向相同，使阀芯压紧在阀体 1 的阀座上，阀口关闭，油液则无法通过。

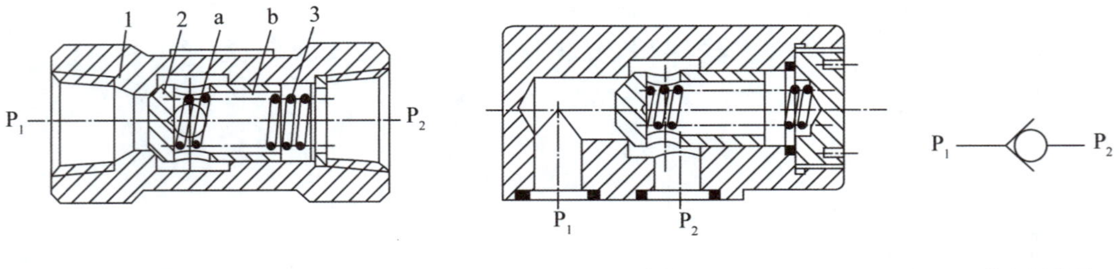

（a）管式单向阀　　（b）板式单向阀　　（c）单向阀符号

1—阀体；2—阀芯；3—弹簧。

图 8-20　单向阀

（2）液控单向阀

如图 8-21 所示，与普通单向阀相比，在结构上增加了控制油腔 a、控制活塞 1 及控制油口 K。当控制油口通以一定压力的压力油时，推动控制活塞 1 使锥阀芯 2 右移，阀即保持开启状态，使单向阀也可以反方向通过油液。为了减小控制活塞移动的阻力，控制活塞制成台阶状并设一外泄油口 L。控制油的压力不应低于油路压力的 30%～50%。液控单向阀具有良好的单向密封性，常用于执行元件需要长时间保压和锁紧的情况下，也常用于防止立式液压缸停止运动时因自重而下滑。

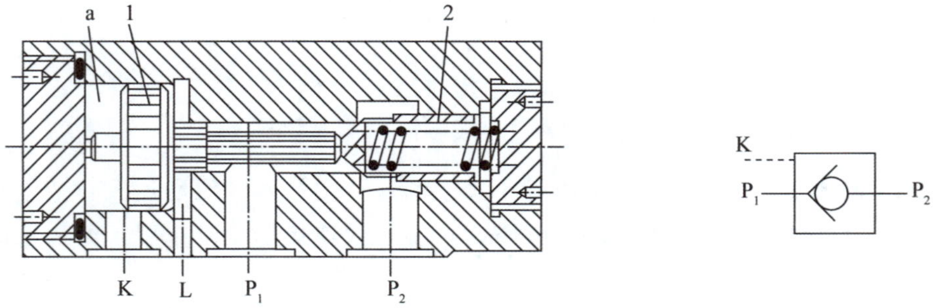

1—控制活塞；2—锥阀芯。

图 8-21　液控单向阀及其符号

2. 换向阀

换向阀利用阀芯与阀体的相对位置改变来控制油路的接通、关闭或改变油液的流动方向。

（1）换向阀的工作原理。三位四通手动换向阀手柄与阀芯的位置及油路的接通情况，如图 8-22 所示。

通常阀的进油口用 P 表示，回油口用 R 或 T 表示，油的出口则以 A、B 表示。一般将接口称为“通”，阀芯的位置称为“位”，三位四通换向阀有 3 个切换位置（阀芯的位置）、4 个接口。

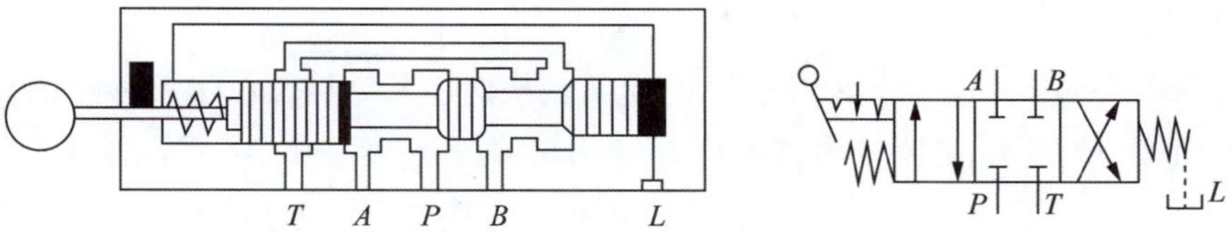

（a）手柄左扳

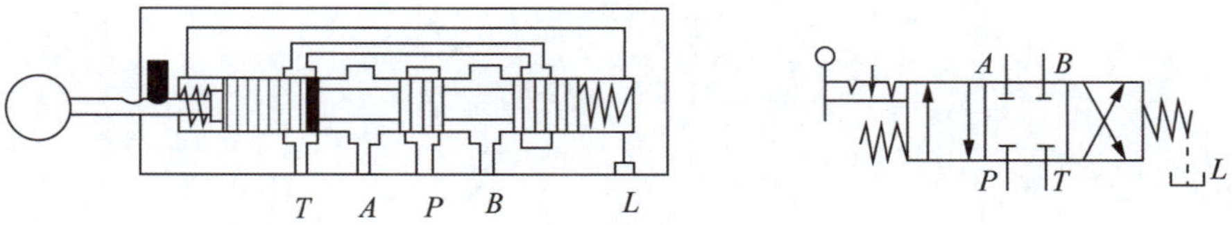

（b）手柄处于中间位置

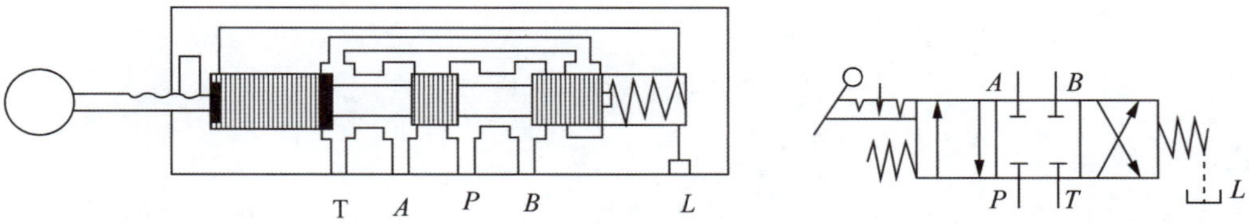

（c）手柄右扳

图 8-22　三位四通手动换向阀的工作原理

（2）换向阀的分类

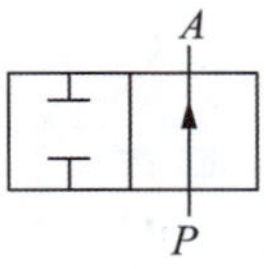

（a）二位二通

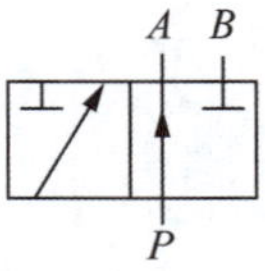

（b）二位三通

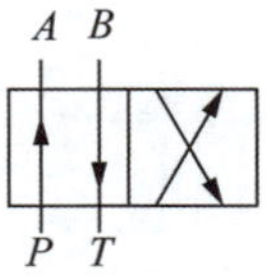

（c）二位四通

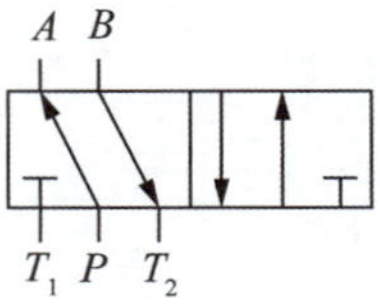

（d）二位五通

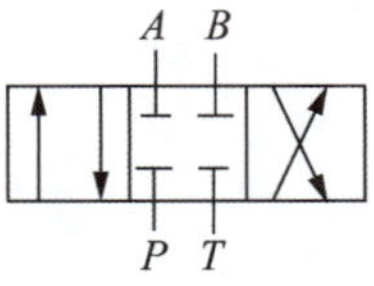

（e）三位四通

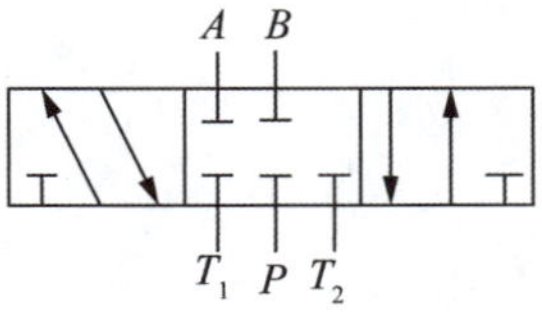

（f）三位五通

图 8-23　换向阀的位、通符号

按照位、通数的不同，换向阀有二位二通、二位三通、二位四通、二位五通、三位四通和三位五通等类型，各类阀的图形符号如图 8-23 所示。换向阀的“位”即符号中方格的数目，而“通”即任意一方格中箭头“↑”或封闭符号“ ”与方格的交点数。控制阀芯移动的方式有手柄、机械控制、液压和电磁等方法，通常表现在阀的主体符号两端，如图 8-24 所示。

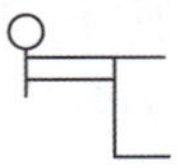

（a）手柄式

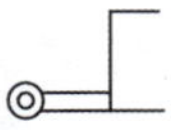

（b）机动式（滚轮式）

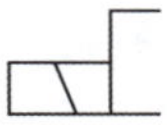

（c）电磁式

（d）弹簧式

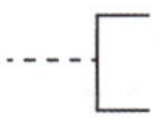

（e）液压式

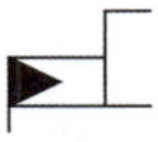

（f）液压先导控制式

（g）电磁-液压先导控制式

图 8-24　换向阀操纵方式符号

3. 常见换向阀

液压传动系统中广泛采用滑阀式换向阀，常见的有手动换向阀、电磁换向阀和液动换向阀等。

(1) 手动换向阀

手动换向阀是利用手柄等来改变阀芯位置，从而实现换向，其结构及图形符号如图 8-25 所示。

自动复位式手动换向阀手柄左扳，阀的油口 P 和 A 接通，B 和 T 接通；手柄右扳，则 P 和 B 接通，A 和 T 接通；放开手柄，阀芯 2 在弹簧 3 的作用下自动回复中位，此时 4 个油口互不相通。

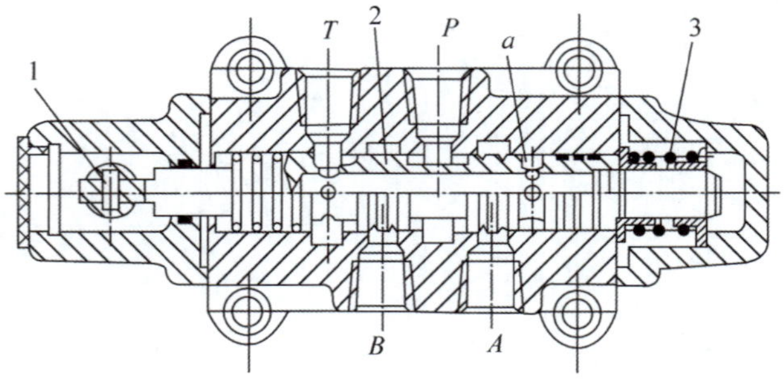

(a) 结构图

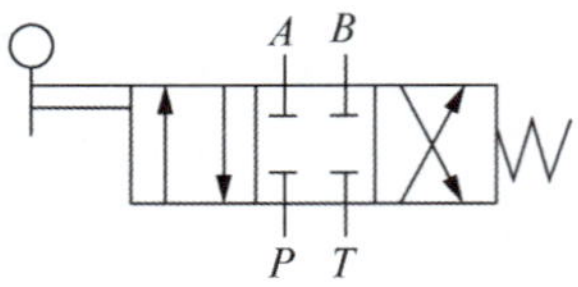

(b) 图形符号

图 8-25　手动换向阀

(2) 电磁换向阀

电磁换向阀是利用电磁铁的通、断电而直接推动阀芯来控制油口的连通状态。如图 8-26 所示为三位五通电磁换向阀。当左边电磁铁通电、右边断电时，油口 P 和 A 接通，B 和 T_2 接通，T_1 封闭；当右边通电、左边断电时，P 和 B 接通，A 和 T_1 接通，T_2 封闭；当左右都断电时，5 个油口全封闭。

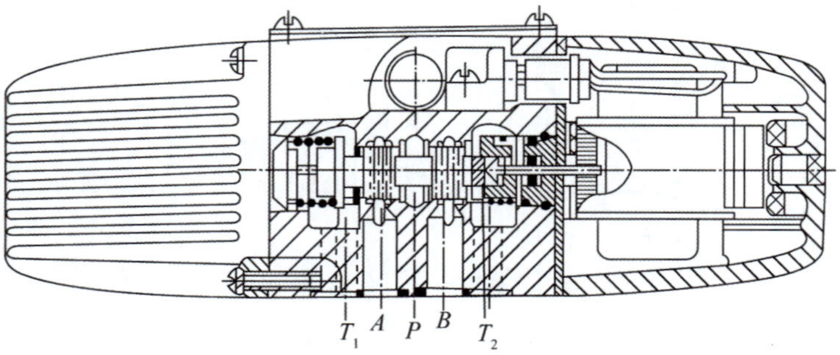

(a) 结构图

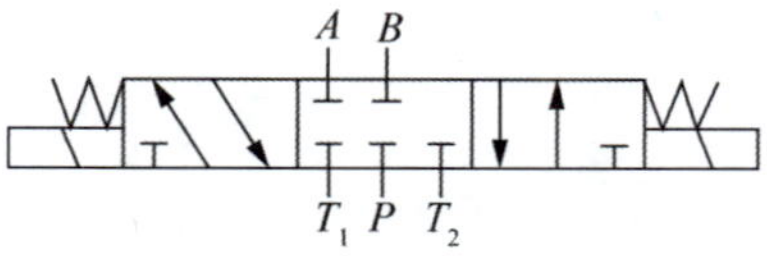

(b) 图形符号

图 8-26　三位五通电磁换向阀

(3) 液动换向阀

如图 8-27 所示为三位四通液动换向阀。当 K_1 通入压力油，K_2 回油时，P 和 A 接通、B 和 T 接通；当 K_2 通入压力油，K_1 回油时，P 和 B 接通，A 和 T 接通；K_1、K_2 均未通压力油时，P、T、A、B 4 个油口全封闭。

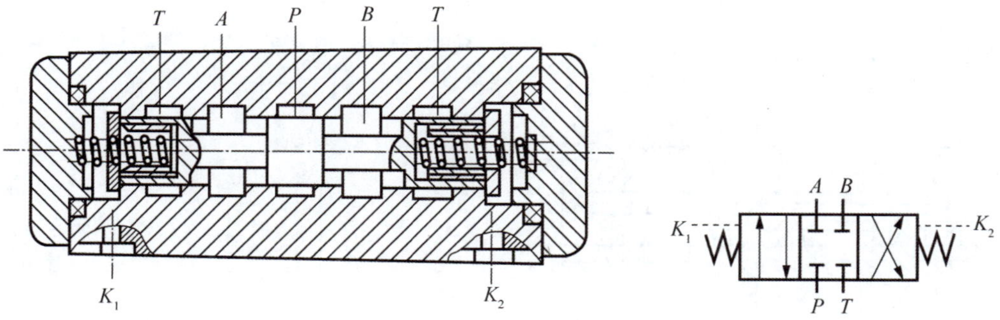

（a）结构图　　（b）图形符号

图 8-27　三位四通液动换向阀

4. 中位机能

当液压缸或液压马达要求在任何位置均可停止时，须使用三位阀。在阀中间位置时可利用不同形状及尺寸的阀芯结构，得到多种不同的油口连接方式，通常称换向阀在中间位置时各油口的连通方式为中位机能。不同的中位机能，可以满足液压系统的不同要求。三位四通换向阀常见的中位机能型号、图形符号及特点如表 8-2 所示。

表 8-2　三位四通换向阀常见的中位机能型号、图形符号及特点

型号	结构简图	图形符号	特点
O 型	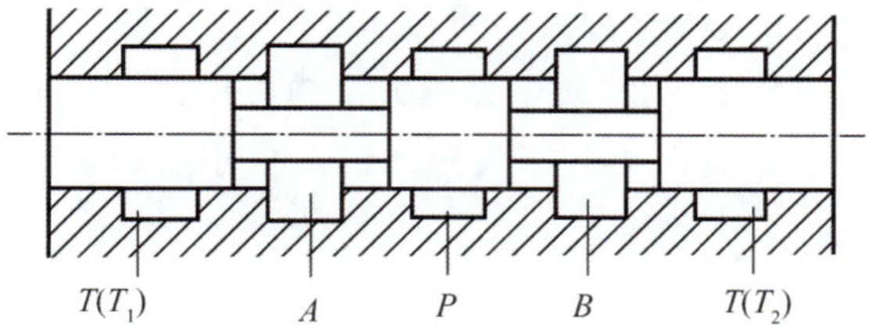	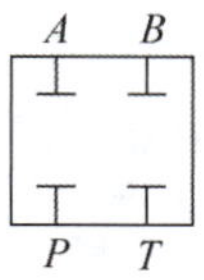	P、A、B、T 全封闭，液压缸闭锁，液压泵不卸荷
H 型	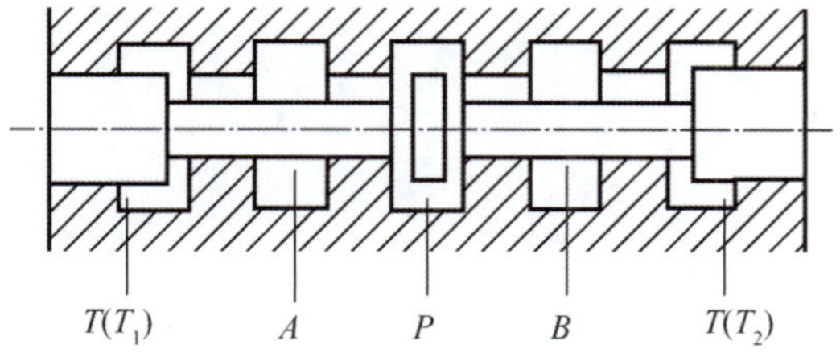	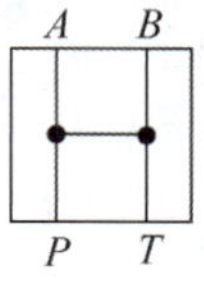	P、A、B、T 全相通，活塞呈浮动状态，在外力作用下可移动（转动），液压泵卸荷
Y 型	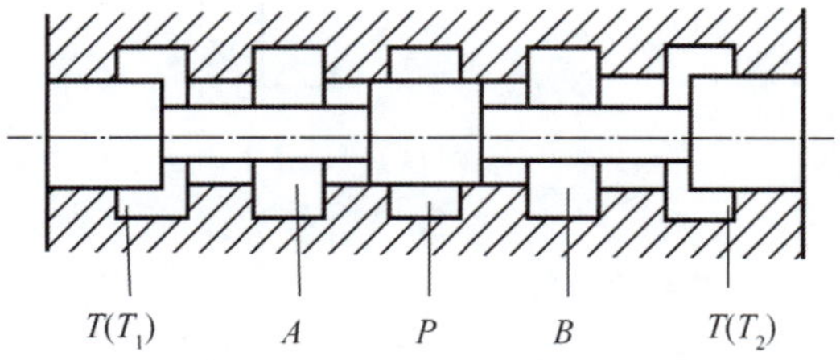	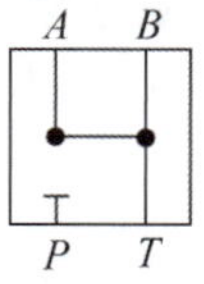	P 封闭，A、B、T 相通，活塞呈浮动状态，液压泵不卸荷
P 型	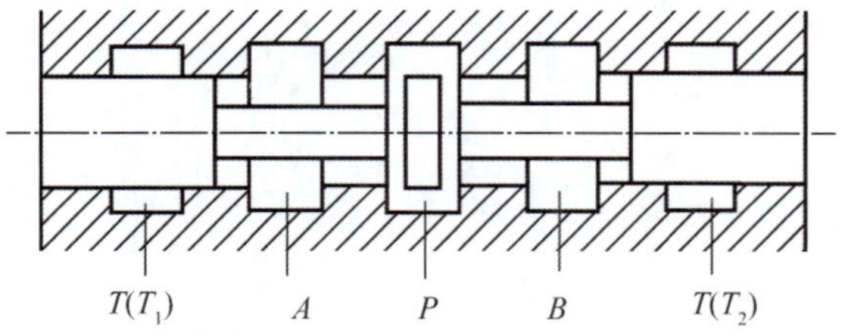	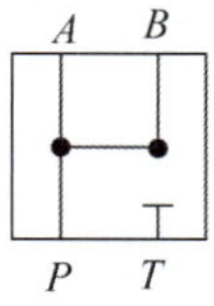	P、A、B 相通，T 封闭，液压泵与液压缸两腔相通，可组成差动连接

（续表）

型号	结构简图	图形符号	特点
M 型	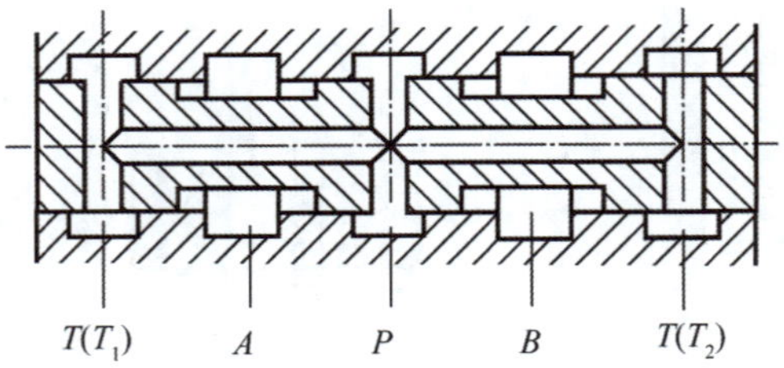	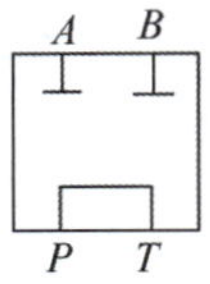	P、T 相通，A、B 封闭，液压缸闭锁，液压泵卸荷

（二）压力控制阀

用于实现液压系统压力控制的阀统称为压力控制阀，简称压力阀，主要是利用阀芯上的液压力和弹簧力相平衡的原理工作的。常用的压力控制阀有溢流阀、减压阀、顺序阀和压力继电器等。

1. 溢流阀

当液压执行元件停止运行时，由于液压泵排出的液压油无处可去而形成一密闭系统，系统中的压力将增大，易使液压元件损坏。因此，常用溢流阀形成一条旁路使液压油流回油箱。

（1）溢流阀的类型及工作原理

溢流阀根据结构和工作原理不同分为直动型溢流阀和先导型溢流阀两种。

①直动型溢流阀。直动型溢流阀的结构与图形符号如图 8-28 所示。压力由弹簧设定，当油的压力超过设定值时，锥阀上移，油液从溢流口流回油箱，并使回路压力等于设定压力。由于压力一般由弹簧直接设定，直动型溢流阀一般作为安全阀使用。

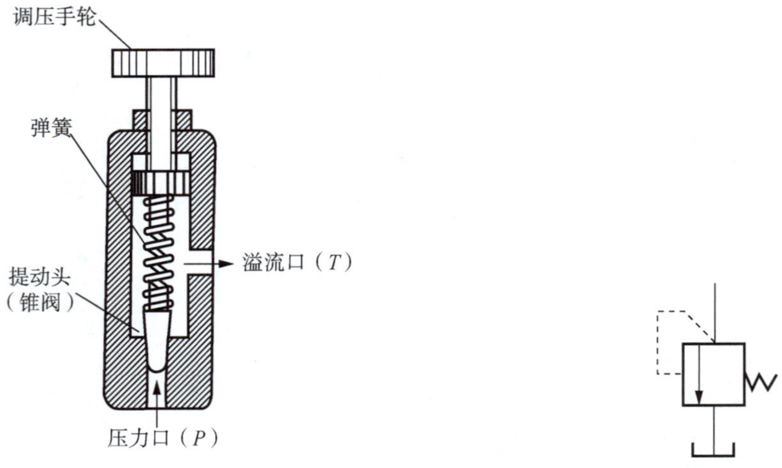

（a）结构　　（b）图形符号

图 8-28　直动型溢流阀的结构与图形符号

②先导型溢流阀。先导型溢流阀的结构与图形符号如图 8-29 所示，由主阀和先导阀组成，主要是利用主阀平衡活塞上下两腔油液压力差和弹簧力相平衡。

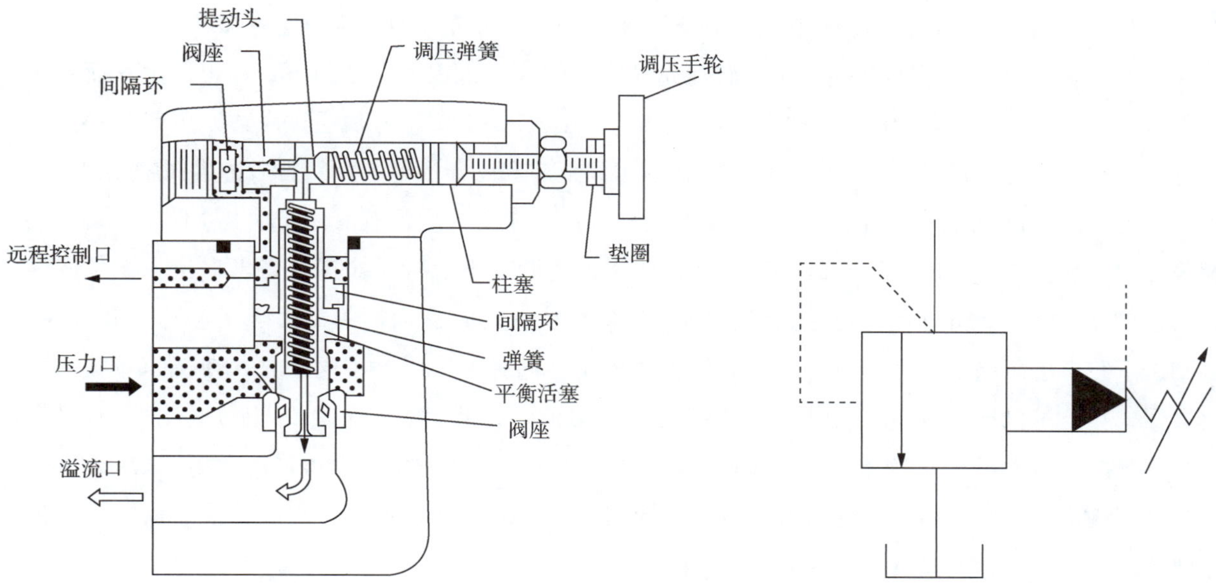

(a) 结构　　(b) 图形符号

图 8-29　先导型溢流阀的结构与图形符号

（2）溢流阀的作用

溢流阀在液压系统中的作用主要有两个：

①溢流稳压。如图 8-30（a）所示的液压系统中，常利用流量控制阀调节进入液压缸的流量，多余的压力油可经溢流阀流回油箱，这样可保持泵的工作压力稳定。

②限压保护。如图 8-30（b）所示的液压系统中，在正常工作状态下，溢流阀是关闭的。只有在系统压力大于其调整压力时，溢流阀才打开并溢流，对系统起过载保护作用。

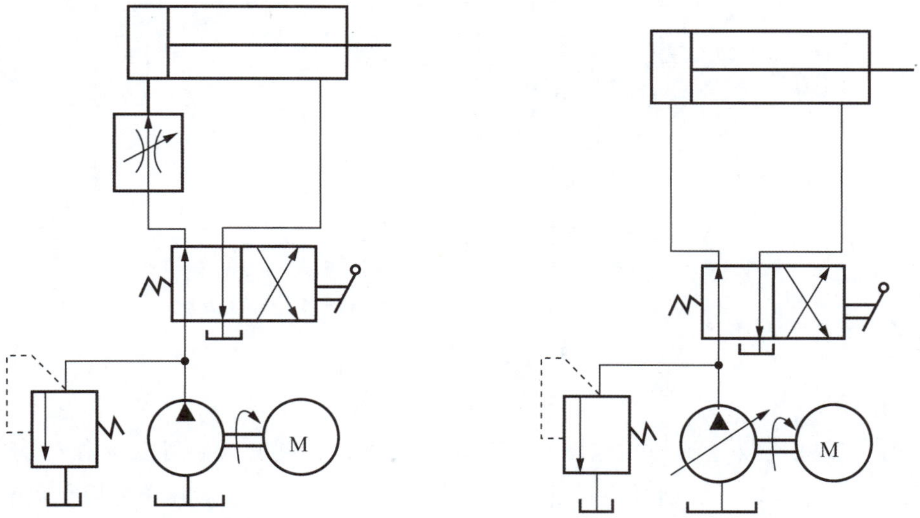

(a) 溢流稳压　　(b) 限压保护

图 8-30　溢流阀的作用

2. 减压阀

当回路中有两个以上液压缸，其中某一支路需要较低的工作压力，而其他的液压缸仍需高压运作时，可利用减压阀提供一较回路压力低的压力给低压缸。

（1）减压阀的类型及工作原理

减压阀按照结构和工作原理的不同也分为直动型减压阀和先导型减压阀两种。直动型减压阀在液压系统中较少单独使用，通常作为调速阀的组成部分来使用，一般先导型减压阀应用较广泛。

如图 8-31 所示为先导型减压阀，由主阀和先导阀（锥阀）组成，先导阀负责调定压力，而主阀负责减压作用。进口压力 p_1 经减压口减压后变为 p_2（出口压力），出口压力油通过阀体 6 下部和端盖 8 上的通道进入主阀 7 下腔；再经主阀上的阻尼孔 9 进入主阀上腔和先导阀前腔；然后通过锥阀座 4 中的孔作用在锥阀 3 上。当出口压力低于调定压力时，先导阀口关闭，阻尼孔中没有液体流动。主阀上下两端的油压力相等，主阀在弹簧力作用下处于最下端位置，减压口全开，不起减压作用。当出口压力超过调定压力时，出油口部分液体经阻尼孔、先导阀口、阀盖 5 上的泄油口 L 流回油箱。由于阻尼孔中有液体流动，使主阀上下腔产生压差。当此压差所产生的作用力大于主阀弹簧力时，主阀上移，使减压口关小；减压作用增强，直至出口压力 p_2 稳定在先导阀所调定的压力值。如果外来干扰使 p_1 升高，则 p_2 也升高，使主阀上移；减压口减小，p_2 又降低，使阀芯在新的位置上处于受力平衡，而出口压力 p_2 基本维持不变。

当减压阀出口油路的油液不流动时，由于先导阀泄油仍未停止，减压口仍有油液流动，阀就仍处于工作状态，出口压力也就保持调定数值不变。

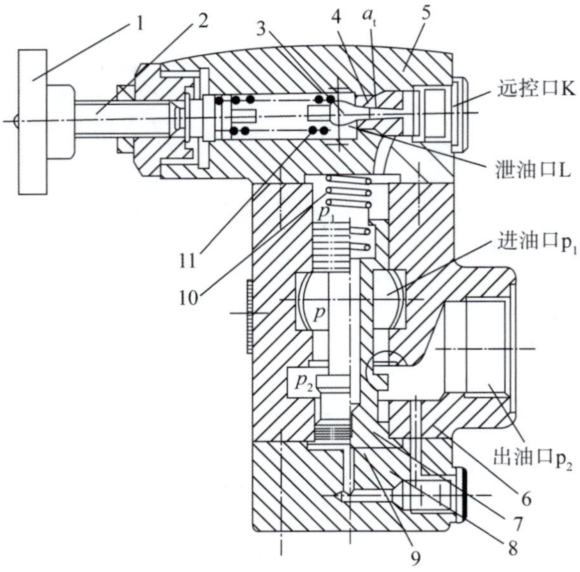

（a）结构

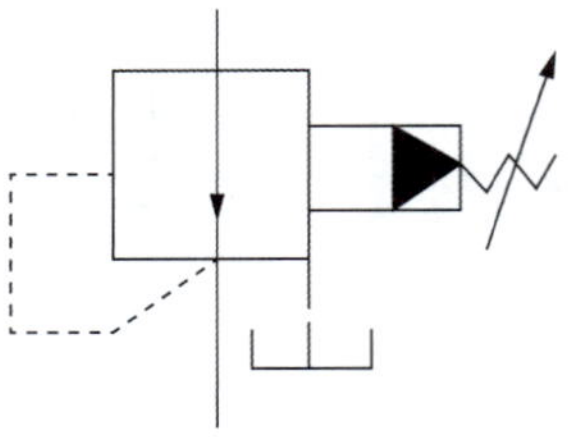

（b）图形符号

1—调压手轮；2—调节螺母；3—锥阀；4—锥阀座；5—阀盖；6—阀体；7—主阀阀芯；8—端盖；9—阻尼孔；10—主阀弹簧；11—调压弹簧。

图 8-31　先导型减压阀

（2）减压阀的应用

减压阀一般用在需减压或稳压的工作场合。定位、夹紧、分度、控制等支路往往需要稳定的低压，可在该支路串联一个减压阀即可。通常在减压阀后要设单向阀，以防止系统压力降低时（如另一缸空载快进）流体倒流，并可短时保压。为使减压回路可靠地工作，减压阀的最高调整压力应比系统压力低一定的数值。

当减压支路的执行元件速度需要调节时，节流元件应装在减压阀出口。因为减压阀起作用时，有少量泄油从先导阀流回油箱，节流元件装在出口，可避免泄油对节流元件调定的流量产生影响。减压阀出口压力若比系统压力低得多，会增加功率损失。

3. 顺序阀

顺序阀在液压系统中犹如自动开关，利用系统中压力的变化来控制油路的通断，从而实现多个执行元件的顺序动作。

（1）顺序阀的类型及工作原理

顺序阀根据结构不同也可分为直动型和先导型两种。目前直动型顺序阀应用较广泛，其工作原理如图 8-32 所示。压力油自进油口 P_1 经阀芯内部小孔作用于阀芯底部，对阀芯产生一个向上的作用力。当油液压力较低时，阀芯在弹簧力的作用下处于下端位置，此时进油口 P_1 与出油口 P_2 不通。

当进口油压增大到预调数值时，阀芯底部受到的上推力大于弹簧力（阀芯上腔的泄油可通过泄油口 L 流回油箱）。阀芯上移，此时进油口 P_1 与出油口 P_2 相通，压力油从顺序阀流出。顺序阀的调定压力可用调压螺母来调节。

顺序阀的结构原理与溢流阀基本相同，唯一不同的是顺序阀的出口不是接通油箱，而是接到系统中继续用油之处，其压力数值由出口负载决定。因此顺序阀的内泄漏不能用通道直接引导到顺序阀的出口，而是由专门的泄漏口经阀外管道通到油箱。

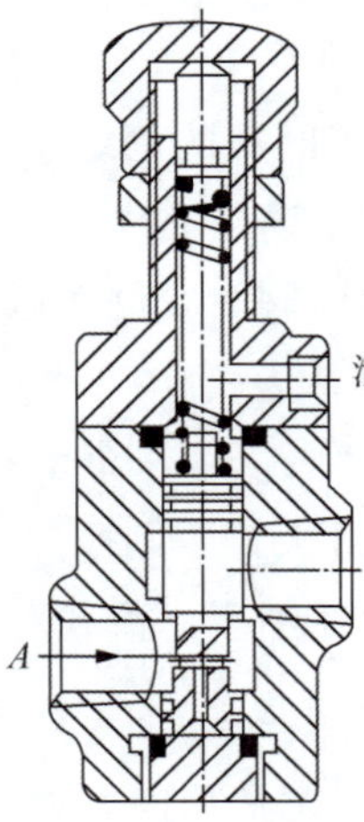

（a）直动型顺序阀结构

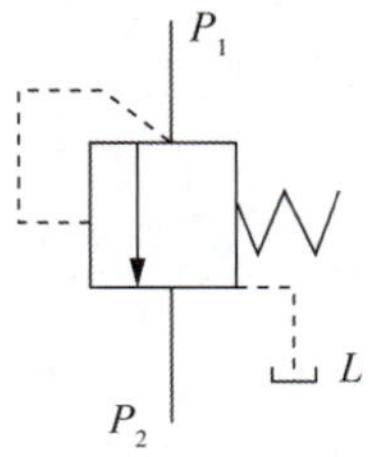

（b）直动型顺序阀图形符号

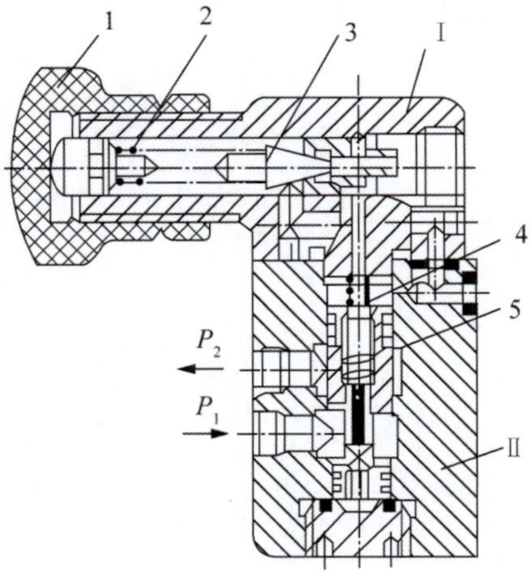

（c）先导型顺序阀结构

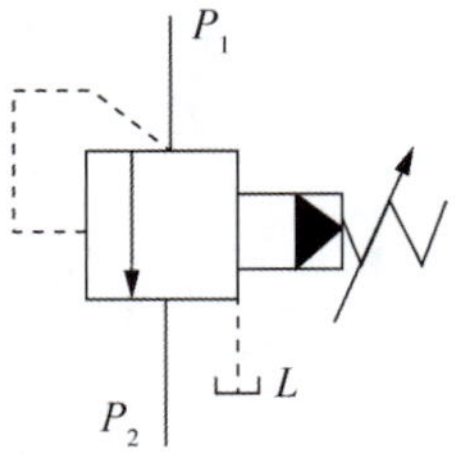

（d）先导型顺序阀图形符号

1—调压手轮；2—弹簧；3—先导阀；4—主阀弹簧；5—主阀。

图 8-32 顺序阀的类型及工作原理

（2）顺序阀的应用

为了使多缸液压系统中的各个液压缸严格地按规定的顺序动作，可利用顺序阀组成顺序动作回路，如图 8-33 所示。

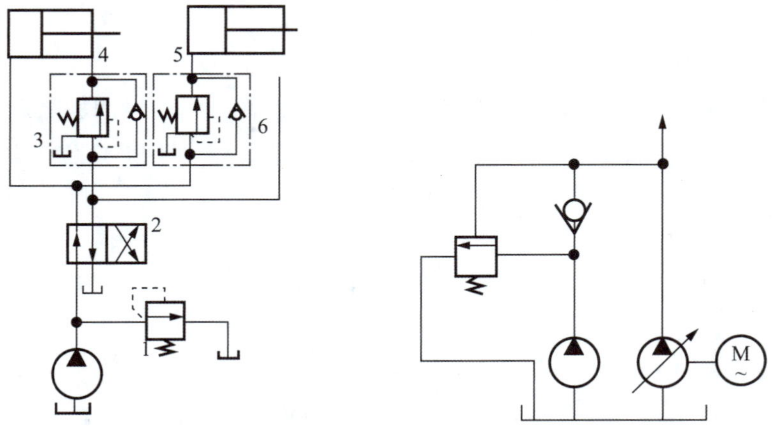

（a）顺序动作回路　　（b）顺序动作卸荷回路

1—溢流阀；2—换向阀；3、6—顺序阀；4、5—液压缸。

图 8-33　顺序阀的应用

在如图 8-33（a）所示的回路中，当换向阀 2 左位接通且顺序阀 6 的调定压力大于液压缸 4 的最大工作压力时，压力油先进入液压缸 4 的左腔，推动活塞向右。当这个动作完成后，系统中压力升高，压力油打开顺序阀 6 进入液压缸 5 左腔，推动活塞右移。同样地，当换向阀 2 右位接通且顺序阀 3 的调定压力大于液压缸 5 的最大返回工作压力时，两液压缸按相反的顺序返回。

这种顺序动作回路的可靠性取决于顺序阀的性能及压力调定值，后一个动作的压力必须比前一个动作的压力高出 0.8～1 MPa。顺序阀打开和关闭的压力差值不能过大，否则顺序阀会在系统压力波动时造成误动作，引起事故。因此，这种回路只适用于系统中液压缸数目不多，负载变化不大的场合。

4. 压力继电器

压力继电器是一种液-电信号转换元件。当控制油液压力达到调定值时，能自动接通或断开以控制电气元件（如电动机、电磁铁等）动作，实现系统的预定程序及安全保护。压力继电器一般由压力-位移转换装置和微动开关两部分组成。常用的压力继电器有柱塞式、膜片式、弹簧管式和波纹管式等结构形式，其中柱塞式最常用，如图 8-34 所示。

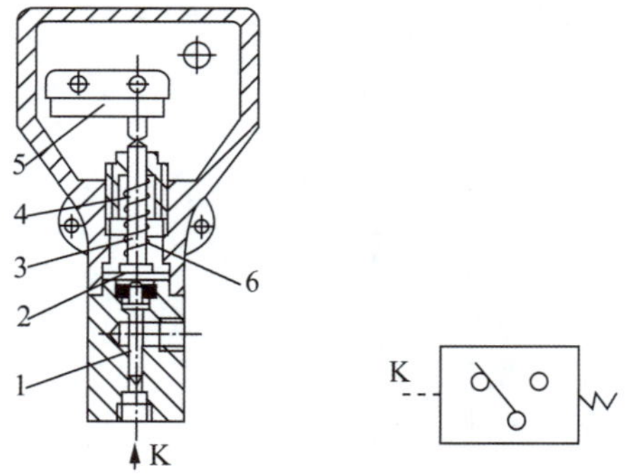

（a）工作结构原理图　　（b）图形符号

1—柱塞；2—限位挡块；3—顶杆；4—调节螺杆；

5—微动开关；6—调压弹簧。

图 8-34　液压柱塞式压力继电器

当压力继电器下端进油口 K 进入的油压力达到调定压力值时，推动柱塞 1 上移，并通过顶杆 3 触动微动开关 5 的触销，通过微动开关发出电信号控制液压元件动作。限位挡块 2 可在系统压力超高时对微动开关 5 起保护作用，可通过改变调压弹簧 6 的压缩量调节压力继电器的动作压力。

（三）流量控制阀

流量控制阀是通过改变节流口通流面积的大小或通流通道的长短，来改变局部阻力的大小，达到控制流量的目的，从而控制执行元件的运动速度。常用的流量控制阀有节流阀和调速阀等。

1. 节流阀

如图 8-35 所示的节流阀，通过拧动阀上方的调节螺钉，可以使阀芯轴向移动，从而改变阀口的通流面积，使通过节流口的流量得到调节。

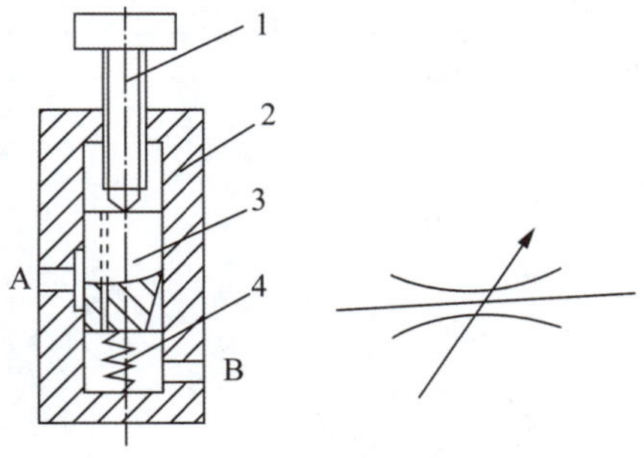

（a）结构　　　　（b）图形符号

1—调节螺钉；2—阀体；3—阀芯；4—弹簧。

图 8-35　节流阀

2. 调速阀

调速阀是由定差减压阀与节流阀串联而成的组合阀。节流阀用来调节通过的流量，定差减压阀则自动补偿负载变化的影响，使节流阀前后的压差为定值，消除了负载变化对流量的影响。

如图 8-36 所示的是调速阀的结构简图，其工作原理为：节流阀的前后压力 p_2 和 p_3 分别引到定差减压阀阀芯左右两端。当负载压力 p_3 增大时，作用在定差减压阀阀芯左端的压力增大；阀芯右移，减压口增大，使 p_2 也增大；从而使节流阀的压力差 $\Delta p = p_2 - p_3$ 保持不变，反之亦然。这样就使调速阀的流量不受负载影响，流量恒定不变。

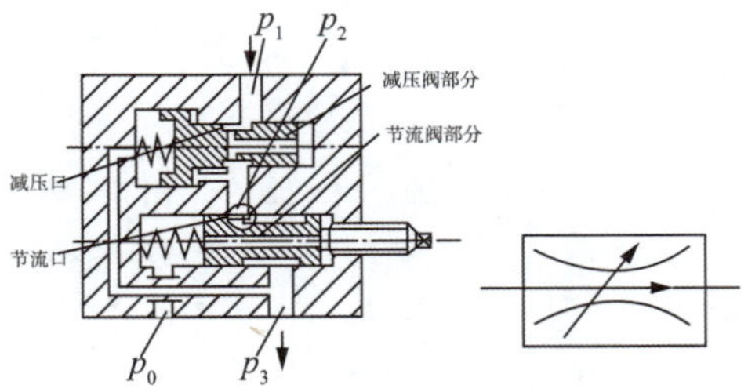

（a）结构　　　　（b）图形符号

图 8-36　调速阀

五、液压辅助元件

液压传动系统辅助元件主要有过滤器、蓄能器、压力表及其附件、油管和管接头、油箱等。除油箱通常需要自行设计外，其他皆为标准件。液压传动系统的辅助元件同其他元件一样，都是系统中不可缺少的组成部分，对系统的性能、效率、噪声和寿命等影响很大。

（一）过滤器

液压系统油液中脏物会造成运动件划伤、磨损，甚至卡死，还会堵塞阀和管道小孔，影响系统的工作性能并造成故障。因此，需要在适当的部位安装过滤器截留油液中不可溶的污染物，使油液保持清洁，以保证系统正常工作。

液压系统中，常见的过滤器按滤芯材料和结构形式的不同分为网式、线隙式、纸芯式、烧结式及磁性过滤器等，如图 8-37 所示。

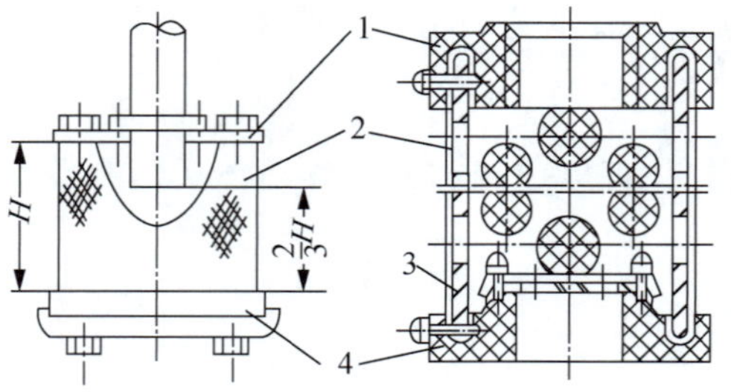

(a) 网式

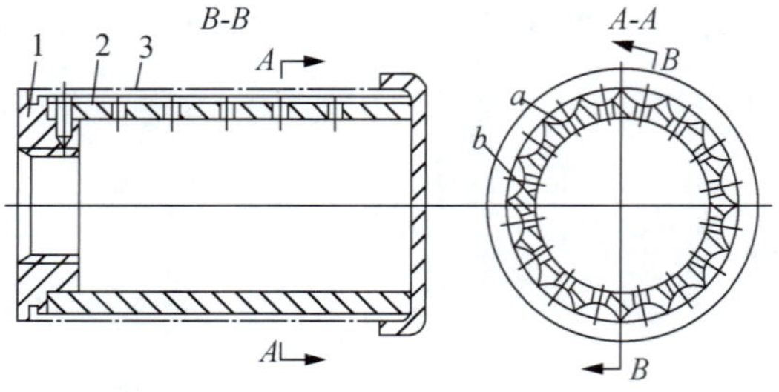

(b) 线隙式

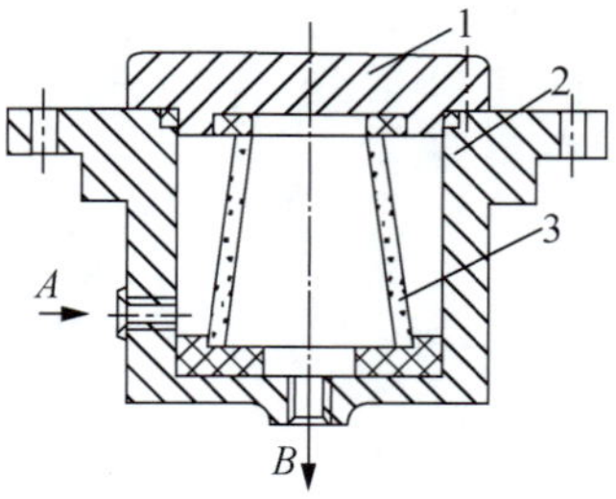

(c) 烧结磁性式

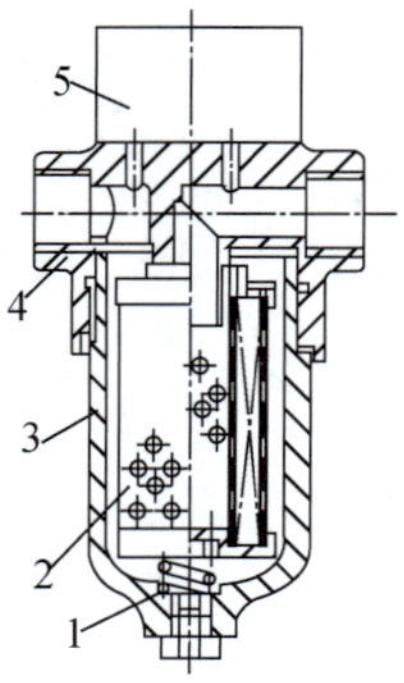

(d) 纸芯式

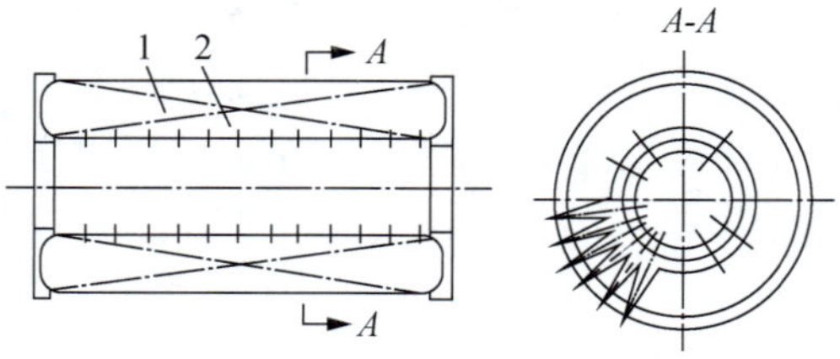

(e) 纸芯

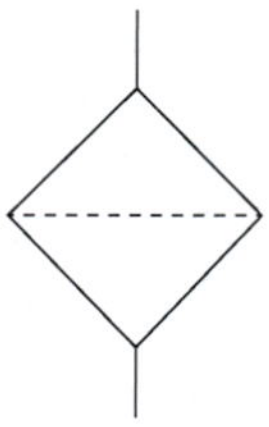

(f) 过滤器图形符号

1—上盖；2—铜丝网；3—骨架；4—下盖；5—端盖；6—芯架；7—金属线；8—端盖；9—壳体；10—滤芯；11—弹簧；12—滤芯；13—壳体；14—端盖；15—发信装置；16—滤纸；17—骨架；a—小孔；b—轴向槽；A—入口；B—出口。

图 8-37 几种常见的过滤器

过滤器通常可安装在液压泵的吸油管路上或液压泵的输出管路上及重要元件的前面。通常情况下，泵的吸油口前装粗过滤器，泵的输出管路上与重要元件之前装精过滤器。

(二) 蓄能器

在液压系统中，蓄能器是用来储存和释放液体压力能的装置。当系统需要时，能将原先储存的能量释放出来，并能吸收系统的压力脉动及减小压力冲击，保护液压系统。蓄能器的结构形式主要有重力式、充气式和弹簧式三种，如图 8-38 所示。

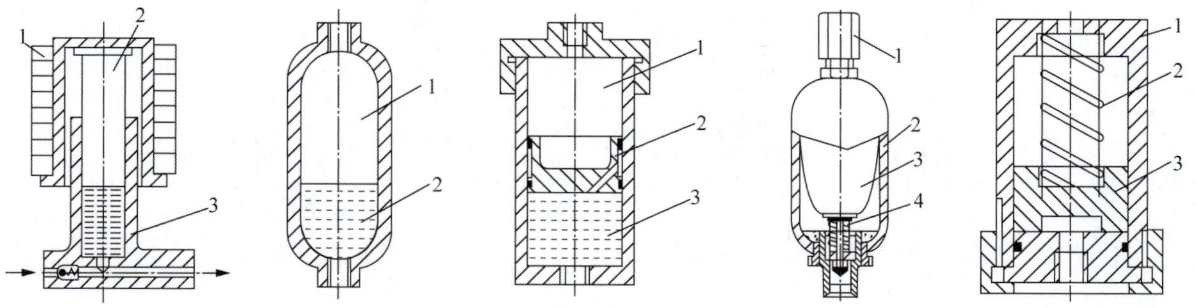

(a) 重力式蓄能器 (b) 充气式蓄能器 (c) 充气活塞式蓄能器 (d) 弹簧皮囊式蓄能器 (e) 弹簧活塞式蓄能器

1—重物；2—柱塞；3—缸体；4—气体。

图 8-38 蓄能器

(三) 压力表及其附件

液压系统和各局部回路的压力大小可通过压力表观测，以便调整和控制液压系统各工作点的压力。常用的压力表是弹簧弯管式，结构如图 8-39 所示。当弹簧弯管受压力作用发生伸张变形后，通过放大机构的杠杆、扇轮和小齿轮使指针偏转，压力愈高，指针偏转愈大。选用压力表应使它的量程大于系统的最高压力。

压力表与系统的连接需要通过压力表开关。最常见的压力表开关为 KF 型，如图 8-40 所示。旋转手轮可打开或关闭压力表油路，可适当调节手轮使针阀调节油路的开口，使压力表指针动作平稳。

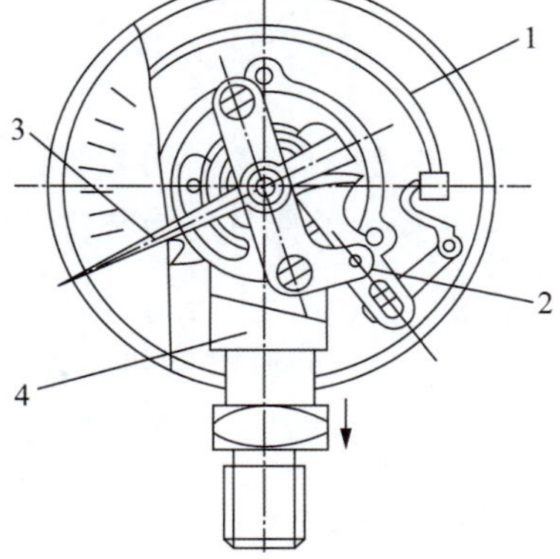

1—弹簧弯管；2—放大机构；3—指针；4—基座。

图 8-39 压力表

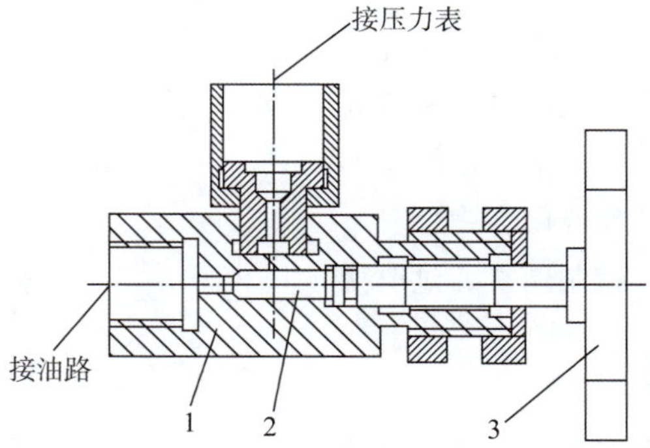

1—压力表开关体；2—针阀；3—手轮。

图 8-40 KF 型压力表开关

(四) 油管和管接头

液压传动中常用的油管有金属管、橡胶管和尼龙管三类。通常情况下，固定元件间的油管用金属管连接，有相对运动的元件间用软管连接。油管安装时应尽量短且平直，避免交叉。

管接头是油管之间、油管与其他元件（如泵、阀等）之间的可拆卸连接件。管接头与其他元件之间可采用普通细牙螺纹连接或锥螺纹连接（多用于中低压）。管接头除直通形式外，还有二通、三通、四通和铰接等多种形式。

(五) 油箱

油箱主要功能是储存油液，此外，还有散热、阻止杂质进入、沉淀油中杂质及分离气泡等功能。油箱可分为开式和闭式两种，开式油箱中的油液与大气相通，闭式则与大气隔绝。液压系统中大多采用开式油箱，且大部分是以钢板焊接而成。如图 8-41 所示为工业上使用的典型油箱机构图。

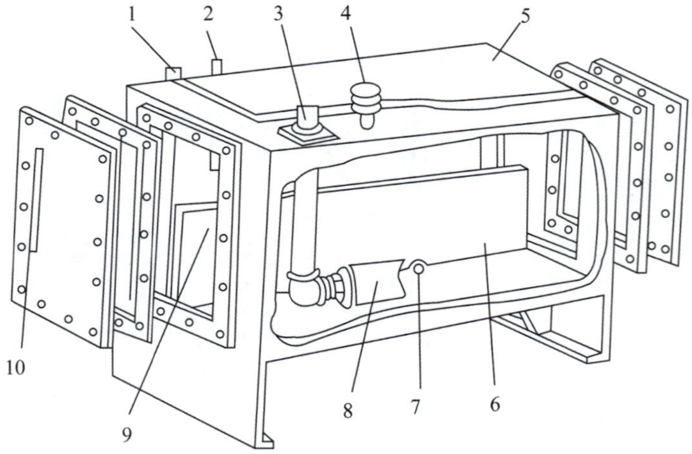

1—回油管；2—卸油管；3—吸油管；4—空气滤清器；5—安装板；
6—隔板；7—放油口；8—滤油器；9—清洗窗；10—液位计。

图 8-41　工业上使用的典型油箱机构图

思考与练习

一、填空题

1. 液压系统除工作介质外，主要由________、________、________和________四部分组成。

2. 液压泵是将原动机（如电动机）输出的________转换为________的装置。

3. 液压缸是液压系统中的________元件，是将________转换为的能量转换装置。

4. 三位换向阀在中位时________称为中位机能。

5. 流量控制阀是通过改变________来调节________，从而改变执行元件的________。

二、选择题

1. 液压传动中，液压缸属于（　　），液压泵属于（　　）。

A. 动力部分　　B. 执行部分　　C. 控制部分

2. 齿轮泵一般适用于（　　）。

A. 低压　　B. 中压　　C. 高压

3. 不能称为变量液压泵的是（　　）。

A. 单作用式叶片泵　　B. 双作用式叶片泵　　C. 轴向柱塞泵

4. 溢流阀属于（　　）控制阀。

A. 方向　　B. 压力　　C. 流量

5. 当液压系统中某一分支油路压力需要低于主油路压力时，则需在分支油路上安装（　　）。

A. 顺序阀　　B. 溢流阀　　C. 减压阀

三、判断题

1. 液压传动装置实质是一种能量转换装置。（　　）

2. 在液压传动中，压力的大小取决于油液流量的大小。（　　）

3. 单作用式和双作用式叶片泵均可用作变量泵。（　　）

4. 双活塞杆液压缸可实现差动连接。（　　）

四、简答题

1. 流量阀、减压阀和顺序阀在机构上基本相同，这 3 种阀的铭牌标识有什么不同？各起什么作用？

2. 液压传动大致由几部分组成？各部分的作用是什么？

3. 简述液压缸的类型及作用。

4. 液压控制阀的作用是什么？按控制方式有几种类型？

5. 液压马达有几种类型？

参考文献

[1] 刘贵森，陈浩源，唐启贵．汽车机械基础 [M]．北京：机械工业出版社，2019.
[2] 李林．汽车维修基础 [M]．3 版．北京：机械工业出版社，2021.
[3] 王芳．汽车机械基础 [M]．3 版．北京：机械工业出版社，2021.
[4] 卢晓春．汽车机械基础 [M]．北京：机械工业出版社，2018.
[5] 刘春晖．汽车维修工具与设备使用指南 [M]．北京：机械工业出版社，2020.
[6] 杨洪庆．汽车电器设备原理与检修一体化教程 [M]．2 版．北京：机械工业出版社，2019.